KB194462

【增補】

韓國古代史入門 一

증보 한국고대사입문 1

2006년 1월　7일 초판1쇄 발행
2010년 8월 30일 증보1쇄 발행

김정배 편저

펴낸이 · 임순종
펴낸곳 · 도서출판 신서원
서울시 성동구 용답동 96-6
전화 : (02) 739-0222·3 팩스 : (02) 739-0224
신서원 블로그 : http://blog.naver.com/sinseowon
등록 : 제2009-000041호(2009. 9.9)

ISBN 978-89-7940-124-0
ISBN 978-89-7940-123-3(전3권)

【증보】

한국고대사입문 1

한국 문화의 기원과 국가형성

김정배 편저

도서출판 신서원

증보판을 간행하며

　고고학과 고대사를 아우른 연구 입문서가 부족했던 현실에서 조금이나마 학계에 보탬이 되고자 『한국고대사입문』〔전 3권〕을 처음 간행한 지도 벌써 5년이 되었다. 그새 제1권〔한국문화의 기원과 국가형성〕의 재고가 다했다는 것은 우리 학계가 얼마나 이러한 입문서에 목말라 했는지를 대변해 주기도 한다. 『한국고대사입문』이 간행된 후 학계의 지인들에게서 많은 격려와 응원을 받았다. 이 자리를 빌려 깊은 감사의 인사를 드린다.

　현재의 우리 학계는 새로운 자료와 연구성과가 축적되면서 괄목상대하게 일신하고 있다. 이러한 상황에서 초판 그대로 다시 간행하는 것은 아무래도 시의적절하지 못한 감이 있었다. 이에 집필자들이 뜻을 모아 초판에 부족했던 사진을 추가하고, 새로운 연구성과를 보완해 증보판을 내놓게 되었다. 전체적으로 주요 유적·유물의 사진 및 도면을 추가하여 독자들의 이해를 높이고자 했으며, 최근의 연구성과를 추가해 수정 보완하거나 참고문헌만 보완한 부분도 있다. 증보판 간행에 뜻을 모아준 여러 집필자들에게 고마울 따름이다.

　앞으로 『한국고대사입문』 제2권과 제3권의 증보판도 차례로 간행될 것이다. 『신증동국여지승람』이나 『증보문헌비고』에서 보듯이 우리 선조들에게는 시간을 두고 새로운 사실을 보완하고 축적해 나아가는 학문 전통이 있었다. 이는 다방면에서 새로운 자료가 매일 쌓여가는 작금의 현실에서 우리 연구자들이 유념해야 할 자세일 것이다.

　마지막으로 필자의 나이를 십분 고려해 증보판이 간행될 수 있도록 힘써준 고려대학교 최광식 교수, 박대재 교수에게 고맙다는 뜻을 전한다. 아울러 훌륭한 책이 나오도록 수고해 준 도서출판 신서원의 임순종 사장에게 감사드린다.

2010년 8월

約軒 金貞培

간행사

　일찍이 단재 신채호(1880~1936) 선생께서 1930년대 초 국내 일간지에 우리 상고사에 대한 개설을 연재한 적이 있으나, 일제 강점기여서 단행본으로 간행되지 않아 대중에게 널리 알려지지는 못했다. 그러다가 해방 이후 고 이병도(1896~1989) 박사의 『한국사(韓國史)-고대편』(1959)이 간행되면서, 고대사 입문서로서 비교적 널리 읽히게 되었다. 그런데 1960년대에 들어와 전국에서 새로운 고고학 조사가 진행되면서, 고대사 연구에 새로운 활기를 불어넣게 되었고, 그에 따라 고대사를 공부하기 위해서는 새로운 고고학에 대한 이해가 불가피하게 되었다. 고 김원용(1922~1993) 교수의 『한국고고학개설(韓國考古學槪說)』(1973)은 바로 그동안의 성과를 반영한 고고학 입문서였다.

　그러나 고대사와 함께 고고학의 성과까지 아우른 입문서를 간행하는 일은 당시 학계의 수준으로 쉽지 않았다. 고대사와 고고학의 접목은 1980년대 고 이기백(1924~2004) 교수가 중심이 되어 간행한 『한국사강좌(韓國史講座)-고대편』(1982)과 『한국고대사론(韓國古代史論)』(1988)에서도 이루어지지 못했다. 1980년대 이후 고대사와 고고학의 각 분야가 세분화되면서, 고대사와 고고학의 접목을 더욱 어렵게 만들었다. 최근 『강좌 한국고대사』 총 10권(2003)이 간행되어 고대사와 고고학의 성과를 종합하고자 하는 노력이 있었으나, 다양한 세부 전공분야를 종합하다 보니 초심자들에게는 다소 어려운 측면이 있다.

주로 문헌사료에 근거하는 고대사와 유적·유물 등 물질자료에 의지하는 고고학은 연구의 출발점부터 다른 측면이 있다. 하지만 지난 과거에 대한 충실한 사실 규명과 복원을 추구한다는 목표에서 만큼은 서로 크게 다르지 않다. 문헌사료가 그림의 바탕이 되는 밑그림이라면, 고고학 자료는 그것을 더욱 생생하게 해주는 채색에 비유할 수 있을 것이다. 때로는 밑그림 없이 바로 물감만으로 또는 단색의 소묘(素描)만으로도 하나의 그림이 완성되기도 한다. 그러나 두 가지 방법을 함께 접목하면, 균형이 잡히면서 생생한 실제의 모습에 근접한 그림을 완성할 수 있다.

그동안 필자는 『한국민족문화(韓國民族文化)의 기원(起源)』(1973)·『한국고대(韓國古代)의 국가기원(國家起源)과 형성(形成)』(1986)·『한국 고대사와 고고학』(2000) 등의 연구를 통해 고대사와 고고학의 접목을 끊임없이 시도해 왔다. 두 학문의 접목은 어느 하나에만 의지할 때보다 그만큼 더 넓은 시야를 요구하고 더 많은 자료를 섭렵해야 하기 때문에 결코 쉽지 않은 길이다. 그러나 과거를 편향되지 않고 더욱 생생하게 묘사하기 위해서는, 고대사와 고고학 가운데 어느 하나의 방법도 소홀히 할 수 없다. 이러한 취지에서, 필자와 함께 필자에게서 배운 고대사와 고고학의 연구자들이 뜻을 모아『한국고대사입문』을 총 3권으로 엮어보았다. 특히 필자의 정년에 맞춰 책이 간행된 것은 순전히 집필자 여러분들의 깊은 배려 덕분이다. 이 자리를 빌려 뜻을 함께 해준 후배·제자 연구자들에게 깊은 감사의 말씀을 드리고 싶다.

현재 우리의 고대사는 주변 강대국의 도전에 직면해 있다. 최근 중국은 '동북공정'을 통해, 우리 고구려사와 고조선사까지도 중국사의 영역에 편입시키려고 부단히 애쓰고 있다. 그리고 일본은 왜곡된 역사교과서를 통해, 우리의 삼국시대〔가야〕사를 '임나일본부설'로 오염시키고 있다. 실로 지금의 고대사 연구는 우리 역사를 지키기 위한 응전(應戰)의 전초기지라 해도 과언이 아닐 것이다. 따라서 지금은 새로운 고대사 연구자들의 발굴과 육성이 그 어느 때보다도 더욱 절실한 시점이라고 할 수 있다.

이제 막 고대사에 입문한 연구자들은 아직 시야가 좁아 나무만 보고 숲은 보지 못하는 실수를 범하기 쉽다. 이 책은 고대사 입문자와 대중에게 안내서의 역할을 할 수 있도록 기획되었다. 이 책을 통해 각 분야의 기본적인 연구사와 쟁점이 되고 있는 문제들을 검토하면서, 앞으로의 과제가 무엇인지도 확인할 수 있을 것이다. 이 책이 입문서가 부족한 고대사에 작으나마 견인차의 역할을 할 수 있기를 기대하며, 더 나아가 주변 강대국의 역사 도전을 지혜롭게 뚫고나갈 새로운 인재들이 이 책을 통해 조금이나마 고대사에 대한 소양을 쌓을 수 있기를 기대해본다.

이 책이 나오기까지 많은 분들의 노력이 더해졌다. 무엇보다도 먼저 집필에 참여해 준 32명의 집필자들에게 감사드리며, 특히 전체 편집을 맡아준 최광식 교수와 박대재 박사, 각 권의 편집을 도와준 한규철 교수, 김복순 교수, 박경철 교수, 정운용 교수, 조법종 교수, 박찬흥 박사, 양정석 교수 등에게도 감사드린다. 끝으로 여러 어려움에도 불구하고 기꺼이 출간해 주신 도서출판 신서원 편집부 직원 여러분께도 감사의 인사를 드리고 싶다.

2006년 1월 7일
집필자 대표 김정배

책머리에

『한국고대사입문』제1권 '한국 문화의 기원과 국가형성'은 말 그대로 한국 민족문화의 기원과 형성 및 고대국가의 기원과 형성에 대한 문제를 다루고 있다.

한국문화의 원류를 살펴보기 위해 구석기시대와 신석기시대 및 청동기시대의 사회와 문화에 대해 종래의 연구가 어떻게 진행되어 왔는가를 쟁점 중심으로 살펴보았다. 따라서 종래 식민사학에서 주장하던 구석기시대와 청동기시대의 부재론에 대해 문제점을 지적하고, 한반도 사회의 계기적 발전론을 구체적으로 연구한 성과들을 소개함으로써 한국문화의 뿌리를 선사시대의 문화에서부터 찾고자 하였다.

특히 선사시대의 예술과 신앙에서 암각화를 중심으로 살펴보면서 암각화에 나타난 사실적인 그림들과 추상적인 그림들이 선사시대의 사회적 변화를 나타낸다는 사실을 알 수 있다. 또한 동심원이나 가면형 문양들은 태양이나 신상을 상징한다는 것을 알게 됨으로써 우리 문화의 뿌리를 선사시대와 연결시킬 수 있다는 실마리를 찾을 수 있었다. 아울러 이러한 암각화들이 멀리 몽골이나 시베리아 지역과 관련이 있다는 점을 통해 우리 문화가 북방 지역의 문화와 밀접하게 관련되어 있다는 것을 알 수 있다. 따라서 우리 민족의 기원을 단순히 단일민족이라는 신화에서 벗어나 신석기시대의 고아시아족과 청동기를 사용하는 무문토기인과의 결합으로 보는 견해는 매우 의미가 있다고 할 수 있다.

한국 고고학의 시대구분은 아직도 도구를 기준으로 석기시대〔구석기시대, 신석기시대〕·청동기시대·철기시대 등의 3시기구분법이 중심을 이루고 있는데 오히려 식량채집단계, 식량생산단계 등 새로운 시기구분법이 필요하다는 점이 지적되었다. 예컨대 사회조직에 따라 군사회·부족사회·수장사회 등으로 구분하는 것도 하나의 방법이라고 할 수 있다. 그런데 문제는 아직도 '원삼국시대'라는 애매한 시기구분법이 사용되고 있는 점이 가장 문제라고 하겠다. 이러한 주장이 처음에 제기되었을 때는 유효하였던 시대구분 용어라고 할 수 있으나, 새로운 고고학 자료가 많이 발굴됨으로써 현재로서는 적합하지 않은 용어이므로 폐기되어야 할 것이다.

단군과 고조선에 대한 문제는 강단사학과 재야사학의 입장이 팽팽하게 대립되어 있는 문제다. 강단사학은 단군을 실존인물이 아니라 상징적인 존재로 보고 있는 반면에 재야사학에서는 단군을 실존인물로 보고 있다. 여기에 북한에서는 '단군릉' 발굴 이후 단군 인골을 근거로 실존설과 기원전 3000년설을 주장하고 있다. 문헌자료와 고고학 자료를 더욱 객관적으로 검토하는 자세가 무엇보다도 중요하다고 하겠다. 부여와 삼한에 대해서도 제법 연구가 진행되었는데, 큰 특징은 고고학적 발굴에 의한 고고학 자료와 문헌자료를 접목시키는 연구가 괄목할 만한 성과를 얻었다고 할 수 있다. 그러나 고대국가 형성에 대해서는 많은 논란을 일으켜 아직도 공통적인 인식을 이끌어내었다고는 할 수 없다.

한국학계에서는 종래의 '부족국가설'에 대해 비판이 이루어졌으며, 여기에 '성읍국가설'과 '수장사회설'이 제기되었다. 그러나 '성읍국가설'은 현실적인 구체적 사례가 드물어 지지를 못 받고 있으며, '수장사회설'은 한국사에 적용하는 데 용어와 단계설정에 많은 난맥상을 보이고 있다. 한편 '부체제설'과 '왕권과 제의'라는 입장에서 고대국가의 형성과 발전을 논한 견해들이 제기되었으며, 지금도 활발한 논의가 진행되는 상황이라 하겠다.

한국의 고대국가 형성을 이해하는 데 일본의 고대국가 형성론의 과정을 살펴보는 일은 매우 유용하다. 왜냐하면 과거 한국의 고대국가 형성을 논할 때 그 기준을 일본의 고대국가 형성의 기준을 준용하였기 때문이다. 그러나 일본의 고대국가 형성에 대한 기준이 변하고 있으며, 오히려 한국의 고대국가 형성론이 일본의 고대국가 형성론에 영향을 주었다고도 할 수 있다.

중국은 2002년 2월부터 '동북공정'을 통하여 종전에 한국고대사로 인식되던 고조선과 고구려를 중국사의 일부라고 주장하고 있다. '동북공정'은 대규모 학술 프로젝트이지만 사실상 정치적 프로젝트라고 할 수 있다. 따라서 이에 대한 접근은 정치적 대응과 함께 학술적으로도 대응해야 하는 것이다. 중국 측 문헌과 한국 측 문헌, 그리고 고고학 자료와 미술사 자료를 통해 역사적 정체성을 밝히는 작업이 매우 중요하다고 하겠다.

그런 면에서 중국 측 사서인 『삼국지』 동이전에 대한 올바른 이해는 매우 중요한 것이다. 이를 위해 『삼국사기』 초기기록과 통합적인 시각을 공유하는 것이 중요하다고 할 수 있다.

최광식

목 차

한민족의 기원과 형성

1. 머리말

우리나라 민족의 기원과 형성에 관한 문제는 우리 역사가 장구한 기간의 역사 위에 우뚝 서 있기 때문에 장대한 문화가 남긴 족적을 간파하면서 변화·변질의 성격을 규명하는 작업이다. 민족의 기원과 형성의 과제에는 동일한 주민의 연속일 가능성과 부동한 주민의 혼합일 가능성이 있다. 이 논점의 방법론에는 첫째, 문헌자료상에 우리나라 민족이 어떤 명칭으로 등장하였는지 탐구하는 과제가 있다. 둘째, 문헌 이전의 단계인 선사시대의 경우 삼시기법의 시대변화를 확인하고, 그 문화를 각각 담당하였던 주민의 문제를 고찰하는 작업이다. 셋째는 체질인류학의 성과를 도입하고, 넷째, 최근 분자유전학에서 시도하는 유전자 분석 결과를 위에서 언급한 연구성과와 종합해서 새로운 결과를 도출하는 방안이다.

우리나라 민족의 기원과 형성 문제는 자연히 인류의 기원 문제와 맞물려 연구 방향을 가늠하지 않을 수 없게 되었다. 인류의 기원설에는 아프리카 단일기원설과 다지역기원설이 있으나, 오늘날 분자유전학의 유전자 분석 결과는 아프리카 단일기원설을 과학적으로 입증하고 있다. 따라서 현생인류는 네안데르탈인과 전혀 다른 인종이라는 미토콘드리아DNA(mtDNA) 분석 결과는 우리나라를 위시해서 오랜 역사를 갖고 있는 나라의 민족기원 문제를 원초부터 재검토해야 하는 과제를 안게 되었다.〔Krings, M., 1997〕

월리스(Wallace, A.)의 인류 미토콘드리아 유전자 이주표에 의하면, 현생인류는 13만~17만 년 전에 아프리카를 떠나 5만 년 전에 중앙아시아를 거친 계열이 우리나라에 연결되고 있다. 각 유전형을 검토하면 기본적으로 우리 민족은 북방계가 주가 되는 가운데 일부 남쪽 지역에서 이주한 주민이 우리 민족의 근간을 형성하고 있다.

여기서 우리는 네안데르탈인이 현생인류와 완전히 다른 계열로 밝혀지면서 아울러 공생하다 도태되었기 때문에 우리나라에서도 전기 구석기시대 등의 화석유골과 유물은 현생인류의 후예인 우리 민족과는 관계가 없다는 논점에 이르게 되었다. 이 사실은 전기 구석기시대 이래로 우리 민족이 단일민족이었다는 민족기원설을 부정하는 결과를 초래하였다. 우리나라에서 출토되는 유물·유적이 모두 우리 민족의 직계 조상의 것이 아니라는 의미다.

민족의 기원과 형성 문제는 기원과 형성의 주체가 계기적인 단계로 발전하는 동일한 주민일 경우가 있고, 기원과 형성의 주체가 각기 다른 주민으로 이루어질 가능성도 있다. 주민이 다르다 하여도 우세한 주민에게 흡수 동화되면 형성의 단계로 변모를 하게 된다. 가장 확실하게 사서에 나타나는 우리 민족은 예맥족(濊貊族)인데, 주변의 민족과 문화 면에서 분명하게 차별성을 갖고 있다. 예맥은 동호(東胡)·선비족 (鮮卑族)과 다르고 말갈족(靺鞨族)과도 다르다. 예맥으로 통칭되는 주민 이 우리 민족형성에 근간을 이루고 있다는 사실에는 대체로 이견이 없다. 이 예맥족은 시간적·공간적으로 적어도 무문토기 이래의 담당자라는 데 무리가 없고, 청동기문화를 발전시킨 주인공이라는 사실에도 공감을 한다. 따라서 예맥족은 우리나라 민족형성에 주류이며, 이후 역사와 문화가 이로부터 단일계승 관계를 유지하게 되었다.

문제는 예컨대 신석기문화를 남긴 주민의 정체성을 규명하는 과제 다. 신석기시대의 유문토기문화와 청동기시대 무문토기의 문화가 각 각 주민이 다른 문화의 소산인가, 또는 동일한 주민이 남긴 문화인가 를 검토해야 한다. 모든 문화는 담당자가 있게 마련이므로 중국이나 일본의 문화형성이 이루어진 경우와 비교하며 관련 자료를 검토해야 한다.

가장 바람직한 방법은 신석기시대의 유골을 분자유전학의 입장에서 자료를 분석하는 일이다. 미토콘드리아 유전자는 모계를, 그리고 Y염색 체는 부계의 전승을 나타내므로, 이를 종합해서 이후 시기와 자료를 검 토하면 기대하는 결과를 얻게 된다. 우리나라에서는 지정학적으로 주요 시기마다 주민이주 파동이 있었다는 사실을 상기할 필요가 있다.

2. 시기별 연구 동향

한국민족의 기원과 형성에 관한 연구는 크게 5단계를 거치면서 발전하였다. 제1단계는 구한말 이래로 일본학자와 서양인들이 우리나라 민족의 구성을 일부 사서를 이용해서 소박하게나마 의견을 개진하던 시기다. 우리나라의 지정학적 위치가 3면이 바다로 둘러싸여 있고 북쪽이 대륙과 연접해 있기 때문에 우리나라 민족은 대륙족과 해양족으로 구성되었다는 논지다.

특히 한말의 헐버트(Hulbert)는 우리 민족을 북쪽의 예맥족과 남쪽의 한족(韓族)으로 대별하면서, 삼한의 주민을 남방족으로 이해하였다. 일반적으로 북방문화·남방문화라는 말은 단순히 지역을 지칭하는 문화를 의미하였고, 문화의 여러 요인을 체계적으로 연구한 끝에 내놓은 학술용어는 아니었다. 이 경우에 지역을 구분하는 경계선은 대체로 한강 유역 일대가 기준이 되었다. 우리나라 민족구성에 대해서 가장 많은 관심을 갖고 단편적이지만 퉁구스민족설을 내놓은 쪽은 도리이(鳥居龍藏) 등 일본학자들이다.

나카(那珂通世)는 숙신의 남쪽 현토·낙랑의 근처에 맥(貊)의 여러 종족이 있고, 남쪽에는 한(韓)의 여러 종족이 있다는 견해를 밝히고 있다. 〔那珂通世, 1894〕이러한 견해는 기본적으로 문헌사료에 나타나는 초기 주민의 명칭을 사용하면서 대표성 있는 민족명칭의 영역으로 한 단계 끌어올리고 있다. 특히 시라도리(白鳥庫吉)는 『삼국지(三國志)』동이전에 의거하여 7개의 어휘를 언어학적으로 분석하면서 예맥의 언어는 다량의 퉁구스어에 소량의 몽골어가 혼합되어 있다고 보았다. 따라서 예맥족은 퉁구스족을 기본으로 하면서 몽골종이 가미된 잡종이라는 설을 발표하였다.〔白鳥庫吉, 1933〕도리야마(鳥山喜一)도 이러한 견해에 추종해서 예맥족은 몽골족의 혼입이 있어 순수한 퉁구스족이 아니라고 보았다. 이러한 견해에서 더 나아간 의견도 나타났다. 미야마(三山榮三)는 우리나라 민족은 퉁구스족과 중국인의 혼혈종족으로 간주하였고, 이나바(稻葉岩吉)는 한국민족을 한(漢)족 및 동호계의 민족으로 파악하였다. 이마니시(今西龍)는 우리 민족을 헐버트와 마찬가지로 예맥과 한(韓)족으로 구성되었다고 보았지만 예맥을 퉁구스족으로 간주하였다.

사서에 근거해서 우리 민족을 논의하는 것은 중국계 학자들도 비슷한 경향을 보인다. 예일부(芮逸夫)는 『삼국지』 동이전을 근거로 부여·고구려·옥저·예맥·한 등이 있지만 실제로 보면 예 혹은 예맥, 한 또는 삼한의 두 계열로 나누어 볼 수 있다고 보았다. 따라서 그 분포로, 전자가 우리나라의 북부, 즉 경기도·황해도·강원도·평안남북도·함경남북도와 더 북쪽으로 중국 동북 지역인 요동·길림·송화강·눈강·합강 등 여러 지역에 걸치고, 후자는 충청남북도·전라남북도·경상남북도에 거주하였다고 보았다.〔芮逸夫, 1955〕

이내석(李迺楊)은 부여족이 우리나라 민족구성의 근간이라고 보면서 부여족은 퉁구스족 가운데 만주족의 일파라고 간주하고, 부여족의 선조는 혁철족(赫哲族)이라고 언급하였다.〔李迺楊, 1955〕 이 견해는 독특한데 비록 부여족을 지목하였지만 우리 민족의 구성에서 혁철족을 연관시킨 것은 중국학계의 경우로는 드문 일이다. 일찍이 시로코고로프(Shirokogoroff)가 그의 저서에서 민족분포도를 그리면서 우리 민족을 고아시아족으로 간주한 바 있고〔Shirokogoroff, 1929〕, 능순성(凌純聲)은 오히려 예맥족을 고아시아족이라고 언급한 업적이 있다.〔凌純聲, 1934〕

연구사의 제2단계는 우리나라 학자들이 우리나라 민족의 구성과 성격을 어떻게 파악하였는가를 검토하는 일이다. 일반적으로 이 시기의 우리나라 학자들은 일본의 영향을 받아 우리 민족을 북쪽의 퉁구스족과 연계시키는 윤곽을 종종 그리고 있었다. 손진태는 조선민족은 인종학상으로 보아 몽골인종[혹은 황색인종] 중에 퉁구스족에 속한다고 보고 퉁구스족설을 말하고 있다. 김상기의 예맥이동설은 3단계로 나뉘어서 설명되는데, 한·예맥족이 연의 북쪽에 있다가 주나라의 동천과 때를 같이하여 중국 동북 지역과 우리나라로 내려왔다고 보았다. 이 견해는 동이족의 이동을 염두에 두고 언급된 의견이다. 이병도 역시 예맥족을 우리 민족의 근간으로 보면서 이들이 만몽계통·터키계통과 공통한 먼 공동조상에서 분화된 일족이라는 입장을 견지하였다.

이러한 분위기에서 김정학은 우리 민족의 형성에 대해서 독립단위의 민족설을 주장하였다. 그는 선진(先秦) 이래의 문헌에 나오는 예맥이나 한대 이후에 나타나는 부여·고구려 등의 우리 민족이 읍루·말갈 등의 퉁구스족과 분명히 구분된다고 보고, 우리나라 민족이 퉁구스족이라는 설은 아무런 학문적 근거가 없다고 논하였다. 따라서 그는 우리 민족을 알타이족 중의 한 민족단위로 설정할 것을 주장하였다.[김정학, 1964]

그런데 문헌자료를 중시하면서도 우리 민족을 중앙아시아 방면과 연결시켜 보려는 견해도 있다. 최남선은 흑해·파미르고원·천산산맥·알타이산맥으로부터 남으로 흥안산맥·대항산맥에 이르는 지역에 종족적으로는 어떻든 문화적으로 동질성을 띤 '붉'·'백(白)'·'불함(不咸)'을 거론하면서 불함문화론(不咸文化論)을 들고 있다. 이와 유사한 견해는 최동이나 조지훈의 논고에서도 나타나고 있다.

우리 민족의 내원 문제를 체질인류학의 입장에서 본 일단의 견해가 나타난 것도 흥미롭다. 비록 초기의 방법론이지만 우리나라 민족의 단두(短頭) 문제를 학문적으로 거론한 것은 의미 있는 작업이다. 나세진은 우리나라 민족의 단두는 중앙아시아나 몽골·북만주 지역과 연관되는 것이 아니라고 보는데, 한국인의 단두는 전후경이 짧고, 중앙아시아의 단두는 좌우경이 심히 커짐으로써 유래한다고 그 차이점을 부각시키고 있다.〔나세진, 1964〕

이 방면 연구의 3단계는 문헌자료와 고고학을 연결시켜 논지의 근거를 한층 심화시킴으로써 논쟁을 촉발시킨 시기다. 미카미(三上次男)는 일찍이 예와 맥을 각각 개별적 단위로 보면서 민족계통이 다른 것으로 파악하였다. 따라서 그는 예와 맥은 우리나라 선사문화의 두 주류인 유문토기와 무문토기의 담당자라는 견해를 발표하였다.〔三上次男, 1966〕 예인이 유문토기를 사용하였고 맥인이 무문토기를 담당하였다는 논지로, 문헌자료와 고고학의 성과를 접목시킨 흥미 있는 관점이었다. 그러나 유문토기와 무문토기에는 시대의 선후가 있지만 예와 맥은 시대상의 선후가 분명한 그런 존재가 아니었다. 이에 반해 문숭일(文崇一)은 예맥이 흑도(黑陶)문화의 담당자라는 새로운 의견을 내놓았다.〔文崇一, 1958〕 이 의견은 넓은 시각에서 예맥을 보는 장점이 있지만 유문토기·무문토기라는 구분을 지나쳐 버리는 큰 약점을 지니게 되었다.

일찍이 김정학은 유문토기가 고아시아족과 관련된다는 가설을 피력한 바 있다. 김정배는 미카미의 견해를 논평하면서, 예와 맥을 분리된 단칭으로 간주하고 예와 맥은 비슷한 시기에 각각 다른 지역에 분포했던 존재로 파악했다. 따라서 우리나라 신석기문화의 인접 지역 분포로 보아, 유문토기는 아마도 고아시아족과 밀접하며 예맥은 무문토기 문화의 담당자라는 견해를 밝혔다.〔김정배, 1973〕 동북아시아 민족 문제를 집중 연구하는 중국의 손진기(孫進己)는 예와 맥을 분리하여 보면서, 맥은 동호·실위와 동원에 속했으며, 예는 동북 지역에 토착했던 주민으로 그 연대가 구석기시대까지 올라갈 수 있다는 입장을 보이고 있다.〔孫進己, 1987〕 예를 선주민으로 간주한다는 점에서는 미카미와 유사한 관점이 보인다.

　네 번째 단계는 우리나라 민족기원을 화석인골의 기초 위에서 민족 내원을 추구하며 복원하려는 계열이다. 주로 북한학계의 연구성과가 여기에 해당된다. 우리나라 민족은 원인(猿人)의 단계를 지나고 고인(古人)의 단계를 거쳐 신인(新人)의 단계로 발전하였으므로 하나의 핏줄로 이어온 본토기원설이 맞다는 것이다. 전기구석기인이 원인이고, 중기 구석기인이 고인이며, 후기 구석기인이 신인이라는 것이다. 이 외에도 북한학계는 혈액형에 따르는 분류로 민족의 차이점을 논하고 있고, 항체의 면역글로블린 Gm유전자 분포를 기준삼아 우리나라와 이웃나라들의 민족을 상호 비교하고 있다. 한마디로 요약하면 우리나라 민족은 이 땅에서 생겨난 이래 계속 발전해 온 단일민족이며, 본토기원설이 중심을 이룬다는 것이 핵심 사항이다.

　마지막 단계는 분자생물학의 성과로 미토콘드리아DNA를 분석하여 모계로 이어져 내려오는 인류 기원과 민족의 기원 문제를 규명하는 작업이다. 미토콘드리아DNA와 Y염색체를 분석하여 모계와 부계의 전승내력을 규명해서 민족의 내원과 구성을 복원하는 획기적인 연구성과가 나타나고 있다. 이러한 연구성과에 따라 우리나라 민족의 구성분포가 북쪽에 내려온 주민 비율이 약 70퍼센트가 되고, 동남아시아를 거쳐 들어온 주민이 약 30퍼센트가 된다는 견해는 매우 주목할 만하다.〔Kim, 2003〕 결국 우리나라 민족은 북쪽과 남쪽에서 이주한 주민들로 이루어졌다는 점도 유전자 연구에서 나온 결과다.

3. 단일기원설과 복합기원설

우리나라 민족의 기원과 형성 문제는 크게 두 가지 관점에서 논쟁이 진행되어 왔다. 하나는 동일한 주민이 민족의 기원이 되고 아울러민족 형성의 근간이라는 견해다. 단일민족설이 여기서 나오며, 본토기원설도 여기에 속한다. 또 하나는 민족의 기원과 형성은 동일 주민으로 이루어진 것이 아니고 복합성을 지니면서 민족의 근간이 이루어졌다고 보는 견해다.

1) 단일기원설의 문제

먼저 우리나라 민족의 단일성 주장 또는 본토기원설에 대해서 검토해 보고자 한다. 이 견해는 민족주의 학자들의 논고 속에 보이지만, 고고학의 화석인골을 근거로 본토기원설을 설정한 것은 북쪽 학자들의 견해가 주류를 이룬다. 1970년대에 들어와서 북쪽에서는 귀중한 인류 화석들이 발견되어 이 방면 연구에 좋은 자료가되고 있다.

1972년에 평남 덕천군 승리산에서 35세 정도 되는 남자의 아래턱뼈가 발견되었

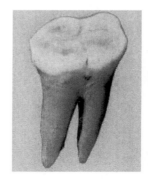

[그림 1] 덕천인 어금니뼈

고, 이듬해에 승리산에
서 사람의 이빨 화석 2개
가 나왔는데 하나는 아래
턱 첫째 어금니고, 또 하
나는 위턱의 둘째 어금니
다. 이를 '덕천인'이라고
명명하였다. 1977년에는
평양시 력포 구역 대현동
에서 7~8세 되는 어린이
의 머리뼈가 출토되어
'력포인'이라고 불린다.
1979~1980년에는 평양
시 승호 구역 만달리에서
20~30세로 보이는 남자
의 머리뼈 화석이 나와
'만달인'이라고 불린다.

[그림 2] 력포인 머리뼈와 복원 모습

[그림 3] 만달인 머리뼈 및 아래턱뼈와 복원 모습

이러한 자료에 근거해서 북쪽의 고고학계는 원인(猿人)의 단계를 지나
고인(古人)의 단계를 거치고 신인(新人)의 단계로 발전한다는 계기성을 주
장하고 있다.〔사회과학원고고학연구소, 1977〕 전기 구석기시대인을 원인으로,
중기 구석기인을 고인으로, 그리고 후기 구석기인을 신인으로 대비시키면
서 이들이 계승 발전해 온 본토집단이라는 입장을 취하고 있는 것이다.

조선 옛류형 사람은 '만달사람'이나 '승리산사람'과 같이 우리 조국강토
에서 인류 진화 발전과정을 거친 신인의 핏줄을 이어 형성된 조선사람

의 직접적인 선조였다. 따라서 조선사람은 본토기원의 집단이며 '만달 사람'은 조선사람의 시원으로 된다.[장우진. 1987]

이 견해도 전기 구석기시대부터 몇 천 년을 지나 신석기시대·청동기시대로 역사와 문화가 승계되었다는 동일주민 본토기원설의 핵심 논점이다. 좋은 자료를 증거로 제시하는 학문적 자세에도 불구하고 '만달인'이 '장두(長頭)형'이라는 사실은 오늘날 우리나라 사람들이 대체로 '단두(短頭)형'이라는 논점과 거리가 있어, 이 점은 향후에도 논의를 거칠 필요가 있다.

북쪽 학자들의 본토기원설에 대해서는 우리나라 학계에서도 이의를 제기한 바 있는데[김정배. 1989], 그 후에도 북쪽 학자들은 우리나라 민족과 문화의 발상지로 평양 일대의 유적·유물을 적시하며 '대동강문화'를 강조하면서 '평양이곳설'을 제시하였다.[장우진. 2000] 우리는 위의 견해에서 우리나라에서 발견되는 모든 유물이 우리 선조의 것이라고 확고한 신념을 표방하는 데는 일면 타당성이 있다고 본다. 그러나 오늘날 분자생물학계가 제시하는 현생인류의 아프리카 이곳설과 여기서부터 약 5만 년 전 중앙아시아 지역으로 들어오는 주민과 우리나라의 주민들이 연관된다는 월리스 등의 새로운 견해는, 기왕에 갖고 있던 우리나라 구석기시대 주민의 문제를 남북 학계가 근본부터 다시 검토해야 하는 과제를 안겨주게 되었다.

구석기시대부터 우리나라 민족이 단일민족이었다거나 본토기원이었다는 설이 이제 정면으로 비판을 받는 입장에 처하게 된 것이다. 우리나라에서 현생인류보다 더 오랜 유물과 유적이 나왔다면 그것은 이 땅에 그 당시 다른 갈래의 고인류가 살았다는 증거라고 이해하면 되는 일이며, 유적·유물은 먼 조상의 유산으로 있는 그대로 받아들이는 학문자세에서 크게 벗어나지 않게 된다.

2) 복합기원설의 양상

이제 우리가 검토할 두 번째 견해로는 우리나라 민족의 형성과정에서 단일민족만이 아닌 복합성을 내세우는 설이 있음을 일별하는 일이다. 몇 십만 년 전 구석기시대 주민부터 우리 민족이라고 주장하면 문제는 간단하겠지만, 전기·중기 구석기시대는 논외로 하더라도 후기 구석기시대에서 신석기시대로 이행하는 과정조차도 현재의 연대관으로 연결이 되지 않는 것이 실상이다. 다시 말해서 후기 구석기시대와 기원전 7~8천 년에 시작한다는 신석기시대 사이에는 적어도 몇 천 년이라는 시간의 공백이 여전히 남아 있어 이 기간 자료의 증가를 기다려야 하는 문제가 있다. 따라서 계기적인 발전을 논하려면 시공간의 여백을 유적·유물로 어느 정도 메운 뒤에 시도해야 할 입장에 있다.

여기서 우리는 신석기시대의 주민과 문화를 논하기에 앞서 현재 우리나라 민족형성 단위를 어떻게 보고 있었던가를 짚고 넘어가는 것이 좋을 듯싶다. 우리나라 민족이 퉁구스족이거나 그 일파라는 학자들은 이러한 의견이 나타난 배경을 이해하면서도 본질을 파악하고 학계의 수준을 이해하는 데 실패하고 있다. 이 퉁구스족설이 일본학자로부터 크게 퍼진 것은 사실이지만, 그러한 분위기 속에서도 새로운 민족단위 설정을 시도한 견해가 등장한 것은 옳은 방향이었다.

선진문헌에 나타나는 예맥족. 한대 이후의 중국 측 문헌에 나타나는 부여·고구려 등의 한국족은 읍루·물길〔말갈〕등의 퉁구스족과는 분명히 구별되었다. 다시 말하면 한국족은 대단히 오랜 옛날부터 퉁구스족과는 별개의 역사적 생활을 하여왔으므로 한국족은 퉁구스족으로 볼 수 없다. 여태까지 한국족을 퉁구스족이라 한 설에는 아무런 학문적 근거가 없는 것이다. 필자가 촉목한 한에는 한국족이 퉁구스족이라는 것을 논증한 업적도 없는 듯하다. 그러므로 우리는 한국족을 알타이족 중의 한 민족단위로 설정하고자 한다.〔김정학. 1964〕

위의 견해에서 알 수 있는 바와 같이 김정학은 우리나라 민족이 퉁구스족이라는 설에 대해서 근거가 없는 설이라고 일축하고 퉁구스족과 별개로 한국족을 독립단위로 설정하였다. 우리가 주목하는 것은 분명히 우리나라 민족은 한국족이라고 단위설정을 하였음에도 불구하고, 이를 충분히 인식하지 못하고 여전히 퉁구스족설을 비판만 하고 있는 것은 이해하기 어려운 일이다. 우리는 명확하게 예맥족이 우리나라 민족의 근간이라는 것을 밝힌 바 있고, 고고학적으로 전국적인 분포를 보이는 무문토기단계까지는 공통의 문화기반이 조성되어 있었으므로 문화단위로 보더라도 이 시기에 우리나라 민족단위의 기틀이 이루어졌다고 보았다.

그렇다면 신석기시대의 문화와 주민의 문제는 어떻게 이해를 하는 것이 바른 길인지 고찰해 보기로 한다. 1960년대나 1970년대까지도 우리나라의 신석기시대 토기는 빗살무늬토기라는 유문토기가 대표적인 유물이었고, 서울의 암사동 유적 등은 이 유물들이 출토되는 전형적인 대표성을 갖는 유적지였다. 토기 밑바닥이 둥글거나 뾰족한 이 유문토기는 이웃 중국과 일본 등지에서는 크게 발견되지 않고, 더 넓게 시야를

[그림 5] 부산 영선동에서 출토된
융기문 토기

[그림 4] 양양 오산리에서 출토된 평저토기

돌리면 핀란드와 시베리아(러시아) 일부의 것과 거의 같기 때문에 이와
연관된다는 견해가 나타나게 되었다. 물론 이 견해는 시베리아 중간에
유적·유물이 나타나지 않고 있는 약점이 있으나, 워낙 양자 사이에 유
사점이 많아 여전히 문화의 커다란 수수께끼로 남아 있다.

그런데 신석기시대에 관한 새로운 인식이 강원도 오산리 유적을 통
해 알려지면서 신석기시대의 상한도 기원전 6천~5천 년으로 올라가고,
구연부 일부에만 시문을 하는 평저형토기가 출토되면서 종래의 유문토
기보다 선행하는 유적·유물임이 밝혀졌다.(임효재·권학수, 1984) 비록 동
해안 북부에서 남으로 제한적인 분포지만 평저형토기나 원시 무문토
기·융기문토기 등의 존재는 전형적인 유문토기보다 연대가 앞서고 있
어 신석기문화의 맥락을 다시 고려하는 계기가 되었다.

우리나라의 대표적 신석기시대 토기인 유문토기가 기원전 4천 년경
에 한강·대동강 등 서해안 지역에서 집중 출토되면서 후기까지 연결
되는 모습을 보이고 있다. 그런데 오산리 등 동해안 지역의 평저토기
와 한강·대동강 등지의 밑이 둥근 유문토기도 그 상호 간 기간의 괴리

[그림 6] 아산 백암리에서 출토된 무문토기

[그림 7] 서울 암사동 출토 유문토기[빗살무늬토기]

가 상당히 넓어 공백을 메워야 하는 문제점을 안고 있다. 가장 오래되었다는 평저토기의 기원에 대해서도 중국 동북 지역으로 보는 견해도 있고〔백홍기, 1994〕, 우리나라 신석기문화의 유사 지역으로 아무르강 중하류를 지목하기도 한다.〔정징원, 1991〕 특히 근년에 와서 아무르강과 연해주의 신석기시대 토기가 관심을 불러일으키고 있는데, 연해주의 보이스만 문화는 서포항 12기의 아가리무늬 토기와 연결이 되고 있다.

우리나라의 신석기시대 문화유적으로 비교적 이른 오산리 등지의 문화가 한정된 지역이라고 하지만, 연해주 등지와 관련된다는 사실도 우리나라의 신석기문화를 결국은 다른 지역과 비교하지 않으면 실상을 밝히기 어렵다는 점을 일깨운다. 그런데 보이스만 유적의 인골로부터 기원전 6천~5천 년 전〔6,010±220 B.P.~5,160±140 B.P.〕의 연대를 확인하게 되면, 이는 오산리 유적보다 다소 앞선다는 느낌이 든다. 그런데 이 유적의 담당자는 고아시아족과 연관되는 것으로 보고 있다.〔Popov, A. N.·Chikisheva, T.A.·Shpakova, E.G., 1997〕 크로노브카 1유적도 일부가 서포항 유적과 연결되고 있어〔Komoto Masayuk·Obata Hiroki, 2004〕, 동북 지역 신석기문화의 일부가 한층 윤곽을 드러내고 있다.

우리나라에서는 오산리 유적을 비롯해서 평저토기 등이 출토하거니와, 다음 단계인 암사리 등지에서는 밑이 둥글거나 뾰족한 유문토기가 반출되는 현상으로 변하였다. 유문토기의 기원과 관련해서 일부에서는 요동반도의 수주산 문화에 연계하는 시도도 있다. 그렇다면 우리나라 신석기시대의 주민은 앞서 말한 고아시아족만일까 또는 그 뒤의 다른 주민이 들어와 혼재하였는가 하는 의문이 일게 된다. 이 사실 자체는 어느 경우든 신석기 문화를 남긴 주민은 유적의 분포로 보아 매우 제한적인 영역에서 그 수가 우리가 추측하는 것보다 많지 않았던 듯하다. 무문토기는 유적분포 및 생업경제·문화 양상 등 유문토기와 비교할 경우 여러 각도에서 차이점을 노출시키고 있다.

우리나라의 신석기시대와 그 문화는 근동의 신석기시대 문화나 중국의 신석기시대 문화와 용어상으로는 동일하지만 내용상으로 큰 격차가 있다. 우리와 가까운 중국의 경우만 보더라도 4대 문명에 속하는 이 지역의 신석기시대 문화는 우리나라의 경우보다 최소한 한 단계 앞서가는 양상을 보인다. 차일드(V.G. Childe)의 '신석기혁명'이나 브레이드우드(R. Braidwood)의 '농업혁명'이 적용되는 단계로, 중국의 경우 신석기시대 문화부터 청동기시대 문화로의 이행이 한눈에 들어올 만큼 계기적인 변화와 변이가 뚜렷하다. 반면에 일본의 조몬(繩文)문화와 야요이(彌生)문화는 양자 사이의 동질성과 상이성의 논쟁에도 불구하고, 양자 간은 확연히 다른 문화 양상을 보이고 있고 주민도 다르다. 우리나라에서 건너간 주민과 문화가 야요이문화에 준 영향은 더 논거할 필요가 없다. 우리나라 주민구성은 중국의 경우라기보다 일본의 민족구성예와 비슷한 양상을 띠고 있다. 중국이 문명권에 진입한 반면 우리나라와 일본은 독자적인 문화를 한두 단계 거치면서 이후 중국문화권으로 진입하기 시작하였다.

4. 고아시아족과 예맥족

우리나라 민족의 기원과 형성을 논하면서 가장 주목받는 주민집단은 단연 신석기시대의 '고아시아족'과 청동기시대의 '예맥족'이라 할 수 있다.

우리나라 민족구성을 논하는 과정에서 나타난 고아시아족설은 일찍이 북쪽의 전장석의 논고에서 처음으로 나타났다.

이와 같이 우리나라 강토의 동북부에는 퉁구스적 요소의 진출 이전에 '팔레오아세아'족에 속하는 종족들이 살고 있었다는 것을 상상할 수 있다. 이에 대한 고고학적 자료에 대하여 이야기할 근거는 아직 빈약하다. 우리나라 동북 지방에서 출토되는 고고학적 문화의 성격은 보다 오랜 고대의 '팔레오아세아'적 요소와 후기의 퉁구스적 요소와의 결합으로 형성된 종합적 특성을 명확히 보여준다.〔전장석. 1959〕

그의 솔직한 고백대로 고고학적 자료의 빈곤 속에서 일구어낸 이 견해는 김정배의 주장과 기본 틀에서 상당히 가깝다. 특히 오클라디코프(Okladikov)·레빈(Levin) 등의 업적을 인용하면서 논지를 전개시키고 있는 점도 상당히 유사하다. 그런데 이 의견은 김정학의 생각과도 유사한데 논점을 보면 아래와 같다.

유문토기가 기본적으로 시베리아에 연결되고 그 부족이 주로 어로를 생활수단으로 하였던 점으로 보아 나는 이 부족을 구아시아족으로 보고, 무문토기 문화는 기본적으로 남만주와 북중국에 연결되며 그 부족이 주로 농경을 생활수단으로 하였던 점으로 보아 나는 이 부족을 알타이족에 비정한다.〔김정학, 1966〕

　　여기에 전장석·김정학 그리고 김정배가 고아시아족을 거론하는 공통점이 있다. 그러나 다음 단계에 들어와 결합한 주민에 대해서 전장석은 퉁구스족을 주장하였고, 김정학은 알타이족을 언급하였으며, 김정배는 예맥족을 거론한 바 있다. 다만 대상을 지목하고 명칭을 표현하는 데는 세 사람 사이에 상이한 점이 있다. 전장석이 기본틀을 잘 세웠으면서도 퉁구스족과 결합하였다는 것은 지금의 입장에서 보면 우리 민족이 퉁구스족이 아니기 때문에 아쉬운 점이고, 김정학의 견해도 기본틀이 올바름에도 넓은 의미의 알타이족을 거론하였기 때문에 초점이 흐려지는 결과를 맞게 되었다. 예맥족을 지목해서 고아시아족과 결합하였다고 한 것은 위의 난점을 해결하면서 동시에 문헌에 나오는 주민의 명칭을 그대로 사용하기 때문에 민족단위를 더욱 극명하게 보여준다고 믿는다.

　　우리나라 민족이 문헌에 등장하는 이름으로는 예맥이 있다. 이 예맥이 관련 문헌에 나타나는 시기는 대체로 청동기시대 이후의 기간이다. 이 예맥은 구석기시대나 신석기시대의 주민과 직접 연결되거나 그 후예라는 어떤 단서도 관련 문헌자료에는 없다. 따라서 예맥의 활동기간이 더 위로 올라갈 수 있는 상한선을 확정하기 위해서도 이와 관련된 고고학의 최신 성과를 과감히 도입할 필요가 있다.

위의 견해를 이해하기 위하여 먼저 문헌에 나오는 예맥과 고고학의 성과를 과감히 접목시켰던 미카미(三上次男)의 의견을 검토해 보고자 한다. 그는 우리나라와 만주 지역에 민족계통을 달리하던 두 종류의 원주민이 있는바 이들을 각기 예인과 맥인이라고 보았다. 이들의 활동시기도 기원전 2~1세기에서 2~3세기라고 보면서 다음과 같이 논하고 있다.

맥인이라고 불리는 것이 구릉지대를 무대로 수렵·목축을 주로 하는 생활을 하였고 그 위에 초보적 곡물재배를 행하는 데 대해, 예인은 주로 수변에 살면서 어로·수렵과 관계 깊은 생활을 하였다. 지금 이러한 맥인과 예인의 제반 관계를 고고학상의 사실에 비추어볼 때 평지구릉성=적갈색 무문토기 문화와, 수변저지성=유문토기 문화와의 관계에 합치한다. 즉 열하산지에서 동남부 만주를 지나 조선반도에 거주했던 맥인은 평지구릉성=적갈색 무문토기 문화의 담당자였고, 또 반도에서 소련 연해주에 걸친 연안과 흑룡·송화 등 대하의 하유역에 주로 거했던 예인은 수변저지성=유문토기 문화의 소유자라고 생각해서 큰 잘못이 없다.〔三上次男, 1966〕

위 견해는 당시로는 아주 참신한 견해였고, 지금도 문헌자료와 고고학의 성과를 연결시켰다는 점에서 방법론상 진일보한 논점이었다. 그러나 그의 논지는 두 가지 사실에서 비판을 받게 되었다. 하나는 고고학의 편년에서 기원전 2~1세기에서 2~3세기라는 연대는 유문토기라는 신석기시대가 지난 뒤이고, 무문토기도 일부의 기간만이 걸치게 되는 시기이므로 연대가 맞지 않는다. 이 기간은 역사시대이므로 선사시대의 토기문화를 대비시키는 것은 어느 면으로 보나 연대상 걸맞지 않게 되었다. 두 번째 문제는 맥과 예를 분리하여 시기를 달리해서 존재한 주민으로 파악한 점이다. 우리가 중국의 문헌을 검토해 보면 예와 맥은 비슷한 시기에 함께 등장하는 것이 상례이며, 유문토기·무문토기처럼 시대의 선후를 달리해서 예와 맥이 나타나는 것은 아니다. 그러므로 예와 맥을 고고학상의 토기문화에 대비시키려고 한다면, 그것은 유문토기와는 관계없이 무문토기 문화의 담당자가 되어야 옳은 것이다.〔김정배, 1973〕

　　예맥에 관해서는 예와 맥은 미카미(三上次男)처럼 각기 단칭으로 보는 견해도 있고 예맥이라고 연칭으로 보는 입장도 있다. 대표적인 경우에 고구려를 맥인이라고 하는 것이 보통이고, 부여 등을 예인이라고 칭하는 것이 대다수 사례이므로, 예와 맥을 분리해서 보는 것이 바람직하다. 시대가 내려와『삼국지』나『후한서(後漢書)』등에서 예맥의 사용에 혼동이 있었던 것은 사실이지만 원초적으로 맥은 고구려를 포함해서 서쪽에, 그리고 예는 부여의 경우처럼 동쪽에 분포하고 있었다. 강원도의 동예도 그러한 관점에서 같은 경우에 속한다. 그러므로 예와 맥은 지리적인 분포에 따른 명칭이며〔文崇一, 1958〕, 한강 남쪽의 한의 명칭도 그러한 범주에 든다고 보면 크게 틀리지 않는다.

　　위에서 지적한 바와 같이 예맥이 등장하는 사료상의 연대에서 우리가 확실하게 고고학상의 유물을 추적할 수 있는 것이 무문토기이고 이 단계의 문화일반이다. 주지하는 바와 같이 무문토기는 신석기시대의 유적과 유물들이 강변이나 해안가에서 많이 보이는 것과 달리, 야트막한 구릉지대와 내륙의 평지에서 주로 분포하는 특징을 갖고 있다. 또 시기적으로 지석묘나 석관묘 등 우리나라 거석문화와 직접 연결되어 나타나고 있고, 후에는 청동기문화로 계승·발전하고 있다. 무문토기가 전 지역에서 분포하는 것은 이 단계에 와서 우리나라 주민의 대부분이

전국에 걸쳐 정주하였다는 사실을 뜻한다. 또한 지석묘처럼 공통된 문화를 기반으로 점차 정치력을 발휘하는 구심점 있는 결합의 단계로 발전해 나갔음을 의미한다. 전국적인 분포를 보이는 무문토기 문화나 그 시대가 왜 우리나라 민족기원 형성에서 중요한 대상이자 초점에 위치하게 되는지를 가늠하는 이유가 바로 여기에 있다.

고아시아어를 사용하는 이들이 고아시아족이며〔Roman Jakobson · Gerta Hüttl—Worth · John Fred Beebe, 1957〕, 이들은 시베리아 동부 쪽에 거주하다가 바이칼호 주변에서 동쪽으로 이주한 퉁구스족에 밀리면서 결합되거나 더 밀려 동북쪽으로 이동을 하게 되었다. 따라서 퉁구스족은 고아시아족과 결합된 주민이며, 우리나라의 예맥족도 고아시아족과 결합되면서 우리나라 민족의 근간을 형성하게 되었다.

시베리아 등지의 신석기시대와 문화의 담당자에 대해서 일찍이 오클라디코프는 고아시아족설을 주창하였고〔Okladikov, 1959〕, 레빈도 퉁구스족의 기원성을 논하면서 고아시아족과의 결합을 주요 논점으로 삼았다.〔Levin, 1963〕 우리나라 민족이 퉁구스족이 아니라는 사실은 퉁구스족이 중국 문헌에 숙신 · 읍루 · 말갈 · 여진으로 나타나는 주민임에 반하여, 우리나라의 예맥족은 이들과 분명하게 구별이 되고 있어 한국족으로 독립단위를 설정하게 된 것이다.

고아시아족설과 예맥족의 결합에 대해서는 비판적인 시각도 있는데〔이선복, 1991〕, 우리나라의 신석기시대와 청동기시대 주민의 복합 문제는 중국의 경우와 달리 일본의 조몬시대나 야요이시대의 주민 실상과 거의 같은 모습으로 보아야 한다고 생각한다. 우리나라에서 건너간 주민과 청동기문화가 일본 청동기문화인 야요이문화에 결정적 역할을 하였다는 것은 당시의 인골과 청동기 등 각종 유물과 유적이 증거로 나타난 바 있다.

　문화는 항상 높은 문화가 낮은 문화로 흘러가게 마련이고, 강한 지
도력을 발휘하는 주민의 문화가 약한 자의 문화에 스며들게 된다. 시대
가 위로 올라갈수록 문화는 주민과 함께 이동하는 것이 상례이고, 시대
가 내려올수록 주민을 동반하지 않고도 문화는 전화된다. 따라서 무문
토기와 더불어 예맥족이 등장한 것은 그 이래로 우리 민족이 비교적
단일민족이라고 불러도 좋을 만큼 논란의 여지가 없다. 문제는 신석기
시대인 선사시대의 주민이 우리 민족의 근간인가 하는 점인데, 현재 우
리나라 신석기시대와 문화의 양상은 단순성을 벗어나 여러 단계의 요
소가 혼재하여[임효재, 2005], 지역적 국지성에 머무는 특성을 보이고 있
다는 점을 유념해야 한다. 이 가운데 일부는 여전히 고아시아족과 연결
이 되고 있다.

　우리는 신석기시대 주민이 그 수가 많아서 뒤에 오는 무문토기인들
을 순수하게 맞아들이는 것으로 생각하는 경향이 있다. 이것은 현재 강
한 입지를 갖고 있는 문화수용론으로 선사시대의 문화를 조명하기 때
문인데, 신석기시대의 토기와 청동기시대의 무문토기가 혼재하는 듯하
면 이것을 신석기시대 주민이 청동기시대의 무문토기를 수용 제작한
것으로 확신하고 변화의 양상을 설명하는 경향이 있다. 실은 그 반대로
무문토기인이 유문토기인과 접촉하며 결합한 사실을 오히려 중시해야
한다. 만약에 무문토기가 유문토기 영역 안에서만 발견된다면 모르지
만 무문토기의 분포와 범위가 중국 동북 지역까지 아우르고 있는 상황
에서 유문토기인이 무문토기를 만든다는 것은 문화의 수용과정에서 수
긍하기 어려운 논리가 된다. 이것은 뒤이어 오는 청동기 문화의 영향
관계를 고려하여도 합당한 설명이 되지 않는다.

우리나라 선사문화에는 크게 4단계의 문화파급이 시기를 달리하여 등장하였다. 첫 번째는 시베리아[아무르강 연해주 포함] 등지의 문화가 연관되는 시기이고, 두 번째는 중국의 동북 지역과 유사한 문화권을 이룬 시기가 있었으며, 세 번째는 멀리 내몽골 요서 지역과 선이 닿은 청동기문화와 관계가 있었고, 네 번째는 중국의 문화권과 정복하는 단계를 거치며 문화의 온축을 형성하였다. 초기에는 주민이 문화를 갖고 이동하지만 무문토기단계 이후에는 예맥족이 민족의 이곳을 이루면서 이전에 접하지 못했던 다양한 문화를 수용하며 용해하는 능력을 발휘하였다.

5. 맺음말

민족의 기원과 형성을 탐구하는 과정에서 문헌연구는 중요한 일차 단계의 탄탄한 기반을 조성하는 역할을 한다. 그러나 문헌이 갖고 있는 시간상의 한계성이 있기 때문에 선사시대로 올라가서는 고고학의 유물·유적의 도움을 받아 역사의 체계를 수립하는 작업에 몰두하게 된다. 여기에 체질인류학의 각종 지표도 민족의 기원을 해명하는 데 큰 도움을 주게 된다.

위의 세 가지 작업은 현재까지 이루어지고 있고, 경우에 따라서는 종합단계에서 해석도 유추하지만 여전히 미흡한 점이 있다. 지금까지 우리가 살펴본 여러 견해나 각종 설도 미흡하여 시원한 단계에 오르지 못한 것도 사실이다.

이제 우리가 이 문제를 푸는 데 기대고 있는 과제는 미토콘드리아 DNA(mtDNA)로부터 모계의 혈통을 확인하고, Y염색체를 통해서 부계의 혈통을 인지해서 종합하는 일이다. 이 연구는 규명 자체로도 의미가 있는 결과를 도출하겠지만, 역사와 고대 문화가 오랜 우리나라 민족의 경우 유전자 연구라는 과학화의 과정을 거치는 작업이 중요하다.

네안데르탈인이 현생인류가 아니라는 결론 위에서 논의가 진행되므로, 우리나라에서 전기 구석기시대부터 유물과 유적이 나온다 하여도 그들은 현존하는 우리 민족의 직계조상이 되지 않는다. 그러므로 새로운 시각에서 그 이후 시기부터 민족의 기원과 형성 문제를 논의할 수밖에 없는 단계에 와 있다. 물론 미토콘드리아DNA(mtDNA) 연구나 Y염색체의 분석결과가 민족의 기원과 형성을 모두 해명하는 열쇠는 아니다. 그러나 관련 수집자료가 시대별로 증가할수록 신빙성을 높이면서, 이웃나라 유전자 연구 결과와 연대할 경우 더욱 탄탄한 학설을 수립하는 데 큰 역할을 담당하게 될 것이다.

김정배

‖ 참고문헌 ‖

김정배, 1973, 『한국 민족 문화의 기원』, 고려대학교출판부.

_____, 1989, 「한국 민족의 기원과 국가형성의 제문제」, 『국사관논총』 1.

김정학, 1964, 「한국 민족 형성사」, 『한국문화사대계』 1, 고려대 민족문화연구소.

_____, 1966, 「고고학상으로 본 한국민족」, 『백산학보』 1.

나세진, 1964, 「한국민족의 체질인류학전 연구」, 『한국문화사대계』 1, 고려대 민족문화연구소.

박선주, 1996, 「우리 겨레의 뿌리와 형성」, 『韓國 民族의 形成과 起源』, 소화.

백홍기, 1994, 『동북아 평저토기의 연구』, 학연문화사.

사회과학원 고고학연구소, 1977, 『조선고고개요』.

이선복, 1991, 「신석기·청동기시대 주민 교체설에 대한 비판적 검토」, 『한국고대
　　　사논총』1.

_____, 2003, 「한국인의 기원」, 『강좌 한국고대사』1, 가락국사적개발연구원.

임효재, 2005, 『한국 신석기 문화의 전개』, 학연문화사.

임효재·권학수, 1984, 『오산리유적』1.

장우진, 1987, 「조선사람의 시원문제에 대하여」, 『조선고고연구』3.

_____, 2000, 『조선민족의 발상지 평양』.

_____, 2002, 『조선민족의 력사적 뿌리』, 사회과학출판사.

전장석, 1959, 「조선 원시사 연구에서 제기되는 몇가지 문제」, 『민속학 논문집』2.

정징원, 1991, 「중국 동북지방의 융기문토기」, 『한국고고학보』26.

한영희, 1996, 「한민족의 기원」, 『韓國 民族의 形成과 起源』, 소화.

凌純聲, 1934, 『黑龍江下游的赫哲族』上.

文崇一, 1958, 「濊貊文化及其史料」, 『中央研究院民族學研究所集刊』5.

孫進己, 1987, 『東北民族源流』.

芮逸夫, 1955, 「韓國古代民族考略」, 『中韓論文集』(一).

李洒梲, 1955, 「史前時期的朝鮮半島」, 『中韓論文集』(一).

那珂通世, 1894, 「貊人考」, 『史學雜誌』5-5.

白鳥庫吉, 1933, 「穢貊は果して何民族と見做すべきか」, 『史學雜誌』44-7.

三上次男, 1966, 『古代東北アジア史研究』.

Homer B. Hulbert, 1962, *Hulbert's History of Korea*, Vol.1.

Jakobson, R.·Hüttl-Worth, G.·Beebe, J. F. eds., 1957, *Paleosiberian
　　　people and Languages*, A Bibliographical Guide HRAF.

Kim W. et al., 2003, Y-chromosomal DNA haplogroups and their implications
　　　for the dual origins of the Koreans, *Hum Genet*, vol.114.

Komoto, M·Obata H. eds., 2004, *Krounovka 1 Site, Reports of Excavations
　　　in 2002 and 2003*.

Krings M. et al., 1997, Neandertal DNA Sequences and the Origin of Modern
　　　Humans, *Cell*, vol.90.

Levin, M. G., 1963, *Ethnic Origins of the People of Northeastern Asia.*

Okladikov, A. P., 1959, *Ancient People of Siberia and its Culture.*

Popov, A.N. · Chikisheva, T.A. · Shpakova, E.G. eds., 1997, *The Boisman Archaeological Culture of the Southern Primorye : The Multilayered Site of Boisman-2.*

Shirokogoroff, S. M., 1929, *Social Organization of the Northern Tungus.*

구석기시대

1. 머리말

광복 이후 한반도의 구석기시대에 대한 연구가 시작된 것은 1960년 대 전반기 함북 웅기 굴포리와 충남 공주 석장리 유적이 발굴되면서부 터다. 그 후 지금까지 40여 년 동안 한반도 내에서 발굴조사된 유적의 수는 110여 지점[북한 30군데, 남한 80군데]이 넘는 것으로 나타난다. 북한에 서는 주로 건설공사를 위한 채석과정에서 드러난 동굴유적이 조사되었 고, 남한에서는 댐건설이나 도로개설 및 택지조성지구 조사과정에서 발견된 한데[야외]유적이 많은 편으로, 이러한 유적들은 전국에 걸쳐 큰 강 유역이나 작은 하천 주변, 내륙 깊숙한 곳, 산사면, 해안가 부근 등 다양한 환경에 분포한다.

그동안 발굴된 인류화석·고생물자료·고고학유물에 대한 연구 및 지형·지층·퇴적물에 대한 지질학적 분석, 절대연대측정 자료 등을 이곳으로 유적의 형성요인과 과정 및 형성시기에 대한 연구가 꾸준히 이루어져 왔으며, 유적 간의 상호 비교를 통해 시간에 따라 변화한 구석기문화의 흐름을 이해하고 편년하는 작업도 부분적으로 많은 성과를 이루고 있다.

이 글에서는 1960년대 이래로 한반도에서 발굴조사된 유적들을 시대별로 소개하고, 그동안 발표된 발굴보고서 및 관련 논문에 제시된 자료를 바탕으로 한반도의 구석기시대를 전기·중기·후기로 구분하여 그 내용을 살펴보았다. 여기서 적용된 각 시기의 존속기간은 전기 13만 년 이전[중기 갱신세], 중기 13~4만 년[후기 갱신세 전반부], 후기 4~1만 년 [후기 갱신세 후반부]을 지시하는 것으로, 그동안 우리나라에서 일반적으로 채택하여 사용하고 있는 편년체계를 기준으로 하였다. 한편 이러한 편년관은 시간의 흐름에 따라 변화한 인류의 진화 및 석기문화상을 바탕으로 설정된 것으로, 근래 서부 유럽을 비롯한 일부 지역에서는 새로운 자료 및 과거 자료에 대한 재검토 작업성과를 이곳으로 수정·보완된 편년체계를 사용하기도 한다.

그러나 우리나라에서는 아직 구석기문화의 변화양상에 대한 충분한 검토나 논의를 통해 각 시기별 문화상에 대한 구체적인 개념정의가 이루어지지 않은 상태이므로 한반도의 구석기시대 편년체계를 확립하기까지는 아직도 해결해야 할 많은 과제를 안고 있다고 하겠다. 최근 많은 유적이 발굴되면서 보다 풍부한 지질·고고학 자료 및 절대연대 측정 자료가 축적되고 있고, 유적 간의 퇴적층 변화양상 및 유물에 대한 비교검토가 비교적 활발하게 이루어지고 있을 뿐 아니라 과거 자료에 대한 재검토 작업도 진행되고 있어 점차적으로 한반도 구석기시대 편년에 대한 새로운 체계가 확립될 것으로 기대된다.

2. 유적의 발견과 발굴

한반도에서 처음으로 구석기시대 유적이 발견된 곳은 함경북도 온성군에 위치한 강안리〔동관진〕 유적으로, 1932년 일제가 추진한 철도공사 과정에서 동물화석이 드러나면서 알려지게 되었다. 그 후 만몽학술조사의 일환으로 이루어진 발굴조사(1933~35) 결과, 후기 갱신세기에 퇴적된 7~8미터 두께의 황토층 윗부분에서 하이에나 · 털코끼리 · 털코뿔이 · 들소 · 사슴 · 옛소 · 양 · 말 등의 동물화석과 함께 뿔 · 뼈연모 및 흑요석제 석기 2점이 출토된 것으로 보고되었다. 강안리 유적은 한반도에서의 구석기시대 존재를 밝혀준 최초의 자료를 제공하였으나 이 유적이 구석기시대 유적으로 올바르게 평가된 것은 1950년대 후반에 이르러서다.〔김정학, 1958〕

1960년대 초기에는 광복 이후 처음으로 함경북도 웅기군 굴포리 서포항(1962) 유적과 충청남도 공주군 장기면 석장리(1964) 유적이 발굴조사되었다. 두 유적의 발굴은 한반도 내에서의 구석기시대 존재를 확고하게 밝히는 계기가 되었으며 한국의 선사문화에 대한 인식을 새롭게 해주었다. 각 유적에서 출토된 고고학 자료를 이곳으로 이루어진 연구성과〔도유호, 1964 ; 손보기, 1967〕는 한국 구석기고고학의 기틀을 마련하여 연구 방향을 설정하고 과제를 제시해 주었다는 면에서도 큰 의의를 지닌다. 이에 앞서 1961년 함경북도 화대군 장덕리에서는 이탄을 채취하는 과정에서 털코끼리 화석과 화분이 발견되어 한반도의 제4기 지질과 자연환경에 대한 연구가 이루어지기도 하였다.〔박준석 · 최현모, 1962 ; 로영대, 1962〕

1960년대에는 굴포리(1963~64)와 석장리(1964~74) 유적발굴을 계기로 구석기문화에 대한 관심이 커지고 연구가 활성화되면서 남·북한의 여러 지점에서 발굴조사가 이루어졌다. 북한에서는 굴포리 부근 부포리(1964), 평양시 상원군 검은모루 동굴(1966~70), 평양시 해상 동굴, 황북 평산군 청청암 동굴(1969~70) 등이 조사되었는데, 특히 검은모루 동굴에서는 주먹도끼모양·제형·뾰족끝·반달형 석기 등과 함께 쌍코뿔이·넙적큰뿔사슴·하이에나·원숭이를 포함한 여러 종류의 동물화석이 출토되어 우리나라 구석기시대의 동물화석 및 자연환경 연구에 새로운 자료를 제시해 주었다.〔고고학연구소, 1969 ; 김신규·김교경, 1974〕 남한에서는 공주 석장리 부근 마암리 동굴(1967)에서 채집된 뗀석기가 보

고된 바 있으며, 서울 면목동(1970)에서는 석영제 석기가 발굴되어 한강 유역에서의 구석기문화 발견 가능성을 예고해 주기도 하였다.

1970년대 초기에는 한반도 내에서는 처음으로 구석기시대의 사람화석이 덕천 승리산 동굴에서 발견되었다(1971). 비록 석기는 출토되지 않

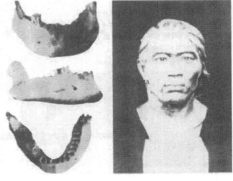

[그림 1] 덕천 승리산 유적과 승리산 사람[복원]

았지만 많은 동물화석과 함께 슬기사람[덕천사람]과 슬기슬기사람[승리산사람] 화석이 나와 우리나라 구석기시대에 살았던 사람의 실체를 확인할 수 있는 계기가 되었다. 북한에서는 승리산 이외에도 평양시 대현동·화천동(1977)·만달리 동굴(1979) 등이 발굴되었는데, 대현동에서는 동물화석과 함께 슬기사람 머리뼈[력포사람]가, 그리고 만달리에서는 동물화석·뿔연모·석기 등과 함께 슬기슬기사람 화석[만달사람]이 발견되어 후기 갱신세의 자연환경과 구석기문화를 이해하는 데 중요한 자료를 제공하였다.

1970년대에는 남한에서도 동굴유적을 찾으려는 노력이 꾸준하게 진행되어 마침내 제천 점말 용굴(1973~80)과 제주도 빌레못 동굴(1973)을 발굴하게 되었다. 여러 종류의 동물화석을 비롯하여 석기·뼈연모 등이 출토된 점말 용굴은 남한에서는 처음으로 동물뼈 화석이 다량으로 출토된 매우 중요한 유적으로, 본격적으로 동물화석에 대한 연구를 시작하게 된 계기를 마련해 주었다. 1970년대 후반기에는 청원 두루봉 일대의 제2굴·제9굴·새굴·처녀굴·흥수굴(1976~83)에서도 코끼리·코뿔이·하이에나·원숭이 등의 동물화석을 비롯하여 사람화석·석기·뼈연모 등이 출토되었는데 동물뼈 중에는 겉면에 석기를 사용한 흔적이 남아 있는 것도 알려져 있다.

1970년대 말에 발견된 대규모 석기 분포지인 연천 전곡리(1979~86) 유적은 동아시아에서는 처음으로 아슐리안형 주먹도끼 문화가 확인된 곳으로, 당시 한반도뿐 아니라 동아시아의 구석기시대 문화에 대한 인식을 새롭게 하는 계기가 되었다. 주로 석영이나 규암 자갈돌을 이용하여 만든 여러 종류의 주먹도끼를 비롯하여 주먹자르개·여러면석기·찍개류 등의 석기가 발굴되었다. 그 후 조사된 임진·한탄강 유역의 남계리·원당·금파리·가월리·주월리 등 여러 유적에서도 전곡리 유적과 비교될 수 있는 많은 자료가 출토되어 이 지역의 특징적인 구석기시대 문화 양상을 잘 보여준다.

1980년대에는 구석기 유적에 대한 발굴조사가 더욱 활발하게 이루어졌다. 북한에서는 특히 인류화석 발굴에 많은 노력을 기울인 결과, 평양시 용곡리 동굴(1980~81)이 조사되었다. 용곡 동굴에서는 10여 개체분의 슬기슬기사람〔용곡사람〕화석을 비롯하여 동물화석과 석기 등이 다량 출토되어 한반도 구석기시대의 대표적인 유적으로 평가되고 있다. 북한에서는 1980년대 후반에도 꾸준히 석회암지대를 이곳으로 분포된 동굴유적 조사를 실시하여 평양시 승호 제3호 동굴, 상원 독재굴·금천·밀전리·다천리, 함남 온정리 굴재덕 동굴 등을 발굴하였다. 황남 태탄군 랭정리 동굴도 이 시기에 발굴조사가 이루어진 것으로 알려져 있다.

1980년대 남한에서는 주로 충주댐·주암댐·합천댐 수몰 지역을 중심으로 집중적인 발굴조사를 실시하였다. 충주댐 수몰 지역 조사에 앞서 발굴된 단양 상시리 바위그늘(1981) 유적에서는 사람화석〔상시사람〕과 함께 동물화석·석기 등이 출토된 바 있다. 상시사람은 남한에서는 처음으로 발견된 슬기사람으로 알려져 있어 중요한 자료로 평가된다. 충주댐 건설로 인해 발굴된(1982~85) 유적은 단양 금굴과 수양개, 명오리 큰길가, 제원 창내 등으로, 이 지역에는 전기 구석기시대부터 후기 구석기시대에 이르는 유적들이 분포하는 것으로 나타난다. 특히 금굴 유적에서는 코뿔이·원숭이·사슴 종류 화석과 함께 주먹도끼·찍개·여러면석기 등이 출토되어 갱신세 중기의 자연환경 및 당시 사람들의 생활 양상을 복원하는 데 중요한 역할을 하였다. 수양개 유적은 돌날·

좀돌날석기 및 슴베도구 등을 포함하는 수많은 석기와 함께 여러 지점에서 석기제작터가 발견된 대규모 유적으로, 후기 구석기시대의 막집터가 확인된 창내 유적과 함께 한반도의 대표적인 후기 구석기시대 유적으로 평가되고 있다. 여러 종류의 돌감에 만들어진 둥근 밀개는 창내 유적의 대표적인 석기 가운데 하나인 것으로 알려져 있다.

[그림 2] 상시 슬기사람
윗머리뼈와 주걱뼈

1980년대 후반에 이루어진 주암댐과 합천댐 수몰 지역에서도 비교적 많은 구석기시대 유적이 발굴되었다. 이들 지역에서는 주로 후기 구석기시대 말기에 속하는 유적이 분포하는 것으로 나타나 후기 구석기시대에서 중석기시대로의 변천과정을 밝히는 데 중요한 자료가 되고 있다. 주암댐 수몰지구를 중심으로 발굴조사된 유적은 신평리 궁평, 사수리 대전, 우산리 곡천 유적 등이며, 합천댐 수몰지구에서는 임불리 유적이 발굴되었다. 1990년대에 발굴된 전남 곡성군 주산리·송전리와 강원도 홍천 하화계리에서도 이들 유적과 비교될 수 있는 유물들이 출토되어 한반도의 후기 구석기 말기 또는 중석기시대 문화 연구에 좋은 자료가 되고 있다.

1980년대 후반 북한강 유역에서는 처음으로 상무룡리(1987~89) 유적

[그림 3] 상무용리 출토 흑요석제 석기

이 발굴조사되었다. 이 유적은 평화의 댐 건설 과정에서 파로호 퇴수지구 내에 드러난 대규모 유적으로, 중기와 후기 구석기시대로 추정되는 수많은 석기가 출토되어 1980년대 중반에 조사된 강릉시 심곡리·도화리 유적 등과 함께 이 지역의 구석기시대 문화 변천 양상을 밝히는 데 중요한 역할을 하고 있다. 특히 상무용리 유적의 후기 구석기시대층에서 출토된 흑요석제 석기들은 그 후 발굴된 홍천 하화계리, 동해 기곡, 광주 삼리, 남양주 호평동 등에서 출토된 석기들과 함께 흑요석 원산지 추적을 통한 당시 인류의 행위 양상을 살펴보는 데 좋은 비교자료가 될 것으로 보인다.

임진·한탄강 유역을 중심으로 발굴조사가 이루어진 곳은 연천 남계리(1989·1992)와 파주 금파리(1989~92) 유적이다. 금파리에서는 주먹도끼와 자갈돌 석기종류를 포함하는 웅덩이 유구가 확인되었는데 최근 발굴된 여주 연양리(2004~2005) 유적에서도 적갈색 점토층 내에 이와 비교될 수 있는 자료가 드러난 것으로 알려져 있다.

1990년대에는 전국적으로 이루어진 도로건설 및 택지개발 등으로 인해 수많은 구석기 유적들이 발굴조사되었는데 이러한 유적들은 남한의 전 지역에 걸쳐 분포하는 것으로 나타난다. 현재까지 발굴된 전체 유적의 절반 이상이 1990년대와 2000년대 초기에 조사된 것으로 알려져 있다. 1990년대에 발굴된 유적으로 임진·한탄강 유역에 위치한 것은 연천

전곡리(1992·1994~95)·
원당(1996~99)과 파주
가월리·주월리(1993)
등으로 주먹도끼와 함
께 찍개·여러면석기
등이 출토되어 이 지역
의 특징적인 구석기시
대 문화성격을 잘 드러

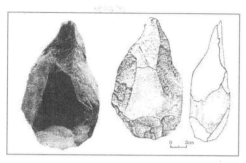

[그림 4] 연천 전곡리 출토 주먹도끼

내준다. 한편 한탄강
상류에 위치한 철원 장
흥리(1998~2000) 유적에
서는 후기 갱신세 말기
에 해당하는 지층에서
석영제 석기를 비롯하
여 흑요석 및 다양한
돌감에 제작된 좀돌날

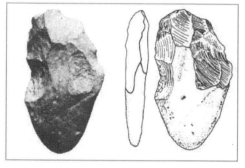

[그림 5] 공주 석장리 출토 주먹도끼

석기들이 출토되었다. 장흥리 유적은 임진·한탄강 수계에서는 처음으로
발굴조사된 후기 구석기시대 유적으로 이 지역의 구석기시대 문화연구
에 매우 중요하고 새로운 자료를 제공해 주고 있다.

일산신도시 개발지구(1991)와 남한강 하류에 위치한 양평 병산리
(1992~93) 유적에서는 구석기시대 중기와 후기로 추정되는 석기들이 발
굴되었다. 두 유적 모두 지층조사와 퇴적물 분석결과를 바탕으로 유적
의 형성과정 및 시기추정에 대한 연구가 이루어져 주목된다. 이밖에도
의정부 민락동(1994)에서는 흑요석제 석기가, 그리고 용인 평창리(1998)

에서는 중기와 후기 구석기시대 늦은 시기에 속하는 것으로 추정되는 석기들이 발굴되었다. 평창리 유적은 한강 이남의 경기도 지역에서는 드물게 조사된 구석기 유적으로, 이 지역의 구석기시대 연구에 중요한 자료를 제공하고 있다. 또한 근래에 발굴된 광주 삼리(2000) 유적도 중기에서 후기 구석기시대에 이르는 대규모 유적으로, 일부 조사 지역에서는 후기 구석기시대 늦은 시기에 해당하는 지층에서 흑요석제 좀돌날을 비롯하여 슴베찌르개·뚜르개·새기개 등이 석영제 잔석기들과 함께 출토되었다. 최근에는 흑요석을 비롯하여 여러 종류의 돌감에 제작된 좀돌날 석기를 포함하는 후기 구석기시대 유물이 다량 출토된 남양주시 호평동(2002~2004) 유적이 조사되어 앞으로의 연구성과가 주목된다.

강원 지역의 홍천 하화계리 I〔사둔지〕·II〔도둔〕(1990~91·1995) 유적은 한반도에서의 중석기시대 존재를 보다 명확하게 밝혀준 곳으로 알려져 있으며, 후기 갱신세 말기에 해당하는 지층에서 수많은 잔석기가 출토되어 우리나라 구석기시대 편년에 매우 중요한 자료가 되고 있다. 최근에 발굴된 하화계리 III〔작은솔밭〕(2002)에서는 중석기시대로 추정되는 유물뿐 아니라 중기 구석기시대에 해당하는 지층에서 주먹도끼를 비롯한 석영제 석기들이 출토되어 강원 내륙 지역의 구석기 연구에 크게 이바지하고 있다. 횡성댐 수몰 지역 조사에서 확인된 횡성 부동리 골말(1995)에서도 중기 구석기시대로 추정되는 유물이 출토된 바 있으며, 동해 발한동(1994)·구호동·구미동(1999)에서도 중기와 후기 구석기시대 유물이 발굴되어 동해안을 따라 이루어진 구석기시대의 석기문화 양상을 복원하는 데 좋은 자료가 되고 있다. 최근 이 지역을 중심으로 조사가 이루어진 유적으로는 동해 노봉(2001)·기곡(2002)을 비롯하여 강릉 주수리(2002)가 있으며 노봉에서는 후기 구석기시대의 집자리가 확인된 것으로 보고되었다.

금강 유역에서는 두 차례에 걸쳐 다시 발굴된 석장리 유적(1990·1992)에서 여전히 많은 유물이 출토되어 한반도 구석기문화 연구에 기틀이 되어온 이 유적의 중요성을 재인식하는 계기가 되었다. 대전 지역의 구즉동(1992)·노은동(1998~99)·용호동(1999~2001) 유적에서는 중기와 후기 구석기시대 유물들이 발굴되었는데, 특히 용호동에서는 중기 구석기시대로 확인된 지층에서 슴베찌르개와 함께 갈린석기가 출토되어 우리나라뿐 아니라 동북아시아의 구석기시대 연구에 새로운 자료를 제시해주고 있다. 또한 중기와 후기 구석기시대 유물이 출토된 청원 소로리(1997~98)에서는 후기 갱신세 말경에 해당하는 토탄층에서 다량의 유사벼와 고대벼의 껍질이 확인된 것으로 알려져 그 연구성과가 주목된다. 중기 구석기시대에 속하는 것으로 추정되는 주먹찌르개·찍개·여러면석기 등이 출토된 청주 봉명동(1999) 유적은 미호천을 사이에 두고 위치한 소로리 유적과 함께 시간에 따라 변화한 이 지역의 구석기시대 문화성격을 살펴볼 수 있는 비교자료가 되고 있다. 지난 1980년대에 이미 두 차례에 걸쳐 발굴이 이루어졌던 단양 구낭굴(1998)에서는 사람뼈를 비롯하여 곰·호랑이·오소리·사슴 종류 등의 동물화석과 함께 소량의 석기가 출토되었는데 계절에 따른 사냥용 주거유적의 성격을 지니는 것으로 보고 있다. 최근에는 진천 장관리(2001)와 송두리(2004) 유적이 발굴조사되어 중부 내륙 지방의 구석기문화 연구에 중요한 자료를 제공하고 있으며, 대전 지역에서는 좀돌날석기를 포함하는 대정동(2000~2002) 유적과 돌날·슴베찌르개가 특징적으로 나타나는 용산동(2004~2005) 후기 구석기시대 유적이 발굴되었다.

지난 1980년대 후반 주암댐 수몰지구 조사에서 시작된 호남 지역의 구석기 유적 발굴은 1990년대 중반 이후 남한에서는 가장 활발하게 이루어졌다. 그동안 발굴된 유적은 광주 산월동(1993)·치평동(1996), 순천 죽내리(1996)·월평(1998·2001), 함평 당하산(1998~99), 화순 도산, 영광 원당·마전·군동(1999~2000)을 비롯하여 전북의 용담댐 수몰지구 조사에서 확인된 진안 진그늘(2000) 유적 등이다. 죽내리 유적은 주먹도끼·주먹자르개 등의 석기를 포함하는 중기 구석기시대부터 돌날이 출토되는 후기 구석기시대까지 모두 4개의 문화층을 지니는 것으로 알려져 있다. 여러 지점에서 석기제작터가 확인되었으며 서로 붙는 석기들이 다량 출토되었다. 돌날 및 좀돌날 석기를 포함하는 후기 구석기시대 늦은 시기에 해당하는 것으로 알려진 월평 유적은 죽내리 유적과 함께 호남 지역의 구석기시대 연구 및 편년설정에 매우 중요한 자료를 제공하고 있다. 진그늘 유적은 전북에서는 처음으로 발굴된 대규모 구석기 유적으로, 20여 군데에 걸쳐 분포한 석기 제작터와 화덕 자리가 확인되었으며 다량 출토된 슴베찌르개와 돌날석기가 특징적인 것으로 나타난다. 최근에는 익산 신막(2000), 나주 당가(2001~2002), 군산 내흥동(2002~2004), 장수 침곡리(2003)를 비롯하여 해안가 부근에 위치한 무안 피서리(2001) 유적 등이 발굴조사되어 이 지역의 구석기 연구에 보다 풍부하고 새로운 자료를 제공하고 있다. 최근에 발굴된 유적으로는 장흥 신북(2003~2004) 후기 구석기시대 유적이 있다.

경남 지역에서는 1980년대 후반에 발굴된 임불리 유적 이후, 부산 해운대 중동·좌동(1992), 남강 내촌리(1997), 밀양 고례리(1998), 진주 장흥리 월평(2001) 등이 조사되었다. 낙동강 지류 남강 유역에 위치한 내촌리 유적에서는 중기 구석기시대로 추정되는 석기들이 출토되어 이 지역의 구석기 연구에 중요한 자료를 제공하고 있다. 종래에는 잘 알려지지 않은 이형석기 종류를 비롯하여 습베형 도구 등이 출토된 밀양 고례리 유적은 한반도의 돌날격지 문화상을 종합적으로 검토할 수 있는 계기를 마련하였다는 점에서 매우 중요한 유적으로 평가되고 있다. 또한 후기 구석기시대 말기로 추정되는 진주 월평에서는 부분적으로 갈아 만든 석기를 비롯하여 신석기시대 석기류와 맥락을 같이하는 석기들이 출토된 것으로 알려져 있다. 경남 지역에서 조사된 유적들은 이 지역뿐 아니라 한반도의 구석기 편년 특히 후기 구석기시대 늦은 시기 및 신석기시대로의 이행과정을 살펴볼 수 있는 매우 중요한 자료를 제공하고 있어 유적 간의 비교검토를 통한 종합적인 연구성과가 기대된다.

3. 연구성과를 통해 본 구석기시대

1) 전기 구석기시대

지금까지 전기 구석기시대에 속하는 것으로 보고된 유적은 평양시 승호 구역 만달리의 절골 동굴, 상원 검은모루 동굴, 평양시 승호 구역 제3호 동굴, 상원군 청청암 동굴, 평산군 해상 동굴〔이상 북한〕, 단양 도담리 금굴의 1·2문화층〔Ⅷ·Ⅶ지층〕, 연천 전곡리·원당 1문화층, 파주 금파리·가월리·주월리, 강릉 심곡리·도화리, 공주 석장리 아래층, 청원 두루봉 동굴〔이상 남한〕 등이다. 이 가운데 동물화석 이빨을 전자회전공명법(ESR, electron spin resonance dating)으로 측정한 결과 94만 3,825±2만 1,802년 B.P.의 연대값이 나온 절골 동굴을 비롯하여 전기 갱신세 중기에서 후기로 추정되는 승호 제3호 동굴, 중기 갱신세기로 보고된 청청암 동굴과 해상 동굴 등은 동물화석만 출토된 고생물 동굴 유적이다. 이 외의 나머지 동굴에서는 석기와 함께 동물화석이, 그리고 한데〔야외〕유적에서는 석기만 출토되었다.

그동안 한반도에서는 이 시기에 해당하는 사람화석이 발견되지 않은 것으로 알려져 있었으나, 최근 함북 화대군 석성리 일대 채석작업 과정에서 화산용암 덩어리 속에서 3개체분의 사람화석〔화대사람〕이 발견된 것으로 보고되었다. 열형광법(TL, thermoluminescence dating)으로 32만 년±4.5만 년 B.P., 고지자기법(paleomagnetic dating)으로 30만 년 B.P.으로 측정된 이 용암의 연대와 사람화석의 체질특성을 비교하여 한반도에서는 처음으로 발견된 고인단계〔골선사람〕의 화석인 것으로 발표되었다.〔장우진, 2002〕

구석기시대 유적으로 가장 이른 시기에 속하는 것으로 보고된 곳은 상원 검은모루와 단양 금굴이다. 검은모루 유적은 동물화석의 전자회전공명법(ESR)에 의

〔그림 6〕 상원 검은모루 동굴

한 연대 측정 결과를 바탕으로 1백만 년 전에 형성된 것으로 보고 있으며〔김용간, 1990 ; 장우진, 2000 ; 리정남, 2001〕, 여러 동물화석과 함께 주먹도끼 모양·제형·뾰족끝·반달형 석기〔IV층〕등이 출토된 것으로 알려져 있다〔고고학연구소, 1969 ; 김신규·김교경, 1974〕. 금굴 유적의 1문화층〔VIII지층〕은 70만

년, 2문화층(Ⅷ지층)은 전자회전공명법(ESR)에 의한 동물화석의 측정 결과 18만 5,870년 B.P.의 연대값이 나온 바 있지만 기후의 부적합을 이유로 2문화층의 형성시기를 45~35만 년으로 추정하고 있다.(손보기, 1990) 금굴에서 출토된 석기로는 주먹도끼·찍개·여러면석기·긁개 등이 있으며 여러 종류의 동물화석을 공반한다.

한편 두 유적의 이러한 연대설정에 대하여 동물상에 의한 상대연대의 결정문제, 퇴적층 형성과정과 주기 등에 관한 좀 더 자세한 분석자료가 뒷받침되어야 한다는 의견이 여러 학자들에 의해 제기된 바 있다. 특히 출토 석기에 대한 인공여부의 논란이 있는 검은모루 유적의 경우, 현재 상원강 바닥에서부터 15미터 위에 위치한 것으로 판단되는 동물화석을 포함한 강물퇴적층은 강안리(동관진)·병산리 또는 동해안 일대에 발달한 퇴적층의 연구결과를 통해 볼 때, 후기 갱신세 초기에 형성된 제2 강언덕 퇴적층과 비교될 수 있다는 점을 들어 이 유적의 연대가 훨씬 뒤떨어질 수 있음을 추정하기도 하였다.(한창균, 1994, 2003)

아슐리안형 주먹도끼·주먹찌르개·자르개(박편도끼)·찍개·여러면석기 등을 비롯하여 긁개·등손잡이칼·찌르개 등의 격지석기가 다량 출토된 연천 전곡리 유적은 1980년대부터 지금까지 여러 가지 방법을 이용한 연대측정 자료가 비교적 많이 축적되어 온 것으로 알려져 있으나 아직 이 유적의 형성시기 및 과정에 대한 종합적인 연구성과는 발표되지 않은 상황이다. 한탄강 유역에 넓은 범위로 분포되어 있는 전곡리 유적의 퇴적구조는 지점에 따라 차이가 나타나긴 하지만 일반으로 현무암반층, 실트성 퇴적물, 사질 퇴적층, 적색조와 갈색조로 구분되는 점토퇴적층으로 이루어진다.(배기동 등, 2001) 발굴된 유물의 대부분을 포함하는 점토층의 생성 원인에 대하여는 주변 지역의 유수에 의해

운반되어 왔다는 설〔배기동, 1989〕, 서해안에서 불려왔다는 풍성기원설〔오경섭·김남신, 1994〕, 황해를 건너온 황토퇴적물이라는 설〔이선복, 2000〕, 사면붕적토라는 설〔이동영, 1995〕 등이 제시된 바 있다.

그동안 여러 차례에 걸쳐 시도된 포타슘아르곤측정법(K-Ar, potassium-argon dating)은 주로 유적 주변이나 한탄강 유역의 여러 지점에 분포한 현무암을 대상으로 한 것으로, 이들 연대값은 60만~28만 년 사이에 속하는 것으로 나타난다. 이를 바탕으로 현무암 위에 놓인 전곡유적의 퇴적물은 27만 년에서 마지막 간빙기인 10만여 년 사이에 이루어진 것으로 추정되기도 하였다. 근래에 실시된 전면 시굴조사(2000~2001)에서 드러난 E55S20-IV구덩은 현무암반 위로 쌓인 퇴적물 두께가 7미터에 이르는데, 이를 대상으로 화산재분석(tephrachronology) 및 방사성탄소법(C14, radiocarbon dating)에 의한 연대측정이 이루어졌다. 화산재분석 결과, 점토층 내 Ⅱ지층에서는 일본의 규슈 남부에서 기원한 AT 화산재(Aira-Tanzawa tephra, 25,000~22,000년 B.P.)가, 그리고 Ⅳ지층에서는 K-Tz 화산재(Kikai-Tozurahara tephra, 95,000~90,000년 B.P.)가 검출된 것으로 보고되었으며, 이를 바탕으로 퇴적속도 및 퇴적 지속시간을 고려하여 유물이 비교적 집중적으로 출토된 하부 퇴적층〔Ⅸ지층〕의 연대를 30만 년으로 추정하였다.〔Danhara 등, 2002 ; 황소희, 2003〕

또한 이 구덩의 퇴적현상을 황토와 고토양층(loess-paleosol)의 주기적인 반복에 의한 것으로 해석하면서 탄소동위원소 단계 및 황토층의 광여기형광법(OSL, optically-stimulated luminescence dating)에 의한 연대 측정 결과를 대비시켜 유물포함층〔Ⅸ지층〕의 형성시기를 마지막 간빙기 이전에 해당하는 것으로 해석하였다.〔Naruse 등, 2003〕 한편 이 구덩의 퇴적물 분석결과, 현무암 위에 쌓인 퇴적층은 마지막 간빙기 이후에 형성된 것이라는 추론이 제기되기도 하였다.〔김주용 등, 2002〕 여하튼 최근에 이루어진 이러한 연구자료를 바탕으로, E55S20-Ⅳ 구덩의 Ⅸ 층에서 출토된 석기들〔몸돌·격지·대형긁개·긁개·홈날·밀개 등의 격지석기〕은 이 유적에서 가장 오래된 구석기시대 유물로 평가되고 있다. 한편 그 동안 전곡리 유적의 주먹도끼를 포함한 지층에 대한 관찰 및 보고자료를 근거로 2000년도 이전에 발굴조사된 전곡리 출토유물의 대부분은 13만 년 이후의 중기 구석기시대에 해당할 것이라는 의견〔이선복, 2000 ; 한창균, 2003〕이 제기되기도 하였으나, 이 같은 문제는 지층에 따른 석기의 구성 및 제작기법상의 변화에 대한 종합적인 연구성과를 통해 밝혀질 수 있을 것으로 보인다.

임진·한탄강 유역에 분포한 원당·금파리·가월리·주월리 유적들도 전곡리와 유사한 퇴적구조 및 석기문화상을 나타내는 것으로 알려져 있다. 가월리의 경우 점토층〔노출 단면의 최상부 토양쐐기층〕 및 실트층〔시굴구덩 A바닥〕의 열형광법(TL)에 의한 측정 결과는 각각 23만 5천±2만 4천 년 B.P., 19만±2만 4천 년 B.P., 그리고 주월리 실트층〔시굴구덩 A 바닥〕은 11만 6천±7천 3백 년 B.P.으로 발표된 바 있다.〔이선복, 1996〕

찍개·주먹대패·긁개 등이 출토된 석장리 2지구의 아래층〔1묶음〕은 제3빙하기(300,000~120,000년 사이) 또는 그 이전에 형성된 것으로 보고되었으며〔손보기, 1972〕, 청원 두루봉 동굴은 동물화석을 중심으로 중기 갱신세의 따뜻한 시기로 추정된 바 있으나〔이융조, 1983〕 그보다 늦은 시기인 중기 구석기시대로 연대를 내려보는 주장도 있다〔박희현, 1983〕.

2) 중기 구석기시대

중기 구석기시대에 속하는 것으로 보고된 유적은 덕천 승리산 동굴 아래층, 평양시 력포 구역 대현동 동굴, 웅기 굴포리 I기〔Ⅵ지층〕, 상원 용곡리 제1호 동굴 1문화층〔이상 북한〕, 제천 점말 용굴의 아래 문화층, 명오리 큰길가, 공주 석장리의 가운데층, 단양 금굴 3문화층〔Ⅳ지층〕, 수양개 Ⅴ지층, 청원 두루봉 일대 일부 동굴, 소로리 2·3문화층, 대전 노은동 4지층, 용호동 3·4문화층, 청주 봉명동, 연천 남계리, 일산 신도시개발지구 가와지, 양평 병산리 4지층, 광주 삼리 3문화층, 양구 상무용리 아래 문화층, 홍천 하화계리 Ⅲ의 4문화층, 동해시 발한동 아래 문화층〔Ⅲ-2, Ⅳ-1·2지층〕, 순천 죽내리 1·2문화층, 나주 당가 1〔8지층〕·2문화층〔7지층〕, 함평 당하산 1문화층, 화순 도산, 영광 원당·마전·군동, 진주 내촌리, 제주 빌레못 동굴 1·2문화층〔이상 남한〕 등이다.

이 시기에 해당하는 슬기사람 화석이 발견된 곳은 대현동과 승리산 동굴로 대현동에서는 7~8세의 어린아이 머리뼈 일부가〔력포사람〕, 그리고 승리산 동굴의 아래층에서는 동굴하이에나·큰쌍코뿔이 등 더운 기후 동물상 화석과 함께 사람의 어금니 2개와 어깨뼈 1개〔덕천사람〕가 출토되었다. 대현동은 동물화석 사멸종의 비율〔45.4%〕을 바탕으로 승리산〔34.9%〕보다는 앞서고 검은모루〔62%〕보다는 늦은, 중기 갱신세 중기 이후로〔김신규 등, 1985〕, 승리산은 중기 갱신세 말기에서 후기 갱신세 초기로 추정하고 있으나, 력포사람에 대한 보다 정밀한 해부학상의 특징 및 연대가 검토되어야 할 것이라는 견해가 제기된 바 있다.〔박선주, 2001〕

중기 구석기시대에 해당하는 지층을 중심으로 연대측정이 이루어진 유적은 용곡 1호 동굴, 금굴, 점말 용굴, 석장리, 노은동, 하화계리 Ⅲ, 봉명동, 당가 등으로 연대값은 10만 년경에서 4만 5천 년 사이에 분포하는 것으로 나타난다. 석영제 석기와 동물화석이 함께 출토된 용곡 1문화층은 우라늄계열법(uranium-series, 동물뼈 시료)으로 7만 1,200±2천 년 B.P., 열형광법(TL, 석순 시료)으로 11만 1천±1만 년 B.P.으로 측정된 것으로 보고되었다.〔김근식, 1991〕 금굴 3문화층은 동물뼈의 전자회전공명법(ESR) 측정 결과 1만 7,450년 B.P., 점말 용굴의 중기 구석기시대층은 우라늄계열법으로 6만 6천+3만/-1만 8천 년 B.P., 석장리 중기 구석기시대층은 5만 270년 B.P.보다 오래된 것으로 발표되었다.〔손보기, 1990 ; 1993〕 하화계리 Ⅲ의 4문화층은 광여기형광법(OSL)으로 7만 9천±4천 년 B.P.〔최복규, 2004〕, 노은동 4지층에서 출토된 숯은 >5만 4,720년 B.P.〔한창균, 2003〕인 것으로 측정되었다. 봉명동 유적에서는 서로 다른 지층에서 출토된 숯을 방사성탄소법으로 측정한 연대값이 각각 4만 9,860±2,710년 B.P.과 4만 8,450±1,370년 B.P.으로〔이융조·홍미영, 1999〕, 당가 유적의 2문화층〔7지층〕 출토 숯의 연대는 4만 4,710±1,150년 B.P.과 4만 5,380±1,250년 B.P.으로 발표되었다.〔이헌종, 2002a〕

한편 봉명동과 당가 유적의 이 같은 연대 측정 결과에 대하여 방사성탄소연대 측정법의 적용 범위와 시료상의 문제점을 고려한 세밀한 검토와 재해석이 이루어져야 한다는 의견이 제기되고 있다. 연대측정이 이루어지지 않은 그 밖의 중기 구석기시대 지층은 석기의 특성이나 동물화석을 중심으로 상대연대를 설정하거나 각 유적의 퇴적 상황 또는 각 유적의 후기 구석기시대 지층에서 이루어진 연대 측정 결과나 전형적인 후기 구석기시대 유물이 출토된 지층을 중심으로 그 아래에 놓인 퇴적층을 중기 구석기시대로 간주한 경우가 대부분이다.

절대연대측정 및 상대연대설정 자료를 종합해 볼 때 중기 구석기시대는 비교적 이른 시기와 늦은 시기로 구분되는 것으로 나타난다. 이른 시기의 중기 구석기시대는 주로 단구 퇴적물 위에 쌓인 지층에 해당하는 경우가 흔하고, 늦은 시기는 주로 그 위에 놓인 점토 퇴적층에 해당하는 것으로, 그 위로는 연대측정 자료나 출토된 석기의 특성을 바탕으로 후기 구석기로 판단된 지층이 퇴적되어 있는 경우가 일반이다. 근래 여러 유적에서 이루어진 절대연대 측정 결과와 각 유적의 퇴적 상황 및 점토 퇴적층 내에 발달한 토양쐐기 구조 매수에 따른 상대연대설정을 중심으로 중기 및 후기 구석기시대 편년을 위한 모식도가 제시된 바 있으나[한창균, 2003], 각 지역의 지형에 따른 단구 높이의 검토, 각 유적의 지층 상황 및 퇴적물에 대한 보다 세밀한 지질학적 연구가 뒷받침되어야 한다는 의견이 제기되기도 하였다.

중기 구석기시대는 적용할 수 있는 연대측정법의 한계와 전기 구석기시대 전통에서 크게 벗어나지 않는 석기의 특성으로 인해 전기와 중기를 명확하게 구분하거나 중기 구석기시대를 편년하는 데에는 많은 어려움이 있다. 일반적으로 중기 구석기시대에는 전기에서와 마찬가지로 자갈돌이 이용된 여러 종류의 찍개류와 여러면석기 제작이 공통적으로 나타나며 유적에 따라서는 주먹도끼·주먹찌르개·주먹대패 등을 비롯하여 커다란 격지에 제작된 주먹자르개나 대형긁개 등을 공반하기도 한다. 이러한 종류의 몸돌석기는 격지나 돌조각에 만들어진 긁개·홈날·톱니날 등으로 구성된 격지석기를 공반하며 경우에 따라서는 밀개나 찌르개를 포함하기도 한다.

중기 구석기시대에는 정형 또는 비정형의 다양한 격지제작 기법이 적용된 다량의 몸돌과 형태와 크기가 다양한 격지의 출토 빈도를 통해 볼 때 본격적인 격지제작 단계에 이른 것으로 나타난다. 유적에 따라서는 대형 격지제작의 특징을 지니거나 몸체의 두 면을 번갈아가며 격지를 떼어낸 원반형몸돌과 같은 비교적 정형적인 떼기법이 자주 활용된 경우도 있다. 이러한 떼기 수법은 후기 구석기시대 유적 가운데 돌날이나 좀돌날 제작을 공반하지 않는 석영·규암제 석기제작에서도 관찰되는 것으로 알려져 있다.

전기에서와 마찬가지로 중기 구석기시대 석기제작에 활용된 돌감은 주로 주거지 주변 지역에서 쉽게 구할 수 있는 석영맥암이나 석영·규암제 자갈돌이지만 유적에 따라서는 반암·사암[석장리], 응회암[죽내리], 안산암·유문암[당하산]·혼펠스[내촌리, 용호동], 현무암[빌레못 동굴] 등의 돌감도 함께 이용된 것으로 나타난다. 중기 구석기시대의 다양한 돌감 사용은 일정한 목적을 지닌 돌감 획득 책략에서 비롯된 것이라기보다는 각 유적의 지질환경에 기인한 것으로 보고 있다. 일부 유적에서는 석기 종류에 따른 돌감 사용의 구분[석장리]이 특징적으로 나타나기도 한다.

중기 구석기시대의 석기문화 양상에 대하여 주먹도끼의 공반 여부를 바탕으로 돌감이나 유적의 기능에 따른 석기제작의 다양성을 제시하거나[이헌종, 2002b], 중기 구석기시대의 비교적 이른 시기에 해당하는 유적을 대상으로, 각 유적의 층위 변화상 및 유적 간의 석기 문화상 비교연구를 바탕으로 중기 구석기시대를 자갈돌을 소재로 한 찍개석기문화에서 격지석기 문화로의 변천과정으로 해석하기도 한다[박영철, 2002]. 근래에 발굴조사된 대전 용호동 유적의 3문화층[3b지층]은 그 위에 놓인 지층의 연대 측정 결과[38,500±1,000 B.P.]를 바탕으로 중기 구석기시대 늦은 시기로 편년된 것으로, 이 문화층에서 출토된 혼펠스제 슴베찌르개는 지금까지 동북아시아 지역에서 알려진 것 가운데 가장 시기가 이른 것으로 나타나 앞으로의 연구성과가 주목된다.

3) 후기 구석기시대

한반도에서 발굴조사된 대부분의 구석기 유적은 후기 구석기시대 문화층을 지니는 것으로 나타난다. 지금까지 후기 구석기시대로 보고된 곳은 웅기 굴포리〔강안리〕 Ⅱ기, 평양시 승호 구역 만달리, 상원 용곡 제1호 동굴 2·3·4문화층〔9·10·11지층〕, 금천 동굴, 덕천 승리산 동굴 위층, 북창군 풍곡리, 태탄 랭정동굴〔이상 북한〕, 단양 금굴 4〔Ⅱㄹ층〕·5문화층, 구낭굴, 수양개 Ⅳ지층, 상시 1바위그늘, 공주 석장리 10·11 집자리 문화층, 제천 점말용굴 Ⅵ지층, 제원 창내, 청원 두루봉 흥수굴, 샘골, 소로리 1문화층, 노산리 1문화층, 대전 노은동 1·2기, 용호동 1·2문화층, 대정동, 용산동, 청주 봉명동 2문화층, 파주 금파리 Ⅱ지층, 양평 병산리 1·2문화층, 의정부 민락동, 용인 평창리 가·다지층, 광주 삼리 1·2문화층, 남양주 호평동, 양구 상무용리 위 문화층, 홍천 하화계리 Ⅲ 2문화층, 동해 발한동 위 문화층, 구호동, 구미동, 망상동 노봉 Ⅰ·Ⅱ문화층, 기곡 1·2문화층, 강릉 주수리 1·2문화층, 철원 장흥리 1문화층, 순천 죽내리 3·4문화층, 월평 3·4 문화층, 장흥 신북, 진안 진그늘 2지층, 익산 신막, 군산 내흥동, 장수 침곡리, 거창 정장리, 밀양 고례리〔이상 남한〕 등이다.

이 시기에 해당하는 슬기슬기사람〔신인단계〕 화석이 출토된 곳은 만달리, 용곡 제1호, 금천, 승리산, 풍곡리, 랭정동굴을 비롯하여 상시 바위그늘, 흥수굴 등이다. 이 가운데 용곡 동굴은 후기 구석기시대 사람의 완전한 머리뼈들이 처음으로 출토된 곳으로 9·10·11지층에 걸쳐 모두 4개체의 머리뼈를 포함한 사람화석〔용곡사람〕과 함께 동물화석·석기·불자리 등이 확인되었으며 11지층에서는 갈아 만든 동물 형상의 뼈 조각품도 출토되었다. 9지층은 우라늄계열법으로 4만 9천 9백±2천 년 B.P.와 4만 6,100±2천 년 B.P.로 측정되었으며〔김근식, 1991〕 11지층은 2만 4천~1만 년경에 형성된 것으로 추정하고 있다. 랭정동굴의 위층 〔10~12지층〕 가운데 사람화석이 출토된 10지층은 석순을 대상으로 이루어진 열형광법(TL) 및 전자회전공명법(ESR) 측정 결과가 각각 4만 3천 년 B.P.과 5만 2천 년 B.P.으로, 그리고 동물뼈에 대한 우라늄계열법으로는 4만 6천±1천 년 B.P.의 연대값이 측정된 것으로 보고되었다. 〔인류진화발전사연구실, 1995〕

　　용곡 제1호 동굴 9지층 출토 사람화석과 랭정사람은 이른 시기의 신인단계〔용곡사람 1류형〕로 분류되어 후기 구석기시대에 속하는 것으로 설정하고 있다.〔장우진, 2000〕 흥수굴 Ⅲㄴ층에서는 어린아이 뼈 2개체가 출토되었는데 그중 보존 상태가 좋은 1호 아이는 4~6세로 추정되었다. 함께 출토된 석기를 바탕으로 4~5만 년경의 사람화석으로 설정하고 있으나, 해부학상의 특징을 기준으로 이보다 늦은 시기로 보는 견해도 있다.〔박선주, 2003〕 또한 승리산 동굴의 위층에서는 털코끼리 등의 추운 기후 동물상 화석과 함께 사람의 아래턱이 출토되었는데 신인단계의 35세 남자〔승리산 사람〕로 추정하고 있으며 4만~3만 년경으로 보고 있다.〔김신규 등, 1985〕 금천 동굴에서 출토된 고인류 화석 5개체는 30~35세에 해당하는 것으로 3만 4천~2만 6천 년 전 것으로 추정하고 있다.

　　11개 지층으로 구성된 상시 1바위그늘에서는 소량의 석기와 함께 동물화석, 뼈연모 및 뼈예술품이 출토된 것으로 알려져 있으며 5지층에서 출토된 사람뼈 화석[상시사람]은 7지층 출토 동물뼈의 전자회전공명법(ESR) 측정 결과를 바탕으로 3만 년경에 해당하는 것으로 보고되었다.[손보기, 1990] 3개 지층으로 구성된 만달리 유적에서 사람화석[만달사람]이 출토된 지점은 가운데층으로 흑요석제 좀돌날 몸돌을 비롯한 소량의 석기와 함께 뼈연모가 출토된 것으로 알려져 있다. 20~30세 정도의 남자로 추정되며 후기 구석기 말 또는 중석기시대에 해당하는 것으로 보고 있다.

후기 구석기시대의 상한연대는 용곡 1호 동굴, 랭정동굴을 비롯하여 하화계리 Ⅲ의 2문화층, 용호동 2문화층의 연대측정 자료를 바탕으로 할 때 4만 5천~4만 년경으로 추정할 수 있다. 후기 구석기시대는 여러 유적의 지층 내에서 발견된 목탄시료나 유기물포함층에 대한 절대연대 측정자료 및 동물화석이나 퇴적 양상의 변화, 석기문화상 비교 등을 중심으로 이루어진 상대연대 설정자료 등을 통해 볼 때, 전기(45,000~40,000년경부터 24,000년경 B.P.)・중기(24,000년경부터 15,000년경 B.P.)・후기(15,000년경부터 10,000년경 B.P.)의 3시기로 구분되는 것으로 나타난다.

후기 구석기시대의 중기와 후기는 층위상 첫째 토양쐐기 구조가 발달한 지층을 중심으로 쐐기층 상부와 그 위에 놓인 지층으로 구분되는 경우가 일반인데 이 첫째 토양쐐기는 산소동위원소 중기(24,000~12,000년 B.P.)의 가장 추웠던 시기인 1만 5천 년경에 형성된 것으로 추정하고 있다.[이동영, 1994] 전기와 중기의 구분 시기는 최근 철원 장흥리・신북・호평동 등에서 밝혀진 새로운 자료들을 통해 볼 때 좀돌날 제작 등장시기인 2만 4천 년경으로 볼 수 있는 것으로 나타난다.

쐐기층 내에 두 시기로 구분되는 절대연대가 정연하게 제시된 곳은 석장리(30,690±3,000, 20,830±1,880 B.P.) 유적으로, 후기 구석기시대 중기에 해당하는 지층에서 돌날 및 좀돌날 몸돌이 출토된 것으로 알려져 있다. 한편 대부분의 유적은 쐐기층 내에 하나의 후기 구석기시대 문화층을 지니며 주로 구석기시대 중기의 석영제 격지석기 제작전통의 성격을 비교적 강하게 나타내고 있어 이 시기의 석기 문화상 비교를 통한 편년 설정에 많은 어려움이 따른다.

후기 구석기시대 전기에 해당하는 것으로 보고된 유적은 용곡 1호 동굴, 굴포리 II기, 석장리 10문화층(30,690±3,000 B.P.), 상시 바위그늘 7~5지층(30,000±7,000 B.P.), 금굴 4문화층, 홍수굴, 용호동 2문화층(38,500±1,000 B.P.), 노산리 1문화층(31,700±900 B.P.), 금파리 II지층 상부(31,400±400 B.P.), 병산리 2문화층, 평창리 다지층, 하화계리 III의 2문화층(40,600±1,500 B.P., 39,000±2,000 B.C.), 노봉 II문화층(33,300±1,700 B.P.), 기곡 2문화층(36,070±380/33,500±1,200 / 32,100±1,100 B.P.), 내흥동(<23,930＋12,000 B.P.), 정장리 2문화층(29,270±30, 28,600±300, 28,700±500, 25,700±150 B.P.), 고례리 등이다.

이 시기의 일반적인 석기문화 양상은 중기 구석기시대의 석영제 격지 제작전통을 중심으로 전개된 긁개·홈날·톱니날·밀개·찌르개·뚜르개 등의 격지석기 제작으로, 찍개·여러면석기 등의 몸돌석기를 공반한다. 드물긴 하지만 몸돌의 때림면을 준비한 흔적이나 긴 격지제작, 보다 다양한 격지석기의 구성 및 진전된 잔손질기법 등은 중기 구석기에서 후기 구석기로의 변천과정을 보여주는 요소로 볼 수 있다.

한편 유문암을 본격적으로 활용한 전형적인 돌날 제작 및 슴베형 석기제작의 특징을 보여주는 고례리 유적이나 석영을 이용하여 비교적 체계적인 돌날떼기를 시도한 흔적을 보여주는 금파리(2003~2004) 유적 등을 통해 볼 때, 후기 구석기시대 전기의 석기문화 양상은 돌날 제작 여부를 중심으로 크게 두 종류로 구분되는 것으로 나타난다. 또한 돌날 제작 여부에 상관없이 일부 유적에서 등장하는 슴베형 도구는 이 시기에 출현하는 특징적인 석기로 볼 수 있다. 한편 용호동에서는 이미 중기 구석기 문화층에서부터 갈린석기와 함께 출토된 것으로 알려져 있다.

좀돌날 제작 등장시기에 대한 절대연대 측정자료를 바탕으로 할 때, 후기 구석기시대 중기에 속하는 것으로 분류될 수 있는 유적은 석장리 집자리 문화층(20,830±1,880 B.P.), 수양개 Ⅳ층(18,630, 16,400, 15,410±130 B.P.), 창내, 샘골, 소로리 1문화층, 노은동 2기(22,870±110 B.P.), 대정동 (19,680±90 B.P.), 용산동, 삼리 2문화층, 호평동(24,100±200~16,190±50 B.P.), 장흥리 1문화층(24,400±600, 24,200±600 B.P.), 화대리 2문화층, 발한동 위문 화층, 주수리 2문화층, 죽내리 3문화층, 진그늘 2지층(22,850±350 B.P.), 신북(25,420±190~18,540±270 B.P.) 등이다.

이 시기의 석기문화 양상은 각각 격지 제작·돌날 제작·좀돌날 제작을 바탕으로 전개된 후기 구석기형 석기제작의 특징을 지니는 것으로 나타난다. 다양한 돌감의 사용과 여러 종류의 밀개제작〔창내〕, 석영에 베풀어진 섬세한 잔손질기법·등손잡이 칼〔소로리·삼리〕등의 요소는 격지제작을 기반으로 이루어진 석기문화상의 특징을 보여주는 것으로, 돌날식 격지떼기 흔적이 자주 나타나며 경우에 따라서는 대형 밀개나 주먹도끼를 공반하기도 한다. 주로 유문암이나 혼펠스 돌감이 활용된 돌날 제작은 슴베도구, 특히 찌르개 종류의 석기를 공반하는 특징을 보여준다. 진그늘, 용산동의 경우 전체 석기에서 슴베도구가 차지하는 비율이 비교적 높은 것으로 알려져 있다. 석장리·수양개·장흥리·호평동 등 여러 유적에서 확인되고 있는 좀돌날 제작은 경우에 따라서는 집중적인 흑요석 사용 및 돌날 제작을 공반한다.

이처럼 후기 구석기시대 중기는 비교적 복잡한 석기 문화상을 지니는 것으로 나타나며, 유적의 기능에 따른 슴베도구 제작의 활성화·좀돌날 제작·흑요석 돌감 사용 등의 특징을 보여주고 있다.

후기 구석기시대 후기에 해당하는 것으로 보고된 유적은 점말용굴 Ⅵ지층(13,700±700 B.P.), 구낭굴(<12,500±1,200 B.P.), 노은동 1기, 용호동 1문화층, 화대리 1문화층, 민락동, 병산리 1문화층, 삼리 1문화층, 평창리 가지층, 노봉 Ⅰ문화층, 기곡 1문화층(10,200±60 B.P.), 주수리 1문화층, 옥과면 주산리·송정리, 곡천 Ⅳ지층, 죽산, 금평, 대전 Ⅴa지층, 신막, 순천 월평, 진주 월평 등이다.

이 시기의 석기문화 양상은 돌날 제작의 연속 및 좀돌날 제작의 활성화, 다양한 형태의 밀개·새기개 제작이라는 특징을 지니는 것으로 나타난다. 유적에 따라서는 좀돌날을 포함하지 않은 석영제 작은 격지 석기 제작이 주를 이루기도 하며 일부 유적에서는 부분적으로 갈아 만든 석기를 비롯하여 종래에는 보고되지 않았던 새로운 형태의 석기들이 등장하기도 한다.

한편 만달리, 석장리 최상층, 금굴 5문화층, 상무용리 A, 하화계리 Ⅰ·Ⅱ·Ⅲ의 1문화층(13,390±60 B.P.) 곡천 Ⅲ지층, 대전 Ⅴb지층, 임불리, 상노대도 최하층, 해운대 중동·좌동 등은 좀돌날 제작과 석기 구성상의 특징을 바탕으로 후기 구석기 말기 또는 중석기시대로 보고된 유적들로서, 이 가운데에는 퇴적상의 변화를 보여주는 경우도 있는 것으로 나타난다. 그러나 중석기시대 개념은 좀돌날 제작이 1만여 년 이상 존속되었다는 것을 보여주는 새로운 자료들 및 이전에는 출토 사례가 없었던,

신석기시대 석기들과 맥락을 같이하는 새로운 형태의 석기들이 등장하는 몇몇 유적과의 비교를 통해 갱신세 말기의 석기 문화상에 대한 종합적인 검토를 바탕으로 신중하게 다루어져야 한다는 의견이 제기되고 있다.

4. 맺음말

지난 40년 동안 많은 구석기시대 유적이 발굴되었고 구석기문화에 대한 연구도 점진적인 성과를 이루어왔다. 구석기시대 연구는 특히 1990년대 이래로 급증된 발굴조사와 적극적인 자연과학방법의 적용으로 보다 다양한 자료가 축적되면서 이에 대한 해석을 중심으로, 유적의 형성요인·과정 및 형성시기 그리고 시간의 흐름에 따라 변화한 구석기시대 석기문화 양상의 진화과정에 대한 논의가 활발하게 진행되고 있으며 기존의 편년체계에 대하여도 새로운 견해가 제시되고 있다.

한반도 구석기문화 연구의 가장 중요한 과제는 구석기시대 편년체계를 확립하는 것으로, 절대연대측정법의 적극적인 활용과 올바른 해석, 시기별 석기 문화상에 대한 구체적인 개념정의가 우선적으로 이루어져야 할 것이다. 후기 구석기시대는 최근 밝혀진 새로운 자료들 및 많은 절대연대측정값의 축적으로 더욱 구체적이고 종합적인 연구성과가 이루어질 수 있을 것으로 기대된다. 한편 주먹도끼 포함 여부를 중심으로 시간에 따른 석기문화상의 전통성·지역성 등 논란이 제기되고 있는 그 이전의 구석기시대 연구에 대한 많은 문제점에 대하여는 여전히 풀어야 할 과제가 남아 있다. 그러나 이 같은 문제는 주먹도끼를 포함하는 지층에 대한 재검토 및 유적 간의 퇴적층 비교연구, 시간에 따른 주먹도끼의 형태 및 제작기법상의 변화양상 여부에 대한 관찰을 통해 구체화될 수 있을 것으로 생각된다.

특히 절대연대측정법 적용의 한계를 지니고 있는 전·중기 구석기시대에 대한 편년체계 설립은 유적 간의 석기문화상 비교를 통해 이루어 나아가야 할 과제로서, 이를 위해서는 우선 석기 용어에 대한 개념정의 및 더 명확한 분류 기준을 바탕으로 한 체계적인 석기 연구가 이루어져야 될 것으로 생각된다.

그러나 이제야 진정으로 한국 구석기시대 연구가 시작된다고 할 수 있다. 앞으로 새로운 발굴결과 및 과거자료에 대한 재검토, 젊은 학자수의 증가와 아울러 새로운 견해와 활발한 토론이 한국 구석기시대 연구에 필수적인 요소가 될 것이다.

홍미영

‖ 참고문헌 ‖

고고학연구소, 1969, 「상원 검은모루유적 발굴중간보고」, 『고고민속론문집』1, 사회과학출판사.
김근식, 1991, 「룡곡 제1호동굴유적의 포유동물상에 대한 연구」, 『과학원통보』225.
김신규·김교경, 1974, 「상원 검은모루 구석기시대유적 발굴보고」, 『고고학자료집』4, 사회고학출판사.
김신규·김교경·백기하·장우진·서국태, 1985, 『평양부근동굴유적발굴보고』, 과학백과사전출판사.
김용간, 1990, 『조선고고학전서(원시편 석기시대)』, 과학백과사전종합출판사.

김정학, 1958, 「한국에 있어서의 구석기문화의 문제」, 『고려대학교 문리논집』3.

김주용 · 배기동 · 양동윤 · 남욱현 · 홍세선 · 고상모 · 이윤수 · 강문경, 2002, 「韓國 全谷 舊石器遺蹟 E55S20-IV Pit의 土壤 · 堆積物 分析 結果」, 『東北亞細亞舊石器研究』, 2002年 全谷里 舊石器遺蹟 紀念 國際學術會議 論文集, 漣川郡 · 漢陽大學校 文化財研究所.

도유호, 1964, 「조선의 구석기 시대 문화인 굴포 문화에 관하여」, 『고고민속』2.

로영대, 1962, 「함북 화대군 털코끼리 발굴지에 발달한 니탄층의 포자 화분 조합」, 『문화유산』4.

리정남, 2001, 「조선사람은 언제부터 이 땅에 살았는가」, 『민족문화유산』1.

박선주, 2001, 「한반도의 갱신세(플라이스토세)고인류와 동물상」, 『한국의 제4기 환경』, 서울대학교출판부.

박선주 · 이은경, 2003, 「한반도의 고인류」, 『한국구석기학보』7.

박영철, 1992, 「한국의 구석기문화-유적의 현황과 편년문제」, 『韓國考古學報』28.

_____, 2002, 「한국 중기구석기 문화의 석기분석 연구」, 『한국구석기학보』5.

박준석 · 최현모, 1962, 「털코끼리가 발견된 함북 화대군 장덕리 4기층의 층서와 고지리적 환경에 대한 고찰」, 『문화유산』4.

박희현, 1983, 「舊石器時代 : 動物相과 植物相」, 『韓國史論』12, 國史編纂委員會.

배기동, 1989, 『全谷里-1986年度 發掘調査報告』, 서울大學校 考古人類學叢刊 第 十五冊, 서울大學校博物館.

배기동 · 홍미영 · 이한용 · 김영연, 2001, 『전곡구석기유적 : 2000~2001 전면시굴 조사보고서』, 경기도 연천군·한양대학교 문화재연구소.

손보기, 1967, 「層位를 이룬 石壯里 舊石器文化」, 『歷史學報』35·36합.

_____, 1972, 「石壯里의 전기·중기 구석기文化層」, 『韓國史研究』7.

_____, 1990, 『구석기 유적-한국·만주』, 한국선사문화연구소.

_____, 1993, 『석장리 선사유적』, 東亞出版社.

오경섭 · 김남신, 1994, 「전곡리 용암대지 피복물의 형성과 변화과정」, 『第四紀學會誌』8.

이기길, 2004, 「장흥 신북유적의 발굴 성과와 앞날의 과제」, 『동북아시아의 후기구석기문화와 장흥 신북유적』, 장흥 신북 구석기유적 발굴기념 국제학술회의, 전라남도 장흥군 · 장흥 신북 구석기유적 보존회 · 조선대학교 박물관.

이기길 · 최미노 · 김은정, 2000, 『순천 죽내리유적』, 조선대학교박물관 · 순천시청 · 익산지방국토관리청.

이동영, 1994, 「병산리유적의 지형 및 지질」, 『양평 병산리유적(2)』, 경기도·단국대학교 중앙박물관.

_____, 1995, 「선사유적지의 형성시기와 고환경해석을 위한 지질연구」, 『韓國上古史學報』20.

이선복, 1996, 「임진강유역의 구석기유적의 연대에 관하여」, 『韓國考古學報』34.

_____, 2000, 「구석기 고고학의 편년과 시간층위 확립을 위한 가설」, 『韓國考古學報』42.

이융조, 1983, 『청원 두루봉 동굴 구석기유적 발굴보고서 (I)』, 충북대학교 박물관.

이융조·홍미영, 1999, 「청주 봉명동 I지구 발굴조사 개보」, 『年報』8, 忠北大學校博物館.

_____, 2000, 「청원 소로리 구석기유적의 출토 석기-A지구를 중심으로」, 『한국구석기학보』1.

이헌종, 2002a, 「나주 당가유적의 발굴조사 개보」, 『東北亞細亞舊石器研究』, 2002年 全谷里 舊石器遺蹟 紀念 國際學術會議 論文集, 漣川郡·漢陽大學校 文化財研究所.

_____, 2002b, 「우리나라 구석기시대 석기제작기법의 변화」, 『우리나라의 구석기문화』, 연세대학교 박물관 학술총서 1, 연세대학교.

인류진화발전사연구실, 1995, 『조선서북지방의 동굴유적』, 김일성종합대학출판사.

장우진, 2000, 『조선민족의 발상지 평양』, 사회과학출판사.

_____, 2002, 「≪화대사람≫ 화산용암속의 화석인류」, 『조선고고연구』124.

정영화, 1994, 「한국구석기문화연구의 제문제」, 『인문연구』16, 영남대학교 인문과학연구소.

_____, 2002, 「韓國 舊石器研究의 現況과 課題」, 『東北亞細亞舊石器研究』, 2002年 全谷里 舊石器遺蹟 紀念 國際學術會議 論文集, 漣川郡·漢陽大學校 文化財研究所.

최몽룡·조유전·배기동·신숙정·이성주, 1992, 『韓國 先史考古學史 : 연구현황과 전망』, 까치.

최복규, 2002, 「강원지역 구·중석기시대 연구의 현황과 과제」, 『江原考古學報』創刊號.

최복규·안성민·유혜정, 2004, 『洪川 下花溪里 Ⅲ 작은솔밭 舊·中石器遺蹟』, 江原考古學研究所.

한창균, 1994, 「북한의 구석기 문화 연구 30년」, 『북한의 고대사 연구와 성과』, 대

　　　　　　룍연구소출판부.

_____, 2003, 「한국 구석기유적의 연대 문제에 대한 고찰」, 『한국구석기학보』 7.

한창균·홍미영·김기태, 2003, 『광주 삼리 구석기 유적』, 경기문화재단 부설 기전 문화재연구원·광주시·2001세계도자기엑스포조직위원회.

황소희, 2003, 「전곡리 구석기유적 E55S20-IV PIT의 화산재분석」, 『全谷里遺蹟의 地質學的 形成過程과 東亞細亞舊石器』, 第2回 全谷里 舊石器遺蹟 紀念 國際學術會議, 漣川郡·漢陽大學校 文化財研究所·韓國舊石器學會.

洪美瑛·金起兌, 2003, 「韓國 南楊州市 好坪洞 舊石器遺蹟 發掘調査 槪要」, 『黑曜石文化研究』 2, 明治大學.

Danhara, T., Bae, K., Okada, T., Matsufuji, K., Hwang, S., 2002, "What is the real age of the Chongokni Paleolithic site?―A new approach by fission track dating, K-Ar dating and tephra analysis", 『東北亞細亞舊石器研究』, 2002年 全谷里 舊石器遺蹟 紀念 國際學術會議 論文集, 漣川郡·漢陽大學校 文化財研究所.

Naruse, T., Matsufuji, K., Danhara. T., Hayashida, A., Yu, K.-M., Yum, J.-G., Shin, J.-B., 2003, "Loess-paleosol sequence in Chongokni paleolithic site", 『全谷里遺蹟의 地質學的 形成過程과 東亞細亞舊石器』, 第2回 全谷里 舊石器遺蹟 紀念 國際學術會議, 漣川郡·漢陽大學校 文化財研究所·韓國舊石器學會.

신석기시대

1. 신석기시대의 이해

　지금으로부터 약 1만 2천~1만 년 전 지구 상에는 커다란 자연환경의 변화가 일어나기 시작했다. 홍적세의 빙하기가 종식되면서 기온이 서서히 상승하여 생태계가 현재의 모습으로 점차 바뀌어 나갔다. 이러한 자연환경의 변화는 일부 지역의 인간생활에 막대한 영향을 미치게 되어 인간은 생존을 위해 새로운 문화를 창출하여 변천하는 자연환경에 적응하였다. 즉, 구석기시대의 생활수단이었던 수렵-채집경제에서 식물을 재배하고 가축을 사육하는 농경문화로 생계수단을 전환하게 되었으니 이것이 바로 신석기시대의 시작이다.

　서남아시아를 필두로 지구 상의 일부 지역에서 약 1만 년 전에 농경을 바탕으로 전개된 신석기문화는 토기·마제석기 그리고 정주생활이라는 문화적 요소와 조화를 이루어 신석기문화의 복합체를 창출하게 되었다. 이렇게 몇몇 지역에서 시작된 신석기문화[농경문화]는 점차 인접 지역으로 전파되어 기원전후에는 지구 상의 대부분 민족들이 농경문화를 그들의 생계수단으로 채택한 반면에 나머지 민족들은 신석기문화를 경험하지 못한 채 구석기시대에 머물게 된다.

원시농경문화의 시작이 바로 현대 고고학이 정의한 신석기문화의 기본적 개념이다. 그러나 우리나라의 경우 신석기시대의 편년은 원시농경의 시작과는 무관한 점이 특이하다. 오늘날 국내학자들이 정의한 신석기시대의 개시는 토기의 출현을 기점으로 설정하고 있다.[김원용, 1986 ; 임효재, 2000] 이러한 이유는 과거 일본학자들의 고전적 선사시대 편년방법을 그대로 답습한 데서 기인한 것이다.

'신석기'라는 용어의 기원은 1865년 영국의 고고학자 러복(Lubbock)이 톰센(Thomsen)의 삼시기법(三時期法)을 세분하여 석기시대를 도구의 제작 형태에 따라서 구석기시대[타제석기]와 신석기시대[마제석기]로 분류한 데서 시작되었다. 일본학자들은 이러한 편년방법을 채택하였으나, 최근에는 이를 사용하지 않고 현대 고고학의 편년방법을 따르고 있는 실정이다. 국내학자들은 일본학자들의 영향을 받아서 마제석기를 신석기의 개념으로 사용하였으나 근자에 와서는 토기로 대체시켰다. 물론, 토기와 마제석기는 농경문화와 무관하게 출현하는 경우가 많다. 예를 들면, 오스트레일리아의 원주민은 2만 5천 년 전에 마제석기를 제작하였고, 일본에서 출토된 토기의 연대는 1만 4천 년 전으로 거슬러 올라가기도 한다.

토기의 출현을 신석기시대 시발로 설정한다면 한반도의 신석기시대는 약 1만 년 전에 시작하여 청동기문화가 출현하기 전인 3천 년 전까지를 말한다. 신석기시대의 상한연대는 최근 제주도 고산리에서 발견된 토기의 절대연대가 1만 년 전으로 검출되었기 때문에 수정된 것이다. 고산리 토기가 발견되기 이전에는 그 상한연대를 7천 년 전으로 설정하였기 때문에 한반도의 구석기시대와 신석기시대 사이에 약 3천 년 이상의 역사가 공백으로 남아 있었다.

한반도 내에서 지금까지 발견된 신석기 유적지는 약 5백여 곳으로 추정된다.〔한영희, 1995〕 초기 유적지는 대체로 강안과 해안에 자리하다가 점차로 내륙 지역으로 확산되는 경향을 보이고 있다. 우리 역사에서 신석기시대가 차지하는 시간적 축이 매우 길기 때문에 이 시대의 문화를 상징하는 토기의 형태도 시간과 지역에 따라 서로 다르게 나타나고 있다.

초기의 토기는 편평밑에 무늬가 없거나 아가리 부분에 무늬가 장식되어 있는데, 이들은 두만강 유역의 굴포리, 강원도 양양군 오산리 그리고 부산의 동삼동을 비롯한 동부 지역에서 출토된다. 반면에 뾰족밑에 곧은 아가리의 포탄 형태를 하고 동체에 빗살무늬가 시문된 토기는 이들보다 다소 늦은 시기에 황해도 지탑리·궁산리 그리고 암사동을 비롯한 서부 지역에서 출현하여 한반도의 대부분 지역으로 확산되는 것이 특징이다. 따라서 한반도의 신석기시대를 '빗살무늬토기시대'라고 불러도 큰 무리는 없다고 본다.

일부 학자들은 신석기시대를 고신석기시대(1만~6천 B.C.)·전기 신석기시대(6천~5천 B.C.)·중기 신석기시대(5천~3천 5백 B.C.) 그리고 후기 신석기시대(3천 5백~1천 B.C.)로 나누고 있으나〔임효재, 2000〕 이러한 편년방법은 단순히 토기의 형식 분류에 근거하고 있는 실정이다. 물론, 바람직한 편년방법은 경제 양상과 도구의 개발에 따른 사회구조〔취락 형태〕의 변화에 초점을 두어야 하나 우리의 신석기 연구 경향은 자료가 부족하기 때문에 아직도 미진하다. 신석기시대의 경제 양상과 더불어 그 변화를 설명하는 원시농경문화에 대한 연구가 보다 활발하게 진행되어야 한다. 최근 조사에 의하면 조와 수수를 바탕으로 하는 잡곡농사는 대략 기원전 3천 년 그리고 벼농사는 기원전 2천 년경에 한반도의 중서부 지역에서 시행된 것으로 나타나고 있다.

2. 주요 연구성과

우리나라 신석기시대의 연구는 유럽고고학의 영향을 받아서 1910년대부터 약 90년 동안의 역사를 지니고 있으나 그 결과는 만족스럽지 못하다. 이 기간 중에서 맹아기라 할 수 있는 1945년까지의 연구는 전적으로 일본학자들에 의해 수행되었다. 1916년 황해도와 평안도 해안에서 수습한 빗살무늬토기편, 1925년 을축년 홍수로 인해서 노출된 암사동, 1930년과 1932년 부산의 동삼동과 영선동에서 행해진 시굴조사 그리고 1931년의 웅기패총과 두만강 유역의 조사가 대표적인 경우다.

당시 일본학자들의 조사는 현대 고고학의 층서적 원리의 개념이 결여되었기 때문에 수습된 토기와 석기를 바탕으로 상대연대를 설정하지 못했다. 따라서 그들은 식민사관에 입각하여 구석기와 청동기문화를 부정하고 한반도의 선사시대는 신석기시대 단일문화단계로만 형성되었다고 믿었다.

특히, 빗살무늬토기와 무문토기를 분석한 일본학자들은 두 토기가 같은 시기에 서로 지역을 달리하여 존재했다고 설명하면서 빗살무늬토기는 어로 행위 집단이, 그리고 무문토기는 내륙 지역에서 수렵생활을 영위한 집단이 남긴 것으로 보았다. 즉, 동일한 시기에 생계경제를 서로 달리하는 두 집단이 한반도에 거주했다는 주장이다.〔鳥居龍藏, 1925〕 이러한 가설은 후에 미카미〔三上次男, 1952〕에 의해 보다 구체적으로 전개되어 빗살무늬토기는 예족 그리고 무문토기를 남긴 민족은 맥족이라는 설이 나와 토기를 남긴 민족에 대해 많은 관심을 보였다고 할 수 있다.

다음으로 지적할 연구성과는 빗살무늬토기의 전파루트다. 일본학자들은 당시 인류학과 역사학의 이론에 많은 영향을 끼친 비엔나학파의 문화전파론에 입각하여 한반도의 빗살무늬토기를 북유럽에서 발견되는 캄케라믹(Kamm-keramik)과 역사적 연관성을 주장하고, 이 토기의 명칭을 한문으로 번역하여 즐목문토기(櫛目文土器)라는 용어를 처음으로 빗살무늬토기에 명명하였다. 후지다(藤田亮策)에 의하면 한반도의 빗살무늬토기는 북유럽·시베리아·알래스카 그리고 북미에서 발견되는 즐목문토기(Kamm-keramik)와 동일한 계통이며 북유럽 토기가 동쪽으로 전파되는 과정에서 한 갈래가 한반도로 유입되었다고 보았다.〔藤田亮策, 1930 ; 橫山將三郎, 1939〕 물론 이러한 가설은 후에 우리 학자들에 의해 다소 수정되었으나, 빗살무늬토기와 신석기시대의 주민이 시베리아에서 기원하였다는 북방기원설은 지금도 국내학계에서 주를 이루고 있다.

해방 이후 신석기시대의 연구는 북한학자들에 의해 먼저 진행되었다. 1946년 송평동패총이 시굴되고, 1947년 나진만의 조도패총, 1950년 궁산리패총, 1955년 금탄리 유적지 그리고 1957년에 지탑리 유적지가 발굴되었다.

이들 중에서 궁산리와 지탑리 유적지에 대한 연구는 우리나라 신석기연구사에서 처음으로 상대연대와 경제 양상 그리고 취락 형태에 대

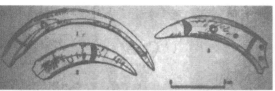

[그림 1] 궁산리 유적 출토 사슴뿔 괭이[왼쪽]와
멧돼지 이빨로 만든 낫[오른쪽]

한 가설을 제시한 것으로 높이 평가를 받아야 한다. 집자리의 층위에 따라 빗살무늬토기와 무문토기의 선후 관계를 구분하고, 토기의 형태를 바탕으로 신석기시대를 세 단계로 나누어 초기·중기·말기로 편년을 시도한 것은 신석기시대 연구의 진일보라 하겠다.〔도유호·황기덕, 1957〕 그리고 신석기시대의 상한연대를 기원전 2천 년으로 편년하고 그 기원을 시베리아토기에 연결시킨 점 또한 흥미로운 사실이다.

가장 괄목할 연구성과는 신석기시대 농경문화의 규명에 대한 시도다. 궁산리 유적지에서 출토된 사슴뿔로 만든 괭이와

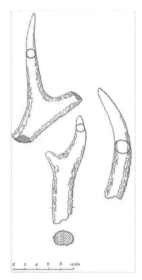

[그림 2] 궁산리 유적에서
출토된 뒤지개

뒤지개 그리고 멧돼지의 이빨로 만든 낫 등의 농경도구를 바탕으로 신석기시대에 원시농업이 실시되었다는 가설을 내놓았다. 그리고 지탑리 유적지에서 출토된 탄화된 피 또는 수수의 낟알 그리고 석제 낫과 쟁기를 검토하여 지탑리 주민들은 궁산리 주민보다 발달된 쟁기농사를 지었다는 가설을 제기하여 원시농경의 발달단계에 대한 설명을

시도했다.

한편 남한에서 신석기시대의 연구는 1960년대에 와서야 이루어졌다. 미국 위스콘신대학 대학원생이었던 샘플(Sample)과 모어(Mohr)는 1964년 우

[그림 3] 지탑리 유적에서 출토된
탄화된 좁쌀과 돌보습

리 정부로부터 동삼동 유적지의 제한된 일부 지역에 대한 시굴 허가를 받아서 이를 성공적으로 이행하였는데, 이것이 해방 이후 남한에서 최초로 실시한 신석기 유적지 시굴조사다.

이들은 층위와 방사성탄소연대에 따라서 신석기문화를 5기로 나누고 빗살무늬토기 이전에 존재한 융기문과 민무늬토기 문화층도 확인하였다. 또한 동삼동에서 발견된 흑요석과 조몬토기를 근거로 고대 한일 간의 교역 문제를 제시함으로써 국내학자들에게 신선한 충격을 주었다. 1966년에 발표한 토기편년과 1974년에 출간된 연구보고서는 한국 신석기문화 전반을 조명하고 연구 방향을 설정하는 데 시금석이 되었다.〔Mohr & Sample, 1966 ; Sample, 1974〕

뒤이어 동삼동과 암사동 유적지가 발굴되었으나 대규모의 취락지 확인과 절대연대 검출 이외에 이론적 성과는 없었다. 물론, 그 이후 남한에서 신석기 유적지는 꾸준히 발굴조사되어 강안과 해안 그리고 내륙 지역의 유적지도 수없이 확인되었다.

해방 이후 남한학자들에 의해 수행된 연구 중에서 가장 중요한 것

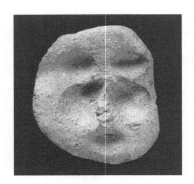

[그림 4] 오산리 유적에서 출토된
토제 인면상

은 오산리 유적지다. 집자리, 층위를 이루는 다양한 토기, 복합낚시도구, 토제인면상 그리고 흑요석이 출토되어 학계의 비상한 관심을 모았다. 임효재는 오산리 유적에서 검출된 절대연대와 토기형태를 바탕으로 한국 신석기문화를 전기(6천~3천 5백 B.C.) · 중기(3천 5백~2천 B.C.) · 후기(2천~1천 B.C.)로

나누어 한국 신석기시대의 편년에 새로운 방향을 제시하였다. 더하여 토기를 지역군에 따라 굴포리와 오산리로 대표되는 동북 지역, 동삼동 · 상노대도 · 수가리의 남부 지역, 암사동 · 오이도 · 궁산리 · 지탑리의 중서부 지역 그리고 압록강 유역의 서북 지역으로 나누어 지역주의를 강조한 것이 특색이다.〔임효재, 2002 ; 한영희, 1995〕아울러 오산리 유적지의 발굴로 동해안 지역의 편평밑토기 계보를 설정하여 이것이 서부 지역 빗살무늬토기 이전의 토기라는 것을 증명하였고, 또한 이를 러시아의 연해주 및 아무르(Amur)강 유역과 연결시킨 시도는 높은 안목이라 하겠다.

토기를 바탕으로 하는 신석기시대의 편년 연구는 남한보다 북한에서 더욱 구체적으로 진행되어 굴포리 · 궁산리 그리고 지탑리 유적의 층위를 편년의 근거로 채택하였다. 따라서 1980년에 와서는 '조선의 신석기'라는 책을 간행하였으며 편년을 전기(5,000~4,000년 B.C.) · 중기(4,000~3,000년 후반기 B.C.) · 후기(3,000년 후반기~2,000년 B.C.)로 나누었다. 북한학자들이 신석기 연대의 하한을 기원전 2천 년으로 설정한 것은 청동기시

대의 개시를 일찍 잡기 때문이다.

한편 토기의 북방기원설에 대한 남한학자의 연구는 김정학에 의해 처음으로 시도되었다. 그는 한반도의 토기를 북유럽의 토기인 캄케라믹에 연계하여 즐문토기(櫛文土器)라고 지칭한 일본학자들의 용어를 부정하고 이를 기하문토기로 명명하였다. 그리고 한반도의 기하문토기는 동유럽이나 북유럽보다는 시베리아토기와 유사한 점을 지적하였다. 시베리아토기의 편년과 토기 형태 및 문양을 근간으로 신석기시대의 토기와 유적을 편년한 것은 남한의 신석기연구사에 처음 시도한 연구로 큰 의미가 있다고 하겠다.〔김정학, 1968〕

토기의 형식분류와 편년 그리고 기원 연구에 비하여 경제 양상에 관한 연구는 비교적 부진하였다. 미국의 신고고학 이론에 기초하여 한반도 선사시대 생계경제를 신진화론적 관점에서 설명한 최초의 학자는 김정배다.〔김정배, 1971〕 그는 신석기시대 말기에 원시농경이 중서부의 일부 지역에서 실시된 사실을 인정하였으나, 신석기시대를 식량채집단계 그리고 청동기시대를 식량생산단계로 보았다. 한반도 농경의 기원을 청동기문화를 담당한 예맥족의 남하에 따른 주민교체설에 초점을 두는 점이 특이하다.

그 이후 농경의 연구는 자료의 부족 때문에 주로 농경도구를 바탕으로 중국대륙으로부터 전파통로를 설명하면서 해상통로를 부정하고 해안을 통한 육로가 제시되었다.〔최정필, 1982〕 지건길과 안승모는 한반도에서 출토된 곡물과 농경도구를 집대성하여 신석기시대 중기에 농경이 행해졌다는 가설을 제시하여 신석기시대에 농경이 개시되었음을 확인해 주었다.〔지건길·안승모, 1983〕

한편 자연환경에 대한 연구도 진전을 보아서 기원전 4천~3천 년경에는 후빙기의 최난온기가 존재하여 기온과 해수면이 현재보다 높았다는 사실이 제기되어 신석기시대의 기후, 식물과 동물 그리고 어패류 종류가 어느 정도 규명된 것은 당시의 식생활 연구에 많은 도움이 된다. 자연환경의 변천과 연계된 농경의 기원에 관한 연구도 행해져 초기 신석기시대 서부 지역의 주민은 주로 육상자원에 의존한 반면에 동부주민은 해상자원을 중심으로 어로 행위를 하였다는 가설도 제기되었다. 그러나 한반도의 농경문화는 변천하는 자연환경에 적응하기 위해 서부 지역의 일부 집단에 의해 신석기시대 중기에 채택되었다는 과정주의 학설은 앞으로의 연구에 기대해야 한다.〔최정필, 1986, 2002〕

이밖에도 신고고학과 후기과정주의 이론을 도입하여 경제 양상과 취락지 연구가 많이 진행되었다.〔이준정, 2001 ; 임상택, 2000〕 최근에 진행된 벼농사의 연구도 큰 성과라 할 수 있다. 일산과 김포 가현리 그리고 대천리에서 출토된 볍씨와 화분 분석을 통해 그 연대가 기원전 2천 년 전 이상으로 검출되었는데, 이는 적어도 신석기시대 말기에는 벼농사가 서부 지역에서 행해진 것을 말해 준다.〔임효재, 1990 ; 이융조 · 김정희, 1998〕

북방과 관계된 주민구성 문제는 김정배에 의해 체계화되었다.〔김정배, 1972〕 김정배는 문화인류학 · 언어학 그리고 고고학적 연구방법론을 응용하여 거시적 안목에서 신석기시대의 주민을 북방에서 이주해 온 고아시아족으로 규정하고, 단군신화를 신석기인들이 남긴 역사적 산물이라고 주장하여 현재 학계의 정설로 자리를 잡고 있다.

3. 농경과 주민구성의 문제

1) 농경의 여러 문제

앞에서 논의한 바와 같이 농경은 신석기시대의 가장 핵심적 문화 양상이기 때문에 서구 고고학에서는 이 시대를 원시농경시대라고 칭한다. 그러나 우리나라 신석기의 경우 농경문화와 관계없이 토기의 시작을 그 상한 연대로 설정하고 있다. 따라서 한반도의 신석기에서는 토기가 출현하고 시간이 어느 정도 지난 다음에 마제석기와 정착마을, 그리고 농경문화가 뒤따르게 된다. 현대 고고학에서는 위의 네 가지 문화적 사항을 신석기시대의 문화적 복합요소라고 칭한다.

지구 상에는 농경문화가 독자적으로 개발된 지역이 있는 반면에 기존의 농경문화가 전파되어 이를 수용한 민족도 있다. 농경문화는 야생식물을 재배하고 동물을 사육하는 인간 행위를 근간으로 하기 때문에 문화의 개발과 수용과정이 매우 복잡하다. 따라서 독자적으로 발생된 초기 농경문화의 발생지는 그 수가 매우 제한되었으며, 훗날 이들 지역으로부터 인접 지역으로 농경이 확산되었다는 사실이 밝혀지고 있다. 농경이 독자적으로 발생한 지역을 농경의 중심지라 칭하고 이러한 농경의 중심지는 후에 모두가 세계고대문명의 발생지로 기능을 발휘하게 된다. 농경을 독자적으로 개발한 신석기인들은 야생식물과 동물의 순화과정에서 엄청난 시행착오를 겪었을 것이다. 따라서 이들은 단순히 인간의 보편적 심리현상 때문에 보다 나은 삶을 위해 종래의 수렵과 채집생활을 버리고 농경사회로 진입하지는 않았다는 사실이 고고학적으

[그림 5] 울산 검단리에서 출토된 반월형석도

로 증명되고 있다. 이러한 연유로 현대 고고학자들은 농경문화의 기원
과 전개과정을 가장 중요한 명제로 다루어왔다. 그들은 단순히 언제 어
디에서 농경문화가 발생했다는 서술적(descriptive) 모델을 벗으나 "왜,
그리고 어떠한 과정을 밟아서 농경문화가 발생전개 되었을까"라는 설명
적(explanatory) 모델을 염두에 두고 명제에 접근하는 자세를 취하고 있
다. 그러나 농경문화가 중심지로부터 전파되어 수용한 경우는 이에 대
한 설명이 보다 단순하고, 학자들의 관심 또한 적은 편이다. 따라서 한
반도의 경우도 농경의 중심지가 아니기 때문에 학자들은 이와 같은 명
제에 관심을 표하지 않았다.

　지금까지 한반도의 농경기원에 대한 연구는 매우 단순하고 서술적
이다. 서술된 내용을 살펴보면 중국의 황하 유역에서 발생한 농경문화
가 한반도로 자연스럽게 전파되어 신석기시대 중기 또는 후기에 조를
바탕으로 하는 곡물농사가 시작되었다는 내용과 청동기시대의 개시와
함께 대륙에서 이주해 온 신래족이 청동문화와 농경문화를 전파시켰다

는 설로 요약된다. 그리고 벼농사에 대해서는 반월형석도의 형식 분류와 양자강 유역으로부터 시작된 벼농사의 전파 통로에 관한 연구이다. 즉, 양자강에서 발생한 벼농사가 해안을 따라서 한반도로 전파되었는지 또는 산동반도에서 황해를 가로질러 한반도에 도달했는지에 관한 논의이다. 그러나 한 가지 다행스러운 점은 최근 일부 학자들은 한반도의 농경문화의 전개를 사회적 갈등모델을 바탕으로 설명을 시도하고 있다는 점이다[임상택, 2006]. 문화의 변동속성에 의하면 문화는 내부적인 갈등 요인 때문에 필요에 따라 내부 구성원들 스스로의 힘으로 문화를 변화시키는 경우가 있는 반면에, 외부의 영향으로 접변현상을 일으켜 문화가 변화하는 예도 많다. 물론 외부의 영향으로 문화를 수용하는 경우에도 인간은 단순히 피동적 자세이기보다는 적응을 위한 하나의 전략으로 이를 채택하는 능동적 자세를 취하는 것이 고대사회의 보편적 현상이다.

한반도의 농경 발생에 대한 설명은 문화의 단순한 전파 또는 이주민에 의한 확산보다는 더 복잡한 상황이 내재되어 있다는 것이 고고학 자료에서 나타나고 있다. 민족지 조사에 의하면 수렵-채집경제사회와 원시농경사회가 서로 교역을 하면서 공존하는 경우가 여러 집단에서 보고되고 있다. 물론 수렵-채집경제인들은 이웃 집단에서 행하는 농경문화의 실체를 파악하고 있으면서도 농경문화를 채택하지 않는다는 점이 특이하다. 이들 대부분은 풍요로운 자연환경 속에서 생활하고 있기 때문에 원시농경민에 비해 생업을 위한 주당 작업시간이 짧은 반면에 경제는 더 윤택하다는 것이다. 아울러 이들의 평균수명도 원시농경민보다 긴 것으로 보고되었다. 민족지의 이와 같은 연구는 농경문화의 발생지에서 농경이 인접 지역으로 전파되는 속도가 너무 느리고 또한 문화의 수용에서 보수적이라는 사실이 그동안 발표된 고고학적 자료와 일치하고 있다. 지금까지의 연구에 의하면 기원전 8천 년 전에 중동의 자그로스(Zagros)와 레반트(Levant) 지역을 필두로 여러 지역에서 독자적으로 발생한 농경문화는 서서히 인접 지역으로 전파되어서 서력기원 전후에는〔남태평양은 인간 이주가 늦게 시작됨〕지구 상의 대부분 지역이 이를 생계경제의 수단으로 수용하였다. 서력기원 전후까지 농경문화를 수용하지 않은 집단은 20세기 초반까지 여전히 수렵-채집사회로 남게 되었다. 이들이 농경문화를 수용하지 않은 이유는 대체로 다음과 같은 세 가지 이유로 집약된다. 첫째는 중심지로부터 지리적으로 고립되어 농경문화를 이해하지 못한 경우다. 남미의 일부 부족과 오스트랄리어 남단 섬 타사모니아의 원주민이 이에 속한다. 다음은 자연환경의 악조건 때문에 경작할 수 없는 곳이다. 오스트랄리어 중부 사막성 토질의 원주민과 한대 지방에 살고 있는 에스키모를 들 수 있다.

마지막으로 농경문화를 고의적으로 수용하지 않는 경우이다. 흥미로운 사실은 아프리카의 쿵산(Kung San)족과 하드자(Hadza)족을 비롯한 여러 집단이 위험도가 높고 작업 시간이 긴 원시농경보다는 수렵-채집사회를 더 선호하고 있음이 밝혀졌다.

필자는 한반도의 농경문화 발생을 논의할 때 지금까지 열거한 사실을 반드시 염두에 두어야 올바른 회답을 얻을 수 있다고 생각한다. 한반도의 농경문화가 세계농경 중심 지역 중 하나로 간주되는 중국에서 전파되었다는 사실을 부정하는 사람은 아무도 없다. 중국 중원 지역의 배이강(裴李岡)과 자산문화에서 약 8,000년 B.P.에 시작된 조와 기장을 중심으로 하는 잡곡 농사가 동쪽으로 전파되어 7,000년 B.P.경에는 요동 지역의 신석기문화로 대표되는 신락문화에 도달한 것으로 증명되고 있다. 신락문화 하층에서 탄화된 기장이 출토되는 점을 감안한다면 문화의 복합도와 양상이 비슷한 소주산과 압록강하류문화로 분류되는 후와문화 지역에서도 분명히 농경이 실시되었을 것으로 생각한다. 이들 요동 지역의 신석기문화는 한반도 서북부의 신석기문화와 밀접하게 교류했다는 사실이 두 지역의 토기 연구에서 잘 나타나고 있다.〔김영희, 2001; 임상택, 2006〕.

요령 지역의 신석기문화는 6,000년 B.P.경에는 많은 변화를 맞이한다. 요서 지역에 홍산문화가 출현하면서 이 지역은 중원의 앙소문화권으로 편입되는 반면에, 한반도와 바로 인접한 요동 지역은 산동 지역 대문구문화의 영향을 강하게 받는다. 여기서 중요한 사실은 앙소문화와 대문구문화의 생계경제는 농업을 바탕으로 한다는 점이다. 그러면 한반도의 원시농경과 관계된 문화의 전개 양상을 살펴보기로 하자. 신석기문화로 접어들면서 한반도에는 지역에 따라 문화의 양상이 차이를 보이고 있다. 앞에서 언급한 바와 같이 초기신석기시대 북서부·중서부·동북부, 그리고 남부 지방의 토기는 서로 뚜렷한 지역주의를 나타내고 있다. 이러한 지역 간의 문화적 차이는 생계경제에도 반영되어 동부 지역인들은 주로 어로 행위에 의존한 반면, 서부인들은 식물성 먹이를 중심으로 하는 육상자원을 더 많이 활용했음을 출토유물에서 읽을 수 있다〔최정필, 1990; 임상택, 2006〕. 특히 중서부인들이 동부 지역보다 육상자원에 더 의존한 이유는 자연환경의 입지 때문이라 하겠다. 중서부 지역의 초기 유적지는 대부분이 해안이나 강안에 자리하고 있지만 생계경제를 위한 활동 영역 분석(site catchment analysis)의 관점에서 본다면, 강 또는 바다를 중심으로 하는 수산자원은 물론 주거지 주변의 들판과 야산에서 생산되는 자원도 중요한 활용 대상이었다. 특히 중서부인들의 경우는 강 또는 바다와 들판, 그리고 야산이라는 세 가지 미시적 자연환경의 자원을 효율적으로 활용하려면 계절과 직결된 경제활동 일정표에 따라 생활하지 않으면 생존에 어려움이 따랐을 것이다. 지금까지 출토된 자료에 의하면 지탑리와 암사동을 위시한 중서부인들은 계절에 따라 일정을 달리하며, 서식하는 자원을 지혜롭게 잘 활용하였다는 사실이 밝혀지고 있다. 초기신석기인들은 문화의 변동을 경험하지 않고 수천 년 동안 비교적 안정된 상태에서 그들의 자연환경에 적응하였다.

초기신석기인들이 요동 지역의 농경문화를 약 2천 년 이상 채택하지 않고 종래의 경제생활을 고집한 이유는 현존하는 수렵-채집경제인들의 예에서 볼 수 있는 것처럼 풍족한 자연환경의 이점 때문이 아닌가 생각된다. 중서부인들은 서북부인들과 함께 요령 지역의 초기신석기문화와 수많은 교류를 육로와 해상을 통해 전개시켜 왔다. 따라서 이들은 씨앗을 파종하면 싹이 나서 자라게 된다는 원시농경의 실체를 분명히 알고 있었을 것이다. 그리고 중서부인들은 요령 지역에 전파된 농경문화를 수용할 수 있는, 농경과 관계된 문화적 요소를 충분히 지니고 있었다. 민족지 조사에 의하면 원시 화전농경에 필요한 도구는 괭이·굴봉·이삭을 따는 수확 도구[타제, scraper], 그리고 수확한 곡물을 담고 저장하는 용기 정도가 필요할 뿐이다. 서북부와 중서부의 초기신석기인들이 이러한 도구를 갖추고 있었다는 것이 고고학적으로 증명이 된다. 지금까지 조사에 의하면 탄화된 곡물과 곡물의 화분, 그리고 곡물이 압인된 자료가 다른 유물과 함께 출토된 신석기 유적지는 약 20여 곳에 달한다[[표 1] 참조]. 곡물이 발견된 대표적 유적지는 지탑리, 남경리, 마산리, 대천리, 그리고 남부 지방의 동삼동과 비봉리 등이다.

[표 1] 신석기시대 유적지 출토 곡물 현황 표

유적 명칭	벼	보리	밀	조	수수	기장	피	콩	팥	공반유물	비고
평양 남경유적 31호 주거지				⊙						뼈, 어망추, 갈돌, 갈판, 흙구슬, 석부, 빗살무늬토기, 점선띠무늬토기, 민무늬토기, 양이부단지, 삼각집선문호 등	
황북 봉산 마산리유적 7호 주거지				⊙						석부, 석제자귀, 목기, 연석, 짐승뼈 부스러기	
황북 봉산 마산리유적 17호 주거지						⊙				팽이형토기, 방추차, 석촉, 반월형석도	
황북 봉산 지탑리유적 2지구 2호				⊙			⊙			빗살무늬토기 석제보습, 돌낫, 갈판 등	조 또는 피
양양 오산리유적 신석기시대 문화층		⊙								융기문토기, 즐문토기, 어망추, 인면토제품, 결합식낚시바늘 등	
인천 강화 우도패총 유적	압날									빗살무늬토기	
인천 용유도 남북동 52호 야외 노지 주변	⊙										벼과 종자의 소수경
경기 고양 가와지유적 [일산 2지역] 대화리 Ⅲ층	⊙ 화분										4,330± 80B.P.
경기 고양 주엽리 새말유적 [일산 3지역] 갈색 토탄층	규소체									오리나무, 자작나무, 빗살무늬토기	
경기 고양 주엽리 새말유적 [일산 3지역] 대화리층	규소체									빗살무늬 토기	
경기김포 가현리 유적 토탄층	⊙			⊙							4,010± 25B.P.

유적								출토유물	비고
충북 옥천 대천리유적 주거지	규소체	⊙	⊙	⊙		⊙		빗살무늬토기, 갈판, 갈돌, 석부, 무늬새기개, 뒤지개류, 격지 등 석기	
부산 금곡동 율리패총 유적 패총	규소체				규소체	규소체		이중구연토기, 직립구연빗살무늬토기, 마제석부, 환상석부, 마제석촉, 어망추 등	갈대(多), 억새
부산 동삼동 패총 유적 1호주거지				⊙		⊙		태선침선문토기, 각종 석기, 골각기, 어구, 장신구, 동물유체	탄화조 AMS 연대: 3,360cal B.C.
경남 김해 농소리 패총 유적 패총	규소체				규소체	규소체	규소체	굴, 꼬막, 목탄, 옥돌, 색맨드라미 씨, 타제석부, 지석, 공이, 녹각제찌르개, 간 뼈연모, 압인문 토기, 이중구연토기 등	
경남 진주 상촌리 유적 [B지구] 17호 주거지	⊙	⊙	⊙					빗살무늬토기, 마제석촉 등	
경남 진주 상촌리 유적 [B지구] 수혈 유구				⊙		⊙			
경남 창녕 비봉리 유적 제1패층 4피트의 패각층				⊙				빗살무늬토기	사육된 개의 뼈 출토

출처: 국립중앙박물관, 2006, 『한국선사유적 출토 곡물자료집성』.

이들 유적지에서는 재배된 곡물의 흔적과 함께 원시농경에 필요한 도구도 출토되었다. 정확한 사실은 알 수 없으나 남부 지방에서 검출된 절대연대를 생각한다면 중서부 지역에 처음으로 농경문화가 출현한 것은 기원전 3,500년경 이전으로 여겨진다. 북한에서 발간되는 자료에 의하면 탄화된 조 또는 피가 지탑리 2지구 2호 주거지에서 출토되었고 토기의 양식에 근거한 2호 주거지의 상대연대는 약 기원전 4,000년이라고 한다. 이 연대를 암사동에서 검출된 절대연대와 비교하여 대체로 남한학자들도 수용하는 편이다. 지탑리에서 원시농경이 기원전 4,000년경에 시작되었다는 가능성을 말해주는 단서는 최근 발굴된 비봉리와 동삼동 유적에서도 나타나고 있다. 한반도의 동남부에 위치한 두 유적지에서 탄화된 조가 발견되었고, 동삼동의 조와 기장은 기원전 3,360년으로 기록되었다.

중서부인들이 초기신석기시대의 자연환경의 이점을 이용하여 농경문화를 채택하지 않고 비교적 안정된 생활을 하였다는 사실은 주거지에서도 잘 나타나고 있다. 암사동, 지탑리, 그리고 궁산리 주거지의 기둥구멍은 계절에 따라서 먹을거리를 찾아 헤매면서 건립한 움집에 비해 그 규모가 너무 크다. 먹을거리가 풍족하여 인간이 정주생활을 하게 되면 인구가 증가하는 것은 고고학에서는 잘 알려진 사실이다. 물론 문화의 변동을 무조건 인구압에 결부시키는 논리는 해묵은 고고학 이론이다. 수렵채집경제인들은 그들이 생활하는 자연이 수용할 수 있는 인구(Carrying capacity) 조절에 많은 노력을 한다는 것이 민족지 연구를 통

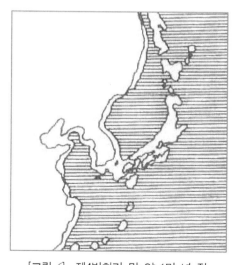

[그림 6] 제4빙하기 말 약 1만 년 전

해 밝혀지고 있기 때문이다. 아울러 세계 농경발상지의 경우 농경으로의 전환 직전 단계에서 인구가 갑자기 증가하였다는 사실은 증명되지 않고 있다. 그러나 한반도 중서부의 경우 기원전 4,000년에서 기원전 3,000년 사이에 유적지의 수가 늘어나고, 그 위치가 해안이나 강안으로부터 내륙 지방으로 서서히 옮겨지는 현상을 찾아볼 수 있다. 물론 신석기인들의 내륙 지역 진출은 농경문화라는 새로운 생계경제의 수용 때문이기도 하겠지만, 인구압의 작용도 어느 정도 영향을 미치지 않았나 생각된다. 한 가지 흥미로운 사실은 학자 간에 견해에 차이는 있지만, 바로 이 시기 가 서해안에서는 후빙기의 최난온기(Post-Pleistocene Optimum period)에 해당한다. 기원전 3,000~기원전 2,000년경에는 내륙으로 진출한 신석기 인들이 주거지를 들판과 산자락에도 축조한 것으로 보고되고 있다. 그러 나 초기 농경에서는 아직도 고랑과 이랑을 형성해 물을 공급하는 갈이농 사의 증거는 찾아볼 수 없다.

다음으로 벼농사는 잡곡 농사보다 늦게 채택되었다는 사실이 밝혀 졌다. 그동안 발견된 벼농사의 증거는 탄화미, 벼의 규소체, 화분, 그 리고 압날된 형태 등이다. 이들 자료를 바탕으로 [표 1]을 참조하여 검 출된 절대연대를 살펴보면, 일산 가와지(4,070±80년 B.P.), 김포 가현리 (4,020±25년 B.P). 그리고 다소 문제는 제기되고 있지만 최근에 발굴된 대천리가 4,200년 B.P.로 기록되어 있다. 앞의 연대를 보정하여도 모 두가 기원전 3,000년~2,000년 B.P.에 해당되며 이는 신석기인들의 내륙 진출과도 연관이 있다고 할 수 있다. 참고로 수확도구용으로 반 월형석도가 유입되고 생계경제를 거의 농경문화에 의존하던 시기는 후 기 신석기를 지나 청동기시대에 와서야 가능했을 것이다. 따라서 한반 도의 농경문화는 여러 단계에 걸쳐 서서히 전개된 것이다. 양자강 유역에서 발생한 벼농사는 ① 육로전파설, ② 황해전파설, 그리고 해안선전파설 등이 있다〔김원용, 1982 ; 최정필, 1982〕. 그러나 발견된 탄화미의 지리적 분포와 반월형석도의 분포를 살펴본다면 황하 유역에 도달한 벼농사가 다시 산동반도와 해안선을 타고 한반도의 중서부에 도달한 것으로 여겨진다.

한반도의 초기농경문화는 대륙으로부터 이주해 온 집단에 의해 혁명적으로 전개된 것이 아니고 중서부인들이 변화하는 자연환경과 사회환경에 새롭게 적응하는 과정에서 채택된 하나의 생계수단이라고 생각된다. 즉 한반도인들은 자연환경의 변화와 인구압은 물론 변천하는 복합적 사회제도의 요구에 부응하는 과정에서 농경문화를 단계적으로 수용하였다. 물론 한반도의 경우에 농경문화의 전이과정에서 최근 일부 학자들이 제시한 모델 '재배종화(domestication)에서 경작(cultivation), 그리고 농경(agriculture)'의 세 단계를 차례로 거치지 않았으나, 해리스(Harris)가 제시한 소규모 경작(small-scale cultivation), 대규모 경작(large-scale cultivation), 그리고 농경(agriculture)의 단계가 차례로 전개되었다고 생각된다.

장차 관심을 두어야 할 명제는 최근 학자들의 가설처럼〔Renfrew, 2002 ; Denham & White, 2007〕 요동반도에서 한반도, 그리고 한반도 내에서 전개된 농경문화의 전파가 언어의 전파와 연계되어 있는지를 규명하는 것이다. 종래 국내학자들이 주장하는 청동기시대의 농경을 바탕으로 하는 신래족설을 받아드린다면 레프루(Renfrew)의 '농경/언어확산' 가설과 일치한다.

한반도에 농경문화가 최초로 전개된 곳은 중서부 지역이다. 중서부인들은 늦어도 중기신석기시대 전반기에 조와 기장, 등의 잡곡을 재배한 것으로 나타나고 있다. 벼농사는 잡곡농사를 시작한 이후에 원시농경문화의 변천과정에서 말기신석기시대에 수용되어 서서히 전개된 것이다.

2) 주민구성 문제

신석기시대의 주민구성 문제는 한민족의 기원은 물론 구석기시대에서 청동기로 이어지는 우리민족사의 연속성과 직결되어 있다. 근자에 문헌사학, 고고학, 그리고 인류학에 기초한 학자들은 신석기시대의 주민구성을 규명할 수 있다고 생각하고 그들의 가설을 제시하였다. 남한학자들은 대체로 북방설을, 그리고 북한학자들은 자체형성설을 주장하고 있다. 북방설을 주장하는 학자들은 한반도의 말기구석기에서 신석기로 이어지는 시간적 공백을 인정하는 견해를 취하고 그들의 논리를 전개시키는 것이 특징이다. 북방설에 의하면 한반도에는 말기구석기동안 인간이 살다가 후빙기에 접어들어 자연환경의 변화로 인하여 이들이 이동하는 동물을 따라 북쪽으로 이주하였고 한반도는 공백 상태로 남게 되었다는 것이다. 그 이후 수천 년이 지난 다음에 시베리아의 바이칼호수 부근에 살던 고아시아족(Paleo-Asian)이 빗살무늬토기문화를 가지고 한반도에 정착하여 신석기문화를 남겼다고 한다. 자체형성설은 북한의 정치이념에 대한 정통성을 강조하기 위해 현재의 민족과 체제의 뿌리가 중단됨이 없이 구석기시대로 이어진다는 논리이다.

북방설을 주장하는 학자들은 문화전파주의 이론을 바탕으로 우리민족이 신석기시대와 청동기시대에 걸쳐서 각각 새로운 이주민으로 두 차례나 교체되었다는 민족형성의 2원적 교체론을 주장하는 것이 특징이다. 신석기시대 주민이 고아시아족이라고 주장하는 학자들은 바이칼 지역에서 출토되는 토기와 한반도의 빗살무늬토기를 동일문화계통으로 간주하고 이를 뒷받침하기 위해 단군신화의 곰 숭배사상, 부여역사에 기록된 고대언어 등 여러 가지 문화인류학적 자료를 시베리아와 연결시켜 제시하고 있다. 이들은 러시아학자들이 작성한 고대 시베리아 지역의 인종분류계보를 응용하여 신석기시대에 동북시베리아와 한반도에 동일한 인종집단이 분포하고 있었다고 주장하고 있으나 그 근거는 분명치 않다. 그리고 한반도의 빗살무늬토기가 바이칼 지역에서 유래하였다는 가설은 오래전부터 논의되어 왔으나 이 또한 문제가 많은 것으로 밝혀졌다. 잘 알려진 바와 같이 1920년대에 일본학자들은 한강 변에서 출토되는 빗살무늬토기가 북유럽에서 기원한 Kamm-keramic(빗살무늬 형태 토기)이 시베리아를 거쳐서 한반도로 동진한 것이라고 주장하였다. 그 이후 북유럽기원설은 다소 수정되어 바이칼 지역에서 기원한 토기가 한 갈래는 북유럽으로 그리고 다른 한 갈래는 동쪽으로 한반도에 도달했다는 것이다.

　빗살무늬토기 이전에 융기문토기를 비롯한 다른 형태의 토기가 한반도에 존재했다는 것은 움직일 수 없는 사실이다. 이러한 연유로 신석기토기는 서북부, 동북부, 남부 그리고 중서부 지역군으로 분류되고 서북부의 토기는 소주산과 후와 하층문화를 비롯한 요령 지역, 그리고 동북부는 연해주와 아무루 중류 문화에 연결된다는 것이 학계의 일반적인 지론이다. 특히 바이칼지역 토기와 동일 계열이라고 주장하는 중서부 지방의 뾰족밑과 둥근밑 토기는 한반도의 북서부 또는 동남부 지역에서 기원하였다는 설이 제기되고 있는 가운데, 앞에서 논의한 바와 같이 중서부 지역 자체발생설도 유력하다. 현재 중서부 지역의 빗살무늬토기와 비슷한 형태를 가진 토기는 북유럽, 바이칼 지역 그리고 미국의 동북부 지역에 분포되어있다. 전파주의학자들은 이러한 토기의 지역적 분포를 바탕으로 환북극(Trans-arctic) 토기문화권이 역사적으로 존재하였다고 생각하는 학자도 있다. 토기의 속성을 면밀히 검토하면 한반도의 빗살무늬토기는 위에서 열거한 세 지역의 토기와 역사적 연관성이 없다고 생각된다. 참고로 지난 2,000년에 영국 더럼(Durham) 대학에서 개최된 동아시아 고고학대회에 참가한 후, 필자를 포함한 4명의 고고학자들은 북구를 방문하여 박물관에서 Kamm-keramic을 관찰할 기회를 가졌다. 일행 모두가 양 토기 간의 연관성이 없다는 점에 동의하였다. 한편 한국을 방문한 러시아학자도 두 지역의 역사적 관련설을 부인하였다는 것이다.

한반도의 빗살무늬토기는 바이칼 지역으로부터 이주해 온 집단에 의해 전파된 것이 아니고 자체 내의 선행토기를 바탕으로 전개되었을 가능성을 배제할 수 없다. 외형은 비슷하다고 생각되나 구체적 속성은 상이하다는 사실이 밝혀지고 있기 때문이다. 더하여 한반도의 빗살무늬토기 연대는 바이칼 지역보다 더 오래된 것으로 나타났다. 그리고 최근에 발표된 형질인류학적 연구도 혼선을 초래하고 있다. 앞장에서 논의한 바와 같이 우리민족의 기원에 대해 북방설이 제기되고 있는 가운데 또 다른 분자생물학적 연구는 남방설을 주장하는 점이 특이하다. 현대분자생물학에서는 현생인류의 기원 그리고 유전자집단 간의 관련성을 규명하기 위해 인체의 DNA 분석을 통한 연구가 진행 중이다. 분자생물학의 연구에 의하면 Y염색체 DNA는 부계를 통해서, 그리고 미토콘드리아DNA는 모계를 통해서 유전되기 때문에 고대 인류의 계통을 분류하는 데 활용된다. 두 DNA는 죽은 세포나 아주 작은 시료에서도 도출할 수 있다고 한다. 그러나 이러한 연구는 신석기시대 인골의 DNA 도출에서 실시되어야 실효성이 높다. 따라서 지금까지 논의한 문제점을 감안한다면 신석기문화를 담당한 주민이 고아시아족이라는 가설은 재고되어야 한다.

4. 맺음말

지금까지 신석기시대 연구는 토기의 형식 분류와 편년에 너무나 집착한 나머지 경제 양상, 사회조직 그리고 문화의 속성과 관계된 문화변동의 요인에 염두를 두지 않은 것이 약점이라 하겠다. 토기의 속성은 고고학적 기록 중에서 문화의 변동에 가장 예민하다는 것이 고고학자들의 일반적인 견해이다. 따라서 토기의 형태가 변화할 때에는 사회적 요인이 전제되어 있을 것이다. 만약 토기의 문양을 바탕으로 신석기시대의 문화단계를 초기·중기·말기 등 세부적으로 분류하였다면 새로운 문양의 출현이 사회구조에 미친 영향이 무엇인지를 설명하여야 바람직한 연구방법론이라 하겠다. 그러나 대부분의 연구는 단순히 토기의 문양이 변화하였기 때문에 이 시점을 신석기의 중기 또는 후기로 분류한다고 서술적인 표현을 하고 있는 실정이다. 구태여 토기편년에 집착한다면 토기의 형태와 용량에 따른 기능을 분석하는 편이 사회변동을 설명하는 데 더 많은 도움이 될 것이다. 물론 편년의 방법에 획일적으로 토기만 적용하는 것보다는 다른 문화적 요소도 반드시 참고하여야 한다. 예를 들면 자연환경과 식생활의 변화, 주거지의 변천, 새로운 생산 도구의 출현, 등이 문화단계를 분류하는 데 더 과학적 방법이라고 할 수 있다. 그런데 지금까지 연구에 의하면 초기 농경이 신석기 중기 그리고 벼농사가 신석기 말기에 전개되었다고 단순히 지적만 하였지 이러한 생업의 획기적인 변화를 편년에 응용하지 못한 점은 모순이라 하겠다.

비록 한반도는 농경의 독자적 발생지가 아니지만 신석기인들이 농경문화를 내부적 갈등 요인으로 채택하였다고 한다면 이에 대한 설명이 반드시 필요하다. 따라서 자연환경의 변천과 농경의 전개과정은 신석기 문화가 해결해야 할 필수적 과제이다. 후빙기에 접어들면서 점차로 날씨가 따뜻해지고 이에 해수면도 상승하였다. 따라서 선사인들이 적응해 왔던 자연환경의 생태계에도 많은 변화가 온 것은 사실이다. 변천하는 자연환경에 따라 새롭게 형성된 해안과 강안은 신석기인들의 이상적인 생활 터전으로 등장하였다. 이러한 현상 때문에 후빙기의 최난온기(Optimum Period)에 접어들면서 생활의 변화가 많았을 것으로 추정된다. 해묵은 가설이지만 빈포드(Binford)가 중동 지역의 농경을 논의할 때 제시한 모델을 눈여겨볼 필요가 있다. 빈포드에 의하면, 농경이 발생한 지역의 자연환경은 다양한 생태계(Ecological mosaic)로 구성되어 있으며, 이러한 환경 속에 인구 문제와 관계되어 두 가지 형태의 사회가 존재한다는 것이다. 첫 번째 사회는 여영아살해(Female infanticide) 풍습 등의 자율조정체계로 자체 내의 인구를 조절하여 천연자원의 양과 인구 수 사이의 평형을 유지하는 사회를 말한다. 한편 다른 형태의 사회는 인구의 이동이 개방된 사회로 자연에 서식하는 먹이의 양에 비례해서 인구밀도가 상한선에 달하게 되면 그중 일부가 자원이 풍부한 타 지역으로 이동하여 새로운 생활터전을 마련한다는 것이다. 그런데 새로운 터전에 자리 잡은 집단은 인구압을 받게 되어 농경문화를 개발하게 되었다는 논리이다[Binford, 1968].

빈포드의 가설을 중서부 지역에 적용한다면 다음과 같은 시나리오가 성립된다. 풍부한 자연환경의 자원 때문에 중서부의 특정 해안과 강안에 신석기인들이 거처를 정하고 이를 바탕으로 안정된 생활을 하는 가운데 인구가 증가되었을 것이다. 이들 중에서 일부 지역은 현존하는 수렵-채집경제사회의 예처럼 자율조정체계로 인구를 조절하는 반면에, 다른 지역은 계방체계를 유지하여 인구의 이동이 비교적 자유로운 사회체제를 유지하고 있었다. 따라서 이와 같은 사회는 타 집단을 수용하는 반면, 인구의 조절을 위해 새로운 집단을 타 지역으로 분리시켰을 것이다. 타 집단으로 분리된 사회는 다시 인구압 등 내부적 갈등으로 중국의 요령 지역으로부터 농경문화를 수용하게 되었다는 논리이다. 해수면의 변동으로 인하여 수많은 유적지가 파괴된 중서부 지역의 고고학적 조사에서 위의 가설을 검정하는 것은 쉬운 일이 아니다. 그러나 주거지의 양상과 토기의 전파는 중서부인들의 이동을 파악하는 데 많은 도움이 될 것이다. 예를 들면, 초기신석기문화의 전조 없이 갑자기 출현한 암사동 신석기문화는 어느 지역인지 알 수 없으나 어머니집단으로부터 분리되어 현재의 새로운 생활 터에 자리를 잡았다는 사실을 강하게 시사해준다고 하겠다. 아울러 탄화곡물이 발견된 지탑리 2지구는 1지구의 자 문화가 분명하다. 어머니문화로부터 파생된 암사동 신석기인들은 다시 미사리 그리고 동막동으로 분파되었다는 사실은 토기로 증명이 가능하다. 지탑리 2지구와 암사동사회는 빈포드가 논의한 것처럼 인구압과 관계되어 갈등을 초래하는 개방체계 속에서 문화를 전개시켰을 가능성이 높은 지역이다.

중서부 지역의 빗살무늬토기 기원과 전파과정을 규명하는 문제는 주민구성은 물론 위에서 언급한 자연환경의 연구와도 관련되어 있다. 중서부 지역의 토기가 요령 지역 또는 영선동과 오산리토기의 접촉과정에서 발생하였다는 설은 장차 논의의 대상이 되어야 한다. 중서부 지역에 처음 출현하는 토기는 너무나 완숙하여 영선동은 물론 요령 지역의 토기와 상이한 양상을 보이고 있다. 중서부 지역의 토기원형은 현재의 서해바다 속에서 찾아야 된다고 생각한다. 빗살무늬토기 이전의 중서부인들은 선행빗살무늬토기 문화를 가지고 지금은 바다 속에 잠겨버린 서해안에서 생활하다 점차로 상승하는 해수면의 해안을 따라 계속 동쪽으로 생활터전을 옮겼을 것이다.

신석기시대의 주민구성에 대한 고아시아족설은 무척 흥미가 있으나 자료가 부족하여 앞으로 더 많은 연구가 필요하다. 고고학적 자료에 의존할 형편이 되지 못할 경우는 형질인류학의 도움을 받아야 한다. 현재 연구 중인 현생인류의 기원이 아프리카 설이란 것을 증명하기 위해 학자들은 지구 상의 인류를 여섯 집단으로 나누어 미토콘드리아 분석 연구를 하고 있다. 그리고 국내에서도 유전자 분석을 바탕으로 우리민족이 남방과 연결되어 있다는 설이 최근에 제기된 반면에, 또 다른 연구는 북방설을 두둔하고 있는 형편이다. 만약 신석기 이후에 주민교체가 없었다면 이러한 연구가 더 효율적인 결과를 가져올 수 있다고 본다. 그러나 한민족 형성 과정은 생각처럼 단순하지 않다. 특히 현재의 요령 지역은 신석기 이후부터 한민족이 생활의 터전을 마련하여 고구려와 발해로 이어져 온 곳이다. 따라서 이 지역의 주민은 북방 그리고 중국 지역과의 혼인교류를 빈번히 해왔다. 그러므로 표집대상에 따라 미토콘드리아의 역사적 연관성이 서쪽으로 또는 북쪽으로 이어지기 마련이다. 한반도의 신석기인들이 고아시아족이라는 가설을 규명하기 위한 가장 효율적인 방법은 바이칼 지역과 요령 지역 그리고 한반도의 중서부 지역 신석기시대 유적지에서 출토되는 많은 개체의 인골을 표집하여 생화학적으로 비교 분석하는 것이다. 그러나 현재 이와 관계된 자료가 너무나 빈약하다.

마지막으로 지적할 사실은 신석기시대 용어의 개념 문제이다. '신석기'라는 용어는 1865년 석제도구의 제작 형태를 바탕으로 제창되어 학계에 소개되어 왔으나 편년에 많은 모순점이 노출되어 지금은 일부 사회주의 국가를 제외하고는 이 용어를 사용하지 않는다. 따라서 우리나라의 경우도 신석기를 빗살무늬토기시대로 바꾸는 것이 타당하다고 본다.

최정필

‖참고문헌‖

김영희, 2001, 「요동반도와 한반도 중서부의 관련성 문제 검토」, 『한국선서고고학보』 8, 55~70쪽.

김원용, 1972, 「한국반월형석도의 발생과 전개」, 『사학지』 6, 1-17.

_____, 1986, 『한국고고학개설』, 일지사.

김용간·석광중, 1984, 『남경유적에 관한연구』, 과학백과사전출판사.

국립김해박물관 편, 2008, 『비봉리』, 국립김해박물관.

_____ 편, 1994, 『암사동』.

김정배, 1971, 「한국선사시대의 경제발전단계 시론」, 『역사학보』 50·51.

_____, 1972, 「고조선의 민족구성과 문화적 복합」, 백산학보, 12.

김정학, 1968, 「한국기하문토기의 연구」, 『백산학보』 4.

도유호·황기덕, 1957, 「지탑리유적발굴 중간보고」, 『문화유산』 5, 20~37쪽.

손보기 외, 1992, 「일산 신도시지역의 학술조사보고」 1, 『경기도』, 한국선사문화
연구소.

송은숙, 2003, 「암사동 신석기주거지 특징」, 『한국선사고고학보』 10, 15~28쪽.

_____, 2004, 「之자문토기의 발생과 배경」, 『한국신석기연구』 7, 7~24쪽.

신숙정, 1994, 『우리나라 남해안지방의 신석기문화 연구』, 학연문화사.

안승모, 1998, 「동아시아 선사시대의 농경과 생업」, 학연문화사.

이동주, 2001, 「암사동 빗살문양토기의 원류에 대한 새로운 시점」, 『한국선사고고
학보』 8, 71~94쪽.

이융조·김정희, 1998, 「한국선사시대 벼농사의 새로운 해석-식물규소체 분석 자
료를 중심으로」, 『선사와 고대』 11, 11~44쪽.

이준정, 2001, 「수렵-채집경제에서 농경으로의 전이과정에 대한 이론적 고찰」,
『영남고고학보』 28, 1~31쪽.

이춘녕, 1986, 도작의 문화와 한일관계, 한일문화교류기금.

임상택, 2000, 「중서부 지역 신석기시대 석기에 대한 초보적 검토」, 『한국신석기
연구회 발표논문집』, 3~48쪽.

_____, 2007, 「신석기시대」, 『한국고고학강의』, 『한국고고학회』, 47~72쪽.

임효재, 1983, 「방사성탄소연대에 의한 한국신석기문화의 편년연구」, 『김철준교
수 화갑논문집』, 서울대학교 출판부.

_____, 1990, 「경기도 김포반도의 고고학조사연구」, 『서울대학교박물관 연보』
2, 1-22.

_____, 1998, 『한국고대문화의 흐름』, 집문당.

_____, 2000, 『한국신석기문화』, 집문당.

지건길·안승모, 1983, 「한반도선사시대 출토곡류와 농구」, 『한국의 농경문화』 1.

최정필, 1982, The Diffusion Route and Chronology of Korean Plant
Domestication, *Journal of Asian Studies* Vol. XLI, No.3,
519-529.

_____, 1990, Origins of Agriculture in Korea, *Korea Journal 30*, No.11,
pp.4~14.

_____, 2002, Current Perspectives on Settlement, Subsistence, and
Cultivation in Prehistoric Korea, *Arctic Anthropology*, Vol. 39,

Nos. (1-2), pp.95~121.

하인수, 2003, 「동삼동 패총문화에 대한 고찰」, 『한국신석기연구』 7, 77~104쪽.

허문회, 1995, 「한국에 재배되었던 벼」, 『한국고대학회 제7차 전국학술대회 발표 논문집』, pp.19~26.

한창균 외, 2003, 『옥천대천리 신석기유적』, 한남대학교 중앙박물관.

한영희, 1995, 「신석기시대」, 『한국고고학 반세기』(제19회 한국고고학회 전국대 회 발표 요지).

藤田亮策, 1930, 「櫛目文樣土器の分布に就きて」, 『青丘學叢』 2.

鳥居龍藏, 1925, 「朝鮮の有史以前 について南鮮と北鮮」, 『有史以前の日本』.

三上次男, 1952, 「朝鮮に於ける櫛目文系土器社會と穢人」, 『朝鮮學報』 3.

毛昭晰, 1995, 「도작의 동전과 남방경로」, 『한중원시농경문화의 제 문제』, 한국고 대학회 7회 전국발표논문집, 27~30쪽.

石毛直道, 1968, 「日本稻作の系譜」, 『史林』 51(5, 6), 96~127, 130~150.

向安强, 1991, 「論長江新石器時代早期遺存的農業」, 『農業考古』 1.

Binford, L.R., 1968, Post-Pleistocene Adaptation, In L.R. Binford & S. Binford Ed., *New Perspective in Archaeology*. Chicago: Aldine.

Denham & Peter White, 2007, *The Emergence of Agriculture; A Global view*. New York: Routledge

Flannary, K.V., 1973, *The Origins of Agriculture, Annual Review of Anthropology*, Vol.2, pp.271~310.

Levin, M.G., 1963, *Ethnic Origins of the people of Northeastern Asia*, University of Toronto Press, 1963.

Mohr, A. and L.L. Sample, 1966, 「朝鮮新石器時代初期の土器編年に關する 新資料」, 『朝鮮學報』 41.

Sample, L.L., 1974, Dong Sam Dong: A Contribution to Korean Neolithic Cultural History, *Arctic Anthropology* Vol., 11, pp. 1~125.

Shirokogoroff, S.M., 1966, Social Organization of the Northern Tungus, *Oosterhout N.B.- the Netherland*.

청동기시대

1. 머리말

먹을 것을 찾아 떠돌이 생활을 하던 인류는 농경과 목축의 시작으로 정착생활이 가능하게 되었다. 수렵·채집단계에서 생산단계로 진일보한 신석기시대 사람들의 삶이었다. 오랜 세월 동안 자연 상태의 도구로서 석기·골각기·목기 등을 사용하던 신석기인들은 그 말기에 다시금 새로운 발전의 계기를 맞게 되었다. 다름 아닌 청동야금술의 발견이었다.

청동은 구리(銅)와 주석을 주성분으로 하는 합금이다. 두 가지 이상의 금속을 합성시키려면 채광·정련·합금·주조 등과 같은 일련의 공정을 거쳐야 하므로 복잡하고 전문적인 기술이 요구된다. 이러한 야금술(冶金術)은 새로운 지식을 수반할 뿐만 아니라 산업발전과 교역 증대를 가져옴으로써 사회 전반에 큰 변화를 일으켜, 그 사회는 점차 분업화되고 계층화된 조직사회로 변모한다.

선사시대의 사회변화에 대한 본격적인 연구는 영국에서 먼저 시작되었는데, 인류사에서 획기적인 발전의 계기가 된 두 단계를 혁명이라고 지칭하였다. 첫 단계는 신석기시대에 시작된 농경이라고 하여 '농업혁명(Agricultural Revolution)' 또는 '신석기혁명(Neolithic Revolution)'이라고 명명했고, 두 번째로 도시와 문명이 발달하기 시작한 청동기시대를 '도시혁명(Urban Revolution)'으로 명명하였다.

도시와 문명이 시작되는 구체적인 증거로 야금술의 발달, 바퀴 달린 마차와 쟁기의 이용, 규격화된 도량형, 관개기술 및 수학의 발달에 덧붙여 잉여생산, 직업의 분화와 장인의 발생, 문자의 사용 등을 들었다.〔Childe, V.G., 1986〕청동기시대에 대한 이러한 관점은 단순히 청동기를 사용한 시대라는 개념에서 나아가 사회문화적인 변화와 관련하여 청동기시대와 문화에 대한 연구가 진행되고 있음을 알 수 있다.

청동기시대는 문명이 시작되는 단계이며, 특히 우리나라에서는 민족의 기원 내지 형성과 밀접하게 연관되어 있는 선사시대다. 더욱이 최초의 국가인 고조선이 있던 시기는 청동기시대에 해당하는 시기다. 이러한 역사적 인식 때문에 많은 사람들이 다른 선사시대보다 청동기문화에 더욱 각별한 관심을 갖고 있다.

우리 역사에서 청동기시대는 다른 시대보다는 늦은 1960년대에 들어서면서 연구가 시작되었다. 여기서는 먼저 청동기시대의 연구가 시기별로 어떻게 진행되어 왔는지를 간단히 일람해 보고, 청동기문화의 형성과 발전을 한 장으로 설정하여 청동기문화의 기원과 형성, 발전과 양상, 사회와 경제의 세 항목으로 살펴보기로 한다. 마지막 장은 우리 청동기문화가 안고 있는 문제점 및 해결해야 할 과제를 나름대로 피력하는 것으로 결론을 대신한다.

2. 청동기문화의 사적(史的) 고찰

청동기시대가 인정된 것은 남북한 학계 간에 다소 시차가 있지만 그동안의 연구성과가 쌓이기 시작한 1960년을 전후한 시기부터다. 우리나라의 선사시대는 석기시대〔구석기시대 · 신석기시대〕, 청동기시대, 철기시대의 단계가 순차적으로 진행되어 왔으나 구석기시대와 청동기시대에 대한 연구는 다른 시기에 비해서 상대적으로 늦게 시작되었다. 1945년 이전까지는 신석기시대에 처음으로 한반도에 사람이 살기 시작하였다고 보았기 때문에 구석기시대가 없다고 보았으며, 또한 철기와 청동기가 거의 동시에 시작되었다는 관점에서 우리의 금속문화를 다루었기 때문이다.

1920년대에 김해패총에서 석기 · 골각기와 함께 철기가 출토되었다. 김해패총을 발굴한 일본학자들은 석기와 골각기를 사용하던 신석기시대 사람들이 금속기로는 처음으로 철기를 사용하기 시작한 문화 상황으로 보았다. 그리하여 금석병용기(金石竝用期)로 편년을 하였다.〔梅原末治·濱田耕作, 1920〕 그러나 '금석병용기(Chalcolithic Age)'는 인류가 자연동(銅;순동·홍동)을 사용한 시대로 신석기와 청동기시대의 과도기다. 따라서 청동이나 금속 야금술을 터득하기 이전 단계. 엄연히 철기단계에 들어선 김해패총의 문화적 실상을 제대로 파악하지 못한 것이다. 이러한 이들의 시각은 용어 자체의 무지에서 야기된 것일 수도 있겠으나, 한국문화의 기원은 매우 늦다는 선입견을 가진 일본학자들의 주도하에 우리 고대사를 연구하였기 때문이다.〔김정배, 1971〕 그러므로 김해패총 이후에도 청동기 유물과 유적이 다수 발견되었음에도 불구하고 1945년 이전에는 청동기시대의 존재는 거론될 수가 없었다.

1945년 이후에는 우리 학자들에 의해서 연구가 시작되었으며 북한에서 먼저 고고학 유적에 대한 활발한 조사가 이루어졌다. 1949년 나진 초도 유적을 비롯하여, 1955년 함북 회령 오동 유적 등을 발굴하였다. 하지만 청동기시대의 존재에 대한 분명한 견해가 모아지지 않아 1950년대 중반까지도 전시대의 시대편년이 여전히 통용되고 있었다. 이러한 통론은 머지않아 깨어지게 되었다.

청동기시대를 설정하는 논의가 이루어진 것은 1950년대 후반이었다. 거듭되는 발굴을 통해 신석기시대의 즐문토기와는 성격이 다른 무문토기가 층위를 달리하는 양상이 확인되었다. 그 대표적인 유적이 1957년에 발굴된 황해도 지탑리 유적이다.〔도유호, 1957〕 그리하여 지석묘에서 출토된 팽이형토기를 청동기시대의 표지유물로 비정했으며, 늦어도 기원전 7세기에는 이미 청동기단계에 진입했다고 보았다.〔도유호, 1958〕

청동기시대의 토기로서 무문토기에 대한 확인은 서울 가락동 유적지에서도 이루어졌다.〔김정학, 1963〕 또한 북한에서 새로운 청동기 자료를 소개하면서 우리 학계에서도 청동기시대를 설정하였다.〔김원용, 1964〕 그러므로 1960년대부터 남북한 모두 청동기문화에 대한 연구가 본격적인 궤도에 올랐다고 볼 수 있다. 북한에서는 중국과 함께 중국 동북 지방에 대한 공동발굴을 하였으며〔사회과학원출판사, 1966〕, 비슷한 시기에 남한에서도 지석묘에 대한 집중적인 조사연구를 시작하였다〔김재원, 1967〕. 연이어 무문토기에 대한 연구〔김정학, 1967〕를 비롯하여 동검·동촉·마제석검 등 주요 유물에 대한 개별 연구가 뒤를 이었다.

청동기 유물은 대부분 우연히 발견된 것들이었다. 그렇기 때문에 학술적인 조사를 거치지 않은 것이므로 어떠한 유물들과 동반되었는지 확인된 경우가 드물 뿐만 아니라 출토지가 잘못 알려진 것도 많이 있다. 그러나 부여·경주[김재원, 1964], 대전 괴정동[이은창, 1968] 등 전국 곳곳에서 청동기 유적이 확인되기 시작하였다. 또 1970년대 들어와서 중국의 동북 지역과 한반도 각처에서 청동기 유적에 대한 발굴이 증가하면서 점차 출토 지역, 출토 상황 및 공반유물 등을 확인할 수 있게 되었다. 그리하여 청동기문화의 연구사적인 정리가 일찍이 시도되었으며[김정배, 1971], 또한 청동기시대에 대한 토론의 장을 열었다[천관우 편, 1975].

석관묘에서 청동기사회를 고찰하는 데 주요한 자원이 되는 청동유물들이 함께 출토되는 사례가 점점 늘어났으며, 이러한 연구성과를 토대로 청동기시대에 대한 개념 정리가 시도되었다.[김원용, 1977] 또한 우리의 선사시대를 단선적인 3시기 구분에서 벗어나, 사회·경제적인 시대구분의 필요성을 역설하였다.[김정배, 1979]

한국고대사에서 전개되는 사회발전과정을 고고학 자료를 토대로 규명해 보고자 하는 연구들이 활발하게 진행되기 시작하였다. 우리 고대사에서 군장사회(Chiefdom)설이 제기되었고[김정배, 1979], 그것이 도화선이 되어 선사시대로만 머물러 있었던 청동기문화 단계가 역사시대와 접하게 되었다. 형식 위주로 진행되던 지석묘에 대한 연구가 그것을 축조한 지석묘사회에 대한 논의로 진행되었으며[최몽룡, 1981], 고대사와 직접 연결시켜 삼한[이현혜, 1984 ; 김정배, 1986]·신라[이종욱, 1982]·고조선[박진욱, 1987 ; 이종욱, 1988] 등에 대한 연구가 이루어졌다. 청동기시대의 어떤 단계, 어떤 지역에서 '국'이 형성되었으며, 그 시기는 언제인가 하는 문제는 아직도 논의의 선상에 있는 주요 쟁점이 되고 있다.

1990년대에는 청동기문화의 연구가 청동유물을 중심으로 시도되던 기술발전의 차원을 넘어 취락지의 발굴을 선두로 하여, 농경·종교·예술 활동 등의 분야로 지평이 확대되었다. 개개의 주거지 발굴의 수준에서 벗어나 취락 규모나 구조를 알 수 있으며, 그를 통해서 환호나 목책 같은 취락의 방어시설을 확인하였다. 또한 수로와 논자리 확인 등 농경유적에 대한 발굴도 가능하였다. 그뿐만 아니라 당시의 종교나 제례를 확인할 수 있는 제사유적에 대해서도 연구가 진행되고 있다.[이상길, 2000]

우리나라에 청동기시대가 존재하였다는 것은 이제 이론(異論)의 여지가 없다. 1960년대에 비로소 시작된 청동기문화에 대한 연구는 1970년대부터 본격적인 궤도에 접어들었는데, 다른 선사시대에 비하여 상대적으로 짧은 기간임에도 불구하고 많은 연구가 이루어져 왔다. 그리고 새로운 발굴이나 연구가 계속 활발하게 진행되고 있다. 청동기시대는 선사시대와 역사시대가 접하는 시점이므로 우리 고대사의 지평은 더욱 넓어지고 확대될 것이다.

3. 청동기문화의 형성과 발전

선사시대 중 다른 시대에 비해서 늦게 자리매김했지만 청동기시대에 대해서 기본적인 주요한 문화내용에 대한 활발한 연구가 이루어지고 있다. 하지만 편년이라든가 전개과정 등과 같은 큰 흐름에서조차 다양한 결론이 도출되고 있는데, 이러한 현상은 청동기문화에 대한 관점의 차이에서 야기된 결과일 것이다.

1) 청동기시대의 유물과 유적

늦어도 기원전 10세기 이전에 우리나라는 신석기시대에 이어 청동기시대로 접어들었다. 청동기시대는 우리의 고대사의 첫 장인 고조선·삼한과 겹치는 시대이므로, 이들 시대에 대한 사료가 매우 빈약한 우리의 현실에서는 청동기시대의 연구가 집적됨에 따라 고대사가 과거 속에서 걸어나와 우리들에게 다가온다.

금속야금술의 발견으로 열려진 금속문화시대인 청동기시대에는 청동기가 가장 주요한 유물이었지만 생활용구로서 석기는 여전히 생활현장에서 가장 광범위하게 사용되었다. 청동기시대를 가늠하는 대표적인 유물은 또한 무문토기일 것이다. 그러므로 이 장에서는 유물로는 토기·청동기·석기를 차례로 살펴볼 것이다. 물론 골각기나 목기도 있었을 것이나 재료의 성격상 남아 있지 않을 뿐이다. 청동기시대의 유적으로는 주거지·취락·분묘·생산유적·제사유적 등으로 분류하여 볼 수 있을 것이다. 청동기는 주거지에서 발견된 예는 매우 적고 주로 부장품으로 출토되고 있다. 청동기시대의 묘제로는 지석묘·석관묘·토광묘·옹관묘 등이나 비교적 많은 청동기가 출토되고 있는 묘제는 지석묘와 석관묘다.

토 기

청동기시대의 토기를 일괄해서 일반적으로 무문토기라고 부른다. 무문토기란 무늬가 없는 토기란 뜻이지만 실제로 무문토기 중에는 무늬가 장식된 경우가 많이 있는데, 이는 신석기시대의 둥근밑을 가진

[그림 1] 평양 남경유적에서
출토된 팽이형토기

[그림 2] 의주 미송리 유적에서
출토된 미송리형 토기

즐문토기에 대한 상대적인 용어로서 사용되었다.〔김정학, 1972〕 형태상 평저의 적갈색토기를 일컫는 말이 무문토기이나 현실적으로 사용할 때 는 각 토기를 구분하는 의미에서 출토지명이나 형태를 따서 부르고 있 다. 토기는 집단마다 즐겨 쓰는 그릇모양과 무늬장식이 다르므로, 토 기장식 등의 구성요소는 집단의 지리적인 활동 범위나 그 전파과정을 살펴볼 수 있는 좋은 자료다.

　　미송리형토기는 요하에서 압록강 하류에 이르는 지역에서 비파형 동검과 함께 출토되는 초기청동기시대의 대표적인 토기다. 의주 미송 리 동굴유적에서 처음 확인됨으로써 그 명칭을 갖게 된 토기인데, 전 형적인 형태는 표면을 마연하고 납작항아리 양쪽에 옆으로 손잡이가 달려 있다. 폭이 넓게 올라가다가 다시 안으로 오므라들면서, 동체와 목에 대선을 두르고 있는 것이 특징이다. 태토는 사질(砂質)이며, 색은 검정·회색·적갈색 등 다양하다. 항아리와 함께 출토되는 깊은바리형 토기는 전단계의 겹아가리의 전통이 여전히 남아 있다. 미송리형토기는 송화강 유역에서는 서단산자형(西團山子型), 청천강 유역에서는 묵방리형(墨房里型) 등으로 지역화하여 나타난다. 미송리형토기는 청천강 이북 일대와 길림·요령 지방 일대에 넓게 분포하고 있으나 청천강 이남에서는 출토되지 않는 토기 형식이다.

팽이형토기는 평안북도 강계시 공귀리를 비롯한 압록강 중류 지역을 중심으로 출토된다. 바닥이 몹시 좁아서 팽이를 연상한 것에서 명칭이 유래된 것이며 이러한 특징으로 각형토기(角形土器)라고 부르기도 한다. 태토에는 모래·활석가루·석면 등이 섞여 있다. 청천강 이남의 평안남도·황해도 지방에 퍼져 있으며, 남쪽 한계선은 한강 하류유역이며, 가락식토기도 팽이형토기가 지역화된 형식이다.

송국리형토기는 금강·영산강 유역을 중심으로 출토되는 토기 형식이다. 아가리가 살짝 바깥으로 벌어지고 동체가 길쭉한 고구마형을 이루는 것이 특징이다. 태토는 진흙에 석영과 장석립을 섞었으며, 황갈색 혹은 회갈색을 띠고 있는 무문토기다. 시기는 가락식토기와 공렬토기(孔列土器) 이후에 등장하는 것으로 보아 무문토기문화의 중기에 해당하는 토기다. 전남 영암군 장천리, 승주군 대

[그림 3] 부여 송국리 유적에서
출토된 송국리형 토기

곡리 등 호남 지방 전역에서 출토되며, 경남 거창군 대야리를 비롯한 영남 지방에서도 많이 보인다. 또한 공주 남산리와 송학리에서도 옹관으로 사용한 송국리형토기가 출토되었다. 이처럼 송국리형토기는 지역

적으로도 널리 분포되어 있고 그 용도 또한 다양하였음을 알 수 있다.

공렬토기는 토기 아가리부분 바로 밑에 작은 구멍이 일정한 간격으로 배열되어 있다. 태토는 굵은 모래알이 섞인 점토이며 색은 황갈색이 주류를 이룬다. 함경북도에서 신석기시대 말기 형식의 즐문토기와 함께 출토된 적이 있으므로 초기무문토기시대부터 사용된 것이 확인되었으며, 서북 지방인 평안도와 황해도 지역을 제외한 우리나라 거의 전역에서 출토되고 있다.

붉은토기[紅陶]는 고운 흙으로 만들어졌으며 기형은 둥근바닥을 가진 목이 긴 단지이며 목이 안으로 가볍게 오므라드는 것이 특징이다. 흙이 마르기 전에 철분이 많이 섞인 진흙을 한 겹 바른 다음 잘 문질러서 구우면 광택이 있는 붉은토기가 된다. 주로 고인돌에서 발견되어 부장용으로 생각되었으나 흔암리 등에서 집자리에서도 발견되어 생활용으로도 사용되었음을 알 수 있다. 이 토기는 과거 일본인학자들이 단도마연토기(丹塗磨研土器)라고 불렀으며, 적색마연토기·붉은간그릇토기 등의 용어로도 불리고 있다.

점토대토기(粘土帶土器)는 옹기 형태로 된 토기이며, 아가리 단면에 원형·타원형·삼각형의 점토대를 말아 붙인 것이 큰 특징이다. 비교적 넓은 바닥을 갖고 있으며 몸통에서 배가 불러지다가 위로 이르면서 좁아진다. 그릇 표면은 적갈색·흑갈색·갈색이 대부분이며 태토에 모래가 섞였고, 다른 무문토기보다 제작 당시의 소성온도가 높은 편이다.[한상인, 1981] 청동기시대 후기를 대표하는 토기다.

청동기

청동기는 그 용도에 따라 무기·공구·의기 등으로 크게 나눌 수 있다. 초기의 청동기로는 동검·동모·동촉 등의 무기류와 선형동부·끌·도자 등의 공구류가 있으며, 동포와 다뉴조문경 등도 들 수 있다. 초기에는 무기가 비중을 많이 차지한다고 할 수 있다. 후기에는 세형동검·동모·동과·다뉴세문경 등이 있으며, 각종 이형동기류(異形銅器類 : 검파형동기·원개형동기·나팔형동기·견갑형동기 등)와 동령이 출토된다. 시간이 흐를수록 청동기가 의기로서도 그 중요성이 부각됨을 알 수 있다.

비파형동검(琵琶形銅劍)은 청동기시대의 가장 대표적인 유물이다. 비파형동검은 그 형태의 특징에 의해서 붙여진 이름으로 날 중간에 돌기가 있고 하부로 갈수록 팽창되면서 곡선을 이루어 고대 악기인 비파처럼 생겼으며, 자루를 따로 주조하여 끼우는 방식이다. 비파형동검은 같은 시기의 중국이나 북방동검과는 다른 양식이다. 요령식동검·곡인청동단검 또는 만주식동검 등으로도 부른다. 비파형동검은 중국의 동북 지방과 한반도 서북 지방을 중심으로 전개되었으며, 각 지역별로 조금씩 문화내용을 달리하고 있다.〔이건무. 1992〕 하지만 이들 문화의 표지유물인 비파형동검이라는 공통점을 갖고 있다. 요령 지방의 비파형동검을 3단계로 분류하고 각각 기원전 12~9세기, 기원전 9~7세기, 기원전 7~5세기로 편년하였다.〔박진욱. 1987〕 그러나 남부 지방의 지석묘에서 1980년대 중반 이후 발굴됨으로써 지금까지 요령 지방 중심에서 벗어난 한반도 비파형동검에 대한 형식분류가 시도된 바 있다.

세형동검과 비파형동검을 비교해 보면 첫째, 동검의 크기가 비슷한 단검(短劍)이고 검신과 검파를 따로 만들어 조립하였다. 둘째, 결입부가 형성되어 있으며, 셋째, 검파가 T자형을 이루고 검파 위에는 검파두식을 착장하게 된 것 등이 공통점이다. 이러한 특징을 가진 동검은 다른 동검에서는 찾아볼 수 없는 특징들이다. 비파형동검과 세형동검은 이러

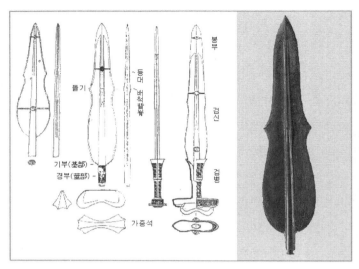

봉부

등대
또척팔쪽

물기

검신

기부(基部)
경부(莖部)

검병

가중석

[그림 4] 비파형동검

한 공통점과 함께 출토되는 무덤과 토기의 형식에서도 그 계승성이 인정된다. 다만 비파형동검시기에는 중심지가 요령 지역과 한반도에 걸쳐 있지만 세형동검시기에 와서는 한반도 내부로 중심지가 이동하고 있다.

비파형동검의 말기에 세형동검의 가장 큰 특징인 마디와 결입부가 나타나고 있고, 봉부(鋒部)의 길이에 따라 각각 다른 형식의 세형동검이 발생한 것으로 보고 있다.[이영문. 1998] 기원전 5~4세기 단계의 청동단검들은 벌써 비파형동검의 곡인 형태를 벗어나서 초기 세형동검 단계에 들어서고 있다.

다뉴기하문경(多鈕幾何文鏡)도 또한 우리 청동기문화의 표지유물의 하나다. 중국의 단뉴동경과는 달리 두 개 이상의 꼭지[鈕]를 장착하였으며, 기하문양이 시문되어 있는 것이 큰 특징이다. 평면경이 아니며 청동기 중에서 가장 정치하게 시문된 문양을 고려하면 일반적인 거울의 용도가

아니라 가장 대표적인 의기
(儀器) 중의 하나다.〔안나미.
1986〕 다뉴기하문경은 문양의
정치(精緻)에 따라 조문경(粗
紋鏡)과 세문경(細紋鏡)으로 분
류된다.

요령 지방의 조문경은 문
양이 복선으로 표현된 번개
무늬가 특징적이며 비파형
동검과 함께 출토되었다. 한

[그림 5] 아산 남성리 유적에서 출토된
다뉴조문경

반도 내에서 출토된 조문경의 경우에는 복선으로 문양이 표현된 것은
평양·성천·충청도에서 출토된 것으로 알려진 동경뿐인데 공반유물을
확인할 수 없는 유물들이다. 요령 지방의 예로 보아 비파형동검과 조
합될 수도 있으나 세형동검과 공반되었을 가능성도 많다. 왜냐하면 다
뉴조문경이 세형동검과 함께 출토하는 것이 괴정동·동서리·남성리
등에서 확인되었기 때문이다. 다뉴기하문경 문양의 정문화(精文化)가
이루어진 세문경은 지금의 제도기 등을 이용한다 하더라도 쉽지 않은
정교하고 복잡한 문양이 시문되어 있어서 당시 사람들이 얼마나 심혈
을 기울인 유물인가를 한눈에 알 수 있다. 이러한 변화는 단순히 기술
의 발전이나 문양 자체의 변화로만 볼 수 없을 것이다. 다양한 청동의
기류가 등장하는 것도 이 시기다.

동부(銅斧)는 전기의 청동기문화에서 출토되는 것은 날이 부채꼴로
퍼진 선형동부(扇形銅斧)가 주를 이룬다. 의주 미송리에서 출토되었으
며, 금야 영흥읍과 부여 송국리에서는 용범(鎔范)이 발견되었다. 이러

[그림 7] 영암에서 출토된 동부 용범

[그림 6] 심양 정가와자 유적 목곽묘
출토 상황

한 선형동부는 대부분이 길이 5센티미터 정도의 소형인데, 영흥 출토품은 길이가 10센티미터가 넘고 두부에 삼각문이 새겨져 있다. 요령 지방에서는 요서보다 요동 쪽에서 더 많이 보인다.

동포(銅泡)는 소형의 동판을 바깥쪽으로 약간 오목하게 휘게 하고, 그 중앙에 반원형의 꼭지[鈕]를 단 것이다. 표면에 문양이 없는 경우도 있으나 주연에 간단한 기하문이 새겨지기도 한다. 이러한 동포는 시베리아 청동기문화인 카라숙(Karasuk)문화기의 특징적인 청동기 중의 하나다. 동포라는 이름은 중국 고고학 학자들이 지은 것인데 서양학자들은 그 모양이 단추와 비슷하다고 하여 청동단추라고 부르고 있다. 동포는 의상 또는 마구에 부착하는 용도로 사용된 것인데, 요령성 심양 정가와자(鄭家窪子) 유적에서는 가죽장화의 표면에 부착된 상태로 발견되었다.

원형동기(圓形銅器)는 동포와 형태는 거의 비슷한데 크기가 비교적 대형이다. 역시 표면이 소문으로 된 것이 있고, 주연에 기하문을 장식한 것이 있다. 이러한 원형동기는 뒷면에 하나 또는 두 개 이상의 꼭지가 달려 있다. 그래서 동포에서 발전한 것으로 보는데, 다뉴기하문경의 조형을 원형동기라고 보고 있다.〔김정학, 1983〕중국학자들은 경형동기(鏡形銅器)라고 부른다. 요령성 조양 십이대영자에서 출토된 다뉴원형동기는 동포보다 대형이고, 삼뉴가 달린 것으로 보아 샤먼적인 의상에 부착하여 주술적인 용도에 쓰인 것으로 보고 있다.〔김정학, 1983〕

청동기 중에는 용도를 명확히 알 수 없는 다양한 형태의 유물이 있다. 견갑형동기·검파형동기·원개형동기·나팔형동기 등으로 그 모양에 의해서 명칭을 붙인 청동기들이다. 기하문을 비롯해서 사슴·손·고사리 무늬 등이 있는데 모두 청동의기이므로 이들을 장착한 신분층의 성격을 추론해 볼 수 있는 좋은 자료다.

석 기

청동기시대의 석기로는 석검·석부·석촉·석도〔반월형석도〕·석착 등이 주류를 이루는데, 청동기시대에 접어들었지만 대부분의 유적에서 가장 많은 양을 차지하고 있는 유물은 여전히 석기들이다. 이들 석기는 전 문화단계인 즐문토기문화의 석기와 다른 양상을 보인다.

첫째로 마연법의 보편적 사용이다. 대부분 거의 전면을 마연하였고 타제석기는 거의 출토되지 않는다. 둘째, 석기의 종류가 훨씬 다양해진다. 석기의 정형화와 더불어 석기의 기능이 분화된 것으로 보이며, 용도가 다양해졌다는 점에서 당시 사람들의 생활 내용의 확대를 뜻한다고 할 수 있다. 셋째, 석기재질의 존재다. 즉 석기를 제작하기 위하여 미리 마련된 재료를 가지고 있었음을 주거지 내부에서 종종 발견되는 미완성석기 등으로 알 수 있다. 네 번째 특성으로 기술의 집적이 유추된다. 한 주거지 내에서 많은 석도가 출토된 예가 있는데, 이는 석기가 대량으로 생산되었음을 뜻하며 실수요물이라기보다는 교역을 위한 것으로 보인다. 끝으로 무문토기문화의 석기에는 부장용의 석기가 보인다. 초기에는 실용품을 부장하다가 후기에는 부장용의 석기가 별도로 제작되었음을 알 수 있다.[윤덕향, 1983]

석기는 다음과 같이 기능을 중심으로 농공구류·생활용구·무기류 등으로 구분할 수 있다. 반월형석도·석겸(石鎌 : 돌낫)·석서(石鋤 : 호미)·보습·일부 석부류 등의 농공구류, 유구석부·석착(石錯)·연석·지석(砥石 : 숫돌)·방추차 등의 생활용구, 그리고 석검·석촉·환상석부·다두석부·석창 등의 무기류가 있다. 이밖에도 천하석제 구슬·검파두식·원판형석기 등이 있다.

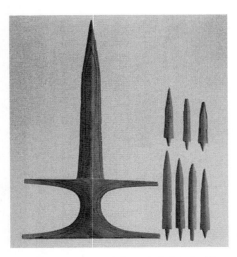

[그림 8] 김해 무계리 출토 마제석검과 석촉

마제석검은 청동기시대의 가장 대표적인 석기 중의 하나다. 일찍부터 관심의 대상이 되어 형식분류와 조형규명에 관한 많은 연구가 진행되었다. 세형동검 조형설·오르도스동검 조형설·중국검 조형설 등으로 나뉘는데, 부여 송국리 석관묘에서 비파형동검과 함께 출토됨으로써 비파형동검설이 한층 신뢰를 받게 되었다. 석검의 형식은 기본적으로 유경식(有莖式)과 유병식(有柄式)으로 구분하는데, 유경식은 검신(劍身)의 아래, 즉 손으로 쥐는 부분이 검신보다 좁아들어 작은 꼬다리를 이루며 끝나는 것이며, 유병식은 검신의 아래 부분에 손으로 쥘 수 있는 자루가 마련되어 있다. 마제석검도 말기에는 부장용으로 의기화한 것을 그 형태에서 확인할 수 있다.

반월형석도는 형태상 반월형을 이루는 석도이다. 그러나 넓은 의미로 반월형이 아닌 석도까지를 포함하는 것으로 사용되고 있다. 석도는 곡물의 이삭을 따는 것이므로 농경, 특히 벼농사에서 비롯되는 변화를 이해하는 데 매우 중요한 자료다. 반월형석도의 기원에 대해서는 중국 앙소문화와 용산문화에서 찾는 설이 유력하다. 화북 지방에서 반달칼은 앙소문화와 용산문화에서 사용되지만 앙소식은 장방형이고 용산식은 반달형이다.

석도는 신석기문화 말기에 이미 출현한 경우도 있으며, 전 청동기시대에 걸쳐 출토되고 있다. 삼각형석도의 경우는 김해토기와 함께 공반하는 것도 있어 철기시대에도 일부 사용되었음을 알 수 있다. 또 위원(渭原)에서는 철제 반월도가 출토되었으므로 반월형석도는 철의 보급으로 철기로 대체되었음을 알 수 있다.

석촉은 신석기시대에도 사용되고 있었으나 무문토기문화에 들어서 그 형태가 다양해지고 제작도 정교해진다. 석촉은 출토유적이 매우 많으며 이에 따라 형태도 다양하다. 석촉은 무기로 사용된 것이 주 기능이겠으나 주거지에서 출토된 석촉에는 형태가 다른 것이 공반되기도 한다. 그리고 분묘에서 출토되는 석촉은 실용품과는 달리 차츰 부장용으로 제작되었다.

석부(石斧)는 그 형태에 따라 이름이 매겨지는데 환상석부(環狀石斧)는 원판석의 둘레에 날이 세워져 있으며 원의 중심에 공(孔)이 뚫려 있다. 환상석부는 그 분포가 범세계적이라 할 만큼 넓다. 우리나라에서는 한반도 전역에 걸쳐 분포하고 있으나 서북 지방에서 집중 출토된다. 다두석부(多頭石斧)와 성형석부(星形石斧)는 환상석부와는 형태가 조금 다른 석부인데, 이 두 석부는 중부 이남 지역에서는 거의 출토되지 않는다.

환상석부·다두석부·성형석부 등은 형태는 각기 다르나 모두 같은 계열의 유물로 인식되며, 이들은 무기의 기능을 갖는 곤봉류로 추정되고 있다. 환상석부와 다두석부는 마모흔적이 남아 있어 실용에 쓰였음을 확인할 수 있으나, 성형석부는 형태상 실용품이라고 볼 수 없을 만큼 장식적이며 의기에 가까워 보인다.

청동기문화 후반에 새로 출현하는 석기로 유구석부(有溝石斧)가 있다. 그 기능에 대해서는 굴지구(屈地具)·대패·목공구 등 여러 가지로 언급되고 있는데 공구 이외에도 무기로 사용되었을 것으로 보고 있다.

청동기시대의 묘제

앞선 시기에도 사람을 매장하는 풍습이 물론 있었을 것이다. 그러나 유구를 확인할 수 있는 것이 거의 없기 때문에 선사시대에서 묘제를 다룰 수 있는 시기는 청동기시대에 들어선 이후라고 할 수 있다. 이처럼 적극적으로 묘제를 사용하기 시작하였다는 것은 청동기시대의 앞선 정신적인 일면을 엿볼 수 있다.

청동기시대의 묘제로는 지석묘를 비롯하여 석관묘·토광묘·옹관묘 등이 있다. 토광묘는 물론 청동기를 부장하고 있지만 이미 철기문화가 유입된 시기라고 보여지며, 옹관묘는 출토 사례가 몇몇 예에 불과하다. 그러므로 청동기시대에는 석재를 주로 사용한 지석묘와 석관 묘가 주묘제였다고 생각된다.

지석묘(支石墓)는 지상에 대석을 올려 봉분으로 삼는 형식인데 고인 돌이라고 널리 불리는 묘제다. 지하에 유구가 들어가는 청동기시대의 다른 묘제와는 달리 지상에 구조물이 존재하는 형태상의 특수성 때문에 일찍부터 지석묘에 대한 조사는 시작되었다. 우리나라에서 발견된 지석묘의 수는 대략 3만여 기를 넘는데 함경북도 일부 지역을 제외하고는 거의 전국적으로 분포되어 있으며, 그중에서도 서해안과 남해안에 집중적인 분포를 보이고 있다. 중국 동북 지방에도 요동반도 지역에도 1백여 기가 넘는 지석묘가 존재하고 있는데, 한반도와 연계하여 동일한 문화생활을 하던 주민들이 남긴 유물로서 하나의 동일한 문화권을 설정할 수 있는 훌륭한 자료가 되고 있다.〔김정배, 2000〕

지석묘의 외형적인 형태는 크게 탁자식·기반식·개석식의 세 종류인데, 하부구조와 묘실은 매우 다양하고 지역적인 특성을 보이고 있다. 탁자식은 예전에는 북쪽 지방의 지석묘의 형식이라고 하여 북방식이라고 하였으나, 지역적인 한계성은 더 이상 존재하지 않는 것으로 보고 그 형식의 특성에 따라 탁자식이라고 부르게 되었다. 북한에서는 지역명칭을 붙여서 묵방리형·오산리형 지석묘라고 부른다. 일반적으로 탁자식이 선행 형식이라고 보고 있으나 북한에서는 개석식 지석묘가 앞선 것으로 보고 있다.〔석광준, 1979〕

예전에는 출토유물이 빈약한 것으로 알려졌던 지석묘에서 비파형 동검 등이 출토되는 사례가 나타나면서, 형식 위주로 진행되던 지석묘 연구가 그것을 축조한 사회에 대한 논의로 진행되었다.〔최몽룡, 1981〕 거대한 지석묘를 축조할 수 있는 사회는 단순한 평등사회가 아니라 이미 진전된 사회일 것이다.

석관묘는 지석묘와 함께 청동기시대의 가장 대표적인 묘제다. 거대한 구조를 가진 지석묘의 부장품은 석기 위주인 데 반해 청동기가 중점적으로 출토되는 묘제는 석관묘라는 사실은 이미 잘 알려져 있다. 그리고 아직도 매장되어 있는 석관묘는 의외로 더 많을 것으로 여겨지는데, 이러한 석관묘들이 체계적으로 발굴·조사된다면 우리 청동기시대를 밝히는 데 크게 기여할 것이다.

잘 알려져 있는 요령 지방의 조양 십이대영자, 영성현 남산근의 석곽묘는 머리 쪽이 넓고 발쪽이 좁아지는 형태를 취하고 있는데 이러한 특징은 시베리아 카라숙(Karasuk)문화의 특징이다. 이와 같은 요령 지방의 석관묘에서 다량의 청동기유물이 출토되는데, 그중에는 우리나라 청동기문화의 주요 유물인 비파형동검·다뉴기하문경이 포함되어 있다. 근년에는 길림성에도 청동유물을 갖춘 주요 석관묘가 발굴되었다. 한반도의 문화와 동일한 예맥문화권임을 알 수 있다.〔김정배, 1986〕

석관묘는 관의 네 벽을 각각 1장의 판석으로 조립한 것, 수매의 판석을 잇대어 조립한 것, 할석으로 벽을 구축한 것 등 내부 구조에서 상이한 면이 보인다. 이러한 구조적인 차이는 지역이나 시기상 차이에서 야기된 것이며, 부장품에서도 차이점이 드러나고 있다. 청동기유적의 발굴이 진행되면서 검(劍)·경(鏡)·옥(玉) 등의 주요 유물이 한 조를 이루어 석관묘에서 출토되는 사례가 늘어났다. 부여 연화리, 대전 괴정동, 아산 남성리, 예산 동서리, 화순 대곡리, 부여 송국리 등의 석관묘에서 많은 청동기가 출토되었다. 이곳에서 출토된 각종 이형 청동유물들은 시기적으로 앞선 요동 지방의 청동기들과 유사한 것이 많다. 이처럼 갖추어진 청동유물을 소유할 수 있었던 계층이 존재했음을 통하여 당시의 사회를 군장사회(Chiefdom)로 규정하고, 석관묘는 삼한(三韓)에 보이는 목지국(目支國)과 같은 대국(大國)의 지배자들의 무덤으로 보았다.〔김정배, 1986〕

석관묘는 청동기시대 초기부터 축조되기 시작하여 본격적인 철기문화가 들어오기 이전까지 사용된 묘제이며, 철기문화가 유입되면서 토광묘에 그 자리를 물려주었다고 여겨진다.

2) 청동기문화의 기원과 형성

청동기시대의 문화를 이야기하면서 무문토기문화·비파형동검문화·한국식동검문화 등 연구자마다 다르게 부르고 있다. 이러한 현상은 청동기문화에 대한 각자의 관점이 다르기 때문이라고 할 수 있다.

먼저 신석기시대의 즐문토기와는 다른 무문토기가 제작된 것을 하나의 큰 전환점으로 보기 때문에 청동기시대를 무문토기문화라고 부르고 있다.〔김원용, 1986〕 무문토기는 다소의 시차는 있지만 처음부터 청동기와 공존하고 있는 것으로 본 것이다. 무문토기의 분포가 전시대와는 달리 구릉지대이며, 주민의 증가와 아울러 농경의 비중이 커지고 청동기를 사용하는 단계로의 전이 등 이전에 볼 수 없었던 특징적인 요소가 나타난 것에 주목하였다. 특징적인 토기 및 그 동반유물을 통해서 무문토기문화로 보는 광의의 관점이라 할 수 있다.

이러한 견해에 대해서 무문토기문화의 성립 초기는 청동기문화로 볼 수 없다는 주장도 있다.〔윤무병, 1987〕 무문토기사회에서 시간이 경과된 이후 금속문화인 청동기를 받아들였으므로 엄연히 시차가 있다는 것이다. 그뿐만 아니라 표지유물로 보아 청동기시대를 무문토기문화라고 부르는 개념은 청동기뿐만 아니라 철기사용기에 걸치는, 지나치게 포괄적인 시대개념이라는 것이다. 그러므로 청동기라는 물질문화로 대표되는 여러 가지 사회적인 변화를 일으킨 시대인 만큼 청동기문화라고 하여야 한다는 입장[이청규, 1994] 등을 표명하였다.

그러나 신석기와 즐문토기를 사용한 신석기문화의 뒤를 잇는 문화가 청동기와 무문토기를 사용한 청동기문화라는 큰 흐름에서 우리의 청동기문화를 보아야 한다고 생각한다.

두말 할 것도 없이 누가 언제 어디서 어떻게 시작되었는가 하는 문제가 한국 청동기문화를 연구하는 데 가장 관건이라고 생각한다. 우리 청동기문화는 중국 동북 지방인 요령 지방과 한반도에 걸쳐서 동일 문화권을 형성하였음은 묘제나 동일한 형식의 청동유물을 통해서도 확인할 수 있다. 지역적인 영역에서 한반도의 청동기문화로 국한하는 입장도 있으나, 요령 지방이 선사시대에는 한반도와 동일한 문화권을 형성하고 있었을 뿐만 아니라 고조선이 있던 지역임을 생각한다면 당연히 하나의 문화권으로 보아야 할 것이다.

한국과 요동 일원에서 비파형동검들이 지석묘와 석관묘 등에서 출토되는 것은 광대한 지역과 문화의 차별성을 고려할 때 비교적 선명하게 선이 그어진다. 그렇다면 이른 시기에 비파형동검문화를 담당한 주민들은 누구였을까? 중국학계에서는 이 지역의 청동기문화를 북방계 청동기문화라고 하여 자신들의 중원문화와는 구별을 하고 있다. 그래서 동호·산융·동이·고조선·예맥·예맥퉁구스족 등 다양한 이름들이 거론되고 있는데, 중국 동북 지역과 한반도 서북부에 이르는 지역에서 초기 단계의 청동기문화를 형성한 집단은 예맥족(濊貊族)으로 정리하는 것이 타당하다고 생각된다.〔김정배, 1973〕예맥족의 지리적 범위는 대체로 서쪽으로 요하, 북쪽으로 송화강, 그리고 동쪽으로 연해주를 잇는 요령·길림·흑룡강성을 포함하는 중국 동북 지방과 한반도에 걸쳐 있는 것으로 보고 있다. 이러한 지리적 범위에 동검의 선후형식인 비파형동검과 세형동검이 시차를 두고 분포한다.

우리나라 청동기문화의 가장 대표적인 유물이 중점적으로 출토되는 묘제는 지석묘가 아니라 석관묘다. 석관묘는 머리 쪽이 넓고 발쪽이 좁아지는 형태를 취하고 있는데, 이러한 특징은 시베리아 카라숙(Karasuk)문화 석관묘의 특징이다. 동포(銅泡)의 경우도 카라숙문화의 유물이기도 하다. 철기문화시대에는 중국의 영향을 무시할 수 없으나 청동기문화에는 중국문화가 유입된 흔적을 거의 볼 수 없다. 그러므로 일찍부터 우리 청동기문화는 시베리아문화에서 그 문화적인 연원을 찾고 있다. 하지만 일부 학자들은 중국 청동기문화에서 그 연원을 찾는 이들도 있고, 한편 발해연안에서 한국 청동기문화의 기원을 찾기도 한다.〔이형구, 1983〕

청동기문화의 상한연대에 대해서는 지역이나 개념의 관점에 따라 시기가 달라진다. 초기 단계의 청동기유물을 무엇으로 삼느냐 하는 것이 문제가 될 수 있다. 청동 야금술의 발전이 점진적으로 이루어졌다면 비교적 제작이 간단한 청동기를 먼저 만들었을 것이며, 그렇지 않고 외부로부터 주민의 이동이나 문화의 접변을 통하여 청동제품이나 야금술이 전해졌다면 비파형동검과 같은 기술적으로 발달된 청동기를 초기부터 제작하였을 것이다. 청동기를 전파나 교역에 의해서 유입되는 시점부터 청동기시대라고 할 것인지, 청동기를 스스로 제작하여 사용한 시점부터 청동기시대라고 할 것인지 또한 의견이 다양하다. 하지만 그것을 판별해내기 위해서는 출토된 청동기의 제작여부를 가려야 하는데, 동형의 거푸집(鎔范)을 확인하고, 채광유적·주동(鑄銅)유적의 확인과 함께 청동기의 성분 분석을 통한 외국 제품과의 비교연구가 필요한 부분들이다.

이처럼 상한연대에 대해서 다양한 의견이 제시되었다. 요령 지역을 포함시키면 비파형동검은 기술적으로 굉장히 발달된 청동기유물에 속하므로 후기에 이루어진 것으로 보고 청동기시대의 상한을 올려야 한다는 주장이 있다.〔박진욱, 1987〕 이에 반해 청동기를 만드는 기술을 무문토기 문화인들이 발견하였다는 적극적인 자료를 확인할 수 없는 지금의 실정에서는 비파형동검과 함께 청동기시대가 시작되었다고 보는 관점이 또한 있다. 요령 지방의 청동기문화의 영향을 받은 것에는 이론의 여지가 없지만 세형동검시기에 들어서서야 비로소 진정한 한국 청동기문화로 보아야 한다는 또 다른 주장도 있다.

그래서 각자가 생각하는 청동기문화의 지역이나 개념에 근거하여 구체적인 연대가 제시되었다. 기원전 2천년기 초반이라는 설부터 기원전 5백~6백년설까지 다양한 의견들이 있다.

청동기문화가 카라숙문화와 유관한 점과 은(殷)·주(周) 교체기가 기원전 1천 년대임을 들어 기원전 1천년기설〔김정학, 1978〕을 주장했다. 우리 고대사에서 기자조선에 해당하는 예맥조선의 연대가 바로 청동기문화가 시작된 시대의 눈부신 발전에 의해서 설정된 것이라고 하여 기원전 13세기경 청동기문화가 시작되었다고 보는 입장〔김정배, 1979〕이 있으며, 무문토기 유적의 탄소연대측정법에 의해서 나온 자료에 따르면 기원전 1천 3백 년까지 상한이 올라간다는 주장이 뒷받침되었다.〔최성락, 1992〕 앞으로 기원전 15세기까지 올라갈 가능성이 있다는 의견이 제시되었으며〔최몽룡, 1997〕, 이와 달리 발해연안이 우리나라 청동기문화의 기원지라고 보고 요동 지방의 청동기시대를 기원전 1천 5백 년경으로 보는 견해도 있다〔이형구, 1988〕. 요령 지방의 남산근 유적에서 비파형동검이 춘추시대 초기 유물과 반출되었으므로 기원전 8~9세기경으로 추정하거나, 이보다 연대가 더 내려와서 세형동검이 사용된 시기가 우리나라의 청동기시대의 시작이라는 관점에서 그 연대를 기원전 5백~6백 년경이라고 보는 시각도 있다.

1962년 십이대영자의 청동단검을 검토하며 세형동검의 조형이 비파형동검임을 밝히고 요령 지방의 청동기문화에서 한반도 청동기문화가 발생하였음을 들어 우리나라 청동기문화의 편년의 기틀을 마련하였다.〔김원용, 1963〕

청동기시대의 시기구분은 2시기와 3시기, 그리고 4시기로 나누는 등 이 또한 학자마다 다르다. 전·후기 2기를 나누는 경우도 무엇을 기준으로 삼느냐 하는 입장에서 다르다고 볼 수 있는데, 청동기를 중심으로 나누는 경우와 토기를 중심으로 나누는 경우다. 우선 청동기를 중심으로 2시기로 나누는 경우 비파형동검문화와 세형동검문화기로 나뉜다. 토기에 의한 분류일 경우는 미송리형토기·팽이형토기·홍도 등의 전기 무문토기문화와 점토대토기·흑도장경호 등의 후기 무문토기문화로 나뉜다.

1980년 이전까지는 전·후기로만 분류하던 것이 1980년대 중반 이후부터는 좀 더 세분화해서 편년하는 경향이 있다. 동검을 기준으로 한 경우 비파형동검문화의 전 단계를 설정한 3단계 구분이 있고, 같은 3시기 구분이긴 하나 비파형동검문화기를 초기와 후기로 나누어 세형동검문화기를 합친 3시기로 구분하는 등 조금 더 세분화되기도 한다. 그리고 토기를 중심으로 편년한 경우에도 마찬가지로 3기로 구분하는데, 1980년대 후반에 이루어진 부여 송국리의 대대적인 발굴을 통해서 송국리형토기문화를 중기로 설정하고 있다. 후기로 가면 철기가 병용되면서 청동기문화가 더욱 발전한 양상을 보이는데 이 시기를 후기청동기로 볼 것인지, 초기철기시대 내지 철기시대로 볼 것인지에 대한 의견도 시각차를 보이고 있다. 이는 나아가 철기시대의 시작을 언제로 볼 것인가의 문제와 맞물리는 문제인데, 철기가 주조된 시대라면 당연히 철기문화기로 들어선 시기이므로 철기문화로 넘겨야 하는 것이 아닐까 한다.

3) 청동기시대의 문화와 사회

도구와 불의 사용으로 인류는 동물과는 다른 길을 걷게 되었다. 우리는 그들이 사용한 도구를 기준으로 선사시대를 분류하여 석기시대, 청동기시대, 철기시대로 나누고 있다. 간석기와 토기를 사용하던 이들은 불을 다룰 수 있었으므로 머지않아 흙 속에 숨어 있던 금속을 발견하였다. 처음에 이들은 자연 동이나 철을 발견하여 도구를 만들었으나, 시간이 흐르면서 좀 더 단단하고 예리하여 실용성을 갖춘 금속을 만들 수 있게 되었으니, 바로 청동기였다.

청동야금술을 발견한 당시 사람들은 그 이전과는 분명 다른 시대를 전개해 나갔다. 우리의 청동기시대의 문화나 사회 모습을 간단히 살펴본다면, 우선 그들의 주거지는 하천이나 해안에서 가까운 구릉지대에 위치하고 있다. 그 규모도 신석기시대의 빗살무늬토기와 관련된 주거지보다 크고 비교적 많은 주거지들이 모여 취락을 형성하고 있는 것으로 나타난다. 조그마한 야산을 뒤로하고, 앞에는 하천이 흐르는 현재의 자연취락의 형태와 크게 다를 바 없음을 알 수 있다.

주거지의 형태는 대부분 장방형이나 송국리형 주거지는 특이하게 원형의 집자리다. 즐문토기시대의 1인당 주거면적은 4.5제곱미터, 무문토기시대의 경우는 5제곱미터 내외로 보고 있는데, 청동기시대의 주거지의 경우 큰 것은 80제곱미터, 작은 것은 10제곱미터인데, 대개 20제곱미터의 장방형이 표준주거지로 여겨진다. 1인당 5제곱미터의 면적을 가지는 것으로 보면 표준가족은 4~6명으로 구성되는 핵가족이며, 10제곱미터를 단위로 한 쌍의 단위가족이나 또는 어떤 자녀의 출산에 따라 증가되는 것으로 보여진다.〔김정기, 1980〕

청동기시대의 거주지는 전시대에 비해 수적으로도 훨씬 늘어나고 있다.〔이현혜, 1987〕 이는 인구의 팽창에 의한 자연적 현상이며, 생활조건의 향상, 즉 농경에 의한 식량생산의 증가를 뜻하는 것으로 보아도 될 것이다. 청동기시대의 농업활동을 가장 확실하게 보여주는 자료로는 대전 괴정동 출토로 알려진 농경문청동기(農耕文靑銅器)인데 농업활동이 원활히 진행되기를 희구하는 내용의 의식용구였다고 생각된다.〔한병삼, 1971〕 이 유물은 당시의 농경모습을 묘사한 것인데, 따비로 밭을 일구는 모습과 괭이로 땅을 일구는 모습 그리고 수확된 농산물을 토기에 보관하는 모습이 남아 있다. 파손된 나머지 부분에는 씨 뿌리는 모습이 있었을 것으로 추측된다. 청동기시대의 논 유적이 발견됨으로써 수경농업이 발달한 일면을 유적지에서 확인할 수 있다.

한편 화살촉이나 어망추 등의 존재는 농경과 함께 수렵·어로도 함께 수행하였음을 알 수 있다. 또한 방추차가 대부분의 유적에서 발견되는 점은 이 시기 농경과 아울러 방직을 행했음을 알 수 있는 자료이다.

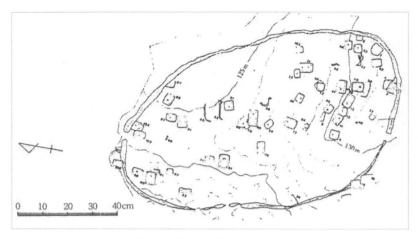

[그림 9] 울산 검단리 유적 환호 취락

이 시대의 생활기반은 농경·가축사육·어로 등 가능한 방법이 모두 동원되었지만 농경을 주로 하는 농경 지역이 크게 확대된 점을 송국리에 발달된 넓은 농경민 주거지대를 통해서 짐작할 수 있다.

농업경제가 진전됨에 따라 새로운 사회적 변화가 일어났다. 점차 여러 집단 사이의 경제적인 우열이 현저해졌고, 주요 자원의 이용권을 둘러싼 갈등이 촌락이나 공동체적인 기능만으로는 더 이상 조절하기 어려운 상태로 되었다. 청동기시대에는 환호나 목책 같은 방어시설을 두른 대규모 취락지가 나타나고 있는데, 이러한 사실로 미루어 집단 간의 갈등적 경쟁과 통합을 위한 충돌이 있었을 가능성이 매우 높다. 또 청동기의 사용과 함께 청동원료의 확보와 완제품의 거래에 따른 원거리 교역이 촉진되었다. 그리고 전문 장인(匠人)이 출현하여 사회적 분업이 진전되었고, 무엇보다도 청동무기를 소유한 집단에 의해 정복전쟁이 활발해졌다.

청동제품은 남아 있는 수가 매우 적다. 청동기는 많은 일반 주민이 일상생활에서 쓴 실용품이라기보다는 소수의 사람들만이 향유할 수 있었던 특수품, 신분상징적 제품이었다고 생각된다. 그것은 기술 면에서의 이유도 있겠지만 원료 입수의 문제가 더 컸을 것이다. 당시 채광이 실시되었다고 하더라고 그것은 일반화할 정도로 양이 많고 값이 싸질 수 있는 규모의 것이 아니었음은 뻔한 일이다. 이 시기의 많은 집자리·고인돌 등에서 청동제품의 출토가 거의 없다시피 하는 현상은 바로 그러한 사정을 반영하는 것으로, 청동기시대의 기간에 비해서 유물이 빈약하다는 점이 주목된다.

석관묘를 중심으로 출토되는 다양한 청동의기에 대한 주목도 필요하다고 여겨진다. 단순히 권위의 상징으로만 보기보다는 그것을 통해 신의 의미를 받아들이고 또한 제사장 내지 샤먼으로서 신적인 존재인 자기들의 모습을 드러내고 싶어 하는 그들의 모습을 충분히 상정할 수 있을 것이다. 왜냐하면 통합기능의 중심이 되었던 것은 조상신이나 태양·물 등의 자연신 등에 대한 제사와 축제를 겸한 제의였는데, 그것을 집행하는 제사장으로서의 권능을 상징하는 것이 청동의기이기 때문이다.

이처럼 청동기는 무기뿐만 아니라 다분히 종교적인 권능을 상징하는 의기(儀器)의 성격도 지니고 있는데, 비파형동검이나 다뉴기하문경, 다양한 이형청동기류, 방울 등은 그러한 면을 나타내준다. 청동기가 거의 반출되지 않는 지석묘와는 달리 금강 유역을 중심으로 검·경·옥과 같은 주요한 일괄유물이 석관묘에서 확인됨에 따라 평등사회에서 이미 계층사회로 넘어간 양상을 보이고 있다.〔김정배, 1986〕 청동기문화 단계에 요동 지역의 미송리형토기문화와 한반도 서북 지방의 팽이형토기문화를 바탕으로 고조선이 성장하고 발전하기 시작했다고 보았다.〔송호정, 1991〕 이른 시기부터 비파형동검이 출토된 중심 지역이 요하 유역이며, 요하-송화강-한반도를 잇는 전 지역이 한국 청동기문화의 범위이며, 동시에 한국 상고사의 무대가 되었음을 밝혔다.〔천관우, 1975〕

청동기문화기는 우리나라에서는 사회적인 발전을 거듭한 시기임이 틀림없다. 장기간에 걸친 꾸준한 사회·문화적인 진화는 우리가 익히 알고 있는 고조선·부여는 물론 마한·진한·변한의 삼한이 탄생하는 철기시대에 들어서도 화려한 청동기문화를 계속 이어갔다. 청동기문화시대에는 전반적으로 높은 동질성에도 불구하고 실제 자료 하나하나에는 형태의 양식성이나 기술의 적용에서 아주 미묘한 그러나 중요한 문화적 의미를 지니는 다양성을 보여주고 있는바, 아마도 이런 점을 인식하는 것이야말로 한국 청동기문화의 연구에서 필요한 것이라 여겨진다.〔이선복, 1996〕 한반도 내에서 정착생활과 농경에 기초한 인구 증가·기술력 등등 제반 문화지표의 발달 정도는 지역에 따라 상이했을 토지생산력과 주변문화와의 접촉 정도에 따라 다르지 않을 수 없었을 것이다.

4. 맺음말

청동기시대는 우리 역사의 출발점으로 많은 사람들의 관심과 애정을 받고 있는 시대다. 하지만 관심만큼 청동기시대의 문화와 사회에 대해서 분명하게 제시되고 있는 바는 상대적으로 적다고 해도 과언이 아닐 것이다. 왜냐하면 청동기문화에 대한 개념이 확실하지 않은 상태에서 편년과 문화상을 규명하고 있기 때문일 것이다.

더 많은 연구가 계속적으로 진행되고 있으므로 부족한 점들이 많이 해소되고 있지만 단편적으로 연구가 이루어지기보다는 서로의 의견을 나눈다면, 청동기시대의 문화와 사회에 대한 의견차이를 좁힐 수 있을 것이며 좀 더 총체적이고 종합적인 연구가 이루어질 수 있을 것이다. 이 장에서는 이제까지 청동기시대와 문화의 연구과정에서 좀 더 진행되었으면 하는 것들을 살펴보는 것으로 마무리하고자 한다.

첫째, 고고학에서 가장 중요한 문제 중의 하나인 편년의 문제에서 아직 일관된 연대를 확립하지 못하고 있다. 청동기문화의 원류·영역·종족·시기 등에 대한 문제가 연결되어 있기 때문에, 매우 어려운 문제이기는 하지만 반드시 풀어야만 할 중대한 과제임이 틀림없다. 역사적인 시점에서 우리의 고대국가가 태동하는 시기이므로 단선적으로 파악할 것이 아니라 큰 테두리 안에서 연결시켜야 할 문제들이라고 여겨진다.

둘째, 우리나라의 청동기시대의 문화상에 대한 개념 정립이 아직 이루어져 있지 않다는 점이 가장 큰 문제가 아닌가 하는 생각이 든다. 그러다 보니 청동기시대를 무문토기문화·청동기문화·비파형동검문화·한국식동검문화 등 동일한 한 시대를 두고 부르는 말이 다름으로써 연구의 방향이 달라질 수밖에 없을 것이다. 어쩌면 이러한 개념 정립이 이루어진다면 많은 이론(異論)은 해결될 소지가 있으리라는 생각이 든다.

셋째, 청동기시대나 문화를 연구할 때 그 중요성에 비추어 우선적으로 청동기를 그 대상으로 삼고 있지만, 모든 것을 종합적으로 검토해야 한다는 점이다. 유물과 유물을 하나씩 떼어서 생각하면 중요하지 않는 것이 없지만, 유물이나 유적은 어디까지나 그 시대의 생활의 산물인 것이다. 유물을 단순히 유물로만 취급하는 단계에서 멈춘다면 유물의 역사성이 방치되기 때문에 시대의 모습을 재현할 수 없을 것이다. 청동기시대의 유적지인 취락지 · 제사유적 · 매장유적 · 생활유적 등 많은 발굴이 이루어지고 있으므로 앞으로는 더욱 연구에 진전이 있을 것이라는 생각이 든다.

넷째, 일반사적인 관점에서 보는 청동기시대 문화의 제 요소를 우리나라 청동기문화도 갖추고 있는지에 대한 연구나 조사는 아직 미약한 단계가 아닌가 한다. 청동기를 만들어내는 일련의 공정에는 수많은 지식과 기술이 수반된다. 그러므로 우리의 청동기에 대해서 그것이 어느 곳에서 만들었는지, 구리는 어디서 어떻게 구했으며, 제작지가 지역별로 얼마나 되었는지, 혹은 청동기 제작지에서 분배가 집단 간의 협동관계를 의미하는지 갈등관계를 의미하는지 아니면 단순히 경제적인 이유에서였는지 등 수많은 문제가 제기될 수 있는데, 이 또한 동시에 풀어야 할 숙제라고 생각된다. 청동기문화 단계는 '도시혁명'이라고 불리는 것처럼 바야흐로 문명이 시작되는 시기다. 그러므로 세계사적으로는 도시 · 문명 · 국가에 대한 광범위한 연구가 진행되고 있다. 우리의 경우에도 이러한 연구가 진행되어야 우리 고대사의 새로운 지평을 열 수 있을 것이다.

마지막으로 청동기시대 유적을 편년하는 데 필요한 절대연대 자료의 부족과 활용에 대한 문제를 들 수 있다. 한국의 신석기시대의 편년은 C-14연대〔방사성동위원소측정연대〕를 중심으로 이루어지고 있는 데 반해 청동기시대는 형식분류를 통한 상대연대가 이루어지고 있는 현실이다. 한국의 청동기문화는 특정 지역, 즉 북방이나 요령 지방에서 전파되었다는 인식에서 출발하고 있다. 그러므로 기원지가 어디인지에 따라 연대가 달라지고, 지역의 원근에 따라 시기를 설정하고 있다. 이는 편년을 설정할 수 있는 자료가 거의 없는 우리의 현실 상황이기도 하지만, 절대연대 자료에 대한 불신이 한몫을 하고 있다고 생각된다. 비근한 예로 송국리에서 C-14연대가 기원전 9~8세기로 나왔음에도 불구하고 대부분의 학자들은 기원전 6~4세기로 설정하고 있다. 무작정 연대를 올린다고 해서 좋은 것이 아님은 분명하지만 절대연대가 측정된 자료는 적극적으로 활용하는 것이 옳지 않을까 생각한다.

안나미

‖참고문헌‖

강인구 외, 1978, 『松菊里』, 國立中央博物館.

김영하, 1979, 「磨製石劍의 造型에 관하여」, 『韓國史研究』24.

김원용 외, 1977, 「청동기시대와 그 문화」, 『삼성문화문고』89, 삼성문화재단.

김원용, 1986, 『韓國考古學槪說』, 一志社.

김장석, 2007, 「청동기시대」, 『한국 고고학 강의』(한국고고학회 편), 사회평론.

김정배, 1971, 「韓國靑銅器文化의 史的 考察」, 『韓國史研究』6.

_____, 1973, 『韓國民族文化의 起源』, 고려대 출판부.

_____, 1986, 『韓國古代의 國家起源과 形成』, 고려대 출판부.

_____, 2000, 『한국 고대사와 고고학』, 신서원

김정학, 1963, 「廣州 可樂里 住居址 發掘 報告」, 『古文化』2.

_____, 1967, 「韓國 無文土器文化의 研究」, 『白山學報』3.

_____, 1972, 『韓國の考古學』, 日本河出書房新社.

_____, 1978, 「韓國 靑銅器文化의 研究」, 『韓國考古學報』5.

김재원·윤무병, 1967, 『韓國支石墓研究』, 국립박물관.

도유호, 1957, 「지탑리 유적 발굴 중간보고」, 『문화유산』 57-2.
_____, 1958, 「조선 원시문화의 연대추정을 위한 시도」, 『문화유산』 58-1.
박진욱, 1987, 『비파형단검 문화에 대한 연구』, 사회과학출판사.
송호정, 1991, 「遼東地域 靑銅器文化와 美松里型 土器에 관하여」, 『韓國史論』 24, 서울대.
안나미, 1986, 「韓國 靑銅器時代 多鈕幾何文鏡硏究」, 고려대학교 석사학위논문.
윤덕향, 1983, 「청동기시대 석기」, 『한국사론』 13, 국사편찬위원회.
윤무병, 1987, 『韓國靑銅器文化硏究』, 예경산업사.
이건무, 1992, 『韓國의 靑銅器文化』, 국립중앙박물관.
이선복, 1996, 「청동기시대」, 『고고학 이야기』, 가서원.
이성주, 2007, 「청동기시대의 취락」, 『한국고대사연구의 새 동향』(한국고대사학회 편), 서경문화사.
이영문, 2002, 『韓國靑銅器硏究』, 주류성.
이종욱, 1982, 『新羅國家形成史硏究』, 일조각.
이청규, 1994, 「청동기·철기시대의 사회와 문화」, 『한국사』 1, 한길사.
_____, 2007, 「비파형동검문화」, 『한국고대사연구의 새 동향』(한국고대사학회 편), 서경문화사.
이현혜, 1984, 『三韓社會形成過程硏究』, 일조각.
_____, 1987, 「韓半島 靑銅器文化의 經濟的 背景」, 『한국사연구』 56.
이형구, 1983, 「靑銅器文化의 비교」, 『韓國史論』 13, 국사편찬위원회.
이홍종, 1996, 『靑銅器社會의 土器와 文化』, 서경출판사.
임병태, 1998, 『韓國 靑銅器文化의 硏究』, 학연문화사.
전영래, 1990, 『韓國 靑銅器時代 文化硏究』, 신아출판사.
천관우 편, 1975, 『한국상고사의 쟁점』, 일조각.
최몽룡, 1981, 「全南地方 支石墓社會와 階級의 發生」, 『한국사연구』 3.
_____, 1987, 「청동기시대」, 『한국사』 3, 국사편찬위원회.
최성락, 1982, 「放射性炭素測定年代 問題의 檢討」, 『韓國考古學報』 13.
한병삼, 1971, 「先史時代 農耕文靑銅器에 대하여」, 『考古美術』 112.
한병삼·이건무, 1977, 『南城里 石棺墓』, 국립박물관.
林沄, 1930, 「中國東北系銅劍初論」, 『考古學報』 2.
朱貴, 1960, 「遼寧十二臺營子靑銅短劍墓」, 『考古學報』 1.
許玉林, 1985, 「遼東半島石棚之硏究」, 『北方文物』 3.

梅原末治·濱田耕作, 1923,「金海貝塚發掘調査報告」,『大正九年度古蹟調査報告』1.

有光敎一, 1959,『韓國磨製石劍の研究』, 京都大 文學部 考古學叢書 2.

Childe, V. Gordon, 1936, *Man Makes Himself*, London : Watt.

Chang, K. C., 1980, *Shang Civilization*, New Haven : Yale Univ. Press.

Service, E. R., 1971, *Primitive Social Organization*, New York : Random House.

선사시대의 예술과 신앙

1. 선사미술을 보는 눈

선사시대의 예술이란 대부분 선사시대의 미술을 의미한다. 그것은 예술 일반에 포함되는 문학·음악·연극 등이 선사시대에는 모두 직접적인 행위로 이루어졌으므로 지금은 남아 있지 않기 때문이다. 그래서 선사시대의 예술과 관련해서는 어쩔 수 없이 현재 유형적으로 남아 있는 미술품에 국한하지 않을 수 없다.

대체로 선사시대의 예술은 신앙행위와 일치되어 나타났다는 것이 세계사에서 보편적인 견해다. 선사시대의 예술은 그것이 문학의 형태이든 연극이나 음악 또는 미술의 형태로 나타나든가 관계없이 모두 신앙행위의 하나라는 것이다. 당시 사람들은 자연의 위협으로부터 생명을 지켜내야 했으며 또 식량을 확보한다든가 자손을 번식시킨다든가 하는 그들로서는 가장 절실한 문제를 초자연적 힘에 의지해서 해결하여야만 했기 때문이다.

오늘날 남아 있는 모든 미술품들은 곧 식량의 확보와 자손의 번식이라는 두 가지 문제에 걸려 있다고 해도 과언이 아니다. 따라서 오늘날 선사예술 또는 선사미술과 관련된 유물과 유적들은 위의 두 가지 문제를 해결하기 위한 차원에서 제작된 것으로 보고 있으며, 한국의 선사예술에 대한 이해도 그것이 전제가 되어야 할 것이다.

한국에서 암각화의 존재가 알려지기 전까지는 본격적인 선사예술 관련 유적은 없었다고도 할 수 있다. 그만큼 선사예술에서 암각화유적은 절대적인 비중을 차지한다. 그러나 구석기시대에서 신석기·청동기시대에 이르는 기간의 암각화 이외의 각종 유물에서도 그 시대 사람들의 미의식이나 그들의 예술적 솜씨를 보여주는 것들은 많다. 이들도 선사시대의 예술을 말하면서 제외할 수 없다.

따라서 이 글에서는 구석기시대에서 청동기시대에 이르는 시대의 미의식을 대표할 만하다고 여겨지는 것 가운데 신앙의례와 관련되는 유물들을 선별하여 다루고자 한다. 서술은 각 시대별로 전개하지만, 암각화는 제작시기에 대한 다양한 견해가 있기 때문에 시대별 서술에서 빼내어 별도로 다루기로 한다.

2. 구석기시대의 예술품

한국 구석기 유적에서 예술품으로 알려진 유물이 조사된 곳은 제천 점말 용굴·청원 두루봉·상원 용곡 동굴·단양 수양개 유적 등이다.

이 유적들에서 조사된 예술품들은 대부분 사람의 얼굴을 표현한 것으로 인정되는데, 사람얼굴이 아닌 것은 두루봉 새굴에서 출토된 큰꽃사슴의 뿔을 갈아 만든 장신구와 단양 수양개 유적 IV층에서 출토된 첫소〔原牛〕의 정강이뼈에 날카로운 도구로 물고기를 새긴 것으로 추정되는 유물이다.〔이융조, 1985〕

제천 점말 용굴 출토의 얼굴조각품은 용굴 IV층에서 출토되었으며 털코뿔이의 앞팔뼈에 눈과 입을 새긴 것이다. 이 층은 중기 구석기시대에 해당된다고 한다.〔손보기, 1983〕

청원 두루봉 9굴 출토의 얼굴조각품은 사슴 오른쪽 정강이뼈의 윗머리를 떼어내고 끝 쪽을 위로 하여 두 눈과 입을 새긴 것인데, 입 주변에 방사상으로 가는 선이 있어서 보고자들은 이것을 수염으로 보기도 했다. 또 같은 두루봉의 제2굴에서도 사슴 왼쪽 위팔뼈 머리 쪽 부근에 쪼기〔琢〕방법으로 눈과 입을 표현한 것이 출토되었다. 이러한 얼굴모양 조각품들은 머리뼈 숭배의식과 관련된다고 한다.〔이융조, 1980〕

북한의 평양 부근 상원 용곡 동굴에서 얼굴을 표현한 것으로 보이는 골기가 출토되었다. 이것은 길이·너비·두께 모두 2.5~2.6센티미터의 뼈를 안쪽 면을 편평하게 갈고 그 반대편은 둥글게 갈아서 둥근 면에 눈·코·입을 점과 구멍으로 표현하였다. 얼굴의 윤곽은 모두 27개의 점을 연결하였는데 전체적인 모습은 어떤 동물의 얼굴로 생각된다고 했다.〔전제헌 외, 1986〕

단양 수양개에서 출토된 물고기조각품은 1만 6,400년 B.P.의 절대연대를 보여주는 후기 구석기층에서 출토된 것으로 등지느러미나 배지느러미 양쪽으로 대칭되게 선을 긋고 두 선은 꼬리 부분에서 합쳐지는 형태를 하고 있다. 보고자는 이 선들은 단번에 죽 그은 것으로 매우 숙련된 느낌이 들며, 물고기가 번성하고 잘 잡히기를 바라는 주술기원예술로 보아야 할 것이라 하였다.〔이융조, 1985〕

그러나 이와 같은 구석기시대의 얼굴조각품이나 물고기조각품 그리고 장신구 등은 아직도 학계 일부에서는 분명한 예술품 유물로 인정하지 않고 있는 점도 언급하지 않을 수 없다. 즉 현재 예술품이라고 주장되고 있는 유물은 보고자가 발굴한 특정 유적에서만 출토되고 있으며, 보고자의 의견에 다른 전문가들이 동의하지 않고 있다는 점과 예술품들이 인공으로 만들어진 것을 뒷받침해 줄 수 있는 도구들이 전혀 보이지 않는다는 점 등으로 이 유물들이 인공적인 예술품이라는 데 의문을 표시하고 있는 것이다. 이들은 하이에나 또는 고양이과의 육식동물들에 의해 동물뼈에 흔적이 생겼을 가능성도 제기하였다.〔정영화, 1994〕

이러한 연구자에 따른 상반된 의견들은 1980년대 중반에 『역사학보』를 통한 논쟁으로 표면화되기도 했으나 아직도 양자의 견해는 좁혀지지 않은 채 각기 다른 입장에서 주장을 개진하고 있다.

이와 같은 조각예술품에 관한 논쟁은 구석기시대의 의식(儀式)과 관련하여 연장되고 있는데, 그것은 선사시대 예술품이 단순히 장식 또는 예술적 목적을 위한 것이 아니라 신앙행위와 관련되기 때문이다.〔이융조, 2003〕 여기서는 얼굴을 조각한 예술품을 보고한 이융조의 구석기시대 의식에 관한 견해를 정리해 보고자 한다.

한국의 구석기 유적 조사결과 밝혀진 의식에는 다음 네 종류가 있다. 즉 머리뼈 숭배의식·장례의식·곰숭배의식·사슴숭배의식이 그것이다. 머리뼈 숭배의식은 위에 말한 얼굴조각품과도 연결된다고 하는데 첫째로 죽은 사람의 뼈 특히 머리뼈에 대한 존경, 둘째로 가족원에 대

한 경외 감정, 셋째로 수호
신으로서의 역할, 넷째로 죽
음은 영생으로서의 생존이
라는 의미를 갖는다고 한다.
　장례의식은 중기 구석기
시대에 보편화되는 경향을
보이는데 청원 두루봉 동굴
의 흥수아이가 가장 대표적
인 것이다. 장법은 넓고 편
평한 석회암 낙반석을 맨 아
래에 깔고 그 위에 고운 흙
을 뿌린 다음 흥수아이의 주
검을 바로 펴 묻고 국화꽃
을 뿌린 다음 다시 그 위에

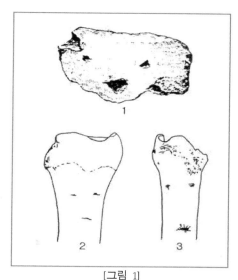

[그림 1]
두루봉2굴 출토 얼굴예술품(위)
점말용굴 출토 얼굴예술품(아래 왼쪽)
두루봉9굴 출토 얼굴예술품(아래 오른쪽)

고운 흙을 뿌리고 넓적한 판돌을 덮어놓았다고 한다. 국화꽃은 꽃가루
검사로 확인되었다고 한다.〔이융조·우종윤·하문식, 1996〕

　곰숭배의식은 두루봉 처녀굴에서 조사된 바 있다. 이 유적은 많이
파괴된 상태에서 조사되었는데, 큰꽃사슴의 뿔을 중앙에 놓고 동굴곰
한 개체분의 윗머리뼈와 사지골의 긴뼈들을 의도적으로 굴 벽쪽으로
놓으면서 모두 동쪽을 향하도록 배열하고 있다. 특히 곰의 두개골은
골수를 먹기 위해 쪼갠 흔적이 없는데, 이는 희생된 짐승에 대한 회생
의 제물로서 바쳐진 것으로 추정되고 있다.〔이융조, 1992〕

　사슴숭배의식은 청원 두루봉 새굴 유적에서 볼 수 있다. 굴 구석의
약 1제곱미터 범위에서 13마리의 사슴 머리뼈가 뿔이 잘린 채 밀집되

어 발굴되는데, 큰꽃사슴의 양쪽 뿔을 똑같은 형태가 되도록 손질한 목걸이로 보이는 장신구 두 점이 출토된 것도 사슴숭배의식과 관련된다고 해석하고 있다.

이러한 예술품에 관한 견해의 차이는 무엇을 예술품으로 보느냐 하는 예술품의 범주에 관한 논의와 나아가서는 그것이 과연 인공적인 것인가에 대한 의문의 제기에 이르기까지 다양하다.

필자는 이러한 견해의 옳고 그름을 판단할 지식을 가지고 있지 못하기 때문에 여기에 대한 나름의 견해를 피력할 수 없으나, 그 유물들이 가지고 있는 공통점은 유치한 단계이긴 하지만 인공적인 것으로 볼 수 있을 것이라고 생각한다. 다만 그러한 유물들이 당시의 의식을 복원하는 단계까지 가능한 것인지에 대해서는 아직 더 많은 유적의 조사와 연구결과를 기다려야 할 것으로 생각한다.

3. 신석기시대의 예술품

신석기시대에 들어오면 토기가 등장함으로써 그릇모양이나 표면에 시문된 문양 등으로부터 예술적 감각이 뛰어난 것을 많이 볼 수 있다. 이들은 당연히 훌륭한 예술품이지만 이 글에서는 논외로 하려 한다. 여기에서 예술품이라 하는 것은 신앙행위와 관련 있는 것에 한정하여 다루고자 하기 때문이다. 따라서 당시의 신앙생활과 관련된 장신구류나 소형 조각품들, 의기적(儀器的) 또는 호부적(護符的) 성격을 가진 토제 또는 골제의 조각품들을 주 대상으로 삼을 것이다.

대부분의 조각품들은 길이 5센티미터 내외의 토제품이나 골각기류다. 이러한 소형 조각품이 가장 많이 출토된 곳은 서포항 유적과 농포동이다.

서포항 유적 3기층에서는 팔찌·목걸이 등과 짐승의 뼈와 이빨, 조개, 대리석제의 장신구류가 다수 출토되었으며 짐승뼈나 뿔을 이용한 사람·뱀·망아지 등을 조각한 조각품들이 많이 출토되었다.〔김용간·서국태, 1972〕 여기서 나온 인물상은 모두 세 점으로 짐승뼈를 갈아 조각한 것이다. 두 점은 얼굴만 크고 둥글게 새긴 것으로 한 점은 윗부분 일부, 또 한 점은 오른쪽 일부만 남아 있다. 이들은 윤곽을 둥글게 갈아 만들고, 그 내부에 굵은 선으로 눈·입·머리카락 등을 새겨 넣었다. 나머지 한 점은 얼굴은 두 눈과 입만 상징적으로 새겨두고 머리 밑으로는 머리보다 폭이 좁고 끝이 뾰족한 기다란 몸체를 붙인 것인데, 복부에 여성의 성기를 상징화한 것으로 추정되는 중심점과 둘레에 여섯 개의 점을 새긴 원형이 있어서 이를 여성상으로 보고 있다. 이러한 인물상은 어디에 꽂아두거나 아니면 목 부분에 끈을 묶어 몸에 지니고 다닐 수 있어서 호부적인 성격을 가진 신상으로 보기도 한다. 또 여기서 나온 여러 동물상들은 당시 사회가 토테미즘을 가지고 있었음을 의미하는 것일 수도 있다.

농포 유적은 서포항 유적 4기층과 같은 시기로 보는데 이곳의 인물상은 토제품으로 머리는 떨어져 나갔으나 허리는 잘록하여 여성임을 알 수 있고 가슴 부분에 X자형의 문양이 있다. 그리고 동물상은 새와 개로 보이는 것들로서 모두 목 부분을 잘록하게 만들거나 구멍을 파서 끈을 묶을 수 있도록 하였다. 이는 이들이 호부로서 지니고 다니는 물건임을 말해 준다 할 것이다.〔서국태, 1986〕

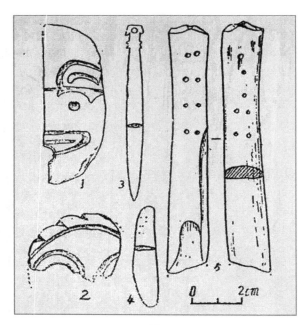

[그림 2]
서포항 유적 출토 신석기시대 예술품들

이로 보아 당시 사람들은 그들의 안전 또는 수렵에서의 좋은 결과
를 기원하기 위해서 이와 같은 호부를 지니고 다녔거나 아니면 그들이
토템으로 숭배하는 동물을 끈에 꿰거나 묶어 몸에 달고 다녔음을 알
수 있다.

북한에서는 서포항 출토 인물상 가운데 여성상과 남성상이 섞여 있
는데, 이는 여성 중심의 사회가 점차 남성 중심의 사회로 넘어가는 현
상을 보여준다고 해석했다.〔서국태, 1986〕 울산 신암리에서도 여성을 묘
사한 토제품이 출토된 바 있다. 그러나 이러한 여성상의 출토가 여성
중심의 모계사회로 볼 수 있는 근거자료가 되지 못한다는 점을 생각할

때 남성상의 등장이 남성 중심의 부계사회를 의미하는 것으로 볼 수 없으며, 그보다는 풍요와 다산을 기원하는 관념과 관련된다고 보아야 한다는 견해도 있다.〔신숙정, 2003〕

서포항 출토 조각품에 대해서는 그것들이 대부분 사슴뼈로 만들어졌다는 것에 착안하여 태양신숭배와 관련된다는 견해도 있다.〔최근영, 1985〕최근영은 사슴이 주요 식량공급원이던 시베리아의 순록수렵인 사이에서는 사슴이 신적인 존재였으며 암각화에도 많이 나타나는데, 암각화의 사슴은 태양을 상징한다는 러시아의 오클라드니코프의 설을 인용하면서, 사슴은 풍요와 생산을 상징하는 태양과 같은 영적 존재로 신성시하여 신앙적 대상물로 등장시켰다고 하였다.

그러나 서포항의 조각품 가운데 멧돼지 이빨로 만든 것이나 구멍 뚫린 장신구류 상당수가 출토되었으며 그 외 노루 발뒤꿈치뼈로 된 것도 있어서 신앙과 관련된 작은 조각품들이 대다수 사슴뼈로 만든 것은 아니라는 점도 유의하여야 하며, 또 사슴이 바로 태양신이라고 생각할 수 있는지도 의문의 여지가 많아 전적으로 수긍하기는 어렵다.

또 서포항 출토품 가운데 망아지 형상으로 보고된 사슴뼈 조각품을 곰의 형상으로 해석하여 시베리아의 신석기시대 곰숭배사상과 관련되는 것으로 보는 견해도 있다.〔김정학, 1990〕이러한 조각품들을 둘러싼 견해들은 조각품의 형상을 해석하는 데 따라 다양하게 나올 수 있어서 앞으로도 많은 논란이 있을 수 있으나 구체적인 형상을 알 수 없는 경우의 자의적 해석은 객관성을 잃어버릴 위험성이 크다.

남한에서는 부산의 동삼동 패총과 강원도 양양 오산리 유적에서 사람얼굴을 표현한 조각품이 나왔는데, 동삼동 출토의 것은 조개껍질을 이용한 것이고 오산리 것은 점토판을 이용한 것이다. 동삼동 출토의 조개껍질 조각품은 그 자체로 신앙과 관련 있을 것으로 보이지만, 오산리 출토품은 얼굴 부분의 반대쪽이 호형으로 휜 것으로 보아 어떤 도구 또는 그릇 같은 것에 부착했던 것으로 보인다. 따라서 이것이 종교의례와 관계있는 것인지 아니면 다른 도구를 장식하기 위한 것인지 현재로서는 알 수 없다. 그러나 장식용이라 하여도 그것은 당시 사람들의 신앙과 관련 있다고 보아야 할 것이다.

인물상이나 동물상 등의 형상조각품과 구별되는 것으로 울산 신암리에서 출토된 자안패 모양의 조각이 있는데 이는 여성의 성기를 상징한 것이라고도 하며, 그렇게 볼 때 풍요·다산의 기원이라는 신앙행위와 관련된다고 한다.〔신숙정, 2003〕

장신구나 소형 조각품을 중심으로 한 신석기시대의 예술품으로 신앙행위와 관련된 것은 아직 그 수가 많지 않다. 그러나 지금까지 출토된 대부분의 유물이 풍요·다산을 기원하던 신앙행위와 관련된다고 인정되며, 이는 당시 사람들의 생활에서 식량생산과 자손번식이 얼마나 중요한 문제였는가를 말해 주는 것이라 하겠다.

4. 청동기 및 철기시대의 청동제 예술품

여기서 청동제 유물을 논하면서 청동기와 철기시대를 함께 다루는 까닭은 현재 일반적으로 청동기시대의 항목에서 다루어지는 청동제품들 가운데 일부는 철기시대의 것이 포함되어 있기 때문이다. 그러나 이들 유물을 청동기시대와 철기시대로 구별하지 않고 함께 서술하는 이

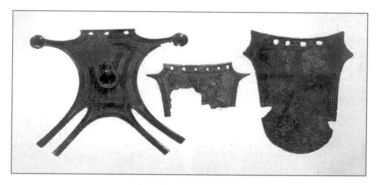

[그림 3] 방패형동기
왼쪽-아산 남성리, 중간-전(傳)대전, 오른쪽-대전 괴정동

[그림 4] 아산 남성리에서 출토된 검파형동기

유는 이 유물들이 같은 문화적 전통에서 나온 것이기 때문이다.

청동제 예술품들은 영천 어은동 일괄유물 등을 포함하여 시베리아 청동기문화의 영향이 강하게 보이는 동물 형태의 장신구들이나 소형 조각품들이 많이 있고 또 다양한 동경이나 동검들이 있어서 당시의 문화적·예술적·기술적 수준이 상당히 높았음을 보여주고 있다.

다만 이 자리에서는 신앙의례와의 연관성이 비교적 강하게 보이는 방패형동기 또는 검파형동기 등이 포함된 일괄유물과 팔주령기를 내는 일괄유물을 중심으로 서술하고자 한다.

방패형동기는 대전 괴정동 출토품을 제외하면 전(傳) 대전출토의 농경문청동기〔한병삼, 1971〕와 남성리 출토품〔한병삼·이건무, 1977〕 모두 양쪽 면에 그림과 원형고리 등의 장식이 있어서 이들이 양면 모두를 볼 수 있도록 사용하였을 것으로 추정된다. 위쪽으로 셋 또는 네 개의 구멍이 있는 것으로 볼 때 공중에 매달아 사용하는 것으로 보인다. 이들을 신상으로 보는 견해도 있으나 농경문청동기처럼 농사짓는 모습이나 솟대 같은 것이 장식된 것으로 보아 신상으로 보기는 어려우며 오히려 막대로 쳐서 소리를 내는 악기의 일종으로 보이기도 한다.

괴정동 동서리〔지건길, 1978〕와 남성리에서 모두 출토된 검파형동기는 표면의 윤곽만으로 볼 때 동검의 손잡이와 흡사하여 검파형으로 불리지만 뒷면의 형태로 보아 어떤 다른 물체에 부착시키는 용도로 쓰였던 것으로 추정된다. 이들은 2단으로 이루어져 있는데 한 쪽이 다른 쪽보다 폭과 길이가 넓고 길다. 동서리 출토품에는 넓은 쪽 고리 위에 사람 손이 새겨졌고, 남성리 출토품은 사슴이 새겨졌는데 사슴이 서 있는 모양으로 미루어 넓은 쪽이 위쪽이었을 것이다.

아래 위 모두 둥근 고리를 걸기 위한 꼭지가 있고 지름 3센티미터 정도의 고리가 걸려 있는데 고리의 크기가 너무 작아 사람이 쥐고 사용하기 위한 것은 아닌 것으로 보이며 흔들 때 소리를 내기 위한 용도가 아닌가 생각된다. 뒷면에는 위와 아래에 모두 구멍이 관통된 작은 꼭지가 붙어 있는데 어떤 물체에 묶어 고정시키기 위한 것으로 보인다. 따라서 이 유물은 어떤 물체에 부착하여 사용한 상징물로 추정되며 혹시 신격이 부여된 일종의 신체일 가능성도 배제할 수 없다.

그리고 검파형동기는 유적마다 세 점이 한 조를 이루며 출토되고 있는 점도 유의할 필요가 있다. 동양 또는 한국에서 '3'이란 숫자가 모든 수의 기본 또는 완전성을 의미하며 아울러 다산을 의미한다는 점과 관련하여 생각할 때[송화섭, 1993] 검파형동기가 신체 또는 신상으로 볼 수 있는 간접적인 근거자료일 수도 있다고 생각된다.

또한 이 검파형동기는 함께 출토되는 세형동검·동탁·원개형동기·소형동경·흑도장경호·점토대토기·삼각형석촉·옥구슬목걸이·동제도끼·동제끌 등도 모두 신앙의례에 관련되는 유물로 보아야 할 것인가의 문제도 함께 생각해 보아야 한다. 그것은 삼각형석촉이 실제 사용한 것으로 보이지 않으며 남성리 출토의 동제 도끼나 끌도 그 크기가 너무 작아서[도끼의 크기 4.4cm] 실제 사용하는 것이 아님이 분명하다. 또 점토대토기나 흑도장경호도 생김새로 볼 때 의기적 성격이 크며 세형동검 역시 칼 손잡이나 화려한 칼집으로 보아 신앙의례와 관련 있음은 짐작하기 어렵지 않다.

따라서 괴정동, 동서리와 남성리의 석관묘 출토 일괄유물들은 모두 신앙의례와 관련되는 유물이며 당시의 가장 뛰어난 수준의 예술품들이다. 이들에 대한 구체적인 해석이 일부라도 가능하다면 당시의 신앙의례가 어떤 형태로 이루어졌는지, 모시는 신은 어떤 신이었는지 등도 밝혀질 수 있을 것이다.

여기서 주목되는 것은 고령 양전동이나 포항 칠포리의 신상 암각화의 형태가 이 검파형동기와 유사하다는 점이다. 검파형동기를 신체의 상징물로 보고 또 양전동식 암각화를 신상으로 보는 것이 타당하다면 이 유물과 유적들은 당시 사람들이 신의 형상을 어떻게 이해하고 있었는가 하는 문제를 풀 수 있는 열쇠가 될 수도 있을 것이다.

곧, 검파형동기는 청동기시대 후기 또는 철기시대에 이르기까지 우리나라 신앙의례를 복원할 수 있는 귀중한 유물이라 할 수 있다. 물론 이러한 상징물들은 보는 사람들의 견해가 다양하여 해석에 따른 논쟁의 여지가 많으며 또한 왜 특정 지역에서만 출토되는지, 또 이들 일괄유물이 출토되는 석관묘의 피장자는 정치적 지도자인지 종교적 지도자인지 하는 문제들도 앞으로 해명되어야 할 것이다.

검파형동기 다음으로 신앙의례와 관련하여 주목을 끄는 것으로는 팔주령이나 쌍두령 등 방울 종류의 유물이 포함된 일괄유물들이다. 이러한 일괄유물의 대표적인 것으로는 전 덕산출토 일괄유물〔이건무, 1991〕, 전 논산출토 일괄유물〔국립중앙박물관·국립광주박물관, 1992〕, 화순 대곡리 출토 일괄유물〔조유전, 1984〕, 함평 초포리 출토 일괄유물〔이건무·서성훈, 1988〕 등이다. 이 유적들에서 출토된 유물들의 내용을 보면 아래와 같다.

전 덕산출토 동령류 일괄유물 : 팔주령 2, 쌍두령 2, 조합식쌍두령 1, 간두령 2

함평 초포리 출토 일괄유물 : 동경 3, 간두령 2, 쌍두령 1, 조합식쌍두령 1, 동령 1, 세형동검 4, 동모 2, 동과 3, 도씨검 1, 곡옥 2, 동사 1, 동부 1, 동착 2, 숫돌 2

전 논산출토 일괄유물 : 팔주령 2, 쌍두령 2, 조합식쌍두령 1, 간두령 2, 다뉴세문경〔숭실대, 국보141호〕

화순 대곡리 출토 일괄유물 : 팔주령 2, 쌍두령 2, 동경 2, 세형동검 3, 동사 1, 동부 1

이 유적들의 유물출토상 특징은 같은 형태의 유물이 모두 쌍으로 출토된다는 점이다. 방울 종류의 유물들은 구조적으로 긴 장대나 또는

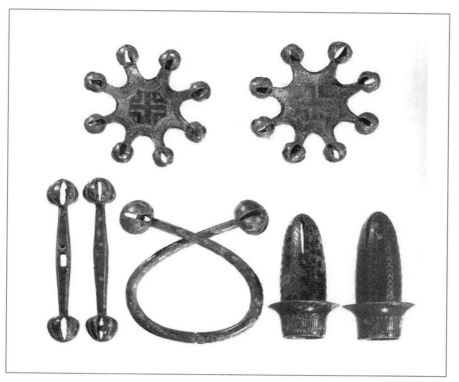

[그림 5]
전 예산 덕산 출토 동령류 일괄유물

짧은 손잡이용 막대에 끼워 사용한 것임을 알 수 있는데, 이들은 한 사
람이 양손에 같은 종류의 기물을 들고 사용했든가 아니면 두 사람이
한 조가 되어 의식을 거행했을 것이다.

　이 유물들은 예술적으로도 매우 세련되고 아름다운 형태로 제작되
었으며 원형을 이루고 있는 것이 많다. 또 원형을 이룬 것들은 팔주령
처럼 방사형으로 방울을 배치하였든가 동경이나 원형유문동기처럼 내
부 문양이 십자형과 방사상으로 이루어진 것이 대부분이다. 이러한 형
태나 문양들은 태양을 상징한 것으로 볼 수 있으며, 청동기시대 이후

한국 선사문화에서 태양이 차지하는 비중이 매우 컸음을 보여주는 예라고도 할 것이다.

이밖에도 청동기시대의 예술품으로 주목을 받고 있는 것은 영천 어은동과 대구 비산동 출토의 호랑이 모양과 말 모양의 허리띠장식이나 일본 도쿄 국립박물관에 있는 오쿠라 수집품 견갑형동기, 대구 비산동과 고령 지산동 출토의 새머리장식 동검 손잡이, 창원 다호리 출토 옻칠한 칼집과 동검 등이 있으나 여기서 일일이 거론하지 않는다.

다만 출토된 대부분의 유물들은 실생활에서 사용된 도구라기보다는 의기적 성격이 많다는 점은 많은 사람들이 동의하고 있어서 이들의 형태나 문양에 대한 분석과 구조를 통한 사용방법 등을 도출해 냄으로써 부분적으로나마 당시의 신앙의례를 보다 구체적으로 복원할 수 있는 방향에서 앞으로의 연구가 진행되어야 할 것으로 생각한다.

또한 이 유물들은 지금까지 청동기시대의 것으로 보는 것이 일반적이다. 그러나 세형동검이나 다뉴세문경 등이 많은 경우 철기유물과 함께 출토되고 있어서 이들의 대부분은 철기시대의 것으로 보아야 할 것이다. 연구자에 따라서는 예산 동서리 일괄유물도 기원전 3세기에서 2세기로 보고 있음도 참고할 만하다.〔지건길, 1978〕

5. 한국 암각화와 관련한 몇 가지 문제

1) 한국 선사 암각화의 연구현황

암각화는 바위에 새겨진 그림을 말하는 것으로 범위를 넓히자면 삼국시대 등 역사시대 이후의 마애불상 등도 포함될 수 있지만 일반적으로 선사시대 유적에 국한하여 말한다. 따라서 한국의 암각화연구는 대체로 기원전후의 철기문화에 해당되는 시기까지가 다루어지고 있다.

한국에서 암각화가 처음 발견된 것은 1970년으로 벌써 35년이 지났다. 그러나 발견 이후 암각화연구는 그리 활발하지 못하여 아직 연구방법이나 내용에서 괄목할 만한 진전을 보이지 못하는 형편이다.

한국 암각화연구는 1970년 발견 이후 대체로 10년 단위로 나누어 살펴볼 수 있다. 1970년과 1971년 2년에 걸쳐 울산시 울주군의 천전리와 대곡리 암각화, 경북 고령군의 양전리 암각화가 발견되면서 시작된 암각화 연구는 발견부터 약 10년간은 발견 초기 약보고 형식으로 발표된 몇 편의 논고 이외에는 특별한 연구성과를 찾아볼 수 없다. 1980년대 들어서 천전리와 대곡리 유적을 처음 조사한 동국대학교 박물관에서 정식 보고서가 출간되었고〔황수영·문명대, 1984〕, 같은 시기 임창순의 『한국금석집성』 1권〔임창순, 1984〕에서 천전리·대곡리·양전리 암각화를 금석학의 대상으로 한 연구서로 간행되어 본격적인 한국 암각화연구가 시작되었다고 할 수 있다. 그리고 1980년대에는 안동 수곡리 유적·포항 인비리 유적·영주 가흥동 유적·포항 칠포리 유적 등이 발견되면서 새로운 암각화 자료들이 추가되었으며 이러한 유적의 발견은 암각화에 대해 관심을 증폭시키면서 암각화 연구자들도 점차 늘어나게 되었다.

인비리 유적은 지석묘의 개석에 새겨진 마제석검과 석촉을 통해 부장품을 그림으로 새겼다는 점을 알게 됨으로써 고인돌을 축조하던 당시 사회의 장제문화를 확인할 수 있었다는 점에서 의의를 찾을 수 있었다.〔국립경주박물관, 1985〕 이는 이후 여수 오림동 고인돌의 마제석검 암

각화 발견으로 당시 상당히 널리 퍼져 있던 장제였음을 알 수 있게 되었다.〔전남대학교박물관, 1992〕

안동 수곡리 유적에서는 여성의 성기를 묘사한 그림을 포함하여 윷판무늬 그림, 새 그림 등 다양한 그림들이 조사되었다. 이 가운데 여성 성기를 묘사한 그림은 중국의 내이멍구(內蒙古)를 비롯하여 몽골 암각화에서 많이 보고된 것으로 한국 암각화가 내이멍구나 몽골 등지의 암각화와 직접적인 연관이 있음을 보여주는 대표적인 사례로 등장했다.〔임세권, 1993〕

또한 영주 가흥동이나 포항 칠포리 유적은 고령 양전리 암각화의 신상암각화가 각 지역에서 다양한 형태로 변형되어 나타나고 있음을 보여주었으며 이후 영천 보성리·남원 대곡리·고령 안화리·경주 상신리 등지에서 변이형들이 조사됨으로써 한국 암각화의 가장 대표적인 유형으로 알려지게 되었다.

이와 같은 1980년대의 새로운 조사들은 1990년대에 들어와 새로운 유적이 계속 발견되면서 신상암각화의 다양한 해석이 시도되었고 한편으로는 암각화의 연대에 관한 연구도 새롭게 시도되기에 이르렀다.

2000년 이후 한국 암각화연구는 보존과 개발의 문제에 부딪히게 되었는데 울산시의 대곡리〔반구대〕유적에 대한 관광개발추진과 그를 막기 위한 학계와 시민단체의 개발반대운동을 대표적인 예로 들 수 있다. 울산시는 2002년 월드컵 대회의 일부 경기가 울산시에서 치러지는 것을 계기로 반구대를 관광자원으로 개발하여 대규모의 관광객을 유치한다는 계획 아래 대곡리 암각화 유적의 관광개발을 추진하게 되었다. 그러나 이 계획에는 천전리 암각화와 반구대 암각화를 연결하는 계곡에 다양한 놀이시설과 휴식시설을 설치하고 대규모 주차장을 계곡에

[그림 6] 울산 대곡리 반구대 암각화
사연댐으로 인해 물에 잠겨 있으나 가물 때는 사진처럼 대곡천의 원모습과 암각화를 볼 수 있다.

붙여서 만들며 주차장까지 들어오는 2차선 도로를 새로 개설하는 등의 내용이 포함되어 있었다. 또 반구대 암각화에 인접한 지역에 암각화 전시관을 만드는 계획도 세웠다.〔울산문화재연구원·울산발전연구원 문화재센터, 2001〕

그러나 이러한 계획이 실현되면 암각화가 자리하고 있는 자연환경이 크게 훼손되어 지금까지 우리나라의 대표적인 선사유적환경이 사라지게 될 것이었다. 이에 한국암각화학회를 중심으로 한국미술사학회·역사학회·한국고고학회 등 전국의 학술단체가 거의 망라되어 두 암각화 유적이 위치한 대곡천 계곡을 지키자는 운동이 벌어지게 되었고, 결국 4년 후에 계곡까지 연결되는 도로를 1차선으로 좁히고 주차장은 계곡에서 멀리 떨어진 곳에 소규모로 설치하며 계곡 안에는 아무런 시설도 하지 않는다는 것을 울산시와 합의하게 되었다.

이 대곡리[반구대] 암각화 개발저지운동은 선사유적의 경우, 그 유적을 포함하고 있는 환경이 얼마나 소중한 것인가를 일반사회에 인식시켰을 뿐 아니라 학계에 있는 연구자들에게도 학문연구가 유적의 보존에 어떻게 효과적으로 맞닿아야 하는가를 스스로 깨닫게 된 소중한 기회가 되었던 것이다.

2) 한국 암각화의 종류와 해석

한국 암각화가 주변 지역의 암각화들과 크게 다른 점은 안료를 이용한 그림, 즉 암채화(岩彩畵)가 보이지 않는다는 것이다. 이는 아직 발견되지 않았을 수도 있지만 현재까지의 조사현황으로 보아 앞으로도 암채화가 나타날 가능성은 그리 크지 않아 보인다. 따라서 한국에서는 바위그림이라는 말도 사용하긴 하지만 일반적으로 바위새김그림이라는 의미의 암각화라는 용어를 사용하고 있다.

암각화의 종류를 나누는 데는 몇 가지 분류 기준이 적용될 수 있다. 즉 내용을 기준으로 하는 경우와 새기는 방법을 기준으로 하는 경우 또는 묘사방법을 기준으로 하는 경우 등이다.

먼저 내용을 기준으로 나누는 경우를 보면, 첫째로 인물과 동물 등의 모습을 구체적으로 묘사한 암각화, 둘째로 원·동심원·마름모·삼각형·직선·곡선 등 기하학적인 도형을 새긴 암각화, 셋째로 신의 모습을 상징한 것으로 보이는 암각화, 넷째로 여성의 성기를 상징한 성기

[그림 7] 울산 천전리의 추상암각화
기하학문암각화로도 부른다.

암각화, 다섯째로 바위에 패인 크고 작은 구멍을 일컫는 바위구멍 암각화 등으로 나눌 수 있다. 그 외에도 남해 양아리 암각화처럼 이미 조선시대부터 널리 알려져 있었으나 극히 예외적인 도형으로 되어 따로 분류가 어려운 경우도 있다.〔임세권, 1999〕

첫째는 울주 대곡리 유적을 대표로 들 수 있는 것으로 물상암각화〔황용훈, 1987〕·생물상암각화〔장명수, 1996〕 또는 구체적 물체의 모습을 새긴 것, 곧 구상암각화〔임세권, 1999a〕 등의 용어가 사용되고 있다. 실제로 이에 해당되는 암각화로는 울주의 대곡리와 천전리 암각화 두 유적을 들 수 있을 뿐인데, 경주 석장동 암각화의 일부에서 인물과 동물이 보이며 또 포항 인비리나 여수 오림동의 고인돌의 개석 위에 새겨진 석검도 넓은 의미에서 이 범주에 들어갈 것이다. 그런 유적들을 다 포함시킨다고 해도 이 구상암각화의 범주에 들어가는 유적은 한국 암각화에서 극히 소수라 할 수 있다. 그럼에도 불구하고 이 종류의 암각화가 한국 암각화를 논할 때 큰 비중을 차지하는 것은 울주 천전리와 반구대 유적이 한국에서 처음 발견되어 학계나 일반의 주목을 끌었기 때문이기도 하며 또 유적의 규모나 중요성 면에서 볼 때 아직도 한국 암각화 연구의 중심을 차지하고 있기 때문이기도 하다.

둘째는 울주 천전리 유적을 대표로 들 수 있는 것으로 기하학문암각화〔황용훈, 1987 ; 송화섭, 1999〕·추상암각화〔임세권, 1999a〕 등의 용어로 불려진다. 그러나 그림의 일부는 기하학적 도형으로 인정되나 그렇지 않은 도형도 많이 있어서 필자는 조금 넓은 개념으로 추상암각화로 부른 바 있다.

셋째는 고령 양전리 유적을 대표로 들 수 있다. 현재 신상암각화·패형암각화·방패형암각화·검파형암각화 등 다양한 용어로 표현된다. 이렇게 다양한 용어가 사용되게 된 것은 도형의 형태가 방패나 검파, 즉 칼의 손잡이와 유사하기 때문이다. 연구자에 따라서는 이 그림이 직접 방패나 칼의 손잡이로부터 온 것으로 보기도 한다. 즉 철기시대 이후 소국들이 영역확장을 하면서 정복전쟁이 많이 발생하였고 그러한 역사적 배경에서 방패가 신격으로 등장하여 암각화에 나타났다거나〔장명수, 1992〕 칼의 손잡이 형태에서 왔으나 사지를 벌리고 선 여인의 형태를 하고 있어 지모신을 표현한 여성상의 상징으로 보아야 한다〔송화섭, 1993〕는 등의 여러 설이 있다. 그러나 필자는 동북아시아의 태양신암각화의 형태에서 공통적으로 나타나는 특징이 양전리를 대표로 하는 이 형식의 암각화에 나타난다는 점을 들어 태양신에 비정함으로써 신상암각화라는 용어를 사용한 바 있다.〔임세권, 1999〕 또 이 도형이 태양과 사람 얼굴이 합쳐진 것으로 보는 견해〔이형우, 2004〕나 샤먼의 복장과 관련하여 샤먼상으로 보는 견해〔이상길, 1996〕 등도 있다.

이처럼 이 유형의 암각화는 그 형태도 다양한 만큼 해석도 다양하다. 이 암각화는 한국 선사 암각화의 가장 큰 비중을 차지하는 것으로 청동기 내지는 철기시대의 한국문화 형성과 발전에 관련된 매우 중요한 역할을 할 수 있을 것으로 생각된다. 최근 한국고대의 소국들의 출현과 관련을 짓거나[장명수, 2000 ; 이형우, 2004] 또는 더 구체적으로 고령 양전리 유적이 대가야의 등장과 연관된다고 하는 연구[최광식, 1995] 등은 이와 관련하여 주목된다.

넷째는 포항 칠포리와 안동 수곡리 유적을 대표로 들 수 있다. 성기 암각화 또는 생식기암각화로 불려지며 주로 여성의 성기가 묘사되고 있으나 일부 남성의 성기를 상징적으로 묘사한 암각화도 있다고 한다. 안동 수곡리 유적의 성기암각화는 마치 '凹'자 모양을 하고 있는데 중국의 내이멍구와 몽골 등지의 암각화에 많이 보이는 것으로 러시아나 중국의 학자들도 이와 같은 형태의 도형이 여성의 성기를 상징한 것으로 주장

[그림 8] 포항 칠포리 암각화의 신상암각화
다양한 명칭과 해석이 있다.

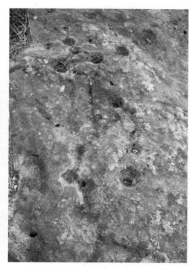

[그림 9] 포항 칠포리 부근의 신흥리
바위구멍 암각화 별자리로 보기도 한다.

하였다.〔宋耀良. 1992〕 칠포리의 암각화에 나타나는 도형은 역삼각형의 아래쪽 꼭짓점에서 안쪽으로 직선을 그어 삼각형을 둘로 나누고 있는 형태를 취하였는데 이 비슷한 형태도 중국 내이멍구 인산 암각화 등에서 확인된다. 또 울주 천전리 암각화 중의 마름모나 타원형의 내부를 세로로 나눈 도형들도 여성 성기를 나타낸 것이라고도 한다.

다섯째는 바위에 새겨진 크고 작은 구멍들을 총칭하는 것으로 전국 어디에서나 흔히 볼 수 있는 것인데 일반적으로 성혈(性穴)로 부르고 있다. 이는 유럽의 소위 컵마크(cup mark)가 여성의 성기를 의미한다는 견해〔황용훈. 1975〕를 한국에 그대로 적용시켰기 때문으로 보인다. 그러나 바위구멍을 여성의 성기로 보는 견해는 경우에 따라 맞을 수도 있고 그렇지 않을 수도 있을 것이다. 또한 현재 전국 각지에 분포되어 있는 바위구멍들을 모두 선사시대의 것으로 볼 수 없다는 것도 이의 해석을 한가지로 하기 어려운 점이 있다. 또 이들을 선사시대 성혈이라고 본다고 해도 모든 바위구멍 유적을 암각화의 범주에 포함시킬 수 있는가 하는 문제는 앞으로 많은 토론이 필요하다.

다만 이러한 바위구멍들 중 함안 도항리 암각화처럼 동심원 등과 함께 새겨진 것이나 구멍과 구멍을 직선이나 곡선으로 연결하여 어떤 형태를 만들고 있는 것은 암각화의 범주에 넣어야 할 것이다. 최근 연구자들의 주목을 끌고 있는 소위 '윷판형암각화' 역시 이러한 바위구멍으로 만들어진 것이지만 이 도형이 일정한 수와 일정한 형태를 취하고 있어서 어떤 상징도형임이 분명하다. 또 일정한 형태를 보이지는 않지만 바위구멍들이 어떤 형태를 보여주는 경우도 있으며 각각의 구멍들을 선으로 연결시킨 경우도 있는데 최근 이들을 별자리를 나타낸 것으로 보는 견해가 대두되었다.〔김일권. 1998〕

새김법을 기준으로 암각화를 나누는 데는 초기부터 쪼기·갈기·긋기 등이 제시되어 지금까지 일반적으로 사용되고 있다. 대체로 쪼기법에서 갈기법으로 그리고 가장 늦은 시기에 긋기법이 등장했다고 알려져 있으나 최근에는 새김법이 제작시기를 구분하는 기준이 될 수 없다는 견해도 나온 바 있다. 이는 앞으로 많은 유적을 대상으로 좀 더 세밀한 관찰이 필요하며 암각화의 내용에 따른 편년과 함께 고려되어야 할 것이다.

또 묘사하는 방법으로 윤곽선을 새기고 그 내부를 모두 파내어 실루엣 형태로 묘사하는 법과 윤곽선을 새기고 그 내부에 몸체의 특징, 즉 무늬 등을 새기거나 내장이나 골격 등의 내부기관을 묘사하는 법이 있다. 전자를 면각, 후자를 선각이라고 일반적으로 부른다. 울주 대곡리의 경우 면각이 선각에 선행한다고 하는 설이 일반화되어 있다. 그러나 그림에 따라 두 기법이 함께 사용되는 경우도 있고 또 신상암각화 등에서 보듯이 후대에는 두 기법이 혼용되는 것이 일반화되어 있음을 알 수 있다.

3) 암각화 연구상의 몇 가지 문제

앞에서 언급한 대로 한국의 암각화가 발견된 지 35년 이상 경과되었으나 크게 평가할 만한 연구성과를 내놓았다고는 보기 어려운 측면이 있다. 그것은 무엇보다도 연구 인력의 수적 부족에서 기인되는 것이 많겠지만 소수의 연구자들도 대부분 역사학과 고고학 전공자들로 다양한 연구자들을 확보하지 못한 점도 큰 원인으로 들 수 있다. 또 시베리아나 중국·몽골 등 오늘날 암각화 분포에서 세계적으로 주목받는 지역들도 아직은 유적조사가 제대로 이루어지기 전이었으며, 1980년대 이후 중국과 러시아 등에서 본격적인 보고서들이 간행되기도 했으나 한국 내에 그 보고서들이 들어오지 못하고 있었다.

주변 지역의 암각화 조사나 연구에 대한 정보가 절대적으로 부족한 상태에서 한국의 자료에만 국한하여 연구를 진행시키다 보니 기록 방법을 지금까지 금석문이나 마애불의 조사 등에 사용되던 전통적인 조사방법인 탁본에 의존하여 판독에 오류를 가져오거나 또는 지나치게 자의적인 해석을 불러일으키게도 되었다. 이러한 오류가 지금까지도 고쳐지지 않고 있는 점은 많은 연구자들이 공통적으로 인식하고 있지만 빠른 시간 안에 해결할 수 있는 대안이 아직 뚜렷하지 않다.

현재의 시점에서 제기될 수 있는 조사 또는 연구상의 문제점을 몇 가지 들어보면 다음과 같다.

첫째는 조사 상에서 가장 중요한 암각화 자체의 기록 방법이다.〔임세권, 2003〕 최근까지 한국에서의 암각화 기록은 탁본과 그리드식 실측이 가장 많이 사용되었고 근래에 이르러 유럽에서 많이 하는 셀룰로이드 용지를 바위 면에 밀착시키고 컬러 펜을 이용하여 복사해 내는 트레이싱 방법이 많이 이용되기도 한다.〔박영희, 2003〕 또 2004년 여름 문화재청에서 반구대 암각화에 레이저스캐너를 이용한 실측을 시도하기도 했다.

우선 탁본은 인위적인 선이나 면 등을 확인하는 데 어려움이 있을 뿐 아니라 인위적인 부분을 정확하게 확인한다고 해도 탁본을 하는데 사용한 종이가 늘어나거나 또는 일그러짐에 의해 왜곡된 결과물이 나오기 때문에 정확한 크기나 형태를 알 수 없다는 결점이 있다. 그 외에도 바위 면 자체에 먹이 묻는다든가 혹은 탁본을 위한 세척과정에서 바위 면이 부스러지는 등의 훼손이 일어난다는 점에서 위험성이 크다.

[그림 10] 천전리의 세선각화
현재는 이와 같은 1mm 이하의 선각은 사진을 이용한 조사가 가장 효과적이다.

 따라서 앞으로 암각화 조사기록은 가능하면 비접촉 기록 방법을 사용해야 하며 새로운 기록 방법으로 사진 측량이나 레이저스캐닝 등의 방법을 도입하여야 할 것이다. 이러한 새로운 기록 방법의 도입은 연구 내용에서도 새로운 방법을 만들어내게 될 것이다.

 미국에서 보고된 바에 의하면 탁본을 하기 전 측정된 절대연대가 2,300±2백 년 B.P.였는데 탁본 후의 연대는 2,450±1,050년 B.P.로 나왔다. 여기서 주목되는 것은 오차한계가 다섯 배 이상 커졌다는 것이다. 〔Leondorf, L., 2001〕 미국이나 유럽의 경우 탁본은 건탁을 말한다. 건탁을 할 경우 오차한계가 다섯 배 이상 커졌다는 것은 습탁의 경우 그보다 몇 배 더 커질 가능성이 있음을 의미하다.

 두 번째는 도형 해석의 문제다. 도형의 합리적인 해석은 위에 말한 과학적이고 객관적인 기록이 전제가 된다. 그러나 정확한 기록을 바탕으로 판독을 하고 해석을 한다고 해도 도형 자체가 가지고 있는 상징성을 알아낸다는 것은 쉬운 일이 아니다. 이는 국내의 자료만 가지고는 해석상 어려움이 많을 것이다. 합리적 해석을 위해서는 한국의 암각화 속에서 한국을 포함한 주변 지역의 암각화들이 가지고 있는 보편성을 찾아내야 하며, 그 안에서 다시 한국적 특수성을 확인하는 작업이 필요하다. 따라서 어느 유적의 도형에 대한 해석이 그 자체로서 논리성을 가진다고 해도 한국 암각화가 속해 있는 동북아시아 암각화 전체에서 찾을 수 있는 보편성이 결여되어 있다면 그것은 합리적 해석으로 인정받기 어려운 것이다.

최근까지 한국 암각화 연구에서 보이는 해석의 문제는 세계 암각화 특히 동북아시아 암각화에서 찾을 수 있는 보편성의 측면이 간과된 점도 없지 않다. 다만 이러한 문제들은 연구 시점에서의 연구 환경이 가지는 문제도 함께 고려하여 비판되어야 할 것이며 최근 조성된 새로운 연구 환경, 즉 새로운 조사방법이나 주변 지역의 유적에 대한 조사연구의 확대 등에서 이전의 오류가 시정될 수 있어야 할 것이다.

한국 암각화를 동북아시아와의 관련성 속에서 보아야 한다는 적극적인 입장은 이미 일찍부터 있어 왔다.〔황용훈. 1987 ; 임세권. 1994〕. 또한 러시아의 연해주, 중국의 내이멍구(內蒙古)와 닝시아(寧夏) 등지의 암각화와 함께 내이멍구 난산근(南山根) 분묘 유적에서 출토된 각문골판(刻文骨板)에 주목하고, 이들이 한국 암각화 특히 고령 양전동 계통의 신상암각화와 관련 있음을 논한 김정배의 견해 역시 한국 암각화를 동북아시아 암각화 또는 동북아시아 청동기문화 속에서 파악하고자 한다는 점에서 주목된다.〔김정배. 1997〕

세 번째는 암각화 연구가 도형 자체에 국한되지 않고 그림이 새겨진 암석에 대한 연구나 연대추정을 위한 이화학적 방법에 대한 연구 등이 함께 이루어져야 하며 그러한 방법을 위해 광범위한 학제 간의 합동연구가 필요하다는 것이다. 미국이나 호주 등에서는 이미 AMS (가속기질량분광법) 방식에 의한 탄소연대측정법 등의 사용이 암각화의 절대연대측정에서 큰 비중을 차지하고 있기도 하다.〔Rowe, M.W., 2001〕 이외에도 고온에서 생성되는 바위 표면의 피막(biofilm)에 대한 연구 등은 암각화 연구를 새로운 차원으로 끌어올리는 혁신적인 역할을 하기도 했다. 따라서 한국을 비롯한 동북아시아의 암각화 연구에도 이와 같은 방법은 충분히 활용할 가치가 있다고 생각된다.

네 번째는 보존의 문제다. 위에서 말한 것처럼 암각화의 보존은 한국뿐 아니라 세계적으로 당면한 문제이기도 하다. 선사유적의 대부분은 지하에 묻혀 있는 매장문화재들이지만 암각화는 고인돌 등 다른 거석으로 이루어진 문화재처럼 지상에 노출되어 있다. 따라서 암각화는 그것이 제작당시의 의미를 상실한 이후에는 사람들의 생활과 관계없이 존재함으로 인해 오랜 기간에 걸쳐서 사람들 손에 훼손되어 왔으며 심지어 현재 남아 있는 그림이 선사 암각화인지 아니면 근래의 훼손된 흔적인지 구분하기 어려운 경우도 있다.

따라서 암각화의 보존은 두 가지로 나누어 생각할 수 있다. 하나는 암각화가 새겨진 암면 자체의 보존인데 이를 위해서는 가능하면 사람들의 손이 닿지 않도록 하는 것이 최선책이기도 하다. 그러나 한국의 암각화들은 사람들이 거주하는 마을과 인접해 있는 것이 대부분이며 어떤 것은 마을 안에 있는 것도 있다. 따라서 이들을 보존하는 데는 특별한 대책이 필요하다. 다른 하나는 암각화가 포함된 환경의 보존이다. 모든 유적이 환경과 함께 보존되어야 함은 이제 상식이 되었지만 특히 선사유적은 주변환경과 함께 보존되어야 한다. 최근의 개발은 산과 강의 원래 모습을 없애는 경우가 많아 산간 계곡에 위치했던 유적이 마

[그림 11]
천전리 암각화의 암면이 앞으로 기울어져 무너질
위험에 처해 있다는 진단이 있다.

을 복판에 있는 것으로 뒤바뀌기도 한다. 이것은 유적이 본래 가지고
있던 의미를 잃어버리게 하며 그것이 만들어지던 당시의 문화를 복원
할 수 없게 될 것이다.

특히 최근 천전리 암각화의 보존 문제에서 바위 표면의 손상뿐 아
니라 암각화가 새겨진 바위 자체의 붕괴 가능성이 제기된 바 있어[이수
곤, 2004], 암각화 보존은 다양한 각도에서 연구 검토되어야 한다는 점
이 일깨워지기도 했다. 또 반구대 암각화는 암각화가 새겨진 암면이
댐의 물속에 잠겨 있어서 훼손의 정도는 이미 심각한 수준에 달해 있

다. 이를 보존하기 위한 다양한 견해가 발표되고 있으나[전호태, 2000 ; 울산광역시, 2003] 아직 효과적인 대책은 수립되지 못하고 있다.

이처럼 암각화의 보존 문제는 여타의 선사유적의 보존 문제와 함께 환경보존의 중요성을 재인식하지 않으면 안 될 것이며 그 보존의 임무는 상당 부분 연구자들에게 있다고 할 수 있다.

한국 선사 암각화 연구의 성과와 문제점에 대한 지적은 이미 다른 연구자에 의해서 세밀하게 지적된 바 있어[박정근, 2000] 여기서는 더 이상 구체적인 언급은 피하고자 한다.

4) 앞으로의 연구 방향

위에 몇 가지로 나누어 언급한 대로 한국 암각화 연구는 발견 이후 상당한 시일이 지났는데도 불구하고 아직 연구의 초기 단계에 머물러 있다. 한국의 미술사와 고고학은 물론 역사학 일반에서도 암각화 연구는 중심에서 벗어나 있는데 그러면서도 소수의 연구자들은 아직도 역사학자나 고고학자들로 이루어져 있다. 그래서 소수이기는 하지만 지금까지의 암각화 연구가 계통이나 연대 또는 도형의 해석 문제에 대부분의 노력이 집중되어 있다.

이는 암각화가 스스로 연구자에게 정보를 제공하는 데 한계를 가지고 있기 때문이기도 하며 지금까지의 전통적 연구 방법으로는 암각화로부터 많은 정보를 추출해내는 데 기술적 어려움이 있기 때문이기도 하다.

따라서 암각화 연구는 그것이 미술사학의 한 분야이기도 하지만 새로운 분과학문 차원에서 다루어질 필요가 있다. 그러기 위해서 역사학·고고학·미술사학·민속학·종교학·인류학·심리학·기호학 등 인문분야뿐 아니라 암각화 자료의 이화학적 분석이나 상대편년과 절대편년을 위한 새로운 과학적 방법의 연구개발, 과학적 기록과 보존방법 등을 위해 첨단과학 분야와의 학제 간 연구가 절실하다.

또한 한국 암각화가 포함되어 있는 동북아시아 암각화 분포권은 물론 이들과 관계있다고 생각되는 세계 여러 지역의 암각화에 대한 정보의 수집, 그리고 직접적인 조사연구도 행해져야 할 것이다.

암각화는 그것이 독자적으로 갑자기 우리 역사에 나타난 것이 아니다. 따라서 암각화가 만들어진 시기에 존재했던 다양한 문화요소들 속의 한 요소로서 다루어져야 할 것이며 그 시기의 문화에 대한 폭넓은 이해가 요구된다. 지금까지 한국 암각화 연구가 그리 큰 진전을 보이지 못하고 있는 것은 위에 지적한 여러 문제가 복합적으로 얽혀 있기 때문이라 할 수 있다.

어쩌면 앞으로의 연구는 지금까지 이루어낸 성과의 상당 부분을 새로 시작하지 않으면 안 될지도 모른다. 그중 가장 시급한 것이 각 유적의 정확한 보고서의 작성이다. 이를 위해 한국 암각화의 전면적 재조사가 필요하며 이에는 더 이상 암각화 유적들을 훼손하지 않고 정밀한 기록을 할 수 있는 새로운 방법이 사용되어야 할 것이다.

6. 맺음말

선사예술은 어떤 형태로 남았든 신앙 또는 신앙의례와 관계된다는 것은 보편적으로 알려진 상식이다. 그리고 당시의 신앙이 자손을 번성시키기 위한 종족보존이나 식량의 확보를 통한 각자의 개체보존에 목적이 있음도 모두 아는 사실이다. 한국의 선사예술을 보는 시각도 아직은 이러한 보편성에서 크게 벗어나지 않는다.

그리고 한국의 선사예술 또는 선사미술은 발생론적 입장에서 볼 수도 있고 전파론적 입장에서 볼 수도 있다. 그러나 유의하지 않으면 안 되는 것은 어떤 입장에서 보든 선사미술은 선사미술이 제작된 시기의 문화일반적인 범주 안에서 검토되어야 한다는 것이다. 그것이 청동기시대의 산물이라면 청동기문화의 한 요소로서, 또 신석기시대의 산물이라면 신석기문화의 한 요소로서 검토되어야 함은 당연하다. 이에 따라 선사미술의 해석도 나올 수 있다. 선사미술의 의미를 해석하는 데 시야를 단일 유적이나 또는 그 주변에만 국한시켜서 본다면 그 유적을 포함한 문화일반이 가지고 있는 보편성을 도외시할 위험성이 있고 그럴 때 지나치게 특수성을 강조함으로써 해석 자체를 오류에 빠지게 할 수 있는 것이다.

이러한 선사문화를 보는 시각은 한국 암각화를 동아시아의 선사문화 속에서 보는 더 넓은 시야를 요구하게 되었으며, 그럼으로써 선사미술은 다시 신석기문화나 청동기문화의 전파나 수용과정의 이해와 서로 맞닿아 있음을 깨닫게 된 것이다.

이제 선사학은 과거의 인문학적 범주에 머무르지 않는다. 선사미술 역시 마찬가지다. 그래서 선사미술의 연구는 다양한 인접학문이나 또는 지금까지의 미술사나 역사학 분야 이외에 다양한 자연과학 분야의 힘을 필요로 한다. 그럼으로써 기존 미술사 연구의 틀을 벗어나 새로운 연구 방법을 낳게 하고 또 더 과학적이고 합리적인 결과를 도출할 수 있을 것이다. 암각화의 조사와 연구에 있어서 레이저스캐너를 이용한 기록 방법의 활용이나 미국이나 오스트레일리아 등지에서 행해지는 새로운 절대연대 측정 방법은 암각화 연구가 본격적으로 활성화되는 계기를 가져왔다. 마찬가지로 한국에서도 한국적 연구 환경에 맞는 새로운 방법들이 개발되고 시도되어야 할 것이다.

그렇게 해서 선사미술을 둘러싼 여러 문제들이 종합적이고 유기적으로 연관되어 새로운 방법에 의해 연구가 이루어지면 그와 관계된 신앙의례의 복원도 가능하게 될 것이며, 당시 사람들의 미의식이 그들의 생활이나 신앙에 어떻게 투영되었는지도 지금까지보다 훨씬 더 구체적으로 드러나게 될 것이다.

임세권

‖ 참고문헌 ‖

강윤숙, 2000, 「한국복식에 나타난 수의 상징성」, 『복식』제50권 7호.
국립경주박물관, 1985, 『월성군 영일군 지표조사보고』, 국립박물관고적조사보고 제17책.
국립중앙박물관・국립광주박물관, 1992, 『특별전 한국의 청동기문화』, 범우사.
김용간・서국태, 1972, 「서포항 원시유적 발굴보고」, 『고고민속논문집』4.
김원용, 1966, 「웅기굴포리서포항패총의 유물」, 『역사학보』32.
김일권, 1998, 「별자리형 바위구멍에 대한 고찰」, 『고문화』51.
김정배, 2002, 「동북아 속의 한국의 암각화」, 『한국사연구』99・100합.
김정학, 1990, 「한국민족 및 문화의 기원」, 『한국상고사연구』, 범우사.
박영희, 2003, 「유럽에서의 암각화 조사방법에 대한 일 고찰―프랑스 몽베고 (Mont Bego) 유적의 경우」, 『한국암각화연구』4.

박정근, 2000, 「한국의 암각화 연구성과와 문제점」, 『선사와 고대』 15.

서국태, 1986, 『조선의 신석기시대』, 사회과학출판사.

손보기, 1983, 「예술과 신앙」, 『한국사론』 12, 국사편찬위원회.

송화섭, 1993, 「한반도 선사시대 기하문 암각화의 유형과 성격」, 『선사와 고대』 5.

_____, 1999, 「한국 암각화연구의 현황과 과제」, 『한국암각화연구』 창간호.

신숙정, 2003, 「예술품」, 『한국사』 2, 국사편찬위원회.

울산광역시, 2003, 『반구대암각화 보존대책 연구』.

울산문화재연구원 · 울산발전연구원 문화재센터, 2001, 『울산 반구대 암각화유적
      진입로 주변 문화재 지표조사 보고서』.

이건무, 1991, 「전 충남출토 청동방울일괄」, 『동산문화재지정보고서』('90지정편),
      문화부 문화재관리국.

이건무 · 서성훈, 1988, 『함평 초포리유적』, 국립광주박물관 · 전라남도 · 함평군.

이상길, 1996, 「패형암각화의 의미와 그 성격」, 『한국의 암각화』, 한길사.

이수곤, 2004, 「천전리 암각화의 안정상태 및 보존대책」, 『울산 천전리 암각화의
      재조명』, 2004년 한국암각화학회 추계학술대회 발표논문집.

이융조, 1980, 「한국 선사예술의 한 유형」, 『고문화』 16.

_____, 1985, 「단양 수양개구석기유적 발굴조사보고」, 『충주댐수몰지구 문화유적
      연장발굴조사보고서』, 충북대학교 박물관.

_____, 1992, 「청원 두루봉동굴의 구석기문화」, 『제1회 문화재연구 국제학술대
      회 : 동아시아의 구석기문화』, 문화재관리국 문화재연구소.

_____, 2003, 「의식과 예술」, 『한국사』 2, 국사편찬위원회.

이융조 · 우종윤 · 하문식, 1996, 「청원 두루봉 흥수굴 구석기 문화」, 『동북아 구석
      기문화』, 충북대 선사문화연구소 · 중국 요령성문물고고연구소.

이형우, 2004, 「영남지역 선사암각화의 성격」, 『대구사학』 76.

임세권, 1993, 「안동 수곡리 바위그림 유적」, 『안동문화』 14.

_____, 1994, 「선사시대 한국과 중국의 암각화 비교연구」, 『미술사학연구』 204.

_____, 1999a, 『한국의 암각화』, 대원사.

_____, 1999b, 「한국 암각화에 나타난 태양신숭배」, 『한국암각화연구』 창간호.

_____, 2003, 「암각화 조사기록 방법의 새로운 모색」, 『한국암각화연구』 4.

임창순, 1984, 『한국금석집성』 1, 일지사.

장명수, 1992, 「영주 가흥동 암각화와 방패문 암각화의 고찰」, 『택와허선도선생정
      년기념한국사학논총』.

_____, 1996, 「한국 암각화의 편년」, 『한국의 암각화』, 한길사.

_____, 2000, 「한국선사시대 암각화 신앙의 전개양상」, 『한국암각화연구』 2.

전남대학교박물관, 1992, 『여수 오림동 지석묘』.

전제헌 외, 1986, 『용곡동굴유적』, 김일성종합대학출판사.

전호태, 2000, 「울산 반구대 암각화 보존론」, 『한국암각화연구』 2.

정동찬, 1996, 『살아있는 신화 바위그림』, 혜안.

정영화, 1994, 「한국구석기문화연구의 제문제」, 『인문연구』 16-1, 영남대학교 인문과학연구소.

조유전, 1984, 「전남 화순 청동유물일괄출토유적」, 『윤무병박사회갑기념논총』.

지건길, 1978, 「예산동서리 석관묘출토 청동일괄유물」, 『백제연구』 9.

최광식, 1995, 「대가야의 신앙과 제의」, 『가야사연구-대가야의 정치와 문화』, 경상북도.

_____, 2009, 「한국청동기시대 암각화의 기원에 대한 시론-내몽고 적봉 일대 암각화와의 관계를 중심으로」, 『한국사학보』 37.

최근영, 1985, 「한국 선사 고대인의 태양숭배사상의 일 측면」, 『천관우선생환력기념 한국사학논총』, 정음문화사.

한병삼, 1971, 「선사시대 농경문 청동기에 대하여」, 『고고미술』 112.

한병삼 · 이건무, 1977, 『남성리석관묘』, 국립박물관고적조사보고 제10책, 국립중앙박물관.

황수영 · 문명대, 1984, 『반구대』, 동국대학교 출판부.

황용훈, 1975, 「한국 선사시대 성혈고」, 『지역개발논문집』, 경희대.

_____, 1987, 『동북아시아의 암각화』, 민음사.

宋耀良, 1992, 『中國史前神格人面岩畵』, 上海三聯書店.

Larry Leondorf, 2001, "Rock Art Recording", *Handbook of Rock Art Research* edited by David S. Whitley, Walnut Creek : Altamira Press.

Marvin W. Rowe, 2001, "Dating by AMS Radiocarbon Analysis", *Handbook of Rock Art Research* edited by David S. Whitley, Walnut Creek : Altamira Press.

한국 고고학의 시대구분 문제

1. 머리말

역사학에서 시대를 구분한다는 것은 역사의 흐름과 그 발전과정을 체계적으로 파악·이해하기 위한 가장 중요한 작업이다. 시대구분을 외면하고서는 역사의 체계적인 인식은 불가능하게 된다. 시대를 구분하고자 할 때는 시대를 구분해야 하는 뚜렷한 이론과 이를 뒷받침하는 역사적인 여러 사실의 뒷받침이 있어야 한다.〔김정배, 2002〕 고고학에서의 시대구분도 전체 의미에서는 동일하다. 역사학이 문헌기록 등에 의거하여 절대적인 가치가 인정된다는 신빙성에 근거를 두는 반면 고고학은 대상으로 삼는 유적과 유물이 항상 새로운 자료에 접하기 때문에 그 결론이 가변성이 있다는 데 차이점이 있다.〔김정배, 1979〕

고고학의 시대구분은 19세기 전반에 처음으로 삼시대법이 제시되고 사용되었으며 20세기 중반 이후 새로운 시대구분이 제기되고 있다. 시대구분은 문화적 변화를 기준으로 설정되고 있으며, 그 명칭은 이러한 변화의 내용을 담고 있는 용어를 사용한다. 그런데 고고학적인 방법의 특성상 역사학과 달리 절대연대를 제시하기가 어렵다.

한국 고고학의 시대구분은 일본학자들이 삼시대법에 따라 시대구분을 한 이후로 삼시대법에 의한 시대구분이 일반적으로 통용되어 왔다. 이 글에서는 고고학에서 시대구분의 개념과 한국 고고학에서 이루어져 왔던 여러 가지 시대구분론 및 그에 따른 몇 가지 쟁점들을 살펴보도록 하겠다.

2. 시대구분의 개념 및 적용

고고학에서 시대구분이란 커다란 문화적인 변화를 기준으로 구분하여 각 시대의 문화적인 특징을 잘 나타내기 위한 것이다. 또한 시대 명칭은 삼시대법에서 사용되었던 도구재질에서 벗어나 그 시대를 대표하는 문화적인 혹은 사회적인 특징으로 다양한 시대구분이 이루어지고 있다.

선사고고학에서 삼시대법(Three Age System)은 18세기 말부터 덴마크를 중심으로 한 스칸디나비아 지역에서 석기・동기・철기에 대한 논의가 일어나고 있었다. 덴마크의 국립고대유물박물관의 초대 관장이었던 톰센(Thomsen, C.J.)은 수집되어 있는 각종 유물들을 만드는 데 사용한 재료를 근거로 하여 박물관 소장품들을 석기・청동기・철기시대로 분류 정리하여 1819년에 일반에게 공개하고, 1836년에 간행된 덴마크국립고대유물박물관의 안내책자에 소개하였다.

이것은 단순한 분류가 아니라 선사시대와 그 문화가 위의 순서에 따라 계기적으로 발전되었다고 본 것이다. 인류발달을 도구에 이용된 재질의 차이에 의해 진화적으로 설명하려는 방식은 고대 그리스에서도 볼 수 있었다. 그런데 톰센은 유물분류 기초에 이용해 인류역사의 체계화와 시대구분을 설정하고자 했던 것이다. 그 제자인 워새(Worssae, J.A.A.)가 충위적인 발굴을 통해 이를 보완하면서 선사시대를 석기시대·청동기시대·철기시대 등으로 나누는 삼시대법이 완성되었다.

구석기에 대한 많은 연구가 이루어지면서 석기시대는 러복(Lubock, J.)에 의해 구석기와 신석기시대로 분리되었고, 웨스트롭(Westropp, H.M.)에 의해 중석기시대의 개념이 제시 사용됨에 따라 20세기에 들어와 고고학의 시대구분은 좀 더 세분되어 오시대법이 사용되었다.

이 같은 시대구분의 세분화에도 불구하고 그 바탕이 된 것은 삼시대법이었다. 삼시대법은 고고학을 연구하는 편년설정과 문화단계를 구명하는 데 결정적인 기준점으로 확정되었으며, 전세계 고고학계에 커다란 영향을 주었다. 이후 진화론의 영향으로 인류사의 일반적인 발전단계를 나타낸 구분으로 받아들여지게 되었다.

삼시대법은 20세기 전반까지 고고학의 중요한 방법이었으나 점차 이에 대한 비판이 나오기 시작하였다. 삼시대법은 단순히 도구의 재료와 기술상의 진전만을 의식한 관점에서 투영되었기 때문에 역사일반 내지는 문화의 개념을 설정하고자 할 때 그다지 유용한 용어는 아니다. 또한 특정 시대의 특징으로 인식된 고고학상의 사실이 세계적으로 똑같이 전개되지 않았다는 사실이다.

차일드(Childe, V.G.)는 삼시대법이 아닌 식량채집자들, 농업혁명, 도시혁명이라는 사회경제적인 개념으로 선사문화를 설명하였다. 특히 1950

년대 이후 C-14연대측정법이 보편화되고 다양하게 문화가 설명되면서 도구발전에 따른 삼시대법은 더 이상 선사문화를 설명하기 힘들게 되었다.

이러한 이유로 최근에는 문화의 변천에 따른 시대구분을 하고 있는 곳이 많다. 최근 유럽의 선사문화 연구도 문화의 변천에 따르는 시대구분을 제기하고 있다. 미국에서는 지역적·역사적인 차이로 삼시대법이 처음부터 받아들여지지 못했고 선사문화를 석기(Lithic)·고졸기(Archaic)·형성기(Formative)·고전기(Classic)·후기고전기(Post-Classic) 등으로 나누어 유럽과는 다른 시대구분이 이루어졌다.

중국은 구석기시대와 신석기시대 다음에 상주시대(商周時代)·진한시대(秦漢時代) 등 왕조로 시대구분하고 있다. 이것은 왕조가 일찍 등장하였고, 역사의 시작이 청동기시대까지 소급되기 때문이다. 장광즈(張光直)는 미국 고고학의 시각에서 중국의 선사문화를 구석기시대, 초기농경기, 신석기문화기, 문명의 시작, 초기문명기 등으로 나누고 있다.

일본은 선사시대를 구석기시대〔先土器時代·無土器時代〕·조몬시대(繩文時代)·야요이시대(彌生時代)·고훈시대(古墳時代)로 구분하고 있다. 조몬시대는 신석기시대에 해당하고 있다. 그리고 야요이시대가 청동기시대와 철기시대를 포괄하고 있으며, 국가발생 이전의 시기로 고훈시대를 설정하고 있다. 고훈시대를 지나 아스카시대(飛鳥時代)를 시점으로 역사시대와 만나고 있다. 이와 같은 시대구분은 삼시대법을 일본에 맞게 적용한 것으로 보인다.

이상에서 살펴본 바와 같이 각 지역에서의 역사적·문화적인 차이에 의해서 시대구분은 다양하게 나타나고 있다. 그러나 그 바탕에는 삼시대법이 기본을 이루고 있음을 알 수 있는데, 우리나라를 비롯한 여러 지역에서는 시대구분에서 삼시대법이 여전히 중요한 위치와 역할을 담당하고 있다.

3. 한국 고고학의 시대구분론

한국의 선사문화에 대한 시대구분은 일제시대의 초보적인 유적조사를 기초로 일본학자에 의해 석기시대(石器時代)·금석병용기(金石竝用期)·낙랑시대(樂浪時代)·삼국시대(三國時代) 등으로 분류되었다.〔藤田亮策, 1948〕 원시문화로서 석기시대를 상정하였고 금속문화라는 것은 중국으로부터의 박래품(舶來品)으로 간주하였다. 여기서 말하는 석기시대도 구석기시대가 아닌 신석기시대만을 의미하였다. 한사군(漢四郡)의 영향으로부터 받은 금속문화라는 것은 청동기와 철기였으며, 같은 시대로 해석되었다. 이는 식민사관의 입장을 보여주는 것으로, 한국문화의 정체성과 외래문화의 영향을 강조하는 시대구분이었다. 이러한 시대구분은 1960년대에 새로운 고고학 성과가 나오기 이전까지 우리나라 역사학자들에게도 그대로 이어졌다.

이 시기의 대표적인 한국사 개설서인 『한국사』〔진단학회 편, 1959〕의 「고대편」에 김재원은 사전시대(史前時代)라는 항목으로 유적·유물을 소개하고 있으며, 내용이나 설명이 일본학자들의 견해와 차이가 없다는 점에서 당시의 고고학에 대한 수준을 알 수 있다.

1945년 광복 이후 우리나라 학자에 의해 한국의 고고학이 크게 발전하기 시작함으로써, 몇 가지 중요한 업적을 이루었다. 첫째로 구석기시대의 확인이다. 1933년과 1935년에 함경북도 종성군 동관진〔현 온성군 강안리〕에서 구석기시대 유물이 출토되어 나오라 노부오(直良信夫)가 제작 수법·형태분석·고생물학적 분석을 포함하여 구석기시대의 유적으로 보고하였지만, 후지다 류오사쿠(藤田亮策)와 우메하라 스에지(梅原末治)에 의해 부정되었다. 그러다가 광복 이후에 이 동관진 출토 유물을 구석기 시대의 것으로 주장하면서 우리나라에도 구석기시대가 있었음을 주장 하는 연구가 나왔다.〔김정학, 1958〕 우리나라에서 구석기 유적이 확실하 게 입증된 것은 1960년대에 접어들어서다. 1963년에 웅기 굴포리(屈浦 里), 1964년에 공주 석장리(石壯里)에서 구석기 유적과 유물이 발견·조 사되면서 우리나라에 구석기시대가 존재하였음을 입증하였다. 특히 석 장리 유적은 오랜 시일의 발굴을 통해 우리나라 구석기시대 연구에 획 기적인 계기를 만들었고, 구석기시대와 문화를 체계화하는 데 큰 공헌 을 하였다.

두 번째 중요한 업적으로 금석병용기가 부정되고, 청동기시대와 철 기시대의 존재가 인정되었다. 1950·60년대에 북한 지역에서 많은 청동 기시대 유물이 발굴되면서, 금석병용기가 부정되기 시작하였다. 이전 까지는 일본학자에 의해서 우리나라에는 청동기시대가 없었다고 간주 되었던 공백의 시대였다. 도유호는 1957년에 발굴된 황해도 지탑리(智 塔里) 유적의 보고서에서 즐문토기 말기에 청동기문화의 영향을 받았다 고 주장하였다.〔도유호, 1957〕 이어 1958년에는 지석묘와 거기서 출토된 팽이형토기를 청동기시대의 것으로 편년했다.〔도유호, 1958〕 남한에서는 1964년 김원용이 북한의 신자료를 소개하면서 처음으로 청동기시대라 는 용어를 사용하였다.〔김원용, 1964〕

남한학계에서는 철기시대의 명칭에 대한 논의가 있었다. 김원용은

[그림 1] 김해 회현리 패총 　　　[그림 2] 부산 노포동 출토
　　　　　　　　　　　　　　　　　　김해식토기

초기철기문화(初期鐵器文化)와 김해문화(金海文化)로 구분하였다. 초기철기
문화란 중국 전국시대에 출현하는 철기문화가 북방계 청동기문화와 혼
합하여 들어오게 되는데 이는 2차 청동기파급 혹은 1차 철기문화의 파
급에 의해 이루어진 문화를 말하며, 김해문화란 낙랑문화(樂浪文化)를
통해 한대문화(漢代文化)가 퍼지고, 남한의 지석묘사회에는 북에서 내려
오는 철기문화가 침투하여 새로운 토착문화가 형성되는데 그 대표적인
유적은 김해패총이고 대표적인 토기를 김해토기라고 했다.〔김원용. 1964〕

　김해문화(金海文化)란 한강 이남에 분포되어 있는 철기시대의 대표적
인 토기인 '김해식토기'를 표지로 하는 문화를 가리킨다. 김해식토기는
적갈색 및 회청색의 경질 타날문토기로서 김해 회현리 패총을 표지유
적으로 하는 데서 '김해토기' 또는 '김해식토기'라고 불린다. 김해식토
기라는 말은 쓰시마섬에 대한 보고서〔水野淸一·樋口隆康·岡崎敬, 1952〕에서
쓰기 시작한 이래 우리나라에서 한때 널리 사용하였다.

　이에 대해 김정학은 김해문화라는 용어의 사용에 대하여 김해패총
은 패총유적과 묘지유적이 있어 서로 연대가 다르며, 또한 발굴면적이

[그림 3] 김해 웅천패총 기대[그릇받침] 출토 장면

[그림 4] 김해 웅천패총에서 출토된 토기들

작기 때문에 다량의 유물이 발굴된 웅천패총을 표준유적으로 보아 웅천기(熊川期)로 불러야 한다고 주장하였다.〔김정학. 1967〕

이 논쟁 이후 김해기와 웅천기를 대신하여 원삼국시대(原三國時代)라는 용어가 제시되었다. 원삼국시대라는 것은 서력기원 전후부터 기원후 3백 년경까지의 약 3세기 동안의 시기로서 원사(原史)단계의 삼국시

대를 말한다.〔김원용, 1973〕

이러한 연구성과들을 바탕으로 『한국고고학개설』〔초판〕에서는 구석기시대·신석기시대·청동기시대·초기철기시대·원삼국시대·삼국시대 등으로 시대를 구분하였다.〔김원용, 1973〕 한편 일본에서 출판된 『한국의 고고학(韓國の考古學)』에서는 구석기시대·신석기시대·청동기시대·원삼국시대·삼국시대 등으로 구분되어 철기시대에 대한 시대구분이 빠져 있었다.〔김정학 편, 1972〕 다시 『한국고고학개설』〔2판〕에서는 구석기시대·신석기시대·청동기시대·원삼국시대·삼국시대 등으로 구분하였는데, 초기철기문화와 원삼국문화 사이에 별다른 문화적인 차이가 없다는 주장을 수용하여 초기철기시대를 청동기시대 후기로 편입시켰다.〔김원용, 1977〕

그동안 논의되었던 시대구분 연구를 종합해 『한국고고학개설』〔3판〕에서는 구석기시대·신석기시대·청동기시대·초기철기시대·원삼국시대·삼국시대·통일신라시대로 분류하였으며〔김원용, 1986〕, 이와 같은 시대구분은 현재까지 한국 고고학에서 일반적으로 사용되고 있다.

삼시대법에 의한 시대구분에서 벗어나자는 최초의 주장은 김정배에 의해 제기되었다. 그는 인류문화가 석기·청동기·철기순으로 도구의 재료를 바꾸어 가면서 발전하였다는 단선적인 발전도식은 실제로 일부 지역에 한정되는 것임을 밝히고, 서구학계의 시대구분의 새로운 경향을 소개하면서 사회·경제적인 시대구분의 필요성을 역설하고 선사시대에도 역사의 연장이라는 관점에서 시대구분에 역사성이 내재하여야 한다고 주장하였다.〔김정배, 1979〕 구체적인 시대구분에까지 이르지는 못하였지만, 그 당시 일반적으로 통용되었던 삼시대법에 대한 본격적인 문제 제기로서 큰 의의를 지닌다.

니시다니 다다시(西谷正)는 일제시대부터 1980년대 초에 이르기까지 한국 고고학의 시대구분에 관한 연구의 내용을 정리하면서, 세계사적인 합법칙성과 한국의 지역문화가 내포하는 특수성을 추구하는 면에서 다른 시대구분을 제시하였다. 신석기시대 설정의 기준으로 제시되어 있는 토기의 출현, 마제석기로의 전환, 농경·목축의 실시 등에 비추어 볼 때, 한국의 신석기 문화는 상당 기간 타제석기를 주된 도구의 하나로 사용한다는 것과 청동기시대의 일부가 신석기시대에 해당된다고 주장하였다. 또한 청동기가 출현하였으나 진정한 청동기문화가 성립되지 못한 상태에서 곧이어 철기가 도래하여 철기시대로 이행하여 버렸기 때문에 청동기시대의 설정근거가 미약하다고 주장하였다.

이러한 주장과 함께 그는 한국 고고학의 시대구분을 구석기시대·즐목문토기시대·무문토기시대·원삼국시대·삼국시대·통일신라시대·고려시대·조선시대로 분류하였다.〔西谷正, 1982〕한국 고고학의 중요한 성과였던 청동기시대의 존재를 무시하였고, 구분의 일관성도 없이 일본의 시대구분 기준을 많이 따른 것이었다. 하지만, 한국 고고학의 시간적인 범위를 조선시대까지 넓혀준 것으로 평가된다.

기존의 삼시대구분법의 모순을 지적하고 새로운 시대구분의 필요성을 주장한 이는 몇몇 있었지만 새로운 시대구분을 내놓지는 못하였다. 한국 고고학에 대하여 새로운 시대구분을 시도한 것은 노혁진이었다. 그는 의식주와 정신생활의 총체로서의 문화 전반에 걸쳐 즐문토기문화와 무문토기문화는 시기가 다른 별개의 문화로 보았으며, 무문토기문화와 요령 청동문화를 대등한 문화적 역량을 지닌 다른 계통의 문화임을 전제로 삼고 구석기문화기·즐문토기문화기·무문토기-요령청동문화기·세형동검-초기철기문화기·삼국의 정립으로 분류하였다.〔노혁진, 1987〕

다시 그는 삼시대법의 모순을 비판하고, 문화장(文化場) 개념에 입각하여, 구석기시대를 제외한 시대를 즐문수렵어로채집문화기(5,000~1,500 B.C.)·무문농경-요령청동문화기(1,500~600 B.C.)·한국식농경청동문화기(600~300 B.C.)·국가형성기(300 B.C.~A.D. 100년 전후)·삼국시대(A.D. 100년 전후~)로 구분하여 경제적 측면과 문화발전단계의 개념을 포함시키려고 하였다.〔노혁진, 1994〕

넬슨(Nelson, S.M.)은 한국 고고학을 서술하면서 기존의 시대구분과는 다르게 구분했다. 수렵채집인(forest foragers)·초기마을(early village ; 6,000~2,000 B.C.)·거석·도작·청동기(megaliths, rice and bronze : 2,000-500 B.C.)·철기·교역·개발(iron, trade and exploitation : 500 B.C.~A.D. 300)·삼국시대(A.D. 300~)로 분류하였다.〔Nelson, S.M., 1993〕.

최성락은 구석기시대〔중석기시대 포함〕·신석기시대(6,000~1,300 B.C.)·청동기시대(1,300~300·200 B.C.)·철기시대(300·200 B.C.~국가성립 이전)·삼국시대〔국가성립 이후~〕등으로 구분하는 것이 타당하다고 하였다. 그 이유로는 시대구분이 고고학적 자료에 의해 나누어져야 한다는 것과 불분명한 역사적인 사실을 시대구분에 이용할 수 없고, 또한 각 시대구분이 한반도 전역을 포괄하여 지역적으로 빠지는 경우가 없어야 하기 때문이라고 밝히고 있다.〔최성락, 1995〕

북한의 시대구분은 남한과 많이 다른 모습을 보이고 있다. 북한에서의 시대구분은 1960년대 초에는 신석기시대와 청동기시대만이 구분되어 있었다.〔도유호, 1960〕그 후 『조선고고학개요』에서는 선사시대에 해당하는 원시사회를 구석기시대·신석기시대(5,000~2,000 B.C.)·청동기시대(2,000~1,000 B.C.)로 세분하고 있다. 청동기시대 이후는 노예사회〔고조선〕·봉건사회〔삼국〕로 하여 역사시대로 보고 있으며, 독창성을 강조하고 있다.〔과학백과사전출판사, 1977〕 북한 고고학의 이러한 경향은 주체사관에 입각하여 해석하기 때문이다.

4. 시대구분의 몇 가지 문제

1) 중석기시대 문제

구석기시대가 끝나는 시기인 1만 2천~1만 년 전과 우리나라에서 신석기시대가 시작된 기원전 6천 년 사이에 해당하는 과도기의 문화상을 보여주는 시기다. 즉, 기원전 1만~8천 년에서 기원전 6천 년 사이의 4천~2천 년의 공백을 어떻게 보아야 할 것인가의 문제다. 이 시기는 선사시대 문화변동 과정을 이해하는 데 중요한 역할을 하며 신석기 문화의 발생과 확산을 이해하는 기반이 된다.

중석기시대는 세석기를 만들어 쓰던 시대이고 세석기는 활과 화살을 이용한 사냥활동과 관련된 것으로 보고 있다. 그러나 세석기의 쓰임새는 다양한 것으로 나타난다. 우리나라에서도 신석기시대 연대가 보다 이른 시기로 확인되고 구석기시대와 신석기시대의 과도기적인 양상을 보이는 유적들이 나오고 있어, 중석기시대 문화에 대한 관심이 높아지고 있다.

이제까지 중석기시대로 주장되는 유적들은 공주 석장리 유적 맨 위층을 시작으로 남한에서는 홍천 하화계리·거창 임불리·통영 상노대도 유적 맨 아래층, 그리고 북한에서는 선봉 부포리·평양 만달리 유적 등이 있다. 이들 유적들은 세형돌날몸돌이 나온다는 공통점이 있고, 층위상으로 갱신세 최말기 혹은 후빙기의 이른 시기 퇴적층에서 유물이 나온다는 공통점이 있다.

홍천 하화계리 유적 등이 조사되자, 최복규는 이 시기를 유럽과 같이 중석기시대로 보고 우리나라에도 중석기시대가 존재한다고 주장했다.〔최복규, 1995〕 한편으로 이 시기를 신석기시대로 보기도 한다. 연해주 및 일본·중국을 비롯한 우리나라 주변 지역에서는 1만 년 이전까지 소급되는 토기들이 발견되고 있다. 일본에서는 일찍부터 이른 시기의 토기들이 발견되었고 이를 조몬시대에 포함시키고 있다. 우리나라에서도 기원전 8천 년경의 유적으로 추정되는 제주 고산리 유적에서 토기가 발견되었는데, 우리나라 신석기시대의 시작을 이 시기까지 올려볼 수 있는 근거가 된다.

그리고 이 시기를 구석기시대에서 신석기시대로 전환하는 시기로 보아야 한다는 주장이 있다. 이헌종은 우리나라를 비롯한 동북아시아의 유적들을 면밀히 검토한 후, 구석기시대의 잔재가 여전히 남아 있고 토기가 이른 시기에 발생하기 때문에 유럽처럼 중석기시대의 개념을 적용할 수 없다고 보고 있다. 즉, 구석기시대의 기술적 특성이 남아 있는 석기와 토기의 등장과 주거의 정착 등 신석기시대의 요소가 혼재하여 구석기시대에서 신석기시대로 넘어가는 전환기로 보고 있다.〔이헌종, 2002〕

이 시기를 중석기문화로 볼 것인지 아니면 전환기로 볼 것인지의 문제는 구석기 전통과의 관련성 및 신석기시대의 개념을 어떻게 설정하느냐의 문제와 관련이 있다. 또한 이 시기의 연구가 구석기시대와 신석기문화의 특징을 더욱 명확히 하는 것이 될 것이다.

2) 청동기시대 후기와 초기철기시대

한국 고고학의 시기구분에 가장 격렬한 논쟁이 있는 것은 기원전 3세기에서 기원후 3세기에 걸치는 시기다. 이 시기는 청동기문화의 마지막 시기에 철기를 바탕으로 고대국가를 형성해 나가는 시기이며, 또한 역사시대와 겹치는 시기이기도 하다.

처음에 초기철기시대는 최초로 유입된 철기문화를 지칭하는 데 사용되었다. 한반도에서는 철기의 유입과 이미 정착되어 있던 발달된 청동기문화가 잘 구분되지 않는다는 전제하에 초기철기문화에 후기청동기문화를 포함하여 기원전 3백 년부터 서력기원 전후까지를 초기철기시대로 보았다.〔김원용, 1973〕 그런데 초기철기문화와 원삼국문화 사이에 별다른 문화적인 차이가 없다는 주장〔김양옥, 1976〕이 나오자, 초기철기시대를 청동기시대 후기에 편입하였고 기원전후로부터 3백 년까지의 원삼국문화를 초기철기문화로 표기하였다.〔김원용, 1977〕 일부에서는 이를 받아들여 초기철기시대를 철기가 유입되던 시기로부터 삼국시대의 고총고분이 발생하기 이전까지로 보았고〔이남규, 1982〕, 이를 대신하여 철기시대라는 용어도 사용되었다.〔국사편찬위원회, 1977〕 그 후 청동기시대 후기를 초기철기시대로 하는 것이 더 합리적이라는 주장이 있자〔최몽룡, 1984, 1987〕 김원용은 다시 초기철기시대를 설정하고 "서기전 3세기가 되면 철기의 현지 생산, 청동이기의 실용성 상실이라는 점에서 청동제품이 급증하고 청동 기술이 크게 발전하지만, 실질적인 문화단계는 철기사용단계이며 초기철기시대라고 규정짓지 않을 수가 없다. 그래서 종래 청동기 Ⅱ기라고 불러오던 이 서기전 3백 년간을 초기철기시대로 부르기로 하는 것이

다"라고 규정하고 있다.〔김원용, 1986〕

　초기철기시대라는 명칭은 '철기시대 초기'에서 나온 말로서 시대명
칭으로는 적당하지 않다. 이런 모순 때문에 초기철기시대를 철기시대
로 부르자는 주장들이 나오고 있다.〔이종선, 1989 ; 최몽룡, 1993〕 또한 초기
철기시대와 원삼국시대는 개념 설정에 문제가 있고 지역적으로 한정되
는 등 모순이 있기 때문에 차라리 두 시대를 합하여 철기시대로 부르
는 것이 더 합리적일 것이라는 견해도 보이고 있다.〔최성락, 1995〕 초기철
기시대는 청동기시대에서 철기시대로 넘어가는 전환기이며, 철기시대
라는 용어가 시간의 범위를 쉽게 확대할 수 있는 유용한 개념이라는
것이다.〔최성락, 2004〕

　사실 이 시대의 문화적인 성격은 청동기시대와 철기시대의 문화가
섞여 있는 시기이기도 하다. 그렇기 때문에 초기철기시대의 개념이 처
음 제시된 이후로 그 개념이나 시기에 대하여 다양한 학설이 제시되어
왔다. 따라서 독립적으로 초기철기시대로 구분을 할 수 있는 것인지 또
는 청동기시대의 문화가 원삼국시대의 문화로 넘어가는 과도기의 문화
로 다른 시대에 속해 있는지 아니면 이 시기부터 역사시대에 넣을 것
인지는 좀 더 많은 연구성과의 축적을 기대한다.

3) 원삼국시대

　한국 고고학계에서 '원삼국시대'라는 명칭이 사용되기 시작한 것은
1970년대 초반이다. 김원용은 "원삼국시대라는 것은 김해패총의 퇴적
층의 문화로서 대표시킬 수 있는 단계이며 청동기의 소멸, 철생산의

성행, 도작의 발전, 지석묘의 소멸, 타날문경도〔김해토기〕의 출현 등으로
서 특색지어진다. 전장(前章)의 제2차 청동기시대를 철기문화 1기라고
한다면 이것은 철기문화 2기이며, 선사와 삼국고분기를 이어주는 과도
기이기도 하다. 이 시대를 종래 고고학에서는 김해시대라 불러왔고 역
사에서의 삼한시대가 이에 해당되지만, 원초(原初) 삼국시대 - 원사시대
의 삼국시대라 해서 원(原 : proto)삼국시대라고 명명해 본 것이다. 이 시
대의 실연대는 서력기원 직후의 2세기 또는 2세기 반〔즉 0~250년〕에 해당
되며, 김해패총에서 발견된 왕망시대 화천(A.D. 14)은 김해시대의 상한
을 표시한다고 하겠다.〔김원용, 1973〕"라고 정의하였으며, 그 후 그 하한연
대를 3백 년까지 연장하였다.〔김원용, 1977〕 이후 원삼국시대라는 용어가
일반적으로 사용되고 있다. 하지만 한국 고고학계와 역사학계에서는
원삼국시대라고 하는 용어의 문제점에 대하여 많은 논의가 있었다.

원삼국시대라는 용어의 문제점은 많은 학자들에 의해 제기되었다.
최몽룡은 삼국은 삼한과 마찬가지로 초기철기시대의 토착세력을 바탕
으로 하였고, 그 후에 삼한 지역을 통일, 삼국을 정립하였으므로 삼국
시대 전기로 부르자고 주장하였다.〔최몽룡, 1988〕

이현혜는 원삼국시대라는 용어의 문제점을 다음과 같이 지적하였
다. 첫째로 원삼국시대라는 용어는 1~3세기가 원사시대로 보는 데서
출발하였으나 역사학계에서는 역사시대로 보는 것이 일반적이다. 둘째
로 원삼국이라는 개념이 고구려 · 백제 · 신라의 원형(prototype)으로 간주
한다고 하나 실제로는 고구려를 제외한 지역의 문화를 취급한다는 점
이다. 셋째는 원삼국시대를 대표하는 문화의 내용이 학자 간에 주장이
달라 불분명하다는 점, 즉 기원전후로 문화가 변화되는 기준이 학자들
사이에 다르다고 지적하였다.〔이현혜, 1993〕

신경철은 삼국성립 전까지의 특정한 시기를 개념이 극히 모호한 원삼국시대로 일괄할 것이 아니라 한반도 남부의 경우 중국문헌에도 명백히 나오듯이 삼한시대라는 문헌학적인 시대명을 따르기로 한다고 하였다.〔신경철, 1995〕

김정배는 원사시대와 삼국시대는 매우 이질적인 단계이므로 양자는 결합될 수가 없고 되어서도 안 되는 성격을 지니고 있다고 지적하고 있다. 또한 원사시대가 비록 역사단계에 가깝다고 하여도 선사시대에 속하므로 『삼국사기』가 출발하고 있는 기원전 1세기와는 시기적으로도 전혀 상관이 없는 내용을 담고 있는 기간이며, 개념이 나타나지 않는 사어에 지나지 않아 시대조차 설정할 수가 없는 것이라고 하였다.〔김정배, 1996〕

그러나 김원용은 원삼국시대에 대한 유고(遺稿)에서, "아무리 규모가 작다고 하더라도 소위 '국(國)'들이 나타나고 있던 이 시대에 대해서 역사학과 고고학이 서로 다른 이름을 쓰고 있는 것은 같은 국사를 다루는 학문으로서 바람직하지 못한 일이다"라고 하였다. 또한 덧붙이기를 "모든 국사개설이나 국사연표에서는 삼국시대가 『삼국사기』대로 서기전 1세기부터 시작되고 있다. 그러나 국사개설의 본문에서는 신라·백제의 실질적 왕국화와 그에 따르는 삼국의 정립은 4세기의 일로 되어 있으며, 그래서 실질적 삼국시대는 4~7세기라고 기술한다. 원삼국이라는 이름은 그러한 불편과 불합리를 줄이고 정사인 『삼국사기』를 따르면서 고고학과 국사학이 함께 쓸 수 있는 한 시안으로 내놓아진 것이다"라고 하여 문헌사학의 입장을 고려하면서 고고학적인 측면을 아우를 수 있는 용어로 사용하려고 하였다는 점을 밝혔다.〔김원용, 2000〕

최근 이희준은 고구려의 정치적 발전, 한사군의 설치, 영남 지방 물질문화의 변천에서 나타나는 목관묘군의 등장 및 본격적인 철기문화의 성립과 와질토기의 형성 등 한반도와 그에 인접한 지역의 정치·사회·문화적 변화가 서기전 1백 년경을 경계로 궤를 같이하고 있는 점에서 1세기 정도 상향조정함이 타당하다고 하여 김원용의 원삼국시대론을 보완하고 있다.〔이희준, 2004〕

이상에서 살펴본 바와 같이 기원전후의 시기에서 3백 년을 전후한 3백여 년의 시기는 삼국이 성립되는 시기로 본격적인 삼국시대의 시작이 언제부터인가 하는 문제와도 밀접한 관련이 있다.

4) 삼국시대의 시작

한국 고고학에서 삼국시대의 시작은 『삼국사기』에서 언급하는 기원전후를 말하는 것이 아니라 고고학 자료에 의해 고총고분의 발생을 기준으로 삼고 있다. 김원용은 "삼국시대를 원삼국시대로부터 갈라놓는 기본적 차이는 실질적인 의미에서 왕국의 출현이며 이것은 큰 무덤의 출현으로서 뒷받침된다. 이러한 무덤들은 그 큼직한 봉토의 덩치로 지배계급의 권위를 과시하려는 것이었지만… 고고학적으로는 삼국시대는 삼국고분기라고도 할 수 있는 무덤으로서 대표되는 시기이기도 한 것이다"라고 하여 고총고분이 등장한 시기부터 삼국시대로 보았다.〔김원용, 1967, 1986〕

이러한 견해는 많은 고고학자들에 의해서 받아들여졌다. 이를 기준으로 한다면, 고구려와 백제는 적석총의 발생이, 신라는 적석목곽분의 등장을 기준으로 삼고 있다. 하지만 고총고분의 등장이 고대국가의 성

[그림 5] 송파구 석촌동 4호 적석총 발굴 장면

립을 보여주는 것은 아니다. 즉 국가 내부의 질적인 전환을 이들 고총고분이 반영하는 것으로 보는 것이 일반적이다. 즉 지역거점의 고대국가에서 정복·영역국가로서의 발전을 보여주는 것이다. 2001년 한국고대사학회에서는 '4~5세기 한국고대사와 고고학의 만남─한국 고대국가 권력의 성장과 지방통치의 실현'이라는 주제를 가지고 하계세미나를 열었는데, 각 논문에서 4~5세기의 고총고분을 주로 다루었다. 부제에서 보이듯이 삼국이 확대된 영역에 대한 중앙의 집권력을 투영해 가는 과정으로 보고 있다.

최근에는 삼국문화를 설명하면서 고총고분이 등장하기 이전의 문화를 삼국의 조기 혹은 발생기로 분류하고 있는 등 고고학에서도 삼국시대의 시작연대를 이르게 잡고 있는 경향이 보이고 있다.

고총고분을 삼국의 성립으로 보는 것은 일본의 고훈시대의 개념을 그대로 적용하는 문제점이 있으며, 한국고대사의 연구성과와 북한의 견해와는 많은 차이점을 지니고 있다. 또한 고총고분의 정의와 함께

삼국에서 고총고분이 등장하는 시기도 일치하지 않는 등 간단한 문제
는 아니다. 이는 삼국시대의 진정한 개시연대를 어떻게 보아야 할 것
인가 하는 기본 개념을 먼저 세운 이후에 고대사 연구성과와 고고학
자료의 적극적인 이용으로 풀어야 할 것으로 생각된다.

5. 맺음말

이상에서 살펴본 바와 같이 한국 고고학에서 시대구분은 크게 두
가지 흐름을 지니고 있었다. 첫 번째는 전통적인 삼시대법을 기준으로
구석기시대·신석기시대·청동기시대·초기철기시대·원삼국시대·삼
국시대로 구분하는 것이다. 또 다른 흐름은 삼시대법이 아닌 사회의
발전단계나 문화의 발전과정을 포함하는 새로운 시대구분을 제시하는
것이다.

한국 고고학의 시대구분에서 가장 민감하면서도 논쟁이 많은 부분
은 아무래도 시기가 바뀌는 전환기에 집중될 수밖에 없다. 구석기시대
에서 신석기시대로 넘어가는 시기를 어떻게 정의할 것인가? 청동기시
대에서 철기시대로 넘어가는 시기의 성격 문제, 그리고 원삼국시대의
문제는 고고학의 시대구분에서도 전환기일 뿐만 아니라 역사시대와도
밀접한 관련을 맺고 있는 시기로 고고학과 역사학에서 다양한 견해들
이 부딪치고 있는 영역이기도 하다.

한국 고고학이 한 단계 높은 발전을 하려면 기본 개념에서부터 관
심을 가져야 하며, 그에 대한 학문적이고 본질적인 문제에 활발한 논

의가 있어야 한다. 그중에서 기본이 되면서도 중요한 것은 시대구분의
개념정의를 명확히 하는 것이다.

이원광

‖ 참고문헌 ‖

과학백과사전출판사, 1977, 『조선고고학개요』.

국사편찬위원회, 1977, 『한국사』1(고대-한국의 선사문화).

김양옥, 1976, 「韓半島 鐵器時代 土器의 硏究」, 『白山學報』20.

김원용, 1964, 「韓國文化의 考古學的 硏究」, 『韓國文化史大系』1, 高麗大學校 民
　　　族文化硏究所.

_____, 1967, 「三國時代 開始에 관한 一考察」, 『東亞文化』7.

_____, 1973, 『韓國考古學槪說』(초판), 一志社.

_____, 1977, 『韓國考古學槪說』(2판), 一志社.

_____, 1986, 『韓國考古學槪說』(3판), 一志社.

_____, 2000, 「原三國時代에 대하여」, 『考古學誌』11.

김정배, 1979, 「韓國考古學에 있어서 時代區分問題」, 『韓國學報』14.

_____, 1996, 「'原三國時代'용어의 문제점」, 『韓國史學報』창간호.

_____, 2002, 「한국사의 시대구분」, 『한국사의 재조명』, 고려대학교 출판부.

김정학, 1958, 「韓國에 있어서의 舊石器文化의 問題」, 『高麗大學校 文理論集』3.

_____, 1967, 「熊川貝塚硏究」, 『亞細亞硏究』10-4, 高麗大學校 亞細亞硏究所.

노혁진, 1987, 「時代區分에 대한 一見解」, 『三佛金元龍敎授停年退任紀念論叢』1(考
　　　古學篇).

_____, 1994, 「韓國 先史文化 形成過程의 時代區分」, 『韓國上古史學報』15.

도유호, 1957, 「지탑리 유적 발굴 중간보고」1·2, 『문화유산』57-5·6.

_____, 1958, 「조선원시문화의 년대추정을 위한 시도」, 『문화유산』58-3.

_____, 1960, 『조선원시고고학』.

신경철, 1995, 「삼한·삼국시대의 동래」, 『東萊區誌』.

이남규, 1982, 「南韓 初期鐵器文化의 一考察」, 『韓國考古學報』13.

이종선, 1989, 「오르도스 後期金屬文化와 韓國의 鐵器文化」, 『韓國上古史學報』2.

이헌종, 2002, 「우리나라 후기구석기 최말기와 신석기시대로의 이행기의 문화적 성격」, 『전환기의 고고학』Ⅰ, 학연문화사.

이현혜, 1993, 「原三國時代論 檢討」, 『韓國古代史論叢』5.

이희준, 2004, 「초기철기시대·원삼국시대 再論」, 『韓國考古學報』52.

최몽룡, 1987, 「韓國考古學의 시대구분에 대한 약간의 提言」, 『崔永禧先生 華甲紀念 韓國史學論叢』.

_____, 1988, 「역사고고학연구의 방향」, 『한국상고사의 연구현황과 과제(2)』, 제2회 한국상고사학회 학술발표회.

_____, 1993, 「韓國 鐵器時代의 時代區分」, 『국사관논총』50.

최복규, 1993, 「홍천 하화계리 중석기시대 유적의 조사 연구」, 『博物館紀要』9, 단국대학교중앙박물관.

최성락, 1995, 「韓國考古學에 있어서 時代區分論」, 『石溪 黃龍渾敎授 停年紀念論叢 亞細亞 古文化』, 學研文化社.

_____, 2004, 「"초기철기시대·원삼국시대 재론"에 대한 반론」, 『韓國考古學報』54.

金廷鶴 編, 1972, 『韓國の考古學』, 河出書房新社.

藤田亮策, 1948, 「朝鮮の石器時代」, 『朝鮮考古學研究』.

西谷正, 1982, 「韓國考古學の時代區分について」, 『考古學論考』, 小林行雄 古稀記念論文集.

水野淸一·樋口隆康·岡崎敬, 1952, 『對馬』.

Choi Mong-Lyong, 1984, *A Study of the Yŏngsan River Valley Culture*, 東星社.

Nelson, S.M., 1993, *The Archaeology of Korea*, Cambridge : Cambridge University Press.

단군과 고조선

1. 머리말

고조선(古朝鮮)은 한국사의 첫 국가로서 한국사의 인식체계에서는 '단군(檀君)'·'기자(箕子)'·'위만(衛滿)' 등 3개의 성격을 달리하는 존재와 연결된 정치체가 계기적으로 고조선으로 통칭되는 역사를 구성하여 나타나고 있다. 이는 고조선의 역사를 전하는 건국신화인 단군신화를 중심으로 한 『삼국유사』·『제왕운기』 등 기록과 국가적 성장 이후 중국과의 관계가 중심이 된 『사기』와 『삼국지』가 인용한 『위략』 기록 등에 차별적으로 나타나고 있다.

고조선과 관련된 고고학적 문화 양상은 비파형동검(琵琶形銅劍) 및 지석묘(支石墓)와 석관묘(石棺墓)로 대표되는 청동기문화를 필두로 철기문화 단계까지 연결되고 있다. 이 같은 문화는 중국계 청동기문화와는 구별되는 요동반도(遼東半島)·동북만주(東北滿洲) 및 한반도에 분포하였다. 특히 중국과는 춘추·전국시대 및 진·한교체기에 조선이란 존재로 다양한 정치세력과 조우하였다. 또한 위만조선(衛滿朝鮮)시대를 전후하여 흉노(匈奴)로 대표되는 기마유목 세력(騎馬遊牧勢力)과의 교류도 있었다. 이같이 고조선은 이들과의 정치·군사·경제적 교류 속에서 다양한 형태의 경험을 축적하였으며 정치적 성쇠과정을 통해 중심지와 영역의 변화도 수반되었다.

고조선 문제 가운데 가장 많은 논란과 쟁점이 부각된 것은 중심지 문제였다. 이는 고조선의 중심지가 한반도, 특히 평양이 고조선의 중심지였다는 평양중심설과 요동 지역 요하(遼河) 또는 대릉하(大凌河)를 중심한 지역이 고조선의 중심지로서 존재하였다는 요동중심설로 그리고 요동 지역에서 대동강 지역으로 이동하였다는 이동설로 나뉘어 논쟁이 지속되고 있다. 이에 따른 패수, 왕검성의 위치 등의 역사지리 논쟁이 고조선 문제에서 여전히 남아 있다.

한편 고조선은 위만조선단계에서 한(漢)과의 대결구도 속에 전쟁을 통해 정치적 붕괴와 한군현체계에 의한 통제를 경험하였다. 그러나 이는 곧 고구려 등에 의해 축출됨으로써 친중국적 토착세력과 연결된 낙랑으로 명맥이 유지되고, 고조선은 후대 역사체에 의해 계승되었다.

2. 역대 인식과 연구의 흐름

1) 전통 역사학계의 인식

조선왕조는 건국시점부터 단군과 기자사전(箕子祀典)을 정비하여 조선왕조의 정통성을 이들과 연결을 짓고 있었다. 또한 정도전의 『조선경

국전(朝鮮經國典)』에서 단군조선-기자조선-위만조선으로 연결되는 3조선설에 입각한 국호사용이 제시되고 이에 바탕을 둔 역사체계화가 권근의 『동국사략』과 노사신의 『삼국사절요(三國史節要)』로 나타났다. 이러한 조선계승인식이 국가적으로 법제화되면서 단군사당이 건립되었으며, 『세종실록(世宗實錄)』 지리지와 『동국여지승람(東國輿地勝覽)』에서는 단군 관련 사적(史蹟)에 대한 언급이 나타나기 시작하여 단군에 대한 구체적 역사성이 강조되었다. 한편 단군신화 관련내용이 『응제시(應製詩)』에서 단순화 합리화되어 『용비어천가(龍飛御天歌)』를 거쳐 조선왕조의 공식적 사서인 『동국통감(東國通鑑)』에 계승되어 이후 관찬사서의 기본인식 내용으로 자리잡게 되었다. [한영우. 1981]

세조대의 부국강병과 고구려에 대한 관심은 『응제시주(應制詩註)』에서 요동 지역이 고조선의 영역임을 강조하는 인식이 나타나게 되었고 단군의 아들 부루(夫婁)의 도산(塗山)회집기사가 새롭게 등장하였다. 이 같은 경향은 16세기 왕도정치를 강조하는 도학적(道學的) 역사인식과 연결되어 단군의 위상은 약화되고, 이후 기자(箕子) 중심의 중화문화에 대한 비중이 증대하는 양상이 17세기 전반까지 유지되었다. 이는 이민족의 침입과 청(淸)에 의한 중국지배라는 상황에서 소중화(小中華)의식이 더욱 강화되고 주자(朱子)의 강목체(綱目體)라는 역사형식을 통해 체계화되었다.

이러한 기존 인식체계에 대해 한백겸은 『동국지리지(東國地理誌)』를 통해 종래의 3조선설을 비판하고 조선과 한(韓)이 동시대에 존재하였다는 인식을 제기하였다. 이 같은 새로운 역사지리적 관점과 붕당의 입장이 역사서술에 투영되면서 17세기 후반의 역사서에는 정통론에 입각하여 역사체계가 재정립되고 허목(許穆)·홍만종(洪萬宗) 등에 의해 단군의 위치가 다시 강화되었다. 이후 실학자들의 자주적 입장의 단군강화와 안정복의 동이문화-단군문화-기자문화로의 연결성이 재삼 부각되어 문화적 독자성이 강조되었다. 개항 이후의 개화계몽기의 역사교과서 등에 반영된 단군상은 과거인식을 답습하거나 상대적으로 취약해졌고 기자와 개화를 연결시키는 인식이 나타났다.〔서영대, 1987〕

2) 일본 식민사학자들의 연구

식민지 시기 일본 역사학자들의 한국사인식은 조선의 식민지화를 정당화하기 위한 왜곡과 편견으로 구성되어 있다. 특히 우리 역사의 첫 장인 단군 및 고조선을 이해하는 기본 시각은 고조선의 본래 모습과 민족시조인 단군에 대한 연구보다는 전한(前漢) 무제(武帝)의 동방경략에 의해 붕괴된 고조선 지역에 세워진 '한사군(漢四郡)' 문제가 위주가 된 역사 이해로서, 고조선에 대한 구체적인 개별 연구는 거의 전무한 대신 낙랑(樂浪) 등을 중심한 '한사군의 역사'가 고조선사를 완전히 대치한 역사인식 내용을 보여주고 있다.

또한 고고학적인 측면에서 파악되는 고조선의 문화는 한사군 설치와 함께 들어온 중국의 철기문명에 의해 한반도 지역의 석기문화가 금속기를 사용하게 되어 석기·청동기·철기를 함께 사용한 '금석병용기(金石並用期)'가 존재했다는 인식이 고조선에 대한 일본 고고학자들의 기본 태도였다.〔조법종, 1991〕 이 같은 우리 역사에 대한 부정적이고 왜곡된 인식은 결국 단군조선 관련 사료의 후대성과 창작설을 바탕으로 단군의 존재를 부정하였고 대신 한사군의 설치시기와 역사지리 연구 등이 가장 중요한 연구논점으로 한국고대사 연구가 진행되었다. 이 가운데 낙랑의 역사지리 문제가 가장 많은 쟁점으로 등장하여 패수(浿水)의 경우 예성강·대동강·청천강·압록강 등으로 파악하는 다양한 견해가 제시되었다.〔이병도, 1976〕

한편, 고고학적 발굴에서도 한사군 관계유적 발굴에 집중되어 고조선의 문화실체에 대한 언급은 전혀 존재하지 않고 바로 '한식유물(漢式遺物)'이 출현하는 '낙랑고분(樂浪古墳)'에 집중적인 발굴조사를 진행하여 한사군 문화의 부각에만 치중함을 보여주었다. 특히, 1927년『낙랑군시대의 유적(樂浪郡時代の遺蹟)』본문 1책을 간행하여 평양 일대의 중국계통 문화인 낙랑문화의 존재를 고고학적 자료로서 확정지었다. 또한 1930년대 '조선고적연구회(朝鮮古蹟研究會)'를 구성하여 본격적인 조사활동을 진행하여, 1933년부터『고적조사개보(古蹟調査槪報)』를 계속 간행하여 평양 지역 고분발굴결과를 집약하였다. 또한 낙랑 관련 연구자 및 조선고적연구회는 발굴고분 가운데 부장유물이 풍부하거나 구체적인 피장자의 이름을 밝힐 수 있는 자료가 반출된 고분에 대해서 별도의 보고서를 간행하였는바,『낙랑－오관연왕우의 분묘(樂浪－五官椽王盱の墳墓)』(1930)와『낙랑채협총(樂浪彩篋塚)』(1934)·『낙랑왕광묘(樂浪王光墓)』(1935) 등의 간행물을 호화로운 대형 장정의 책자로서 보고서를 간행하였다.

이 같은 발굴활동을 통해 일본 고고학자들은 전한 무제가 위만조선을 멸망시키고 설치한 한사군 가운데 낙랑군은 평양 일대에 4백여 년의 장구한 세월 동안 존재하였고 이 낙랑군의 영향을 받아 한반도 지역의 조선족이 개화 발전하였다는 논지의 역사이해를 나타내었다.

3) 실증사학 및 민족주의사학자들의 연구

일본인들의 한사군에 집중된 고대사 연구에 대해 민족주의사학자 및 일부 실증사학적 성향의 역사학자들은 단군 및 고조선에 대한 집중적 연구를 진행하여 민족사 정립의 기반을 닦았다. 특히, 단군 연구에서 최남선(崔南善)의 역할은 독보적인 것으로 일본인들의 단군 말살에 적극적인 연구로 대응하여 단군 관련 전승자료 및 현존자료에 대한 연구를 강화하여 '불함(不咸)문화론'이라는 거시적 역사틀 속에서 고조선사에 대한 이해를 진행하였다.

최남선은 단군신화에 등장하는 곰과 호랑이에 주목하여 이들 동물을 대상한 토테미즘의 존재를 강조하였다. 특히, 웅모(熊母)의 존재를 중시하여 이를 모계적(母系的) 사실의 투영으로 이해하였다. 한편, 단군에 대한 어원 검토를 통해 단군의 어원을 무(巫)인 '당굴'에서 찾아 단군은 즉 사천자(事天者)를 뜻하며, 왕검(王儉)은 왕호 특히 무군(巫君)적 칭위라고 하여 단군왕검(檀君王儉)이 천군(天君) 또는 무군을 의미한다고 했다.〔최남선, 1927〕 이 같은 최남선의 불함문화론은 한민족의 붉사상과 그 문화의 전파 범위를 논한 것이 특징으로 지적될 수 있다.

신채호(申采浩)는 단군신화를 이해함에 있어 고조선의 구성을 신·불·말 조선, 즉 삼조선으로 구성된 역사체임을 전제하고 이들의 중심 무대가 요서·요동 지역이란 관점에서 논의를 전개하였다. 특히 단군은 삼조선 분립 이전인 신수두를 개창한 영웅적인 대추장이며 종교적으로는 천신인 광명신을 섬기는 존재로서 상정하였다.〔신채호, 1931〕 또한 유불에 대응하는 우리 민족의 고유신앙인 낭가사상의 연원을 단군에서 구

[그림 1] 평양에서 출토된 낙랑군의 봉니들

하고 있다. 이를 통해 단재는 대단
군왕조사의 재구성을 추구하였다.

한편, 정인보는 신채호의 논의
내용을 바탕으로 요동 지역 중심
의 고조선 인식을 강화하였고 특
히, 일본인들이 제시한 한사군 문
제에 대한 정면 반박과 논리를 제
공하였다. 즉, 한사군 문제를 '한
사군역(漢四郡役)'이라 표현하여 중
국과의 전투 상황이 계속 유지되

[그림 2] 점제현 신사비 탁본

었음을 강조하였고, 이른바 '낙랑출토품'들에 대해 봉니(封泥)의 조작설과 점제비의 문제점, 문자명와당의 문제점 등을 국내에서는 유일하게 지적하여 반론을 전개하였다. 특히 정인보의 견해는 상당수가 북한학계에 영향을 미쳤다는 점에서 그 의미가 부각된다.〔정인보, 1947〕

4) 북한학계의 연구

북한학계에서 진행된 고조선 관련 연구 동향은 크게 4단계의 변화가 있었음을 보여주고 있다.〔조법종, 1991〕1단계는 광복 이후 1960년대 초반까지로 특히, 1945년 광복 이후부터 1950년대 후반까지의 연구성과는 이후 논의의 기반과 학문적 계보를 확인시켜 준다는 점에서 의미가 있다. 2단계는 1963년부터 1973년까지, 3단계는 1973년부터 1993까지 그리고 4단계는 1993년 단군릉(檀君陵) 발굴 이후 현재까지로 구분된다.

고조선의 영역 문제와 관련 연구는 한국학계의 경우 한반도중심설·요동중심설 및 이동설이 제기된 이래 요동설과 이동론적 인식체계가 병존하고 있다. 한편 북한학계는 요동설에서 1993년 단군릉 발굴 및 개건을 통한 단군 관련 인식의 변화와 중심지 인식 변화와 연결되어 한반도중심설로 회귀한 상태다. 이 같은 연구 동향과 함께 최근 왕험성(王險城)과 낙랑군의 위치를 분리하여 인식하려는 견해가 제기되고 있다.

이 같은 양상은 고조선의 영역에 대한 전반적 인식검토와 논의의 발전을 위한 정리가 필요함을 보여주고 있다. 즉, 고조선의 위치 문제 등과 관련된 논의는 고조선의 구체적 역사상에 대한 문헌, 고고학적 재구성을 통해 체계화되어야 한다는 반성의 결과로 이해된다.

고조선 관련 연구에서 우선적으로 논의된 부분은 고조선 관련 명칭 문제다. 즉, 조선이란 명칭의 의미와 함께 고조선의 건국신화이자 민족의 시조설화인 '단군'과 관련된 연구가 고조선 연구의 중심으로 나타나고 있다. 이는 일본 식민사학자들에 의해 단군의 실체가 부정되자 이에 대한 보완 및 대응 차원에서 연구가 활성화되었다. 특히, 단군 연구에서 주목되는 점은 단군의 명칭과 성격에 대한 연구와 함께 동물을 시조로 보는 수조신화(獸祖神話)의 의미 부각과 관련 인식의 계승성 관련 연구를 통해 그 실체가 부각되었다는 점이다. 또한 북한학계가 1990년대 단군릉 개건을 통해 단군의 실체성을 새롭게 부각하는 작업이 진행되어 논의가 부각되었다. 이를 통해 단군을 보통명사적 측면에서 파악하는 인식이 정립되었다. 이는 『삼국유사』가 근거한 『고기(古記)』·『위서(魏書)』 등의 문헌자료의 실체에 대한 논의와 연결되어 진행되었다.

단군신화는 13세기 찬술된 『삼국유사』와 『제왕운기』에서 처음 나타나고 있다. 일본학자들은 이 같은 단군 관련 사료의 출현시기가 고려시대 후기라는 사실을 문제 삼아 후대 창작설을 제기하였다. 즉, 나카(那珂通世)와 그의 견해를 강화한 시라도리(白鳥庫吉)는 불교의 전단목(栴檀木)과 연결시켜 단군명칭의 불교유래를 강조하였다. 특히, 이마니시(今西龍)는 단군신화가 고려시대 몽골침입기라는 상황에서 조작되었을 가능성과 근거사서인 『위서』와 『고기』의 부존(不存)을 강조하여 단군의 역사적 위치를 부정하였다.

이 같은 일본학자들의 단군신화에 대한 후대 창작설에 대해 한국학계는 단군신화의 연대상승으로 대응하였다. 먼저 산동성의 무씨사당(武氏祠堂) 화상석(畵像石)이 단군신화를 반영하였음을 주장하여 그 시기가 적어도 후한대까지 상승할 수 있음이 제기되었다.〔김재원, 1947〕 이 견해

[그림 3] 산동성 가상현 무씨사당 화상석의 곰과 호랑이

는 이후 비판적 검토가 진행되었으나 단군인식의 연원을 시기와 대상을 넓혀 파악하였다는 점에서 매우 의미 있는 작업이었다.

한편, 단군신화를 고고인류학적 관점에서 해석하여 새로운 단군인식이 제시되었다. 즉 단군신화의 중심 주제는 곰이 여인으로 변해 단군을 출생하는 것으로서 이는 한국의 신석기문화를 담당한 고(古)아시아족의 곰숭배사상과 연결되는 것이 지적되었다.〔김정배, 1973〕 그리고 환웅(桓雄)과 웅녀(熊女)의 결합은 신석기문화와 청동기문화의 융합으로 파악하여 단군신화는 신석기시대의 역사적 전승을 계승한 것임이 지적되었다. 또한 단군신화의 원전이라고 생각되는『삼국유사』의 근거사료인『고기』와『위서』에 대한 논의도 진행되어 단군이 민족시조라는 인식이 삼국시대 또는 고려 초에 이미 존재하였을 가능성이 제기되었다. 한편, 단군은 평양 지역을 개척한 신격(神格)으로서 민속종교의 신앙대상 및 풍수도참설과 관련되어 존재하다가 고려시대 몽골침입하에서 저항의 이념적 토대로서 부각되었다는 견해도 제시되었다.〔서영대. 1987〕

이 같은 견해와 함께 북한학계에서는 단군릉 발굴과 개건을 통한 새로운 고조선상 구축을 통해 평양 지역을 중심으로 한 단군에 대한 기존 인식을 재강화·부연하였으며 동시에 단군신화의 연대

[그림 4] 각저총 벽화의 곰과 호랑이

관을 고구려시기까지 소급할 수 있는 새로운 자료를 제시하였다. 즉, 현재 집안 지역에 존재하고 있는 씨름그림으로 유명한 각저총(角抵塚) 그림에 곰과 호랑이가 나무 아래에서 씨름을 구경하는 모습이 확인되었으며 장천(長川)1호분의 백희기악도(百戱伎樂圖)로 알려진 그림 중 중앙의 나무와 그 나무를 향한 여인의 모습에서 웅녀의 단군잉태 기원모습과 연결짓고 있고 특히 그림 왼쪽의 굴속에 곰 같은 동물이 웅크리고 있는 모습이 단군신화와 연결됨을 지적하고 있다.〔강룡남. 1996〕

이 같은 지적은 단군신화의 연대제한을 극복하기 위한 기왕의 연구 성과와 함께 매우 주목되는 내용이다. 즉, 단군신화가 고구려와 구체적으로 연결되고 있으며 그 시기가 적어도 5세기로 편년되는 벽화고분에 등장하고 있기 때문에 단군신화 연대논의를 더욱 높이며 종래 고려시대 창작설 등을 일거에 말소할 수 있는 결정적인 자료로 활용될 수 있기 때문이다.

한편 고조선 연구의 핵심은 중심지 논쟁이었다. 이는 관련 사료에 나타나는 역사지리적 용어 문제와 연결되어 패수·왕검성·만번한 등 고조선역사의 핵심공간이 어디인가에 집중되었고 실학자들의 논쟁 이래 최근까지도 고고학적 자료에 대한 해석까지 첨부되어 유지되고 있다. 즉 평양 일대가 단군 이래 위만조선까지 지속적으로 중심지였다는 평양중심설과 현재의 요령성 지역 중 난하·대릉하·요하 등지로 세분되는 차이는 있지만 요동 지역이 중심지였다는 요동설, 그리고 전기 요동 지역에서 연과의 군사적 충돌 이후 2천여 리 서쪽으로 이동해 현재의 평양 지역으로 중심지가 이동하였다는 이동설로 나뉘어 논의가 지속되었다. 이들 논의는 중국의 고고학 자료가 알려지면서 비파형동검 문화·세형동검문화·지석묘 등 장묘문화 및 미송리형토기문화·팽이형토기문화 등에 대한 해석과 입장차이로 더욱 다기한 양상을 보이기도 하였다. 최근에는 이를 바탕으로 각 유적의 양상을 유물 내용을 바탕으로 표준화하여 그 범위와 상호 연결성을 체계화하는 양상으로 내용이 정리되고 있다.

고조선의 국가형성 및 발전의 모습과 관련하여 한국고대 정치발전 단계론이 적용되어 특히 위만조선이 주된 분석대상이 되었다. 이를 통해 초기국가의 다양한 성격이 부각되었다. 즉, 정복국가적 성격, 교역국가 등의 성격이 강조되었다.

고조선과 중국과의 관계는 기원전 7세기경 상황인『관자』기록에 나타나기 시작해 중국의 춘추전국시대의 제나라·연나라 등과 본격적인 교류가 나타나고 있다. 이 같은 상황에서 전국시대 연과의 갈등은 통일왕조 진과의 갈등과 교류를 거쳐 위만조선단계에서의 한과의 교류와 갈등으로 연결되어 결국 한과의 전쟁과 위만조선의 붕괴, 한군현으로의 재편 등이 진행되었다. 이때 설치된 한군현의 지리적 고증과 낙랑의 성격 문제 등이 핵심 논의로 한동안 진행되었다. 특히, 일제 식민사학자들은 평양 일대에서 지속적인 발굴활동을 진행하였고 낙랑문화의 영향성 등을 부각하였다. 이에 대해 민족주의사학자들은 고조선의 중심지를 요동 지역에서 구하면서 평양일대문화에 대한 새로운 해석을 제기하여 관련 논쟁을 본격화하였다.

3. 단군과 고조선의 여러 문제

1) 단군 관련 문제

고조선의 단군신화와 관련되어 현존하고 있는 자료는 고려시대의 자료로서 일연(一然)의『삼국유사』와 이승휴(李承休)의 『제왕운기(帝王韻紀)』및 조선 초기의 자료인『세종실록』지리지, 권람(權擥)의『응제시주』가 가장 대표적인 자료이다. 이들 사서 가운데서 고조선에 대한 기술은『삼국유사』의 기록이 더 원형의 기록을 보존하고 있다.

『삼국유사』와『제왕운기』는 각각 전대의 문헌기록을 인용하여 단군신화를 전하고 있다. 먼저 삼국유사는『고기』를, 제왕운기는『본기』를 인용하여 단군신화를 수록하고 있는 것이다. 따라서 13세기 당시에 이미 고려에는 단군신화에 대한 기록으로서 내용과 명칭에서 차이가 나고 있는『고기』로 지칭된 종류의 단군 관련 기록과『본기』로 나타나고 있는 기록이 병존하고 있음을 알 수 있다.

한편, 조선조의 후대 기록이지만『규원사화(揆園史話)』는『삼국유사』의 단군에 관한 기록이 많은 차이가 있음을 지적하고 있다. 단군 관련 기사로서 대표적인 재야사서인『환단고기』·『단기고사』등의 서적은 후대의 위작이란 사실에 대부분의 학자가 동의하고 있다. 그러나『규원사화』의 경우 도가류 사서로서 조선 숙종 연간의 저술로 파악하는 견해와 20세기 초의 작품이란 견해가 병립하고 있다.

2)'조선'명칭 문제

'조선(朝鮮)'이라는 명칭의 유래에 대해서는 다음의 여러 견해가 있어 왔다.

먼저 중국 측 기록에 나타나고 있는 내용을 보면 다음과 같다.『사기(史記)』조선전을 주석한『사기집해(史記集解)』에는 3세기경 위(魏)나라 장안(張晏)의 견해를 인용하여 조선에는 습수(濕水)·열수(洌水)·산수(汕水) 3개의 강(江)이 있는데 이들이 합쳐 열수(洌水)가 되었으며 낙랑과 조선이라는 명칭은 이 강들의 이름에서 따온 것 같다고 하였다. 또한『산해경(山海經)』의 주석자인 4세기 초의 곽박(郭璞)은 '조선은 요동에 있던 낙랑과 동의어'라고 하였다. 이같이 중국의 사서류에 나타나고 있는 조선명칭에 대한 이해는 지리적 성격이 중심이 된 해석을 보여주고 있다.

한편, 우리의 전통역사서에서는 다음과 같은 내용을 보여주고 있다. 즉 『신증동국여지승람(新增東國輿地勝覽)』에서는 "동쪽 끝에 있어 해가 뜨는 지역이므로 조선이라 불렀다"라고 하였으며, 『동사강목(東史綱目)』에서는 "선비(鮮卑)의 동쪽에 있으므로 조선이라 칭하였다"라고 하였다. 이같이 전통 역사서에서는 '조선(朝鮮)'이란 명칭을 이해함에 있어 지리적 요소와 함께 종족적 성격이 포함된 명칭으로서 파악하는 내용이 나타나고 있다.

이와 연결되어 신채호와 정인보는 조선을 '같은 소속'을 의미하는 만주어의 주신(珠申)에서 온 것으로 해석하였다. 양주동은 고대 조선족은 태양숭배 신앙을 가지고 이동하면서 도처에 '붉'이나 '새'라는 지명을 남겼을 것으로 보고, 조(朝)를 '붉'으로 선(鮮)을 '새'로 해석하여 조선(朝鮮)을 '붉새'로 보았다. 한편, 이병도는 『삼국유사』 고조선조에 나오는 '조선(朝鮮)'은 국가 이름이고 '아사달(阿斯達)'은 그 수도(首都)라는 대목에 주목하여 이 단어들이 동의어일 것으로 보아, 조선은 곧 고대조선의 단어 '아사달'의 중국식 모사라 하였다. 한편, 북한학계의 리지린은 기본적으로 장안(張晏)의 설을 받아들였으나 약간의 이견을 보이고 있다. 그는 습수(濕水)·열수(洌水)·산수(汕水) 등의 명칭으로부터 숙신(肅愼)·식신(息愼)·직신(稷愼) 등 숙신족(肅愼族)의 제 명칭이 배태되었다고 보면서, 조선은 결국 위의 수명(水名)으로부터 온 것이지만 직접 온 것이 아니고, 숙신이라는 종족 명칭을 통하여 온 것이라고 하였다.

이같이 조선(朝鮮)이란 명칭에 대한 여러 입장을 보면 이 표현을 지리적 특성을 반영한 지역 명칭으로 이해하는 견해와 종족적 특성을 반영한 족명으로 파악하는 견해로 대별되어 각각의 입장이 개진되고 있음을 알 수 있다. 따라서 이 명칭은 지역적 특성과 종족적 특성이 함께 고려될 요소가 있음을 보여주고 있다.

단군과 관련된 근대 역사학계의 연구를 살펴보면 다음과 같다.

최남선은 단군을 무(巫)를 지칭하는 당굴과 연결지어 삼한사회의 천군(天君)과 같은 개념으로 보고 단군왕검은 무군(巫君)으로서 파악하였다. 신채호는 단군을 영웅적 대추장이자 천신을 숭배하는 존재로 보았고, 김재원은 앞서 검토하였듯이 산동 지역 화상석과 연결지어 그 연원의 유구성을 강조하였다.

이병도는 단군신화를 천신족(天神族)인 환웅이 지신족(地神族)인 고마족의 웅녀와 결혼하여 단군을 낳았다는 것을 설화화한 것이라고 보고, 단군이란 표현은 제사장의 의미를 더 많이 가졌고 왕검은 정치적 군장의 의미가 더 많다고 하였다. 한편, 김정학은 단군신화를 환인(桓因)－환웅(桓雄)－천손(天孫)으로 이어지는 태양신화와 웅녀－단군으로 이어지는 토테미즘계통의 두 신화가 합친 것으로 보고 있다. 이기백은 단군신화 속에서 샤머니즘의 종교적 세계를 찾아볼 수 있고 나아가 토테미즘이라는 사회적 요소도 찾아볼 수 있으며, 기자조선은 일체 인정하지 않고 단군조선을 곧 고조선으로 파악하면서 단군신화가 고조선의 건국과 더불어 성립한 것으로 이해하고 있다.

천관우는 한민족의 원형인 한(韓)·예(濊)·맥(貊)이 형성되는 과정과 농경민의 등장에 의하여 농경문화가 본격적으로 반영되었다고 하였고, 이종욱은 단군 관련 기록은 신화라는 점을 분명히 하고 단군신화의 연대는 후대에 소급하여 놓은 것이라고 보았다. 따라서 고조선의 국가형성기를 고조선 지역에 중국계의 이주민이 등장하여 정치적인 자극과 압력을 가하게 된 기원전 12세기 말 전후로서 설정하고 있다. 또한 고조선의 선주세력은 곰집단으로, 중국계의 이주민집단은 범집단으로 표현되고 있는데 곰집단과 관계를 맺은 중국계 이주민집단은 환웅집단으로 표현되었다고 보고 이들 환웅집단이 국가를 형성하였다는 견해를 제시하였다. 이 같은 인식은 중국계의 존재를 부각하면서 단군의 성격을 중국과의 관련 속에 설정한다는 문제를 배태하고 있다.

김정배는 단군신화의 내용이 선주어렵민(先住漁獵民)인 고아시아인과 후래농경민(後來農耕民)인 북몽골인의 두 계통의 동화 내지 교체가 진행되었음을 밝혔다. 즉, 단군신화가 우리나라 신석기시대인의 사상으로 곰숭배를 하던 고아시아족의 일파가 남긴 문화임을 강조하였다. 그리고 이른바 기자조선의 주민은 고아시아족이 아니라 알타이계의 무문토기인들이었다고 하였다. 그는 전국시대 이후 중국문화의 영향이 조금씩 보이고 있으나 그 이전에는 중국문화와는 관계가 없다고 하였다. 기자조선에 대하여도 고고학적으로 기자의 동래에 대한 증거가 없음에 유의하여 그 존재를 부인하고 기자조선을 한씨조선(韓氏朝鮮)이라고 하는 주장도 인정하지 않고 있다.

이와 함께 북한학계는 고구려사회에 존재한 각저총의 곰·호랑이 그림과 장천1호분의 곰의 칩거모습 등에 근거한 고구려사회에서의 단군인식의 존재 가능성을 문헌적으로 접근하였고, 조법종은 고구려사회에 존재한 동명(주몽)신화가 고구려 계루부(桂婁部)의 시조신화인 데 비해 단군인식은 소노부(消奴部), 즉 원고구려 세력인 송양왕(松讓王) 세력의 시조신화이며, 이 경우 단군인식의 연원이 고구려 건국 초기까지 소급될 수 있음을 강조하였다.

3) 위치 문제

고조선 연구의 또 하나의 핵심은 중심지 논쟁이었다. 이는 이미 조선 후기 실학자 사이에서부터 진행된 것으로 요동설·평양설·이동설 등의 다양한 양상으로 진행되었다. 이는 문헌상의 다기한 해석 가능성에 연유하는 것으로, 특히 실체적 접근보다는 일본 식민사학에 대항한 고대사상의 재구성 과정에서 나타난 해석도 존재하였다.

고조선의 영역 문제와 관련 연구는 한국학계의 경우 한반도중심설·요동중심설 및 이동설이 제기된 이래 요동설과 이동론적 인식체계가 병존하고 있다. 한편 북한학계는 1993년 단군릉 발굴 및 개건을 통한 단군 관련 인식의 변화와 중심지 인식 변화와 연결되어 요동설에서 한반도중심설로 회귀한 상태다. 이 같은 연구 동향과 함께 최근 왕험성과 낙랑군의 위치를 분리하여 인식하려는 견해가 제기되고 있다.

고조선의 중심을 대동강 유역에서 찾는 견해는 크게 중국학자들이 유지한 견해와 대부분의 우리나라 전통학자들에게서 발견할 수 있다. 중국학자의 견해 가운데 가장 큰 영향력을 주고 있는 학자는 『수경』에 주석을 가한 『수경주』의 저자 역도원(酈道元)이다. 역도원은 북위시대(469~527) 사람으로 북위에 온 고구려 사신에게서 낙랑의 위치가 평양성이라는 것을 확인하였다는 기록을 남기면서 고조선 평양중심설의 가장 확실한 기록을 남겨놓았다. 이 같은 사실은 이후 고조선 평양중심설의 가장 중요한 논거로 인용되었다.

한편 우리나라 기록 가운데 가장 오래된 견해로서는 『삼국유사』를 기록한 일연의 견해로서 나타나고 있다. 일연은 단군조선에 대한 기록에서 『위서』 및 『고기』의 기록을 인용하면서 관련 지명들에 대한 주석에서 대부분의 지명을 평양을 중심한 지역과 연결시키고 있다. 따라서 이 같은 인식이 고려시대에 존재하고 있음을 보여주고 있다.

조선 초기에 편찬된 『동국통감』이나 『동국여지승람』에서도 고조선의 중심지는 압록강 이남으로 비정되고 있다. 조선 중기의 대표적 지리서인 한백겸(韓百謙)의 『동국지리지』에서도 고조선과 삼한이 한강을 경계로 존재하였다는 체계를 세움으로써 고조선의 강역을 압록강 이남 지역에 설정하였다. 이러한 견해는 안정복(安鼎福)의 『동사강목』에도 유지되면서 요동설에 대한 비판도 진행되었다. 한편 정약용(丁若鏞)은 고조선의 중심지는 한반도 안에 있었으며 후에 영토를 확장하여 요서를 점령하고 연과 국경을 접하였다고 하였다.

그러나 한치윤(韓致奫)의 『해동역사(海東繹史)』와 한진서(韓鎭書)의 『해동역사속(海東繹史續)』에서는 고조선의 강역은 요서 지방을 훨씬 넘어섰으나 그 수도는 평양으로 보고 있다.

고조선의 대동강중심설은 일제시대를 통해 일본인 학자 및 이병도에 의하여 체계화되었다. 일본인 학자들은 이를 식민지배의 역사적 설명도구로 활용하기도 하였는데, 특히 1930년대 집중적으로 발굴된 평양 지역의 중국계 유물·유적을 결정적 논고로서 활용하였다.

이병도는 아사달을 현재의 평양으로 보고 『사기』의 패수(浿水)를 청천강(淸川江)으로, 『위략(魏略)』의 만번한(滿番汗)을 박천강(博川江) 일대로, 또 『한서』의 열수(列水)를 대동강(大同江)으로 보아 고조선의 강역을 지금의 평안남도 지역으로 비정하고 있다. 한편, 북한학계에서는 도유호를 중심으로 일련의 고고학 관련 학자들이 1960년대 초반 평양 지역의 유적·유물에 입각하여 평양중심설을 주장하였으나, 요동설〔이지린, 1963〕로 공식적 입장이 정리된 이후 이 같은 견해가 제기되지 못하다가 최근 단군 릉 발견이 공식적으로 공표되면서 새로운 입장으로 재등장하고 있다.

최근 송호정은 요동 지역 청동기문화의 중심은 혼하-압록강 일대의 돌널무덤, 미송리형토기문화권과 요동-서북한 지역의 고인돌, 팽이형 토기문화권으로 나뉘는데, 전자의 미송리형토기문화는 고조선 국가형 성 이전의 예맥족의 문화로 보고, 한반도 서북지역의 고인돌과 함께 분포하는 팽이형토기문화를 주목하여 이를 고조선의 문화로 평가하는 고조선 평양중심설을 제기하였다.

고조선의 중심지를 요동 지역에 설정하는 견해는 권람의 『응제시 주』에 나타나고 있다. 권람은 낙랑을 압록강 북쪽으로 보고 기자의 건국지를 청주(靑州 : 遼東·遼西)로 비정하여 이 같은 입장을 나타내고 있 다. 이후 홍여하(洪汝河)는 『동국통감제강(東國通鑑提綱)』에서 진번을 요 양에 비정하고 패수도 요하로 비정하여 요동중심설을 보여주었다. 이 와 함께 신경준(申景濬)·이익(李瀷) 등이 고조선의 중심을 요동 지역으 로 비정하고 있다. 이러한 견해는 신채호·최남선·안재홍·정인보로 이어지고 있다.

이 같은 고조선의 요동중심설은 1960년대 초 이후 북한학계에서도 정설로 받아들이고 있었다. 요동설과 관련된 북한학계의 일련의 연구 과정은 요동설·평양설 및 이동설로 나뉘어 진행된 논쟁의 기간을 거 쳐 리지린으로 대표되는 요동설로 정착되었다.[이지린, 1963] 북한학계의 공식적 견해로 자리잡은 고조선 요동중심설은 실학자들이 기왕에 진행 한 연구결과와 이를 계승한 민족주의사학자로 지칭되는 신채호·정인 보 등의 견해를 계승한 것임을 알 수 있다. 또한 평양설 및 이동설을 주장한 경우도 정약용·안정복 등 실학자들이 기왕에 정리한 인식체계를 바탕으로 일본인 학자들의 고고학적 발굴성과를 인정한 선상에서 이 문제가 민족의 자존심과는 관련지을 수 없는 문제라는 것을 전제한 주장이었음을 알 수 있다.

천관우는 사료에 나타난 기자동래설을 중시하여 이를 기자족의 이동이란 관점에서 이해하였다. 그는 기자가 은인(殷人)으로 중국인을 구성하는 일부라 하더라도 동래 후 이들 기자족은 한국인을 구성하는 많은 요소 중의 극히 일부가 된 것으로 보았다. 그는 기자와 기후(箕侯)의 실재를 인정하며 기자는 동이(東夷)라고 하였다. 그리고 기자는 개인보다는 집단으로 파악되어야 한다고 하였다. 이 같은 기자족의 일파는 난하 하류의 고죽국(孤竹國) 근처에 한동안 정착하였다고 보고 있다. 기자가 머문 지역이 조선이며 조선왕의 구도(舊都)를 뜻하는 왕검 · 험독(險瀆)도 요서 · 요동에 있었다고 한다. 그런데 기자족은 고죽국을 떠나 요서 · 요동으로 이동하면서도 계속 조선이라고 불리었다고 한다. 기자족은 기자의 별세 후에도 기자족단이라는 혈연의식을 가지고 은말주초(殷末周初)로부터 여러 세기가 지난 뒤에 평양 지역에 도달하였고 그 직후 또는 여러 세기가 지난 후에 단군조선과 대체되었다고 한다.

김정학은 요령 지방 청동기문화의 담당자는 조선족으로서 연(燕)의 동방진출에 의하여 동쪽으로 이동하였다고 파악하였다. 즉, 요령 지방의 청동기문화는 조양(朝陽) 지방 · 요동반도 지방 · 요동 지방에 각각 읍락국가의 정치적 · 문화적 중심이 있었는데 고조선을 맹주국으로 하는 연맹국가를 이루었다고 보았다. 그러나 연의 침략으로 고조선의 세력이 약해져서 동쪽으로 이동하게 되었고 기원전 4~3세기경에는 고조선의 영역이 요동에서 한반도의 서북부에 걸쳐 있게 되었다고 하였다.

서영수는 고조선이 초기 중심지인 요동 지역에서 후기의 대동강 유역인 평양 지역으로 이동하였다고 보았다. 그는 전성기의 고조선의 강역은 대체로 요동반도를 중심으로 서쪽으로는 대릉하 유역에서 동호(東胡)와 만나고, 남쪽으로는 대동강 유역을 경계로 진국(辰國)과 이웃하며, 북쪽과 동쪽으로 예맥(濊貊)·부여(夫餘)·진번(眞番)·임둔(臨屯)·숙신(肅愼)과 접하는 것으로 보았다. 또한 고조선이 성읍국가(城邑國家)·연맹왕국(聯盟王國)·집권적 영역국가(執權的領域國家)의 단계를 거쳐 발전하였다고 보았다. 그는 아사달이 최초의 조선의 위치와 같고, 초기고조선이 아사달을 중심으로 한 도시국가였음을 고려하면 우리 민족 최초의 국가인 고조선의 위치는 요동의 험독에서 그리 먼 곳이 아니라고 하였다. 험독의 위치는 잘 알 수 없으나 대체로 요하 이동 천산 이서의 어느 지역일 것으로 추정된다고 하였다.

이종욱은 고조선사의 전개과정을 기왕에 진행한 신라형성사 연구의 틀에서 검토하는 과정에서 고조선의 위치 문제에 대해 이동론적 입장에서 서술하고 있다. 즉 초기고조선의 중심은 요동인데 연장(燕將) 진개(秦開)의 공격에 의해 평양 지역으로 이동하였으며 따라서 고조선의 후기 중심이 이동하였다는 견해에 동조하고 있다. 오강원은 비파형동검문화와 세형동검문화의 연계성을 강조하고 진개의 고조선 공략을 감안하여 심양 일대가 서북한으로 축소되기 전의 조선후단계의 고조선일 가능성이 높은 것으로 파악하고, 후기 위만단계는 평양 지역으로 이해하는 견해를 제시하였다.

한편 노태돈은 주(周) 초 기원전 11세기경 주의 제후국인 연(燕)의 세력이 대릉하 중·상류 유역에까지 진출하였다고 보고 있다. 이러한 연의 세력은 기원전 8세기경에 비파형동검문화가 발달하며 남쪽으로 밀려났다고 하였다. 그리고 기원전 7세기를 전후한 시기 요서 지방에는 산융

(山戎)의 제 집단이 활동하였고 이들과 비파형동검문화를 연결시키고 있다. 그는 또한 기원전 3세기 요서 지방은 동호의 지역이고 요하 이동이 고조선의 지역이었다고 하였다. 그는 기원전 3세기 초까지 고조선의 중심부는 요동에 있었다고 하였다. 연의 기습적인 공격을 받은 고조선은 그 중심지를 이동하게 되었다고 한다. 그리고 그는 만번한(滿番汗)이 고조선의 중심지였거나 중심지의 동쪽 외곽이었다고 하며, 전기 고조선의 중심지는 해성현(海城縣)의 서남쪽과 개평현(蓋平縣)을 포괄하는 지역의 어느 곳에 있었다고 하였다.〔노태돈, 1990〕

이형구는 발해 연안 초기청동기시대의 연대는 기원전 2천~1천7백년경이고 요동반도의 청동기유적의 연대는 기원전 1천5백~1천3백년경이라고 한 바 있다. 그런

[그림 5] 객좌 북동촌 출토 '고죽'명 청동기와 '기후'명 청동기

데 하가점(夏家店) 하층문화와 상층문화는 서로 계승관계에 있지 않고 그 사이에 과도기적인 시기가 있었고, 이 시기에 은말·주초의 청동기시대 유적은 주로 대릉하 유역에 분포되어 있다고 하였다. 그는 객좌(喀左) 북동(北洞)유적·객좌 산만자(山灣子)유적·객좌 소전산자(小轉山子)유적·객좌 소파태구(小波汰溝)유적과 조양지구(朝陽地區)·의현(義縣) 초호영자(肖戶營子)유적의 청동기에 대한 검토를 하였다. 그는 고죽명(孤竹銘)과 기후명(箕侯銘) 청동기를 주목하여 고죽국의 위치와 기후〔箕子〕

와 기자조선의 실체에 대하여 논하고 있다.

그에 따르면 상〔은〕대 고죽국의 범위는 대체로 난하 하류로부터 동으로 대릉하 하류의 조양지구에 이르고, 남으로는 산해관 동쪽의 금서현 전위, 북으로는 객좌현에 이른다고 하였다. 그런데 주(周) 초의 기자는 이 같은 고죽국으로 피신하였고, 당시 기자의 세력이 강력하였기에 주무왕은 그 세력을 인정하게 되었다고 한다. 또한 은말·주초에 대릉하 유역에는 주족(周族)으로부터 밀려난 은왕족(殷王族)인 기자를 대표로 하는 은의 유민들이 기자조선을 건국하였다고 보았다. 그리고 기자조선은 기원전 12~11세기경 기자의 이주로부터 기원전 2세기 초 조선왕 준(準)에 이르기까지 거의 천년을 이어왔다고 하였다.

한편 송호정은 요동 지역의 미송리형 토기문화를 예맥족의 문화로, 서북한 지역의 팽이형 토기문화를 조선을 형성한 집단으로 보아 고조선의 중심지가 처음부터 한반도 서북 지역이었다고 보았다. 조법종은 왕검성 함락 시점과 낙랑군 설치 시점의 차이를 주목하여 왕검성은 기원전 107년 설치된 현도군 지역과 관련되었을 가능성을 제기하였고, 김남중은 위만조선의 왕검성을 연화보-세죽리 문화권을 근거로 고구려 중심지인 환인 지역으로 비정하였다. 그런데 이 같은 인식은 청동기문화에 대한 간과와 서북한 지역의 고고학적 현상에 대한 설명이 필요하다는 지적이 제기되고 있다. 또한, 종래 청천강 이북의 명도전(明刀錢) 유적을 연(燕) 계통의 문화로 파악하던 인식에 대해 요동 지역의 명도전과 초기 세형동검문화가 중복된다는 입장에서 요하 이동의 명도전 유적을 고조선 주민이 남긴 것으로 보아, 이동론에 의한 위만조선시기 평양 중심 인식에 대한 의문과 새로운 논의 구도의 필요성이 제기되고 있다.

4) 고조선 고고학 문제

    고조선 중심지 논쟁이 새로운 국면으로 전환된 것은 중국의 개방에 따른 관련 지역 접근 및 고고학 자료의 개방에 따른 현장성 확인을 수반한 연구의 활성화다. 다양한 문헌적 논쟁이 현장의 고고학적 발굴성과와 연결되면서 보다 실체적 접근이 가능해졌다. 그러나 문제는 우리학계에 의한 발굴이 아닌 중국학계의 일방적 자료와 부분적 자료에 따른 논의구조상 내용적 한계가 아직 존재하는 상황이다.

    북한학계의 입장을 대표한 박진욱은 비파형동검의 분포 범위와 그 문화적 특징에 따라 요동 및 서북조선 지방, 요서 지방, 길림·장춘(長春)지방의 셋으로 나누고 있다. 요동은 기원전 12세기경, 길림·장춘은 기원전 11세기경, 요서 지역은 기원전 9세기 중엽경으로 편년하여 요동 지역의 쌍방-이도하자 형식을 이 문화의 최고의 것으로 보아 비파형 청동단검문화가 요동 지역으로부터 요서 지역으로 발전되어 나간 것으로 보고 있다. 그는 이 문화를 고대 조선족의 문화로서 설정한 후 요서지방과 요동 지방 사이에 존재하는 문화적 차이도 인정하면서 요동 지방의 문화적인 특징인 비파형동검·선형동부 및 미송리식토기로 대표되는 이 지역을 고조선의 영역으로 파악하였다.

    이에 대해 중국학자인 근풍의(靳楓毅)는 남산근-십이대영자 형식을 최고의 형식으로 보아 이 문화가 요서 지역에서 요동 지역으로 발전되어 나간 것으로 보고 있다. 시대편년은 요서지구가 기원전 9세기경, 요동지구가 기원전 7세기, 길장지구는 기원전 5세기경으로 편년하였는데, 이에 대해 임운(林澐) 등 중국 내에서도 견해를 달리하는 학자들도 있으나, 대부분의 중국학자들은 이 견해를 따르고 있다. 또한 이들은 족속 문제에 있어 요서 지역의 문화를 동호족의 문화로, 요동 지역을 동이족의 문화로 보는 입장을 나타내고 있다.

한편, 최근 요동·요서 지역의 청동기문화 및 토기문화에 대한 계기성과 담당종족에 대한 새로운 입장이 제기되고 있어 이들 유적자료에 대한 고고학적 해석이 보다 면밀히 진행되어야 함을 보여준다.

국내학계의 입장은 이 같은 내용에 대해 고조선의 영역과 중심지 문제와 관련된 각자의 입장에 따라 북한학계의 입장을 수용하거나 중국학계의 입장을 수용하는 등 정리된 입장이 설정되어 있지 않다. 그러나 비파형동검문화가 중국과 구별되는 독특한 문화로서 요하를 중심한 주변지역에 분포하면서 가장 초기적 형식이 요동 지역에서 나타나고 있으며, 그 기반문화로서 고인돌문화의 범위가 이 지역과 일치하고 있다는 사실이 주목된다. 앞서 지적되었듯이 고인돌이 발전되어 석관묘를 이루었다는 사실과 이들 석관묘에서 비파형동검이 집중적으로 출토되고 있다는 사실은 결국 요동 지역을 중심으로 고인돌로 대표되는 초기 청동기문화의 지속적 발전이 비파형동검을 반출하는 석관묘문화를 형성하였으며 이들 문화의 영역확대가 요서·길림·한반도 지역으로 진행되었다고 이해된다.

이와 함께 다뉴경을 표지로 한 청동기문화를 바탕으로 고조선의 영역이동적 이해를 추구한 최근의 인식[이청규, 2005]은 향후 지석묘 대신 다량의 청동기를 부장한 무덤 조영집단에 대한 검토의 중요성을 보여준다. 특히, 중국 동북지역 화폐 사용집단에 대한 검토 또한 요동 지역의 고조선 영역에 대한 현장적 해석이란 점에서 주목된다.[박선미, 2000]

5) 위만조선과 한의 전쟁

위만이 기원전 4~3세기경 이래 연(燕)과의 대결을 주도한 전기 고조선을 장악한 것은 기원전 2세기경이었다. 그런데 이 위만조선은 위만(衛滿)의 손자인 우거(右渠) 대에 와서 발달된 철기문화를 기반으로 한 강고한 군사역량을 구사하여, 주위의 변방 정치집단들의 한(漢)과의 교역을 매개함으로써 그 중계무역의 이익을 독점하고자, 그들의 무역로를 차단할 것을 기도하였다. 아울러 우거가 이로 인한 한무제(漢武帝)의 정치군사적 압력을 견제하기 위하여 흉노(匈奴)와 일종의 군사적 제휴관계를 모색하였을 가능성이 상정될 수 있다.

이러한 우거 치하 위만조선이 한제국과 제반 이해관계에서 충돌하게 된 상황이 한무제로 하여금 조선정벌을 단행케 한 결정적 계기가 되었을 것이다. 한은 흉노에 대한 적극적 공세로 하서사군(河西四郡)을 설치하고 위만조선의 친한적 태도를 재정립하기 위한 조처로서 섭하(涉河)를 사신으로 파견하였다. 그러나 회담은 결렬되고, 전송하던 조선 비왕(裨王)을 살해하고 귀국한 섭하가 요동동부도위(遼東東部都尉)에 임명되어 위만조선 측을 자극하자, 위만조선은 한에 대해 공격을 감행하여 섭하를 살해함으로써 양측 간의 전면전이 시작되었다.

한(漢)은 흉노와 남월(南越)에 대한 정벌이 일단락된 뒤 기원전 110년부터 전쟁준비를 시작하여 기원전 109년 가을 수륙 양군을 동원하여 조선을 침공하였다. 누선장군 양복은 제(齊)병 7천을 거느리고 산동반도에서 발해를 건너 왕검성으로 공격해 들어왔고, 좌장군 순체는 연(燕)·대(代) 지역의 병사 5만을 거느리고 출동하였다. 한의 수군은 주력군인 육군과 합동작전을 위해 열구에서 기다리기로 하였으나 육군의 진격이 늦어 단독으로 왕검성을 공격하다 조선의 수군에게 패하였다. 육로군의 경우 요동병이 먼저 국경인 패수 방면에서 위만조선군에게 격파되었으며 본진도 패수서군에 격퇴되어 교착상태에서 화의가 추진되었다.

한무제는 상황 타개를 위해 위산(衛山)을 파견하여 화의를 타결코자 하였으나 화의 진행과정에서 나타난 위만조선의 강경자세와 위산의 소극성 등에 의해 화의가 결렬되자, 제남태수 공손수를 파견하여 재침공을 진행하였다. 이후 계속된 1년여에 걸친 전쟁과정에서 위만조선 내부의 갈등은 결국 지배층 사이의 갈등과 분열을 초래하여 우거왕의 피살 및 주화세력의 망명 등을 초래하였다. 이처럼 약화된 상황에서 최후까지 항전하였던 대신 성기(成己) 등의 분전도 보람 없이 기원전 108년 한에 의해 위만조선은 붕괴되었다.

그런데 『사기』 조선전에 나오는 전쟁 이후의 관련자 처리 내용을 살펴보면 한무제의 위만조선 공략은 사실상 실패한 원정이었음을 보여주고 있다. 즉 원정사령관 가운데 수군을 지휘한 누선장군 양복(楊僕)은 초기전투에서의 실패와 불성실한 전투행위에 의해 참형(斬刑)을 간신히 면하고 서인(庶人)으로 신분이 폐하여졌으며, 육군을 지휘한 좌장군 순체(荀彘)는 공을 다투어 서로 협력치 않고 갈등을 초래하였다 하여 참(斬)하여 저자에 시신을 내버리는 기시형에 처해졌고, 화의책임자였던 위산(衛山) 또한 일을 그르친 책임을 물어 참형을 당하였다. 더욱이 마지막에 파견되어 재침공을 주도한 제남태수 공손수(公孫遂)의 경우도 화의를 진행하려던 누선장군을 감금하고 침공을 주도하는 과정에서 역시 참형을 당하였다. 이 같은 한군의 사실상의 패배에 대해 사마천은 위만조선 정벌에 참가한 장군들이 모두 극형을 당하였고, 양군이 모두 욕을 당해 전투에 참가한 장수 가운데 후(侯)에 오른 이가 하나도 없었다고 확인시켜 주고 있다.

위만조선 원정과 관련된 모든 책임자가 대부분 참형이란 가장 극악한 형벌을 당하거나 서인으로 신분이 강등당하는 처벌을 받았다는 사실은, 비록 위만조선이 결과적인 패배를 당한 것으로 나타나고 있지만, 전투과정 및 이후 상황 전개의 내용을 검토해 볼 때 결코 완전한 패배가 아니었음을 알 수 있다. 즉, 일부 지휘부 사이의 갈등에 의해 우거왕으로 대표되는 주전파 세력이 몰락하고 조선상(朝鮮相) 노인(路人), 이계상(尼谿相) 참(參), 상(相) 한음(韓陰), 장군(將軍) 왕협(王陜) 등의 주화파 세력이 중국과의 화의를 통해 새로이 중심세력으로 부상하여, 중국의 직접적 통제를 위한 편제인 '사군(四郡)'으로 위만조선 사회가 재편되었지만, 이는 기존의 토착적 정치세력의 판도와 내용을 유지한 것으로 이해된다.

이후 성립된 한군현은 초기 고조선 지역 및 고구려 등의 세력에 대한 통제와 견제를 목적으로 설치되어 직접적인 지배를 기도하였으나 점차 토착사회의 반발과 공격에 의해 대부분이 축출되고, 그 성격마저도 토착사회와 병존하면서 중국계 유이민의 자치세력 또는 중계무역의 중심지역 등과 같은 존재로 유지되었다. 특히 후한대에는 고구려 등의 성장에 의해 더 이상 기왕의 고조선 지역에 대한 통제력을 상실하고, 한·예·왜 등의 세력과 조공무역 등의 중계지로서 기능하면서 점차 그 세력이 축소·해체되었다. 따라서 낙랑 등의 존재는 정치적 의미에서 평가되기보다는 문화중계지로서 기능했음에서 그 의미가 부각된다.

한편 낙랑 문제에 대해 윤용구는 토광목곽묘의 분석을 통해 낙랑의 토착적 성격을 강조하였고, 오영찬은 낙랑군이 설치된 서북한의 목곽묘는 세형동검문화를 기반으로 재지적 토기조합을 유지한 재지세력의 묘제로서 고조선계와 한계 이주민에 의한 낙랑인의 형성을 강조하여 그 문화적 독자성을 언급하였다. 또한 낙랑군을 중국사적 입장에서 볼 때 황제 직할의 군현이 아닌 동이 지역 내속(內屬)을 위한 중국 변군(邊郡)으로 파악하는 입장도 제기되었다.

4. 맺음말

'단군'이란 표현은 『삼국유사』에 나타난 단군(壇君)과 『제왕운기』에 나타난 단군(檀君)으로 구분된다. 기본적으로 단군(壇君)은 "제단의 임금"이라는 의미로 풀리므로 종교적 기능성과 직능성이 주목되는 표현이고, 단군(檀君)은 단수신(檀樹神)과 연결되어 '박달나무' 또는 '박달민족'과의 관련성이 전제된 표현으로 이해된다. 이에 대해 북한학계는 박달민족의 대추장이라는 관점에서 단군의 명칭과 의미를 강조하고 있다. 현재 한국학계에서는 이 같은 명칭과 성격에 대한 구체적인 정리 없이 다양한 논의가 진행되고 있어, 이에 대한 정리와 합의가 요청된다.

단군 및 고조선 연구의 중심과제는 단군의 경우 북한학계와 한국학계의 단군인식에 대한 조율 문제가 현안으로 남아 있다. 즉 1993년 단군릉 개건과 단군-평양중심설에 입각한 북한학계의 단군·고조선 인식틀은 관련 유적·유물에 대한 남북 역사학계의 체계적 분석과 검토가 요청되는 부분인데, 전체 인식틀을 조율해야 할 부분이 상당수 유보된 채 논의가 공전되는 상황을 보여주고 있다. 이는 관련 기록에 대한 학계와 재야의 입장 차이와도 연결되는 문제로 지속적인 논의가 필요한 상황이다.

고조선 중심지 문제도 해결의 실마리를 찾지 못한 채 각론적 수준의 논의만 병존하고 있는 상황이다. 이 문제는 이미 사학사적 쟁점으로 유지되고 있는 문제이기 때문에 새로운 방법론으로서의 고고학적 발굴과 검토가 더욱 구체적으로 진행되어야 할 부분이다. 특히 고조선의 기반문화로서 언급되는 비파형청동검문화와 세형동검문화의 실상과 관련 토기문화 등의 내용이 보다 면밀하게 정리될 필요가 있다.

이와 관련해 종래 중국학계의 일방적인 고고학 자료보고서에 의존해 문화성격 및 유적의 상관관계가 논의되었으나 이를 좀 더 체계적으로 검토해야 할 필요가 높아지고 있다. 즉 중국·북한·한국 학계의 입장과 견해가 다르며 요동 지역에 대한 실제적 조사권이 중국에 한정된 상황에서 일방적 해석이 아닌 한국·북한·중국의 공동조사 및 연구가 절실한 부분이다. 특히, 중국의 동북공정에 따른 고조선사 왜곡이 고구려사 왜곡과 함께 진행되고 있어 이 문제는 지속적인 쟁점으로 떠오를 전망이다.

이와 함께 기왕의 연구자들이 이 문제와 관련하여 제시한 입장에 따른 중심지인 왕검〔험〕성의 실체 등에 입장표명이 요청된다. 논자에 따라 막연히 요동의 어느 지역이나 평양 일대라는 표현이 아니라 현장적 확인과 검토에 입각한 구체적인 논의구조가 요청되는 상황이다. 그리고 위만조선 관련 유적의 위치비정 문제는 평양 지역 낙랑유적의 합리적 해석과도 연결된다. 즉 낙랑의 성격과 시기별 변화양상이 좀 더 구체적인 역사상으로 설명될 필요가 있다. 이는 위만조선의 국가적 성격과 한군현의 성격파악과도 연결된 문제로서 종래 낙랑 관련 유적에서 발굴된 많은 유적에 대한 새로운 해석의 기반으로서도 중요하다고 파악된다. 이는 위만조선의 붕괴과정과 이후 복속세력에 대한 정리과정에서 나타난 시공간적 괴리성과 연결된 문제이다. 즉 위만조선의 실제 붕괴 시점이 현도군이 세워진 기원전 107년일 가능성과, 낙랑의 위치가 왕검성과는 분리되는 별개의 지역이란 관점이 제기된 상황에서 볼 때 향후 이 문제에 대한 심도 있는 검토가 요청된다.

한편, 고조선 문제에서 부각될 과제는 역사적 계기성 문제다. 사학사적 역사계승 인식뿐만 아니라 실제 문화적으로 고조선과 이후 역사체와의 계기성에 대한 고고학적 검토가 더욱 심도있게 제기되어야 할 상황이다. 즉 고조선의 기반문화가 이후 후속 정치체인 고구려·부여 등 주변 정치세력과의 상관성이 파악되어야 한다. 이는 단군인식의 계기성과도 연결되는 것으로 지속적 검토가 요청된다.

조법종

‖참고문헌‖

강룡남, 1996, 「단군에 대한 고구려사람들의 리해와 숭배」, 『력사과학』 96-3.
고구려연구재단, 2004, 『고조선·단군·부여』.
권오영, 1990, 「고조선사연구의 동향과 그 내용」, 『북한의 고대사연구』.
김원용, 1967, 「삼국시대의 개시에 관한 일고찰-삼국사기와 낙랑군에 대한 재검토」, 『동아문화』 7 ; 1987, 『한국고고학연구』, 일지사.
김재원, 1947, 『단군신화의 신연구』, 정음사.
김정배, 1973, 『한국민족문화의 기원』, 고려대 출판부.
_____, 1980, 『한국고대사론의 신조류』, 고려대 출판부.

_____, 1986, 『한국고대의 국가기원과 형성』, 고려대 출판부.

_____, 1994, 『한국사』 4, 국사편찬위원회.

_____, 2000, 『한국 고대사와 고고학』, 신서원.

김정배 편, 1990, 『북한이 본 우리역사』, 을유문화사.

김정학, 1954, 「단군설화와 토오테미즘」, 『역사학보』 7 ; 1990, 『한국상고사연구』, 범우사.

노태돈, 1990, 「고조선 중심지의 변천에 대한 연구」, 『한국사론』 23 ; 2000, 『단군과 고조선』, 사계절.

리지린, 1963, 『고조선연구』, 과학원출판사.

박대재, 2010, 「기자 관련 상주청동기명문과 기자동래설」, 『선사와 고대』 32.

박선미, 2000, 「기원전 3~2세기 요동지역의 고조선문화와 명도전유적」, 『선사와 고대』 14.

박진욱, 1987, 「비파형단검 문화의 발원지와 창조자에 대하여」, 『비파형단검문화의 연구』.

사회과학출판사 력사편집실 편, 1994, 『단군과 고조선에 관한 연구론문집』, 사회과학출판사.

서영대, 1987, 「단군숭배의 역사」, 『정신문화연구』 32.

_____, 1994, 「단군관계 문헌자료연구」, 『단군-그 이해와 자료』.

_____, 2009, 「단군인식의 변천」, 『고조선사 연구 100년』, 학연문화사.

서영수, 1988, 「고조선의 위치와 강역」, 『한국사 시민강좌』 2, 일조각.

송호정, 2003, 『한국 고대사 속의 고조선사』, 푸른역사.

신채호, 1931, 『조선상고사』(1972, 『단재신채호전집』 상권).

오영찬, 2006, 『낙랑군 연구-고조선계와 한(漢)계의 종족 융합을 통한 낙랑인의 형성』, 사계절.

윤용구, 2009, 「일본에서의 '고조선사' 연구」, 『고조선사 연구 100년』, 학연문화사.

이기백, 1975, 「고조선의 제문제」, 『한국고대사론』, 탐구당.

이병도, 1976, 『한국고대사연구』, 박영사.

이종욱, 1993, 『고조선사연구』, 일조각.

이청규, 2005, 「청동기를 통해 본 고조선과 주변사회」, 『북방사논총』 6, 2005.

이형구, 1990, 「한국민족문화의 시베리아기원설에 대한 재고」, 『동방학지』 69.

정인보, 1946, 『조선사연구』, 서울신문사.

조법종, 1991, 「북한의 고조선사인식체계에 대한 고찰」, 『북한의 우리고대사 인식』.

_____, 1993, 「樂浪問題(平壤地域文化)에 대한 日本歷史學界의 認識檢討」, 『송갑호교수 정년퇴임기념논문집』.

_____, 2000, 「위만조선의 붕괴시점과 왕험성·낙랑군의 위치」, 『한국사연구』 110.

_____, 2001, 「고구려사회의 단군인식과 종교문화적 특징」, 『한국고대사연구』 21.

_____, 2006, 『고조선, 고구려사연구』, 신서원.

조인성, 1988, 「규원사화와 환단고기」, 『한국사시민강좌』 2.

천관우, 1989, 『고조선·삼한사연구』, 일조각.

최남선, 1927, 「檀君及其研究」, 『朝鮮及朝鮮民族』.

한영우, 1981, 『조선전기사학사연구』, 서울대 한국문화연구소.

林澐, 1980, 「中國東北系銅劍初論」, 『考古學報』 80-2.

今西龍, 1937, 「檀君考」, 『朝鮮古史の研究』.

부　여

1. 머리말

1) 부여사와 한국사

부여(扶餘 또는 夫餘)는 예맥(濊貊)의 한 동아리로서 자기 정체성을 분명히 하면서 기원전 3~2세기 송화강(松花江) 유역을 중심으로 그 역사적 실체를 드러내게 되었다. 이후 부여는 7백여 년간 고조선·고구려 등 예맥계 제 세력뿐만 아니라 중국의 한(漢) 외에도 읍루(挹婁)·물길(勿吉)과 선비(鮮卑) 등 이질적 세력들과 일정한 화전관계를 유지하면서 우리 민족사의 한 줄기를 지켜나가게 된다. 부여가 두 차례(기원후 285·346년)에 걸친 선비 모용씨(慕容氏)의 강공 아래서도 끝내 거듭날 수 있었던 점은 이 나라의 뒷심이 만만치 않았음을 엿볼 수 있게 하는 대목이다. 그리고 494년 부여와 고구려의 통합은 만주(滿洲) 지역에서의 우리 겨레의 역사 흐름이 하나의 큰 여울을 이루게 되었음을 뜻하는 것이었다.

이러한 부여는 공시적으로 고조선과 병존하였고, 통시적으로도 고구려・백제가 모두 이 부여를 자기들의 뿌리로서 인식・자임하고 있었다. 특히 고구려・백제가 부여와 공존하고 있던 이 시기에마저도 각각 부여와의 연고를 강조하고 있었던 점은 부여사가 당시 이들이 간직한 역사의 기억 속에 점하는 의미를 짐작케 해주고 있다.

무엇보다도 부여가 위만조선(衛滿朝鮮)의 국망(기원전 108년) 이후 기원전 37년 고구려가 출현할 때까지 예맥문화권을 지탱하는 핵심적 세력으로 굳건히 버텨온 점은 결코 소홀히 취급할 수 없는 사실이다. 더구나 이러한 부여가 기원후 5세기 말에 이르기까지 고구려와 더불어 동북아시아 일각에 자리하며 우리 민족사 흐름의 큰 줄기 가운데 하나를 담당하는 역사적 실체로 존재했다는 점도 결코 지나쳐서는 안 될 것이다.

그럼에도 불구하고 이제까지 이러한 부여사가 우리의 민족사 인식 체계에 점하는 위상은 고조선・삼한・삼국의 그것에 비하여 상대적으로 초라한 실정이었다. 따라서 이제까지 부여사에 대한 연구는 '고대사 연구의 변경' 영역에 속한 것으로 자리매김되어 왔던 것이다.〔이기동, 2005〕

2) 부여사 연구 동향

우리 전통사학의 부여에 대한 인식은 절대적으로 부족한 사료와 시대적 제약성 때문에 그다지 빼어난 편이 아니었다. 이러한 상황은 18세기 말 이종휘(李鍾徽) 이래 몇몇 실학자들의 노력에 힘입어 전환의 계기를 가질 수 있었다. 그러나 그 불씨는 잇따른 외세의 침탈 아래에서 근대 민족주의사학의 표상인 신채호의 부여・고구려 중심의 고대사 인식 체계 속에서 내연되었을 뿐이었다.

한편 일본은 그들의 한국강점과 대륙침략의 역사적 합리화라는 학문외적 목적하에서 '만선사관(滿鮮史觀)'을 구상한 바 있다. 이러한 만선사관을 기조저음으로 하여 진행된 저들의 연구는 정당한 부여사 인식에 부정적 그림자를 던지게 되었다.

따라서 우리 학계의 새로운 부여사 인식을 위한 노력은 만선사관의 비판적 극복이라는 과제를 안고 그 첫발을 내딛게 되었다. 그동안 학계는 짧은 연구전통에 더하여 무엇보다도 냉전구조·분단상황에서 비롯된 현장성의 상실이라는 시대적 여건의 어려움을 헤치고 적지 않은 학문적 성과를 축적하게 되었다.

우리 학계의 한 선학은 일찍이 한국 고대문명의 중심을 한반도 서부의 고조선·진번(眞番)·진국(辰國) 등이라 보고, 부여·고구려·동예(東濊)·옥저(沃沮) 등은 이들과 분별되는 '후방행렬사회(後方行列社會)'라고 자리매김한 바 있다.〔이병도, 1959〕

이후 우리 학계 일각에서는 '동이(東夷)·부여족'의 분기과정 속에서 부여·고구려·옥저 등의 실체를 추적하고, 부여가 부족연맹 단계에 있었던 것으로 이해하기도 하였다.〔김철준, 1978〕 이와는 달리 부여의 정치발전이 중앙집권적 귀족국가에 못 미치는 연맹왕국 수준의 단계에 달해 있었음을 논증하는 견해도 제시된 바 있다.〔이기백·이기동, 1983〕 최근 우리 학계는 중국과의 학술교류가 진행됨에 따라 중국 측의 부여사 연구성과를 참작하여, 이를 우리의 시점에서 비판적으로 소개·수용·원용함으로써 부여사 인식에 새로운 지평의 일단을 모색하고 있다.〔노태돈, 1989〕

특히 1994년 한길사가 간행한 『한국사』1·2 「원시사회에서 고대사회로」1·2〔박경철, 1994〕와 1997년 국사편찬위원회의 『한국사』4 「초기국가—고조선·부여·삼한」〔송호정, 1997〕은 우리 학계가 이 분야에서 온축해 온 바 있는 연구성과의 폭과 깊이를 가늠해 볼 수 있는 좋은 기회를 제공해 주었다. 또 '고대 동아시아에서 본 부여'라는 주제로 2004년 한국고대사학회 하계세미나에서 검토된 제 논의는[한국고대사학회, 2005, 『韓國古代史硏究』 37에 수록] 심화되고 있는 우리 학계의 부여사 인식 수준을 한 단계 고양시키는 계기가 되기도 하였다.

그럼에도 불구하고 부여사가 우리 민족사 인식체계에서 점하는 중요성에 비추어, 현재의 부여사에 관한 연구는 질·양 면에서 겨우 입문단계 수준에 머물고 있다.

부여를 찾기 위한 우리의 바쁜 발걸음에 오늘날 새로운 장애물이 나타나고 있다. 최근 중국학계가 수행중인 '동북공정(東北工程 : 2002~2006년)'의 존재가 바로 그것이다. 곧 중국학계는 현재 자기들의 역사 해석 지침인 '통일적 다민족국가론'을 한층 굴절·강화시키면서, 동북아시아 사의 재해석을 시도하고 있는 중이다. 저들은 고구려사를 매개고리로 고조선·부여·발해의 역사적 정체성을 훼손·해소시켜, 우리의 역사 를 중국의 역사주권 아래로 재구성하려는 의도를 노골적으로 드러내고 있다. 최근 중국학계의 이러한 움직임은 사회주의적 시장경제체제 채택 이후 중국 사회 전반에 스며든 우경화 흐름의 이면에서 꿈틀대고 있는 여러 소수민족의 정치적 민족주의 성향을 새로운 화이론적(華夷論的) 민족주의, 곧 '대중화주의(大中華主義)'로 압도하고자 하는 정책적 의지와 무관하지 않은 것이다.

그런데 동북공정이라는 왜곡된 정책적 역사인식의 움직임은 2002년 이전, 즉 1990년대 초부터 북경 사회과학원뿐만 아니라 동북 지방의 제 연구단위·기관 그리고 모든 연구자 등 관련 역량이 총결집된 형태로서 이미 수행되고 있었던 것이다. 이 점 우리 부여사 관련 연구자들이 중국 측 자료를 새길 때 반드시 유념해야 할 사항이다. 그 중간 결산에 해당하는 『동북통사(東北通史)』는 부여를 "건국 이래 기원후 494년 물길에게 멸망당할 때까지 대략 6백 년간 줄곧 중원왕조(中原王朝)에 예속되어 있던, 중원왕조 통할하의 지방민족정권"이라 규정하고 있다.〔李治亭 주편, 2003〕

모든 역사인식은 그 대상객체가 되는 과거에 대한 인식주체의 당대적 의미부여와 다름 아니다. 우리 선사문화와 고조선·부여·고구려·발해 등이 차지한 공간적 지형도(地形圖)는 한반도 북부와 중국 동북 3성(省) 곧 '만주'에 걸쳐 그려지고 있다. 이 점에서 이러한 역사인식의 동시대성은 이 지역 역사 연구에서도 하나의 강요항으로서 작용하고 있다. 이 문제에 관한 한 남한·북한과 중국·일본 학계 모두가 자유로울 수만은 없다. 그러나 참된 역사인식이 객관적으로 존재했던 과거의 역사적 사실 자체를 왜곡·은폐·호도하여 지나간 역사상을 분식함이 아닌 것은 자명하다.

이렇게 급변하고 있는 연구 환경 아래에서 우리 학계 기왕의 부여사 인식을 위한 모든 노력의 도정에서 드러나는 몇 가지 쟁점과 그 해명을 위한 여러 논의를 되짚어 보고, 이에 바탕을 둔 더 바람직한 부여사상(扶餘史像) 정립의 지향점을 전망해 보고자 한다.

2. 부여사 전개의 인식체계

『삼국사기(三國史記)』·『삼국유사(三國遺事)』및 중국 측 여러 사료와 「광개토왕릉비문(廣開土王陵碑文)」·「모두루묘지(牟頭婁墓誌)」등에는 '부여-동부여-북부여-졸본(卒本)부여'라 지칭되는 다양한 부여의 존재가 기록되어 있다. 이 사실은 부여사의 전개과정 자체를 이해하는 얼개 곧 부여사 인식체계를 짜는 데 적지 않은 혼선을 초래하고 있다. 그리고 이 문제의 핵심은 북부여·동부여의 실체 구명 여하에 있다. 이에 관한 제 논의는 일단 '북·동부여 공시적(共時的) 실재론(實在論)'과 '북·동부여 통시적(通時的) 분기론(分岐論)'으로 대별할 수 있다.[박경철, 2004]

'북·동부여 공시적 실재론'이란 한·중 학계 일각에서 개진되고 있는 견해다. 이 견해는 고구려 건국 당시 북부여·동부여가 같은 시기에 각기 다른 지역에 실재해 있었다고 본다. 이 견해도 학자마다 매우 다른 입장을 주장하고 있는 실정이다.

'흘승골성(紇升骨城)' 곧 환인(桓仁) 지방을 그 중심지로 하는 북부여에서 출자한 동부여는 '가섭원(迦葉原)'에 입국하였으나, 기원후 22년 대소왕(帶素王)대에 고구려 대무신왕(大武神王)에게 공멸되었다고 주장하는 중국학계 일각의 견해가[張博泉, 1981] 그 대표적인 예가 된다. 또 혹자는 '북부여'의 실존을 주장, 북부여가 동명(東明)의 '부여'와는 구별되는 부여족의 한 지파로서, 광개토왕의 공격을 받고 나하(那河) 북쪽으로 패주·입국한 것이 두막루(豆莫婁)라 주장하고 있다. 아울러 이 견해는 '전(前)-동부여'는 부여인들이 함흥(咸興) 지방에 건국한 것으로, 기원후 22년 대소왕대에 대무신왕에게 공멸되었으며, '후-동부여'는 285년 '부여'가 모용외(慕容廆)의 공격을 받고 옥저 지방에 들어가 세운 나라로서, 410년 광개토왕에 의하여 공벌당하였다고 주장하고 있다.[孫正甲, 1984]

우리 학계 일각에서는 고구려의 건국 당시 계루부(桂婁部)의 고지(故地)로 비정되는 두만강(豆滿江) 유역에 동부여가 실재했었는데, 고구려 대무신왕에게 정복되었다고 파악하고 있다.[서영수, 1988] 또 이 견해는 고구려 광개토왕이 410년 원정한 '동부여'란, 285년 모용씨에 의해 북부여가 망하자 그 잔류가 친연관계에 있는 이 동부여의 고지로 옮겨온 이래 성립된 존재라 보고, 494년 고구려로의 '부여왕 내항(來降)'을 이 동부여의 멸망과 연계시켜 이해하고자 한다.

또 다른 견해는 송눈평원(松嫩平原)의 '북부여(원부여)'와 송화강 유역의 '부여' 및 원부여 동쪽의 '동부여'의 실재를 인정하고 있다. 곧 동부여는 동해안 일대에 실재했던 국가라기보다 원부여(북부여)의 동쪽에 있었기 때문에 붙여진 이름이라고 본다.(송호정, 1997)

아울러 길림시(吉林市) 일원의 '원(原)부여'가 346년 모용씨에 의해 소멸된 후, 북부여·동부여라는 '방위명(方位名) 부여국'이 성립되었는바, 북부여는 농안(農安) 지역에, 동부여는 두만강 하류 지역에 각각 입국되었다는 견해도 개진된 바 있다.(이도학, 1991)

한편 1970년대 이래 북한 사학계는 '북부여=고리국(탁리국)=맥국'이라 상정하고, 부여·고구려 모두가 '북부여'에서 연원하고 있음을 강조하는 한편, '동부여'란 고구려 건국 초부터 그에 예속된 지역으로서, 부여의 동쪽 지역을 지칭하는 것이라 파악하고 있다.(리지린·강인숙, 1976)

그러나 오늘날 우리 학계의 다수는 기존의 제 사료에 대한 비판적 인식을 전제로 '북부여=부여'이며, '동부여'란 훗날 이들로부터 갈라져 나온 세력이 세운 나라로 보고 있다.(노태돈, 1989 ; 박경철, 1992, 1994, 2004 ; 송기호, 2005) 이는 곧 '북·동부여 통시적 분기론'이라 볼 수도 있다. 이 견해는 본래 주몽의 고향은 송화강 유역의 북부여(부여)로서 기원후 5세기 말 고구려에 합병되었고, 동부여란 3세기 말 선비족 모용씨의 공격을 받은 북부여의 일족이 세운 나라인바, 광개토왕대에 고구려에 통합되었다고 보는 입장이다.

이런 관점에서 볼 때, '북부여'란 탁리국 출신의 동명집단이 중심이 되어 길림 지방을 그 중핵지로 기원전 3~2세기 말경 '국가'를 형성, 기원후 4세기 중반경 농안 지방으로 그 중심지를 이동, 이후 494년까지 존속한 바 있는 '부여' 그 자체를 지칭하는 것이다.

또 '동부여'란 고구려 건국 당초부터 실재했던 것이 아니라, 기원 후 285년 선비 모용외의 제1차 부여 강습(强襲)으로 부여[북부여]의 일부 핵심 지배집단이 옥저 지방으로 망명하여 건국한 나라로서, 410년 고구려 광개토왕의 군사행동에 의하여 공멸되었던 것이다.

이러한 입장에 선 부여사 전개과정을 도시하면[박경철, 1994, 2004] 다음 표와 같다.

연 대 \ 중심지역	길림 지방 (북)부여중택지	농안 지방 (북)부여중심지역	혼춘 또는 화룡 동부여의 중심지역
(A) 3C~2C 말 B.C. (B) 108년 B.C. (C) 21~22년	(북)부여1		
(D) 285~286년 (E) 337~?~345년 (F) 346년 (G) 410년 (H) 494년		(북)부여2	동부여

(A) [북]부여국가 형성
(B) 위만조선 멸망
(C) 고구려 대무신왕의 [북]부여 공격
(D) 선비 모용씨의 제1차 북부여 강습 및 동부여 건국
(E) [북]부여·농안으로 중심 지역 이동
(F) 선비 모용씨 제2차 부여 강습
(G) 고구려 광개토왕, 동부여 공멸
(H) 고구려 [북]부여 병합

한편 이 '동부여'의 입지 문제와 관련하여 다양한 논의가 진행된 바 있다. 이를 옥저와 예(濊)의 관련성 속에서 접근하는 입장은 그곳을 함남(咸南) 지방으로 비정하고 있다.〔공석구. 1990〕

한편 '치구루(置溝婁)=책성(柵城)'의 입론 위에서 동부여를 혼춘(琿春)을 중심지역으로 하는 두만강 유역이라고 파악하는 견해가 있다.〔노태돈. 1989〕 또 최근 동부여의 입지로서 단결문화〔團結文化=크로우노브카문화〕를 남긴 북옥저(北沃沮)지역에 주목하는 견해도 제시되고 있다.〔송기호. 2004〕 이에 대해 혼춘을 중심으로 하는 두만강 유역 '북옥저' 지방은 고구려가 국초부터 그 세력을 진출시킨 지역이었던 점에 주목하여 이 동부여의 입지를 혼춘이 아닌 화룡(和龍) 지방으로 비정하는 견해가 주장되기도 한다.〔박경철. 1992, 1994, 2004〕

『위서(魏書)』와 『북사(北史)』에 적시된 두막루(豆莫婁)의 자연·인문 환경과 그 구체적 사회상은 『삼국지(三國志)』를 필두로 한 부여 관련 제 사료상의 부여의 그것과 일치하고 있다. 또 『당서(唐書)』에서 '달말루(達末婁)' 곧 두막루는 고구려에 멸망당한 '북부여'의 후예임을 자언(自言)하고 있다. 그러나 종래 우리 학계에서는 부여사의 전개와 두막루의 존재를 직접 연계시켜 이해하는 데 상당히 유보적 입장을 견지해 온 바 있다.

이런 관점에 따르면 고구려가 길림 지방을 장악하고, 부여국의 경계였던 '약수(弱水 : 제1송화강)' 유역에까지 그 세력을 뻗침에 따라 두막루인들이 어떤 과정으로든 고구려를 인식케 되고, 그러던 중 고구려인이 옛 부여국 지역을 '북부여'라 하니 두막루인도 그렇게 칭하였을 것으로 추정하고 있다.〔노태돈. 1989〕 또 다른 견해는 〔북〕부여가 두 차례 선비 모용씨의 강습으로 결정적 타격을 받고 송화강 유역에 대한 공제 역량을 상실한 틈을 타서 이 지역으로 고막해(庫莫奚)·거란(契丹)·실위(室

韋) 등과 그 언어를 같이하는 몽골계(蒙古系) 종족인 두막루가 뛰어들었을 가능성을 상정하고 있다. 따라서 이 견해는 고구려에 의하여 쫓겨난 두막루가 바로 달말루인바, 그들이 고구려에 의하여 멸망된 북부여의 후예임을 자칭하게 되었다고 파악하고 있다.〔박경철, 1992, 1994〕

그런데 최근 부여사의 전개와 이 두막루를 직접 연관시켜 이해하고자 하는 새로운 견해가 제시되어 주목을 끌고 있다.〔김정배, 1991〕 이 입장은 '북부여'와 '부여'를 별개의 존재로 파악함을 그 입론의 출발점으로 삼고 있다. 이 견해에 따르면, 410년 부여가 고구려 광개토왕의 침공을 받아 심대한 타격을 받자, 부여의 완전소멸 이전에 부여인들이 '나하' 곧 눈강(嫩江) 하류와 제1송화강을 건너 호눈평원(呼嫩平原) 또는 송눈평원 일원, 즉 '구(舊)북부여'의 고지에 '두막루'를 건국하였다고 파악하고 있다. 또 이 견해는 두막루국이 5~8세기까지 존속하였던바, 부여의 후예인 두막루인들은 처음에는 고구려와 같은 부여어를 사용하다가 시간의 경과에 따라 주변 제 세력의 영향으로 실위와 같은 언어를 사용하게 되었다고 주장하고 있다.

또 혹자는 두막루국이란 적어도 486년 이전 나하 북쪽 구부여의 고지에 건립된 부여족 국가인바, '두막루'는 고구려어와 부여어로 '고토(故土)회복'을 뜻하는 '다물(多勿)'과 같은 뜻이라 보고 있다. 또 이 견해는 두막루국의 입지를 눈강과 제1송화강이 만나는 송눈평원 동부와 송요평원 북쪽 일대로 비정하면서, 건국 이래 기원후 8세기까지 존속했음을 주장하고 있다.〔유태용, 2004〕

한편 이와 관련해 두막루란 부여가 고구려에 멸망되기 전에 송눈평원 동부와 송요평원 북쪽에 성립한 '또 하나의 부여'라는 견해가 제시되기도 하였다.〔유태용, 2004〕

이처럼 우리 학계가 두막루와 부여사의 연관성 여부를 둘러싸고 진행 중인 논의는 그것이 우리 고대사 인식의 시·공간적 영역의 확장 가능성과 결부된 문제인 만큼 귀추가 주목된다.

3. 부여의 고고문화와 국가형성

1) 부여의 고고문화

『논형(論衡)』에 수록된 부여의 '동명설화(東明說話)'와 『위서(魏書)』의 고구려 '주몽(朱蒙)설화'의 뒤얽힘 현상은 각기 당해 사서가 쓰여질 당시의 부여·고구려를 중심으로 한 동북아시아 정세의 진전상 및 그에 대한 역사인식 시각의 편차에서 비롯된 것이었다. 그러므로 일단 『논형』의 '동명'은 부여의 시조로서 고구려 시조인 '주몽＝추모(鄒牟)'와는 준별되는 존재로서 이해하되, 고구려의 '주몽설화'는 부여의 '동명설화'에 바탕을 둔 것이라고 파악함이(이홍직. 1959) 더 타당할 것이다.

한편 최근 학계 일각에서는 부여가 자기 정체성의 기반을 다지기 위해 창출한 동명신화가 고구려의 성장세 속에서 그 신화의 변주로서 동부여 신화로 나타나며, 다시 고구려의 주도하에 동명신화는 그 변개의 결과물인 주몽신화로 대체되기 시작하였다는 주장이 제기되었다.(박승범, 2009)

또한 최근 중국 고고학계의 연구성과를 수용하여 탁리국(橐離國)의 문화와 부여의 선행문화 및 부여 자체 문화의 흐름을 구명하는 데 관심을 할애하고 있다.

먼저 부여건국 주
도집단의 출자인 '탁
리국문화=백금보문
화(白金寶文化)'론이 제
기되면서[노태돈, 1989]
이 방면 논의 전개의
물꼬가 트이게 되었
다. 한편 동일한 관

[그림 1] 길림성 조원현 백금보유적지

점에서, 중국학계의 연구성과를[董學增·李澍田, 1984] 참작하여, 예맥계에
의한 '백금보문화'·'한서문화(漢書文化)' 혹은 '망해둔문화(望海屯文化)'를 탁
리국의 문화로, 그리고 이들 문화와 상당한 관련성을 갖고 있는 예족
의 '서단산문화(西團山文化)'를 부여의 기저문화로 이해하는 견해가[박경
철, 1992, 1994] 제시되기도 하였다.

이에 더하여 송눈평원에서의 백금보·한서 하층문화에서 망해둔·
한서 상층문화로의 진전상에 주목하여 후자를 탁리국의 문화로, 기원
전 7~3세기 길림시 일대의 서단산문화를 부여 선주민의 문화로 이해
하는 더욱 진전된 견해가[송호정, 1997, 2005] 제시된 바 있다.

그러나 오늘날 우리 학계 일각에서는 '서단산문화=선부여문화'론에
는 일단 동의하면서도 '백금보·한서·망해둔문화=탁리국문화'론에 대
해서는 회의적 견해가 제기되고 있다.[송기호, 2004] 특히 고고학계 일각
에서는 이 문제와 관련하여 사회적 계층화 등 탁리국의 사회발전단계
구명이 선행되어야 함을 강조하고 있다.[박양진, 2005]

한편 종래 우리 학계는 청동기시대 대표적 묘제인 지석묘(支石墓)가
요동(遼東)과 한반도를 중심으로 널리 분포한 반면, 송화강 유역 일대

에서는 흔치 않은 것으로 간주해왔다. 그러나 최근 우리 학계 일각에서는 길림시 일대를 중심으로 서단산문화가 발전하던 기원전 5세기경 그 주변인 동요하(東遼河)～휘발하(輝發河) 상류 일대를 중심으로 한 길림성 남부 지역에 개석식(蓋石式) 고인돌을 기반으로 한 보산문화(寶山文化)가 형성·발전함에 주목하고 있다.〔이종수, 2005〕 이런 보산문화의 존재는 부여 선행문화의 중층성을 시사해 주는 방증으로서, 또 훗날 부여문화의 다원성과 부여국가 경영에 나타나는 원심성(遠心性)에 대한 조짐으로서 예시될 수 있는 만큼 주목에 값한다.

아울러 시기는 다소 떨어지지만, 노하심(老河深)·서차구(西岔溝) 유적의 성격에 관한 제 논의 진전의 향방 또한 같은 맥락에서 주목되어야 할 것이다. 또 이미 중국학계 일각에서〔朱向永, 1994〕 부여의 주요 세력 집단과 연관시켜 이해하고 있는 요원(遼源)과 동요하 상류 일대의 양천문화(涼泉文化) 역시 같은 이유에서 눈여겨볼 필요가 없지 않다.〔이종수, 2004〕

무엇보다도 최근 고고학계 일각에서는 종래 '부여의 선행문화=서단산문화'론에 갈음한 눈강 하류역 흑룡강성(黑龍江省) 서남부 지역의 고고문화에 기원한 포자연식문화(泡子沿式文化)를 탁리국 문화 및 부여의 선행문화로 파악하는 견해가 제기된 바 있다.〔오강원, 2000〕 이를 계기로 우리 학계는 서단산문화를 부여의 선행문화로, 포자연식문화를 부여의 중심문화로 이해하고자 하는 입장이 서서히 확산되고 있다.〔이종수, 2005 ; 송호정, 2005〕 물론 이 경우에도 서단산문화와 포자연식문화의 계속성에 주목하는 견해와〔송호정, 1999 ; 오영찬, 1999 ; 송기호, 2004 ; 송호정, 2005〕 두 고고문화 사이의 단절성에 주목하는 견해가〔오강원, 2000〕 양립하는 등 그 구체적 인식 내용에서 다소 편차가 없는 것은 아니다. 그러나 이제까지 '부여문화'의 실체가 명확히 드러나지 않았던 점에 비추어 이 포자연식문화에 대한 더욱 심도 있는 논의가 기대된다.

이와 별개로 서단산문화 자체에 대한 연구도 관심 범위가 '권역(圈域)', 사회구조와 발전단계, 농경과 생업경제, 초기 철기문화 제 유형과의 상관관계 등으로 확대되면서 그 수준도 심화되어 가고 있다.〔오강원, 2000b, 2006a, 2006b, 2007a〕 이에 따르면 서단산문화는 후기 단계〔기원전 5~4세기〕에 가서 단순 군장사회 수준에 이르렀으며〔오강원, 2007a〕 서단산문화의 생업경제는 농경을 중심으로 하여 어렵·수렵·채집이 보조하는 형태였다고 파악하고 있다.〔오강원, 2007b〕 또한 송화강 유역 초기 철기문화에 대한 중국 고고학계의 연구성과에 대한 비판적 인식 노력 또한 구체화되어 가고 있다.〔이종수, 2001, 2004, 2005a〕

한편 2009년 중국 학계에서 백금보 유적에 대한 정식 발굴보고서〔張忠培 주편, 2009〕를 간행함으로써 이에 대한 논의가 활기를 띨 것으로 보인다.〔이종수, 2009〕 이러한 연구는 부여사 연구에서 중국 학계가 제시한 고고 자료들을 원용·인용함에 자족하던 종래의 자세를 지양하고, 우리의 관점에서 이를 해체·재구성하기 위한 노력의 첫걸음이 될 것으로 기대된다.

2) 부여의 국가형성

부여의 국가형성 시점과 관련, 우리 학계 일각에서는 북한 고고학계의 견해를〔황기덕, 1984 ; 박진욱, 1988〕 참작하였으며 기원전 5세기경 송눈평원의 예족이 송요평원으로 점진적 이주를 시작, 기원전 3세기경 탁리국 동명집단의 남하·망명을 계기로 국가형성 단계에 진입하였다고 보고 있다. 또 이 견해는 기원전 2세기 말 이미 예군남려(濊君南閭)로 표상되는 '원(原)부여국가'가 형성되어 있었던 점, 그리고 고조선의 국가형성 시점을 논자에 따라서는 기원전 3~4세기로 파악하고 있는 점 등을 감안할 때, 부여국가의 성립은 기원전 3세기 이후에서 2세기 말 사이 어느 시점의 일로 비정한 바 있다.〔박경철, 1992, 1994, 2004〕

한편 고고학계 일각에서는 부여의 선행문화인 서단산문화의 무덤 형식과 껴묻거리의 변화상을 고찰하여 그 후기에 해당하는 기원전 5~3세기경 청동기문화에서 초기철기문화로의 이행과 사회분화의 진전상을 검증한 바 있다.〔박상빈, 1996〕

또 다른 견해에 따르면, 망해둔/한서 상층문화에 바탕을 둔 고리국〔탁리국〕 주민들이 제2송화강 중류 길림시 일대를 중심으로 하는 '예지(穢地)'로 남하하여 서단산문화를 누리던 부여 선주민과 융합하여 부족국가 부여를 건립하였다고 본다. 그리고 이 견해는 서단산문화가 기원전 3세기부터 이전의 돌널무덤에서 움무덤으로 변화한 것은 새로운 정치집단의 출현을 암시하고 있다고 이해하고, 부여의 성립을 기원전 3세기 후반경으로 비정함으로써 이 시기부터 초기 권력집단이 길림시 일대에 형성되고 있었던 것이라 파악한다. 아울러 이 견해는 길림시 포자연전산(泡子沿前山)과 유수(楡樹) 노하심(老河深)문화 유형을 서단산문화를 직접 계승한 부여의 문화로 보고 있다.〔송호정, 1997, 1999〕 또 대체로 같은 입장에서, 부여 건국시기를 기원전 2세기 이후로 비정하면서, 포자연 유형의 문화를 서단산문화와 연속선상에서 발전한 부여의 문화로 이해하면서, 서풍(西豊) 서차구 유적과 노하심 유적 역시 이 범주로 파악하는 견해도 제시되고 있다.〔오영찬, 1999〕

한편 '포자연식문화=탁리국문화'라고 보는 입장은 포자연식문화와는 별개의 대해맹식(大海猛式) 유적군이 서단산문화에 갈음하여 제2송화강 유역에 분포하고 있었으나, 기원전 2세기경 송눈평원으로부터 포자연식문화가 들어와 송요평원의 주요 문화로 자리를 잡게 되었다고 본다. 곧 이 견해는 기원전 2세기경 포자연식 문화를 가진 주민들이 제2송화강 중류역으로 이동함으로써 부여가 성립되었다고 이해하고 있는 셈이다. 또 이 견해는 부여사회의 성립이 곧바로 국가단계로서의 진입을 의미하지는 않으며, 대략 기원전 2세기로부터 기원후 1세기대의 어느 한 시기에 국가로서의 체제를 갖추었을 것으로 파악한다.〔오강원, 2000〕

기원전 128년 한제국(漢帝國)은 28만의 예군남려(濊君南閭) 집단이 투항해 오자, 이곳에 '창해군(蒼海郡)' 설치를 획책한 바 있다. 오늘날 우리 학계는 이 예군남려의 존재를 고구려 국가형성 문제와 결부시켜 이해하려는 견해가 우세한 것도 사실이다.

그러나 다음 세 가지 사실을 들어 창해군의 입지를 부여 국가형성사의 맥락에서 검토함이 타당함을 주장하는 견해가 제시된 바 있다.〔박경철, 1992, 1994〕

즉 첫째, 맥(貊)족의 주지를 '예(濊)'라 하지 않고, 예의 그것을 일부 '예맥(濊貊)'이라 지칭하기는 했어도 '맥'이라 한 적이 없다는 점, 둘째 압록강 유역 창해군의 경영비용 과다로 이를 포기한 한이 예군남려 세력에 비해 보다 강력했고 훨씬 남쪽의 먼 곳에 위치한 위만조선과 치열한 교전 상태를 1년간 계속하면서 어떻게 끝내 승리할 수 있었는지 의문이 아닐 수 없다는 점, 마지막으로 기원전 2세기 말 당시 '고구려사회'의 정치적 통합 노력이 아무리 활발히 또 급속히 진전되었다 할지라도, 이 지역에서 한에게로의 '내속(內屬)' 같은 정치적 운명을 같이하는 수준의 응집력을 가진 28만 구(口)의 대규모 집단을 통할하는 예군남려의 존재를 상정함은 무리라는 점이 그것이다.

한편 이와 관련하여 최근 우리 학계 일각에서는 노하심·서차구·석역향(石驛鄕) 채람(彩嵐)문화의 담당주민을 요동오환(遼東烏丸)이나 예군남려로 추정하되, 특히 전자에 무게를 싣는 견해가 제시된 바 있다.〔송기호, 2005〕

최근 우리 학계는 여러 가지 관점에서 부여사의 실상에 접근하고 있다.

학계 일각에서는 노하심·학고촌(學古村)·모아산(帽兒山) 고분군과 관련된 고고 자료를 정리·분석하여, 부여의 건국 주체를 "북방 초원 계통의 민족일 가능성이 매우 높"은 것으로 파악하고 있다.〔이종수, 2009〕 이러한 입장은 '부여 건국주도집단＝예맥계 주민집단'으로 이해하고 있는 종래 우리 학계의 견해와는 차별성이 매우 큰 것으로 판단된다. 현재 중국 측 일각에서는 '부여문화＝서차구(西岔溝)문화→삼연(三燕)문화'론을 거론하고 있는 만큼 이 문제에 대한 우리 학계의 지속적 관심과 논의가 요구된다.

한편 부여사의 변화를 경제 구조의 변동으로 파악하는 견해도 제시되고 있다.〔姜仁旭, 2009〕 이 견해는 기원후 2~4세기 대부여 권역 내에서 유적이 급감하는 점은 이동성이 강하며 상대적으로 인구밀도가 적은 유목경제(遊牧經濟)로 이 지역 경제구조가 재편된 결과로 보고 있다. 이 소론이 맞는다면 부여의 문화 계통을 선비(鮮卑)의 삼연문화로 등치(等値)시키려는 중국 학계 일각의 기도에 대한 반론의 근거가 될 것이다.

4. 부여의 중심지와 세력권

종래 우리 학계 다수는 부여의 초기 중심지가 이통하(伊通河) 유역의 농안·장춘(長春) 일대라는 입장을 정설화한 바 있었다.〔이기백·이기동, 1983〕 그러나 이후 중국 및 우리 학계는 고고학적 발굴 성과와 제 문헌 사료 등을 참작, 부여의 초기 중심지를 길림시 일대, 더 구체적으로는 초기 부여의 왕성(王城)을 길림시 동단산(東團山) 남성자(南城子)로, 그리고 기원후 4세기 이후의 부여 중심지역을 농안 지방으로 파악하고 있다.〔李健才, 1982 ; 武國勛, 1983 ; 노태돈, 1989〕

[그림 2] 길림 용담산성 성벽

[그림 3] 길림시 용담산성에서 바라본 부여의 첫 왕성, 동단산과 남성자

한편 우리 학계 일각에서는 길림 동단산 남성자는 궁성(宮城)으로, 용담산성(龍潭山城) 일대는 도성(都城)에 해당되는바, 이 두 성이 합쳐져서 부여 전기 왕성을 이룬

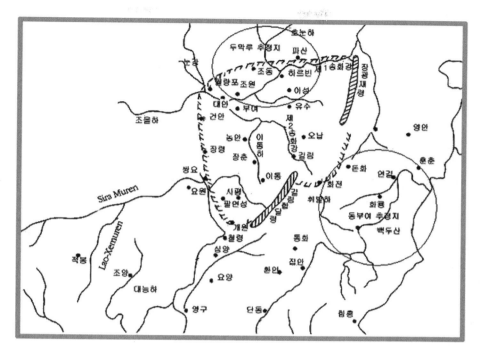

[그림 4] 3세기경 부여국의 세력권[강역] 개념도

것으로 이해한다.〔송호정, 1997, 1999〕 그리고 우리 고고학계는 이 문제 해명의 열쇠가 되는 길림시 모아산(帽兒山) 유적에 대해 일정한 관심을 나누고 있다.〔박양진, 2005〕

그러나 오늘날 우리 학계 일각에서는 '후기 부여 중심지＝농안·장춘'설에 대하여, 그곳의 고고학적 자료 부재를 근거로, 이에 갈음한 '서풍현(西豊縣) 성산자산성(城山子山城)'설을 제시한 바 있다.〔송호정, 1997〕 또 다른 견해는 '후기부여의 중심＝요원(遼源)'설을 개진하고 있는바, 그곳의 자연지형이 길림과 흡사하며, 그곳이 서남 지역 거점도시이자 중원으로의 교통로 중심에 위치한다는 점 외에 '부(夫)'자명(字銘) 기와가 출

토된 점을 그 근거로 적시하고 있다.〔이종수, 2004〕

우리 학계는 부여의 초기 중심지를 길림으로 비정한다는 전제 아래 기원후 3세기경까지의 부여의 세력권이 '약수' 곧 제1송화강〔동류 송화강〕을 그 북한(北限)으로, 동으로는 장광재령(長廣才嶺), 서로는 이통하 유역, 그리고 남으로는 휘발하 유역을 포섭하고 있었을 것으로 추정한 바 있다.〔정운용, 1991 ; 박경철, 1992, 1994〕

또 혹자는 이를 좀 더 구체화시켜 기원후 1~3세기 부여국은 대략 북으로 눈강과 송화강 일대까지 포괄하면서, 서쪽으로 조올하(洮兀河) 하류의 건안(乾安)·장령(長岭)·쌍요(雙遼) 등지를 경계로 하며, 서남으로는 요동의 중국세력과 접하고, 동으로 위호령(威虎嶺)을 경계로 목단강(牧丹江) 유역에 이르고, 남으로는 길림 합달령(哈達嶺)을 경계로 휘발하 이북에 이르렀다고 보기도 한다.〔송호정, 1997〕 따라서 이를 바탕으로 '기원후 3세기경 부여국 세력권'의 개념도를 작성하면 앞의 그림과 같다.

현재까지 우리 학계는 상술한 바대로 부여의 중심지 이동과 세력권의 공간적 범위를 개략적으로 논의해 왔다. 현재 부여의 성지(城址)로 추측되는 유적은 40여 곳에 달하는 것으로 알려져 있다. 이러한 부여의 관방체계(關防體系)에 대한 지식과 정보가 축적된다면, 논란이 되어온 부여의 중심지나 세력권에 대한 보다 논리적 접근이 가능할 것으로 사

[그림 5] 요원 용수산 고성 복원 모형

료된다. 따라서 최근의 한 연구는 이러한 부여 관련 여러 성지를 소개하고, 그 관방체계의 특성을 '사출도(四出道)'와 관련 지역마다 자체 방어 체계(system)를 구축한 것으로 판단하고 있다.〔이종수, 2003〕

[그림 6] 서풍 성자산산성 내 고구려 적석유구

종래 우리 학계가 논의해온 부여 국가·사회의 원심성(遠心性)과 관련, 눈여겨볼 대목이다. 한편 고구려와 부여의 관계사에 대한 고찰 과정에서 부여의 후기 도성 '여성(餘城)'을 요원(遼源) 성자산산성(城子山山城)으로 비정하고, 고구려의 부여 진출을 대무신왕(大武神王)대와 광개토왕(廣開土王)대에 두 차례 있었다고 보는 견해도 제시되고 있다.〔이종수, 2005b〕

5. 부여의 지배질서와 국가성격

1) 부여의 지배질서

부여국가 지배질서의 주요한 인식지표로서 상정될 수 있는 부여사회의 '계층-신분-계급' 편제에 관해서는 각 연구자들이 선택한 시각·입장·인식 준거틀에 따라 다양한 견해가 제시되고 있다. 그리고 이러한 제 논의가 부여사회의 계서구조 내에서 '제가(諸加)·호민(豪民)·민

(民)/하호(下戶)·노비(奴婢) 또는 노복(奴僕)'의, 특히 사료 (1)과 (2)의
의 '하호〔또는 민〕'의 존재 양태 구명을 그 단서 범주로 진행되어 오고
있다. 곧 이러한 논의는 '민＝하호론'·'민/하호 분별론'·'명(名)하호론'으
로 집약된다.

사료 : (1) 邑落有豪民民下戶皆爲奴僕(汲古閣本·殿本)
　　　 (2) 邑落有豪民名下戶皆爲奴僕(宋本)
　　　 〔『삼국지』권30, 동이전 부여조〕

　　우리 학계는 일반적으로 이 문제와 관련하여 사료 (1)을 "읍락에는
호민이 있고, 민은 하호로서 모두 노복으로 삼았다(邑落有豪民, 民下戶, 皆
爲奴僕)"라고 새기면서, 부여의 기본적 지배질서가 '왕·제가·호민·민
〔＝하호〕·노복〔노비〕'이라는 계서구조를 바탕으로 운영되었음을 상정하
고 있다.〔김철준, 1978 ; 이기백·이기동, 1983〕
　　그러나 위의 경우처럼 부여의 기층집단으로서의 '하호'를 곧 '민'으로
인식하는 '민＝하호론'은, 부여사의 발전수준을 '부족국가론'의 경우 그
것을 "실제적인 기능을 수행하고 있는 국가체제가 결여"된 '부족연맹' 단
계로〔김철준, 1978〕, '성읍국가론'에서는 국가권력의 집중도가 현저하게 낮
은 '연맹왕국' 수준 정도로〔이기백·이기동, 1983〕 파악하여, 부여 국가권력
의 주요 기반이 되는 집단 중의 하나인 '민'의 존재를 간과한 데서 비롯
된 것임을 지적하는 견해도〔박경철, 1994, 1996, 2004〕 제기되고 있다.
　　이에 대한 비판적 대안인 '민/하호 분별론'은 사료 (1)을 "읍락에는
호민과 민이 있고, 하호는 모두가 노복처럼 되었다(邑落有豪民, 民, 下戶皆
爲奴僕)"라고 새기는 입장이다.〔박경철, 1994, 1996, 2004〕 이 견해는 당시 부

여국가의 피지배계층을 구성하는 제 신분집단은 읍락에 거주하는 민과 하호 그리고 노복 신분을 가진 집단들이라 상정한다. 이 견해는 이런 부여의 사회상은 국가 지배구조 자체가 읍락을 그 기저 지배단위로 하는 제 군장사회(諸君長社會[chiefdom] : 국읍[國邑]＋제 읍락[諸邑落]＝'국[國]')를 대소를 기준으로 계서적·누층적으로 편제한 결과물이었던 데서 비롯된 것으로 이해하고 있다.

이 견해는 국가권력의 표상인 국왕으로의 권력집중이 여의치 못했음에도 불구하고, 부여가 일정한 전쟁수행 능력과 소정의 외교·행정 역량은 물론 일정한 사법제도까지 운용하고 있는 '국가(state)'로서 엄존하고 있었던 만큼, 그 국가권력의 인적·물적 또는 군사적·경제적 기반이 되는 국가공민·자유민으로서의 민의 실재는 자명한 것이라 본다.

또 이 견해는 사료 (1)과 관련, '민＝하호'로 파악하는 우리 학계의 다수설은 당해 사료상에 명시된 '민'의 존재론적 유의미성을 간과하고 있는 측면이 없지 않다고 보고 있다. 무엇보다도 이 견해는 '민＝하호론'이 당시 존재하던 부여국가라는 정치조직체의 전쟁수행 능력 및 그 담당집단의 인식에 적지 않은 혼선을 불러일으키고 있다고 비판하고 있다. 즉 이 견해는 '민＝하호론'이 부여의 '제가'를 전쟁수행 담당집단으로 파악하면서, 당해 전장(戰場)의 주 타격원으로 구사되어야만 할 국가구성의 절대 다수인 하호 곧 민은 다만 병참지원 기능만을 수행했다고 보는 문제점이 있다고 파악한다. 따라서 이 견해는 '민/하호 분별론'을 통하여서만 이런 난점을 해소할 수 있으며, 당시 부여 군사동원체제의 실상을 더 합리적으로 해명할 수 있다고 본다. 곧 이 견해는 부여국가의 군사행동이 제가집단의 지휘 아래 스스로 무장한 민 신분집단을 주 전력으로 하여 수행되었고, 하호 신분집단은 비전투원으로서 주로

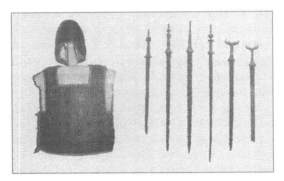

[그림 7] 유수 노하심유적 출토 갑주와 철검

병참기능을 담당하였던 것으로 파악할 수 있다고 주장한다. 또 '민/하호 분별론'은 이 점에 비추어 부여의 민 신분집단이 같은 피지배계층의 범주에 속하는 하호 신분집단과는 준별되는 자유민이며 국가공민으로서 국가권력의 주요한 군사적 기반이 되었음을 지적하고 있다.

'명하호론'이란 '민/하호' 관련 논의에서 종래와는 달리 사료 (2)를 취해 "읍락에는 호민이 있고, 하호라 이름하는 것은 모두 노복이 되었다"고 새기고 있다.〔송호정, 1997〕 이 견해는 읍락은 호민/하호 두 계층으로 분별되었는바, 계급분화가 진행된 결과 평민 중의 부유해진 상층은 호민이 되었고, 일반민은 하호가 되었다고 본다. 또 이 견해는 하호가 빈곤으로 인하여 병장기를 갖출 수 없었기 때문에 전투에 참여할 수 없었다고 본다. 따라서 이 견해는 호민 이상의 계층이 개별적으로 무기를 소지하고 전사층을 형성하였고, 부여 군사력의 근간은 호민 이상의 전사들이었다고 보고 있는 셈이다.

우리 고고학계 일각에서는 기원후 1세기대 유수 노하심 유적의 고고학적 분석을 통해, 이 점을 논증하고자 하고 있다.〔오영찬, 1999〕 즉 이 견해는 이곳 피장자의 신분은 부장품의 질과 양, 상징적 유물의 부장여부를 기준으로 4등급으로 구분, 전체 유적을 호민 이상의 묘역으로 파악하고 있다.

그러나 '명하호론'이 더 높은 설득력을 담보하기 위해서는 무엇보다도 우리 학계 다수가 전거로 삼고 있는 사료 (1)에 갈음하여 사료 (2)를 선택하게 된 근거를 더 명확히 밝힐 필요가 있다고 판단된다. 또 귀속적 신분(歸屬的 身分 : ascribed status) 체계가 가동되던 당시의 상황 아래에서 재산의 다과(多寡)가 인간계층 분별의 기준으로 어떻게 실효적으로 작용했는지에 관한 더 분명한 해명이 뒤따라야 할 것이다.

한편 종래 우리 학계는 부여의 왕(王)이 대외의존적이며 제가(諸加)들에 의해 제약을 받았던 연맹왕적(聯盟王的) 성격을 갖는 존재로 이해되어 왔다. 그러나 최근의 한 연구는 부여의 왕위 계승이 2세기 초 이래 이미 적자상속(嫡子相續)이 이루어지고 있었고, 대외관계의 측면이나, 국가 여러 기구의 운영상을 통해 볼 때 부여왕은 국내외적으로 자율성을 갖춘 국가(state) 단계의 왕권을 갖고 있었음을 논증하고 있다. 〔박대재, 2008〕

지배구조를 비롯한 부여사의 해명과 관련 고고학 자료보다 더욱 중시되는 것은 문헌 자료이며, 항시 그 신뢰성에 대한 논의가 있어 왔다. 최근 한 연구는 『삼국지』 부여전을 검토하여, 찬자인 진수(陳壽)가 기존 사료를 재정리하여, 자신의 간결한 문장으로 서술하면서 주 자료였던 『위략(魏略)』의 해당 기록을 상당 부분 누락시키고, 기사의 순서를 변개하였으며, 이 과정에서 본래 문장의 구성과 전후 문맥이 지닌 의미도 훼손되었을 것으로 추정함으로써, 『삼국지』의 사료적 한계를 규명한 바 있다.〔윤용구, 2008〕

사료 해석의 문제와 관련하여, 중국 학계는 『삼국지』 부여전의 영고(迎鼓)가 "은정월(殷正月)"에 열렸음을 근거하여 부여가 은력(殷曆)을 사용한 은인(殷人)의 나라임을 강변하곤 한다. 그러나 최근 부여가 실제로 중국에서도 거의 채택되지 않았던 은력을 사용했다기보다는, 당시 중국과 비교해서 부여에서는 새해를 한 달 먼저 시작했기 때문에 부여가 하정(夏正)보다 한 달 빠른 은정(殷正)을 사용한 것처럼 중국에서 인식한 것으로 풀이하는 연구성과가 나와 주목된다.〔박대재, 2009〕

2) 부여의 국가성격

부여는 예족을 중심으로 국가를 형성하여 기원후 494년에 이르기까지 수차례에 걸친 국망 직전의 상황을 감내하면서도 의연히 그 국명을 보전해 왔다. 우리 학계 일각에서는 이 사실이 역설적으로 부여국가의 지배구조 운영을 담당한 제 세력집단의 원심성과 다원성 및 그로부터 야기된 집중적 국가권력 운용 역량의 미숙성에서 힘입은 바 큼을 시사한다고 보고 있다.〔박경철, 1994, 1996〕

이 문제와 관련 이 견해는 부여국가 지배질서에서 공적 지배영역에 포섭된 국가공민인 민(民)의 존재보다 지배계층의 사적(私的) 지배영역에 전속(專屬)되는 집단예속민적인 하호의 존재가 더욱 광범위하였음을 지적하고 있다. 따라서 이 견해는 부여가 고구려를 상대로 한 동북아시아 지역에서의 패권쟁탈전에서 끝내 좌절하고 만 것은 고구려에 비해 자기 국가 지배계층의 사적 지배권하에 예속되어 있던 이 하호들을 그 국가권력의 공적 지배영역에 귀일하는 민으로 수렴·재편하는 정책을 효율적으로 집행·관철하는 데 실패한 사실과 무관하지 않은 것으로 본다.

한편 부여가 연맹체적 단계에서 중앙집권적 국가로 성장해 가는 왕권에 의한 강력한 중앙집권체제를 확립하지 못하였던 것으로 파악하는 견해도 제시되고 있다.〔송호정, 1997, 1999〕곧 이 견해는 부여사회의 지방세력이 중앙에 대해 독자적인 권한을 가지고 있었고, 중앙 부족은 지방세력을 인정하고, 이와 연맹하여 국가체제를 유지해 나갔던 것으로 이해한다. 또 이 견해는 5부 대가(大加)들의 연합체인 부체제(部體制)하의 고구려국가가 중앙집권체제의 진전도에서 부여의 사출도(四出道)체제보다 우월한 그것이었다고 본다.

부여문화와 포자연식문화의 상관성에 주목하는 견해는 부여를 건국한 지배집단이 토착 예맥계와 구분되는 종족계통이었을 가능성이 높으나, 그 이후 점차 융합과정을 거쳐 지배집단 역시 예맥계에 포섭되었을 것으로 이해한다.〔오강원, 2000〕또 이 견해는 부여의 지배집단이 군사집단적 성격이 강하였던 점을 서풍 서차구 유적을 통해 검토하고 있다. 따라서 이 견해는 이들이 초창기에는 몇 개의 군사거점을 중심으로 주변을 군사적으로 지배하다가 이후 점차 토착화되어 안정적 국가체계를 갖추었을 것으로 보고 있다.

이런 인식은 서단산문화에서 포자연식문화로의 계기적(繼起的) 진전 사실여부에 대한 회의적 입장에서 비롯된 것으로 비쳐질 수도 있다. 그런데 당시 역사의 장(場)에서 지배집단의 실체와 문화가 갖는 역할과 비중을 헤아릴 때, 이 문제가 부여국가 및 사회 주도집단의 종족적 정체성의 해명 노력과 무관하지 않다는 점에서 그 논의의 향방이 주목된다.

6. 부여사 인식의 새로운 지평을 기약하며

종래 우리 학계의 상고사 및 고대사 인식체계에 고조선·삼한·삼국이 점하는 위상에 비하여 부여사의 그것은 상대적으로 초라할 수밖에 없었다. 이러한 현상이 다만 문헌 및 고고학 자료의 부족에서 비롯된 것만은 아니다.

위에서 살펴본 바처럼, 우리 학계는 올바른 부여사상(扶餘史像)의 정립노력을 둘러싸고 여러 가지 상이한 견해들을 개진하고 있다. 특히 '북부여·동부여·부여'의 실체 및 이를 매개로 엮어지는 부여사 전개의 인식체계 문제가 그러하고, 부여 국가·사회 성격 해명의 실마리가 되는 '민/하호' 문제 역시 그 견해의 틈이 작다고만은 볼 수 없다. 더구나 이 두 가지 문제는 부여사상의 재구성을 위해서는 반드시 명쾌히 해명되고 넘어가야 할 문제들이다. 그뿐만 아니라 '부여 문화'의 실상 또한 명쾌히 밝혀지지 않고 있는 실정이다.

어쩌면 본고의 유일한 수확은 연구자 사이에 존재하는 시각차에 따른 반드시 극복해야만 할 이 크나큰 틈의 존재확인 자체일지도 모른다. 이를 위하여 모든 연구자들은 열린 마음을 가지고, 거시적 접근과 미시적 분석이라는 균형 잡힌 연구 자세를 잃지 말아야 할 것이다.

부여사 해명과 관련하여, 쉽게 지나칠 수 없는 것이 외국 자료들에 대한 비판적 인식 노력의 필요성이다. 최근 우리 학계가 연구상 따르는 여러 애로점을 타개하고 그 연구 시야를 확대하고자 중국 등에서 행해진 연구성과들을 과감히 수용·원용하고 있음은 주목에 값할 만한 사실이다. 그러나 그에 따른 위험부담이 그만큼 증폭되고 있다.

왜냐하면 새로이 제시되는 자료들이 던져주는 현장성과 '참신성'이라는 바로 그 점 때문에 그들의 논지를 잘못 이해하게 되면, 우리의 부여사 인식 노력은 큰 혼란이 빚어질 가능성이 그만큼 커지게 됨도 분명한 사실인 까닭이다.

부여를 찾기 위한 우리의 발걸음에 오늘날 새로운 장애물이 나타나고 있다. 최근 중국 학계가 수행 중인 동북공정의 존재가 바로 그것이다. 곧 중국 학계는 현재 자기들의 역사 해석 지침인 통일적 다민족국가론을 한층 굴절·강화시키고 있는 중이다. 저들은 고구려사를 매개고리로 고조선·부여·발해의 역사적 정체성을 해체시켜, 우리의 역사를 중국의 역사주권 아래로 재구성하려는 의도를 노골적으로 드러내놓고 있다.〔시노하라 히로카타, 2008〕

예컨대 최근 누증하는 중국 동북 지방 고고학 자료의 양적 방대함과 질적 난삽성을 목도하는 연구자들로서는 이들의 연구준칙으로서 주목되는 '구계유형론(區系類型論)'〔송호정, 1999 ; 강인욱, 2005〕이 갖는 함의를 숙지할 필요성을 깨닫게 되었으며, 현재 미흡하게나마 그 가시적 성과도 나타나고 있다. 앞으로 우리 학계는 이런 노력의 온축 위에서 동북 지방 고고학 자료의 '중심'과 '균형'이 잡힌 '해체와 재구성' 작업을 통하여 부여사를 포함한 참된 동북아시아사 해명에 박차를 기할 수 있으리라 기대해 본다.

그러므로 우리 학계가 중국자료를 비롯한 여타 외국에서의 연구성과를 이용하는 데 어느 때보다도 자아준거적 시점을 확고히 견지할 필요성이 있음을 다시 한 번 강조해 두고자 한다. 특히 고고학 자료가 갖는 여러 가지 문제점들은 우리 고고학계의 분발을 촉구함과 동시에 문헌사학과 고고학의 공동연구의 필요성을 새삼 환기시켜 주고 있다.

더 나아가 부여사에 대한 접근은 문헌사학·고고학만이 감당하기에는 그 시·공간적인 범위가 지나치게 멀고 크고 넓다. 따라서 이 문제 해명에는 동양사학·알타이(Altai)학·언어학·인류학 등 인접학문과의 학제 간 연구의 필요성이 새삼 중요시됨을 거듭 지적하고자 한다.

부여사는 위만조선 국망(108년 B.C.) 이후 기원전 37년 고구려가 출현할 때까지 우리 민족·국가사의 연결고리로서 새삼 주목되어야 한다. 따라서 우리 학계는 고조선 멸망 이후 삼국성립 사이 우리 민족사에서 국가의 흠결(欠缺)이라는 단선론적 계통론에 의한 역사계승론을 지양하여야 한다. 나아가서 우리 학계는 예맥문화권 내 여러 집단의 '발전의 불균형성'을 전제로 한 여러 세력집단의 공시적 병존 가능성을 인정한 위에서의 통시적 계기성에 입각한 한국사 인식체계 정립을 위한 관심의 연장선상에서 이 시기 부여사가 함축하고 있는 역사적 유의미성을 부각·제고·검증하고자 하는 노력을 아끼지 말아야 할 것이다.

마지막으로 오늘날 전변하는 국제정세와 더불어 우리의 연구 환경도 급변하고 있다. 우리 학계가 이러한 상황에 능동적으로 대응하기 위해서는 고대 동북아시아 역사·문화의 전반적인 흐름 속에서 선사문화를 포함한 고조선·부여·고구려·발해 등 우리 민족·국가사와 문화의 정체성·가치성을 자리매김하기 위한 거시적·체계적인 연구전략을 수립하고, 이를 실천하고자 노력해야 할 것이다.〔박경철, 2005〕

보론 : 옥저와 동예

옥저(沃沮)와 동예(東濊)는 고조선·부여·고구려와 그 기저문화를 같이하는 예맥계 주민집단에서 비롯된 세력들로서 우리 역사인식 지평의 먼발치에 포착됨은 어제 오늘의 일이 아니다. 곧 옥저와 동예는 청동기시대 이래 한반도 동북부·연변(延邊)·연해주(沿海洲) 지방을 공간적 무대로 고조선·한(漢)·읍루·고구려 등 주변 여러 세력과 일정한 상관 관계 아래 겨레 역사의 흐름에서 나름대로 온당한 몫을 꾸려왔던 것이다. 그러나 이들 세력에 대한 연구 역시 부여사 못지않게 부진한 실정이다.

관련 사료에 따르면 옥저는 '북옥저·동옥저·남옥저'로 분별·인식되고 있었다. 우리 학계는 이 옥저의 위치와 관련하여 '동옥저＝남옥저'의 입지를 함경북도 남부 및 함경남도 해안 지방, 특히 함흥평야 지방으로, 그리고 '북옥저'의 그것을 두만강 연안 및 연변 지방 그리고 연해주 남부 지역 일대로 비정함을 정설화하고 있다.〔이기백·이기동, 1983 ; 박경철, 1994b ; 이현혜, 1997〕 한편 우리 학계는 동예의 위치를 강원도 북부 지방 및 한반도 북부의 중앙고원지대로 비정하고 있다.

옥저와 동예는 그 지정학적 조건에 다방면으로 작용하는 외압의 존재가 상승작용을 일으키면서 정치적 통합을 위한 상호 간의 연결 노력을 가로막아 여러 읍락을 중심으로 하는 점재고립적(點在孤立的)인 '국가(state)' 성립 단계 이전의 정치조직체(polity) 수준을 유지하고 있었던 것으로 파악된다. 곧 우리 학계〔김철준, 1978 ; 이기백·이기동, 1983〕는 이러한 옥저·동예의 정치발전 수준을 기원후 3세기경까지 '부족연맹' 이전의

'부족국가' 단계로 파악하거나, 여러 '성읍국가'가 존재했던 것으로 추정하고 있다. 그런데 옥저에는 비록 '대군왕'은 없지만 읍락마다 '삼노(三老)'라 지칭되는 '거수(渠帥 : 우두머리)'가 있었다는 점과 동예에 '책화(責禍)'라는 읍락단위의 배상제도가 존재하고 있었던 사실은 당시의 이들 사회가 개개 읍락을 정치적 · 경제적 기저단위로 하는 여러 정치조직체가 병존하는 '군장사회(chiefdom)' 단계 수준에 처하고 있었다고 파악할 수도 있다.〔박경철, 1994b〕

한편 우리 학계는 옥저가 일찍부터 위만조선 · 한 세력의 영향권으로 편입된 바 있음에 주목하여, 특히 현존하는 중국 측 사료가 적시하고 있는 한군현(漢郡縣)의 이 지역에 대한 분리 · 지배 정책과 경제적 수탈의 결과 옥저와 동예사회에서의 정치적 발전 노력이 지체 · 좌절되었음을 밝힌 바 있다.〔김철준, 1978 ; 이기백 · 이기동, 1983 ; 이현혜, 1997〕 그러나 무엇보다도 이 지역에 대한 고구려의 독점적 지배권 획득기도와 이에 걸림돌이 되는 여러 세력 간의 경합 · 갈등한 등상에 대한 해명도 선차성을 요하는 과제가 될 것이다.〔박경철, 1994 ; 이현혜, 1997〕

이들이 남긴 문화와 관련해서는 최근 중국뿐만 아니라 러시아 고고학계의 연구성과에 주목할 필요가 있다. 곧 우리 학계 일각〔최몽룡 · 이현종 · 강인욱, 2003〕에서는 단결문화와 동질적인 크로우노브카문화를 매개로 북옥저인들의 구체적 존재 형태에 접근하고 있다.

또 러시아의 한 연구〔데. 엘. 브로단스끼, 1996〕는 이들 북옥저인들과 항시 갈등관계 속에 있었던 읍루의 존재를 '연해주의 폴체문화'를 통해 추적하고 있다.

이러한 연구 경향은 최근 더욱 심화되고 구체화된 성과로 나타나고 있다. 최근 러시아 고고학자와의 공동 연구의 성과는 고아시아-퉁구스

로 대표되는 극동민족의 두 흐름이 평지성 농경취락집단이고 경질무문
토기로 대표되는 옥저계 문화와 좀 더 호전적이며 고지성 성지를 만들
던 폴체계 문화로 분별된다고 본다. 또 이 견해는 이들 모두 기원전
2~1세기대에 복합사회로 이어져 커다란 두 세력을 이루었다고 본다.
또 이에 따르면, 폴체계 문화는 물길-말갈로 이어지는 반면, 옥저계의
크로우노프카문화는 기원전 4~2세기에 남하하여 한반도 중부까지 파
급되어 원삼국기에는 중부 지방 경질토기문화권을 형성하며, 같은 시
기 연해주-아무르 지역에는 말갈문화가 형성된다고 보고 있다.〔강인욱·
김재윤·클루예프, N.A.·수보티나, A.L., 2008〕

한편 우리 고고학계 일각〔이홍종, 1998〕에서는 '위말갈(僞靺鞨)'의 실체
를 동예로 보고, 이들을 영동(嶺東) 지방과 남한강·북한강 유역에서 무
문토기의 전통을 잇고 있던 중도식토기(中島式土器) 집단이라 구체적으
로 논증하고 있다.

박경철

‖참고문헌‖

강인욱, 2009, 「靺鞨文化의 形成과 2~4세기 挹婁·鮮卑·夫餘系文化의 관계」, 『高
　　句麗渤海硏究』33.
강인욱·김재윤·클루예프, N.A.·수보티나, A.L., 2008, 『고고학으로 본 옥저문
　　화』, 동북아역사재단.
공석구, 1990, 「廣開土王陵碑의 東夫餘에 대한 考察」, 『韓國史硏究』70.
김정배, 1991, 「豆莫婁國 硏究 : 扶餘史의 連結과 관련하여」, 『國史館論叢』29.
김철준, 1978, 「部族國家의 成長」, 國史編纂委員會 編, 『한국사 2 : 민족의 성장』.

노태돈, 1989, 「扶餘國의 境域과 그 變遷」, 『國史館論叢』 4, 국사편찬위원회.

데.엘.브로단스끼 著, 鄭烯培 譯, 1996, 『沿海州의 考古學』, 學研文化社.

리지린·강인숙, 1976, 『고구려사 연구』, 평양, 사회과학출판부.

박경철, 1992, 「扶餘史展開에 關한 再認識試論」, 『白山學報』 40.

_____, 1994a, 「부여사의 전개와 지배구조」, 『한국사 2 : 원시사회에서 고대사회로-2』, 한길사.

_____, 1994b, 「보론: 옥저·동예·읍루」, 『한국사 2 : 원시사회에서 고대사회로-2』, 한길사.

_____, 1996, 「扶餘國家의 支配構造 考察을 위한 一試論」, 『韓國古代史研究』 9.

_____, 2004, 「扶餘史 研究의 諸問題」, 이성규·신종원·박경철·임기환·오강원·이청규, 『동북아시아 선사 및 고대사 연구의 방향』, 학연문화사〔韓國精神文化研究院, 2004, 『동북아시아 선사 및 고대사 연구의 방향에 대한 학술회의』〕.

_____, 2005, 「새로운 扶餘史像 定立을 위한 몇 가지 課題」, 『先史와 古代』 23.

박대재, 2008, 「夫餘의 왕권과 왕위계승 : 2~3세기를 중심으로」, 『韓國史學報』 33.

_____, 2009, 「三韓의 '臘日祭祀'와 부뚜막신앙」, 『韓國史學報』 37.

박상빈, 1996, 「중국 동북지방 西團山文化의 무덤 연구」〔檀國大學校 大學院 史學科 考古學 專攻, 碩士學位論文〕.

박승범, 2009, 「夫餘國의 신화적 변동과 東明神話의 시·공간적 推移」, 『韓國史學報』 37.

박양진, 2005, 「考古學에서 본 夫餘」, 『韓國古代史研究』 37〔2004, 『제6회 한국고대사학회 하계세미나 : 고대 동아시아에서 본 扶餘』〕.

박진욱, 1988, 『조선고고학전서 : 고대편』, 평양, 과학백과사전종합출판사.

서영수, 1988, 「廣開土王陵碑文의 征服記事의 再檢討(中)」, 『歷史學報』 119.

송기호, 2005, 「扶餘史 연구 쟁점과 자료 해석」, 『韓國古代史研究』 37〔2004, 『제6회 한국고대사학회 하계세미나 : 고대 동아시아에서 본 扶餘』〕.

송호정, 1997, 「Ⅲ. 부여」, 『한국사 4 : 초기국가-고조선·부여·삼한』, 국사편찬위원회.

_____, 1999, 「Ⅶ. 고고학 자료를 통해서 본 부여의 기원과 그 성장과정」, 김시준 외, 『한반도와 동북 3성의 역사 문화』, 서울대학교출판부.

시노하라 히로카타, 2008, 「중국 학계의 韓國上古史 인식 : 古朝鮮史·夫餘史를 중심으로」, 『先史와 古代』 29.

오강원, 2000a, 「中滿地域의 初期鐵器文化: 泡子沿式文化의 成立과 展開樣相-文化背景 및 夫餘 문제와 관련하여」, 韓國上古史學會, 『전환기의 고고학 Ⅲ: 歷史時代의 黎明: 第24回 韓國上古史學會 學術發表大會』.

_____, 2000b, 「西團山文化의 圈域에 관한 硏究」, 『韓國上古史學報』 33.

_____, 2007a, 「西團山文化의 社會構造와 發展段階에 관한 試論」, 『先史와 古代』 26.

_____, 2007b, 「서단산문화의 농경과 생업경제」, 『韓國上古史學報』 57.

_____, 2007c, 「西團山文化와 吉林 中部地域 初期鐵器文化 諸類型 間의 文化的 相關關係」, 『震檀學報』 104.

오영찬, 1999, 「Ⅷ. 楡樹 老河深 유적을 통해 본 부여 사회」, 김시준 외, 『한반도와 동북 3성의 역사 문화』, 서울대학교출판부.

유태용, 2004, 「豆莫婁國 興亡史 硏究 試論」, 『白山學報』 70.

윤용구, 2008, 「"三國志" 夫餘傳의 문헌적 검토」, 윤용구·김기섭·이성제·임기환·정재윤·김성숙, 『부여사와 그 주변』, 동북아역사재단.

이기동, 2005, 「한국민족사에서 본 부여」, 『韓國古代史研究』 37〔2004.7, 『제6회 한국고대사학회 하계세미나 : 고대 동아시아에서 본 扶餘』〕.

이기백·이기동, 1983, 『韓國史講座(Ⅰ): 古代篇』, 一潮閣.

이병도, 1959, 震檀學會 編, 『韓國史 古代篇』, 乙酉文化社.

이종수, 2001, 「吉林 中部地域 初期鐵器時代 文化遺蹟 硏究」, 『百濟文化』 30.

_____, 2003, 「夫餘城郭의 特徵과 關防體系 硏究」, 『白山學報』 67.

_____, 2004a, 「夫餘文化研究」, 吉林大學文學院, 博士學位論文.

_____, 2004b, 「松花江流域 初期鐵器文化 硏究 Ⅰ」, 『博物館紀要』 19.

_____, 2005a, 「松花江流域 初期鐵器文化 硏究 Ⅱ: 西荒山屯古墳群을 중심으로」, 『先史와 古代』 22.

_____, 2005b, 「高句麗의 夫餘진출과정 연구」, 『高句麗研究-廣開土太王과 東아시아 世界』 21.

_____, 2009a, 「무덤의 변화양상을 통해 본 부여사 전개과정 고찰」, 『先史와 古代』 30

_____, 2009b, 「松嫩平原地域 靑銅器文化의 寶庫 白金寶」, 『한국청동기학보』 5,

이현혜, 1997, 「Ⅳ. 동예와 옥저」, 『한국사 4: 초기국가-고조선·부여·삼한』, 국사편찬위원회.

이홍종, 1998, 「≪三國史記≫ '靺鞨' 기사의 고고학적 접근」, 『韓國史學報』 5.

이홍직, 1959, 「高句麗의 興起」, 『국사상의 제문제』4·5.

정운룡, 1991, 「부여의 판도와 예맥문화권」, 『展望』52.

최몽룡·이헌종·강인욱, 2003, 『시베리아의 선사고고학』, 주류성

황기덕, 1984, 『조선의 청동기시대』, 평양, 사회과학출판사.

董學增·李澍田, 1984, 「略談西團山文化的族屬問題」, 『東北師大學報(哲學社會科學版)』1984-2.

武國勛, 1983, 「扶餘王城新考;前期夫餘王城的發現」, 『黑龍江文物叢刊』1983-4.

李健才, 1982, 「夫餘的疆域和王城」, 『社會科學戰線』1982-4.

張博泉, 1981, 「夫餘史地叢說」, 『社會科學輯刊』1981-6.

張忠培 主編, 2009, 『肇源白金寶-嫩江下游一處靑銅時代遺址的揭示』, 科學出版社.

삼한의 기원과 국가형성

1. 삼한 인식의 과거와 현재

삼한(三韓)은 각각 백제·신라·가야의 모태가 된 마한(馬韓)·진한(辰韓)·변한(弁韓, 卞韓)을 가리킨다. 『삼국지(三國志)』 및 『진서(晉書)』 동이전(東夷傳)에 의하면, 삼한은 대방군(帶方郡) 이남 지역에서 기원후 300년을 전후한 시기까지 존속하였던 것으로 확인된다.

3세기 후반 중국 진(晉)나라의 진수(陳壽)가 편찬한 『삼국지』〔위지〕 동이전은 삼한사 연구의 기본사료로, 5세기에 편찬된 『후한서(後漢書)』와 7세기에 편찬된 『진서』 동이전의 근간이 되었다.

삼한 가운데 문헌 기록에 제일 먼저 등장하는 것은 진한이다. 2세기 말에 후한의 복건(服虔)이 남긴 『한서(漢書)』 무제기(武帝紀)의 주(注)에서 '진한(辰韓)' 기록이 확인되는데〔박대재, 2005〕, 이것은 삼한에 대한 현존 최고(最古) 사서인 『삼국지』 동이전보다 1백 년 정도 앞서는 것이다.

한편 '삼한(三韓)' 용어가 보이는 가장 오래된 사서는 3세기 전반 오

(吳)나라의 사승(謝承)이 편찬한 『후한서(後漢書)』다. [坂田隆, 1989] 240년 무렵 편찬된 사승의 『후한서』는 일찍이 유실되었고, 몇 편의 일문만 『태평어람(太平御覽)』 등에 인용되어 현재 전해지고 있다. 『태평어람』 권33의 기록에 의하면, 사승의 『후한서』 동이열전에 "삼한의 풍속에 납일(臘日)이 되면 집집마다 제사를 지냈다(三韓俗以臘日家家祭祀)"라고 했다. [박대재, 2009a] 주지하듯이 『삼국지』에는 삼한에서 5월과 10월에 농경과 관련하여 제의를 올렸다고 하였으나 납일제사에 대해서는 기록이 없다.

중국 한대의 납일은 동지(冬至) 후 세 번째 술일(戌日)이었다. 삼한에서 정월, 5월, 10월, 섣달과 같은 1년의 월차에 대한 인식은 존재했지만, 한대 역법의 납일에 대한 인식은 아직까지 수용되지 않았다. 따라서 삼한에서 꼭 납일을 정해 제사를 올렸다기보다는 중국의 납일제사와 같은 풍속이 삼한의 민간에서 행해지고 있었다고 보는 쪽이 합리적일 것이다. 고대 중국에서는 납일에 조상신과 가신(家神)인 5사(祀)를 제사하였는데, 특히 후한 이후에는 가신 중에서 부엌신인 조신(竈神)을 제사하는 풍속이 민간에서 유행하였다. 이와 관련해 『삼국지』 동이전 한조의 말미에 "조(竈)를 문의 서쪽에 두었다"라는 기록이 보이거니와, 최근 고고학적으로도 삼한 지역의 주거지 유적에서 부뚜막 시설의 존재가 다수 확인되고 있다. 삼한의 부뚜막 구조를 보면 부뚜막 연소부 우측 또는 좌측 상단에서 점토로 만든 단이 확인되는데, 이것은 토기를 올려놓는 장소로 이용되었다. [이홍종, 1993] 이 토기 단은 우리 전통 민속에서 부뚜막신인 조왕(竈王)의 신체로 모셔지던 조왕중발을 올려놓기 위해 부뚜막 뒤에 설치했던 돈대와 흡사한 것이다. 삼한의 부뚜막 시설에서 조왕을 모셨던 흔적은 최근 전라남도 곡성군 오지리 유적 부뚜막 위에서 출토된 소형의 완(주발)을 통해서도 확인할 수 있다. 따라서 사승의 『후한서』

동이열전에 보이는 기록은 삼한에서 행해지던 부뚜막신에 대한 민간의 제사풍속과 관련된 것으로 이해된다.〔박대재, 2009b〕

삼한사의 대강을 살펴보기에 앞서 기존 연구의 큰 흐름을 먼저 짚어보고자 한다. 삼한에 대한 역대 인식의 흐름은 다음과 같이 크게 4시기로 구분해 살펴볼 수 있다.

제1기 [7세기~16세기]

먼저 삼한을 고구려·백제·신라 등 삼국과 결부시켜 보았던 7세기부터 16세기까지의 오랜 시기를 제1기라고 볼 수 있다. 7세기부터 삼한은 그 원래 뜻에서 벗어나 '삼국' 내지 '해동(海東)'을 뜻하는 용어로 바뀌었으며, 나아가 통일신라와 고려시대에는 '일통삼한론(一統三韓論)'의 정치적 이데올로기가 더해지면서 삼한을 삼국으로 보는 시각이 고착되었다.〔노태돈, 1982〕 이와 같은 '삼한=삼국설'에 의하면 삼한 중 마한이 고구려와 연결되거나, 또는 변한이 고구려와 연결되는 등 고구려도 삼한사의 범주에서 인식되었다.〔박성봉, 1990〕 특히 최치원은 일통삼한론의 연장선상에서 마한과 고구려를 연결시켜 인식했는데, 이것은 7세기 후반 익산 지역에 정착했던 고구려의 유민 세력인 보덕국(報德國)의 존재와 관련될 것으로 추정된다. 그러나 이러한 제1기의 시각은 사료에 근거한 학문적 접근이라기보다는, '일통삼한론'에서 보는 바와 같이 통일신라의 삼국통합정책이나, 고려의 후삼국통합정책 등 당시의 정치 이데올로기가 반영된 사론(史論)에 가까운 것이었다.

제2기 [17세기~19세기]

전통적인 '삼한=삼국'의 시각에 변화가 일어나기 시작한 것은 17세기 초 한백겸(韓百謙, 1552~1615)의 『동국지리지(東國地理誌)』부터다. 한백겸은 삼한의 위치를 북쪽의 고조선과 대비하여 한강 이남으로 한정하고, 마한을 호서·호남[경기·충청·전라도]으로, 진한을 경상도 동북지역, 변한을 경상도 서남 지역으로 비정하여, 기존의 북쪽 지역[고구려]까지 삼한으로 보았던 시각을 비판했다. 그리고 이것을 이어받아 정약용(丁若鏞, 1762~1836)은 『강역고(疆域考)』에서 변진[변한]이 가야의 전신이라는 점을 밝히고, 낙동강을 기준으로 진한과 변한의 위치를 더욱 분명하게 제시하였다. 현재 학계에서 통설로 받아들여지고 있는 삼한의 위치는 바로 이러한 조선 후기 실학자들의 지리고증을 바탕으로 한 것이다.

다른 한편으로 17세기 이후에는 홍여하(洪汝河, 1621~78)의 『동국통감 제강(東國通鑑提綱)』이래 '삼한정통론(三韓正統論)'이 대두하는 시대적 특징을 보인다. 삼한정통론은 이른바 '기자조선(箕子朝鮮)'의 마지막 왕인 준왕(準王)이 위만의 반역으로 인해 남쪽으로 망명해 '마한'을 세웠다고 한 『후한서』기록에 근거한 것으로서, 기자조선-마한[삼한]으로 이어지는 계통에서 우리 고대사의 정통성을 세우려는 시각이었다.[김정배, 1986] 이러한 삼한정통론은 '기자'의 역사적 위치를 강조하는 유학자적 역사 인식의 발로라고 할 수 있다. 이처럼 제2기에는 삼한의 지리 문제에 실증적으로 접근하는 실학자적 시각과 함께 전통적인 유학자적 시각에서 삼한의 역사적 정통성을 주장하는 입장이 혼재해 있었다.

제3기 [일제강점기~1960년대]

다음으로 근대적인 삼한 연구가 시작된 제3기는 신채호의 「전후삼한고(前後三韓考)」로부터 문이 열렸다. 그는 일제강점기 민족의 역사적 정체성을 고취하려는 차원에서, 삼한의 역사를 중국 동북 지방[만주]에 있었던 고조선, 즉 '전삼한(前三韓)'까지 소급하여 민족사의 시·공간을 확대해 보려고 하였다.〔신채호, 1925〕 이러한 '전후삼한설'은 삼한의 지명이 중국 동북 지방에 분포한 것으로 기록된 『요사(遼史)』 지리지, 『만주원류고(滿洲源流考)』 등 만주계 사서에 근거한 것이었다. 고조선 고지에 있었던 '북삼한(北三韓)'이 남하 이동하여 한강 이남의 삼한이 되는 과정을 고찰한 근래의 '삼한이동설'〔천관우, 1989〕도 바로 이 '전후삼한설'의 재현이라고 할 수 있다.

그러나 1930년대 후반 이병도의 「삼한 문제의 신고찰」이라는 노작이 발표되면서, 삼한의 위치는 한반도 중부 이남 지역으로 한정해 보아야 한다는 시각이 다시 대세를 점하게 된다. 그는 진한을 지금의 경기도 광주를 중심으로 경기도 전부와 강원도 일부분을 포함하는 지역에 비정하고, 그 남쪽의 충청·전라도 지역을 마한으로, 경상도 지역을 변한으로 보았다.〔이병도, 1976〕 삼한을 한강 이남 지역에 비정하여 조선 후기의 인식으로 회귀하는 듯했으나, 사실은 진한을 백제의 전신으로 파악함으로써 전통적인 '진한→신라'의 통념을 완전히 뒤집는 것이었다. 이에 대해 1950~60년대에 문헌과 고고학 자료를 근거로 다각도의 비판이 가해지면서, 진한의 위치는 경상도 동북부 지역, 즉 신라 고지로 다시 정립되었다.〔김정배, 2000 ; 정중환, 2000〕 진한의 위치를 소백산맥 이북까지 확대해 보려는 시각이 최근 제기되기도 하지만, 대체로 소백산맥 이남의 신라 고지를 진한 지역으로 보고, 백제 고지를 마한 지역으로, 가야 고지를 변한 지역으로 보는 것이 학계의 통설이다.

제4기 [1970년대 이후]

삼한의 위치 문제가 1960년대에 일단락되면서 1970년대 이후 본격적으로 삼한연구가 심화되었다. 제4기인 1970년대 이후의 연구성과는 여기서 일일이 검토할 수 없을 정도로 다양하고 광범위하다. 그 가운데 특히 두드러지게 나타난 경향으로, 먼저 '성읍국가'·'군장사회'·'읍락'·'국'〔소국·대국〕·'연맹체'·'연맹왕국' 등의 개념을 통하여 삼한사회의 발전과정을 살핀 '국가형성론'의 흐름을 주목할 수 있다.〔이현혜, 1984 ; 김정배, 1986 ; 천관우, 1989 ; 권오영, 1996 ; 문창로, 2000 ; 노중국, 2002 ; 이희준, 2002 ; 박대재, 2005〕

다음으로 1990년대에 들어와 특히 고고학계에서 두드러지게 나타난 경향으로 '삼한시대론(三韓時代論)'을 거론할 수 있다. '원삼국시대(原三國時代)' 개념의 문제점을 지적하면서 그 대신 『삼국지』동이전 등 문헌기록을 원용하여, '기원전 2세기'부터〔신경철, 1989〕 또는 '기원전후'부터〔최종규, 1995〕 기원후 3세기까지를 '삼한시대'로 보자는 것이었다. 그런데 최근에는 기원전 3세기 점토대토기 문화부터 3세기 말까지 6백 년간을 '삼한시대'로 보는 경향이 강하다.〔신경철, 1995b ; 이재현, 2003〕

마지막으로 1990년대 후반 이후 두드러지고 있는 경향으로, 중국과의 관계를 중심으로 삼한을 바라보는 시각이다. 특히 이러한 시각은 246년에 중국 위(魏)나라가 진한 8국의 관할 소속을 대방군에서 낙랑군으로 바꾼 조치에 반발해 일어난 마한의 대방군 기리영(崎離營 ; 황해도 평산) 공격사건의 주체 문제를 둘러싼 논의에서 두드러지게 나타나고 있다.〔윤용구, 1999 ; 윤선태, 2001〕 사실 이러한 접근 방식은 제2차 세계대전 이후 일본학계에서 대두한 중국 중심의 '동아시아세계론'과 일맥상통하는 면이 있다. 이러한 논지의 연장에서 진왕(辰王)을 중국군현과 삼한의 관계를 조정하는 한족(韓族)의 대외적 최고수장으로, 요동의 공손씨(公孫氏) 정권으로부터 책봉받은 왕호라고 보기도 한다.〔武田幸男, 1995~96〕 이러한 시각은 삼한을 동아시아의 넓은 시야에서 조감할 수 있다는 긍정적인 면도 있지만, 상대적으로 삼한 토착세력의 기원과 내재적 발전 과정에 대한 주목은 부족하다고 할 수 있다.

1970년대 이후는 삼한 관련 고고학 자료가 눈에 띄게 축적되면서 삼한사의 지평이 역사학에서 고고학 쪽으로 확대되고 있다. 과거 제3기까지의 연구가 주로 문헌 사료를 바탕으로 한 것이라면, 현재 제4기는 고고학 쪽이 선도하는 위치에 있다고 해도 과언이 아니다. 이에 아래에서는 문헌사의 연구성과를 기초로 하고 거기에 최근의 고고학 자료를 보강하면서 삼한사의 대강을 정리해 보고자 한다.

2. 삼한의 기원 문제

1) 중국(衆國)과 진국(辰國)의 문제

『삼국지』 동이전에 의하면 삼한 중 진한의 전신으로 진국(辰國)이 먼저 있었다고 한다. 진국은 기원전 1세기 초에 편찬된 『사기(史記)』조선열전부터 등장할 정도로 역사적 유래가 오래된 존재다. 『사기』에 의하면 위만조선 말기〔기원전 2세기 말〕에 '진번 옆의 진국(眞番旁辰國)'이 조선을 통해 한(漢)에 입조하려 했으나, 조선의 우거왕이 길을 막아 가지 못했다고 한다. 그런데 『사기』의 현재 통행본에는 진국이 중국(衆國)이라 되어 있어, 그동안 이를 둘러싸고 많은 논란이 있어 왔다.〔김정배, 2000〕 진국을 실제가 아닌 관념의 소산으로 보는 설〔三品彰英, 1946〕, 중국이 타당하다고 보는 설〔정중환, 2000〕, 절충적으로 중국〔진국〕으로 보는 설〔권오영, 1996〕 등이 제기되었으나, 진국이 원래 기록이었을 것이라 보는

쪽이 우세한 편이다.〔이병도, 1976 ; 이현혜, 1997〕

　현재 통행되고 있는 『사기』의 판본들은 모두 남송(南宋) 경원 2년 (1196)에 황선부에 의해 만들어진 이른바 남송 황선부본(黃善夫本)을 모본 으로 하고 있다. 그래서 현재의 통행본 『사기』에는 한결같이 그를 좇아 중국이라 되어 있다. 한편 진국이라 된 판본은 일본 경도대학 소장 백 납본, 일본 동북대학 소장 경장본 인용 정의본, 『교간사기찰기(校刊史記 札記)』인용 송본 등 현재까지 3종이 알려져 있는데, 이들은 모두 남송 이전의 북송본(北宋本)으로 추정된다. 이런 서지학적 상황 때문에 북송 때까지는 원래 진국이었다가 남송 때 중국으로 잘못 변개된 이후 그 오류가 통행본까지 답습되었다고 보는 것이다.〔이현혜, 1997〕

　그러나 북송 초인 983년에 편찬된 『태평어람』 권780에는 "사기에 이 르길,… 진번 옆의 중국〔史記曰… 眞番旁衆國〕"이라 되어 있어, 북송 때까지 는 진국이었을 것이라고 보았던 기존 통설과 배치되고 있다. 『사기』는 북송 순화 5년(994)에 교감이 시작되어 997년에 처음 간행되었으므로 『태 평어람』에서 인용한 『사기』는 북송본 이전의 고본, 즉 당나라 때의 초본 (抄本 : 필사본) 계통에 해당하는 것이다. 이에 따르면 북송본 이전 당나라 때의 『사기』에는 중국이라 되어 있었던 것이다. 따라서 북송 이전의 원 래 기록이 진국이었다고 단정해 보기 어렵다. 『태평어람』 인용 『사기』와 남송 이후 통행본 『사기』의 중국 기록을 연결해 보면, 오히려 북송본의 진국 기록이 특이한 계통에 속한다고 볼 수 있다.〔박대재, 2005〕

　이처럼 『사기』의 원문을 중국(衆國)이라 보게 되면, 기원전 2세기 말 당시 진번의 근처에 여러 개의 국이 분포해 있었던 것이다. 그런데 1세기 후반에 편찬된 『한서』 조선열전에는 『사기』와 다르게 방(旁)자가 빠진 채 '진번진국(眞番辰國)'이라고 기록되어 있다. 그러므로 『사기』의 원문을 중국이라 볼지라도, 그로 인해 『한서』에 분명히 전하는 진국의 존재를 부정할 수는 없다. 『사기』와 『한서』의 기록을 종합해 보면, 기원전 2세기 말 진번과 함께 여러 개의 국이 있었으며, 그 가운데 가장 저명하게 알려진 대표적인 국이 바로 진국이었다고 이해할 수 있다.〔김정배, 1986〕

진국의 위치는 『사기』나 『한서』의 기록에 근거해 보면, 진번 고지인 황해도 근처의 한강 하류 지역에 비정될 가능성이 높다고 한다.〔노중국, 1987 ; 천관우, 1989〕 그러나 5세기에 편찬된 『후한서』에는 진국이 삼한 전부의 전신이라고 하여, 마치 진국이 삼한 고지 전역에 걸쳐 있었던 것처럼 기록되어 있다. 이 기록을 근거로 진국의 범위를 한강 이남 전역으로 보기도 한다.〔이병도, 1976 ; 사회과학원 력사연구소, 1991〕

그런데 『후한서』의 전거 사서인 『삼국지』에는 앞서 보았듯이 진한만이 옛날의 진국이라 하여, 진국이 진한의 고지인 지금의 경상도 동부 지역에 먼저 있었던 것처럼 나와 있다. 그러나 이러한 『삼국지』의 '진국→진한' 기록에 대해서는 진(辰)자의 공통으로 인해 편찬자가 잘못 연결시킨 것이라고 이해되고 있다.〔이병도, 1976 ; 권오영, 1996 ; 이현혜, 1997〕

한편 고고학적으로는 남한 지역에서 세형동검 문화가 가장 번성했던 금강 유역이 진국의 고지로 일찍부터 주목받아 왔다.〔김정배, 1986〕 최근의 고고학 조사에 의해 공주 봉안리·부여 합송리·장수 남양리 등 기원전 2세기의 초기철기 유적이 발견된 금강 유역은 남한 지역에서 가장 먼저 철기문화를 받아들인 선진지역으로 이해되고 있다.〔권오영, 1996〕 그리고 정치세력의 존재를 시사하는 위세품(prestige goods)인 중국제 전한경(前漢鏡)이 익산 평장리·공주 공산성 등에서 출토되는 점을 보아도, 기원전 2세기 금강 유역은 정치·문화적으로 가장 앞섰던 지역이었던 것으로 이해된다.〔박대재, 2005〕 따라서 현재까지의 고고학 자료에 의하

[그림 1] 부여 합송리 출토 일괄유물[청동기, 철기, 관옥]

면, 기원전 2세기 남한 지역의 대표적 정치체였던 진국은 금강 유역 일대에 위치하였을 가능성이 가장 높다고 하겠다. 이처럼 최근에는 고고학 자료에 의해 진국을 마한의 고지에 비정하는 경향이 강하다.

2) 한(韓)의 문제

『삼국지』에 의하면 기원전 2세기 초에 소위 '기자조선'의 마지막 왕 준(準)이 위만에게 쫓겨 바다를 통해 '한지(韓地)'에 와서 살며 스스로 '한왕(韓王)'이라 하였다고 한다. 이 기록을 액면 그대로 받아들이면, 기원전 2세기에 진국 이외에 또 한이 있었다는 것이다.〔노중국, 1987〕

한편 후한 말에 편찬된 『잠부론(潛夫論)』에도, "그 후에 한서(韓西)가 또한 한씨(韓氏)를 성으로 하였는데, 위만에게 정벌되어 해중(海中)으로 옮겨 살았다"라고 하여, 준왕의 망명 기사를 연상케 하는 대목이 있다. 이 기록에 대해 한서(韓西)는 한동(韓東)의 오류로 중국 한(韓)나라 동쪽에 있던 조선의 준왕을 가리키며, 한씨였던 준왕이 위만에게 쫓겨 내려와서 한씨왕(韓氏王)이란 뜻에서 한왕(韓王)이라 칭하게 되었고, 거기서 한이란 정치체가 비로소 남쪽에 등장하게 되었다고 파악하기도 한다.〔이병도, 1976〕

그러나 『잠부론』의 한서를 준왕과 연결시켜 과연 그가 원래 한씨였다고 볼 수 있을지 의문이다. 『삼국지』의 근거사료인 『위략(魏略)』에는 "준의 아들과 친척으로 그 나라〔조선〕에 남아 있던 사람들이 그로 인하여 '함부로 한씨를 성으로 하였다〔冒姓韓氏〕'"라는 기록이 있다. 여기서 모성(冒姓)이란 남의 성을 함부로 빼앗아 칭한다는 의미이므로, 준왕 일족이 원래부터 한씨가 아니었다는 사실이 자연히 드러나게 된다. 따라서 준왕이 한씨라서 한씨왕의 의미로 한왕이라 하였으며 거기서 한이 기원하였다고 보는 것은 설득력이 부족하다고 할 수 있다.〔박대재, 2005〕

한의 기원과 관련하여 『시경(詩經)』 한혁편의 '한성(韓城)·한후(韓侯)'를 삼한의 한으로 보아, 주선왕(周宣王, 기원전 827~782) 때 연(燕) 근처에 한이 존재하고 있었다고 보기도 하였다.〔김상기, 1949〕 그러나 한혁편의 한은 주의 제후국 한(韓)으로서 삼한의 한과는 무관한 존재라는 사실이 밝혀진 바 있다.〔김정배, 2000〕 이밖에 『산해경(山海經)』의 '한안(韓鴈)'과 『상서공씨전(尙書孔氏傳)』의 '한(駻)'이 청대 고증학자들에 의해 삼한과 관련되어 거론되기도 했지만, 두 기록의 역사성에 모호한 점이 많아 이들을 삼한의 한과 직접 연결해 보기는 어렵다고 이해된다.〔박대재, 2005〕

최근 고고학에서는 기원전 2세기 전반 충남·전북 지역 무덤유적〔당진 소소리, 부여 합송리, 장수 남양리〕에서 출토되는 초기철기를 준왕의 남천(南遷)과 연결시켜 이해하고 있다.〔이남규, 1993 ; 박순발, 1998〕 이들 초기철기가 출토되는 유적들은 무덤 형식에서 대체로 서북한 지역의 토광묘 계통으로 파악되는데, 기원전 1세기 이후 마한의 특징적 무덤인 주

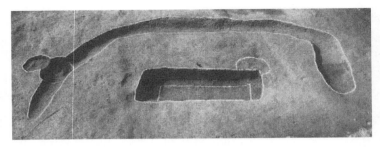

[그림 2] 천안 청당동 유적의 주구토광묘

구묘(周溝墓)와 비교해 묘제나 유물 면에서 계승보다는 단절적인 측면이 많기 때문에 외래적인 요소로 파악하고 있는 것이다.〔최완규, 2000〕

그러나 기원전 2세기 전반 초기철기가 출토되는 충남·전북 지역의 유적들이 순수한 토광묘가 아니라 위석(圍石)·적석(積石) 등 토착적인 석관묘 양식이 가미된 복합 형식이며, 또 그 내륙 지역인 천안 청당동·공주 하봉리·청주 송절동 유적 등에서 주구묘와 토광묘가 결합된 주구토광묘가 뒤이어 확인된다는 점도 감안해 보아야 한다. 다시 말해 기원전 2세기의 토광묘 단계와 기원전 1세기 이후의 주구묘 단계 사이의 계기적 발전도 고려해 보아야 한다는 것이다. 아무튼 기원전 2세기 서남부 지역에서 출현한 초기철기가 준왕집단의 망명과 같은 단기적인 주민 이동에 의한 것인지 아니면 요동·서북한 지역과의 장기적인 교류에 의한 문화전파인지는 앞으로 더 생각해 보아야 할 과제라고 할 수 있다.

3) 진국과 한의 관계

이상과 같이 기원전 2세기에 한반도 중부 이남의 '여러 국(衆國)'가운데 대표적인 정치체인 진국이 있고, 또 '한'이 존재했다는 사실이 『사기』·『한서』·『삼국지』 등을 통해 확인되고 있다. 이 가운데 중국과 진국의 관계에 대해서는 여러 국 가운데 대표적인 국이 진국이었다는 쪽으로 논의가 좁혀지고 있으나, 진국과 한의 관계에 대해서는 아직 학계의 논의가 모아지지 않고 있다.

진국과 한을 같은 시기 다른 지역에 존재한 별도의 정치체로 보기도 하며[노중국, 1987], 또는 진국과 한을 선후의 시차가 있는 계승관계로 파악하기도 하는 것이다.[이현혜, 1997] 전자의 경우에 진국은 진번과 인접한 한강 하류 지역에, 준왕이 망명했던 한은 금강 유역에 각각 위치했다고 파악하고 있는 반면, 후자는 기원전 2세기 말 위만조선의 멸망과 한군현의 설치라는 정치적 파동 이후 진국은 사라지고, 그 대신 중부 이남 지역의 정치집단들은 새로이 한이라 불리게 되었다는 것이다.

그런데 진국과 한을 같은 시기, 별도 정치체로 보는 전자에게는 진국의 위치를 한강 하류 지역으로 볼 수 있는 고고학적인 근거 자료의 제시가 요구된다. 현재까지의 조사에 의하면 한강 하류 지역에서는 진국의 존재를 방증할 만한 기원전 2세기의 고고학 자료가 거의 알려져 있지 않기 때문이다.[박순발, 1998] 한편 '진국→한'으로 보는 후자에게는 기원전 2세기 초 준왕의 망명기록에 등장하는 한을 어떻게 이해할 것인가가 과제로 남아 있다.

이러한 양자의 문제점 때문에, 기원전 2세기 한은 광역적인 지역명 내지 종족명이었으며, 진국은 그와 관련된 정치체의 이름이었다고 절충해 보기도 하는 것이다.[권오영, 1996] 현재로선 절충적 시각이 가장 합리적인 것처럼 보이지만, 『삼국지』의 "한에는 3종 즉 마한·진한·변한이 있고, 그 가운데 진한이 옛날의 진국이다"라는 기본 사료를 어떻게 해석할 것인가가 앞으로의 중요한 과제라고 할 수 있을 것이다.

3. 삼한의 성립과정

1) 마한의 성립

『삼국지』에는 "〔진한의〕 노인들이
대대로 전하여 말하기를 '〔우리는〕 옛날
의 망명인으로 진(秦)의 고역(苦役)을 피
하여 한국(韓國)으로 왔는데, 마한이 그
동쪽 땅을 나누어 우리에게 주었다'"라
는 기록이 있다.

여기서 중국의 망인들이 내려와 진
한을 형성하기 전에 '마한'이 먼저 있었
다는 사실을 확인할 수 있다. 『삼국지』

[그림 3] 대전 괴정동 출토
점토대토기

기록을 액면 그대로 받아들이면, 마한(韓國)은 중국 진나라 시대인 기원
전 3세기에 이미 성립되어 있었다는 결론이 도출된다.〔노중국, 1987〕 이와
관련하여 고고학에서도 요동~서북한 지역의 점토대토기문화〔세형동검문
화〕가 서남부 지역에 유입되는 기원전 3세기를 마한(한)의 등장 시점으로
보기도 한다.〔박순발, 1998〕

1980년대까지는 마한의 성립을 기원전 3~2세기 서남부 지역의 세
형동검문화를 배경으로 한 토착 정치집단의 점진적인 발전의 결과로
파악하는 경향이 강하였다.〔이현혜, 1984〕 그런데 1989~1991년 사이 충남·

전북 지역에서 앞서 언급했던 초기철기[주조철기] 유적들이 확인되면서, 마한 지역에서 철기 등장 시기가 낙랑군 설치 이전인 기원전 2세기로 올라가게 되었다.[이남규, 1993] 이후 1990년대에는 마한의 성립도 토착 사회의 내재적 발전이라는 측면보다 기원전 2세기에 있었던 외래적 충격[철기문화 유입, 준왕 南遷]에 의한 변화·발전으로 보게 되었다.[이기동, 1996]

이에 대해 최근에는 좀 더 구체적으로 기원전 2세기 말 위만조선 멸망 및 한사군 설치로 인한 조선유민의 남하를 마한 성립의 계기로 주목하는 경향이 강하다.[권오영, 1996 ; 이현혜, 1997 ; 박대재, 2005] 기원전 2세기 초에 있었던 준왕 남천의 정치적 파장을 제한적으로 파악하고, 그보다는 위만조선 유민집단의 남하 및 낙랑군과의 교류를 통해 철기문화가 본격화된 기원전 2세기 말 이후를 더욱 주목해 보기 때문이다.

조선시대의 삼한정통론과 1950년대까지 『후한서』를 중시하는 입장에서는 이른바 '기자조선'의 준왕집단이 마한으로 망명하는 연결선상에서 삼한의 성립과정을 추구했다면[이병도, 1976], 근래에는 위만조선의 유민이 남하하여 삼한 성립의 계기가 되는 맥락을 중시하고 있다.[권오영, 1996 ; 이현혜, 1997 ; 박대재, 2005]

2) 진한의 성립

『삼국사기』에 의하면 위만조선의 유민은 삼한 가운데 특히 진한을 성립하는 데 직접적인 계기가 되었다고 한다. 『삼국사기』 신라본기 첫머리에는, "혁거세가 서나벌을 세우기 전에 '조선유민(朝鮮遺民)'이 산과 계곡 사이에 나뉘어 살면서 6촌을 이루었으니, 이것이 진한 6부가 되었다'라는 기록이 있다. 여기서 조선 유민은 기원전 108년에 멸망한 위만조선의 유민으로 이해되고 있다.〔이병도, 1976〕 이에 따르면 위만조선의 유민이 진한성립의 계기가 되었다는 설명이 도출된다.〔이현혜, 1984〕

그런데 앞서 보았듯이 『삼국지』에는 옛날 망인들이 한국으로 들어와 그 동쪽 지역에 정착해 진한을 세웠고, 진(秦)나라 사람들과 유사하다는 기록이 있다. 이에 의하면 진한의 주민은 중국 진나라〔기원전 249~207년, 기원전 211년 중국통일〕에서 망명해 온 사람들이라는 것이다. 이처럼 진한의 연원을 중국 동북지역의 유민에서 찾는 시각은 신라 말 최치원에게서도 확인된다.〔『삼국유사』 진한조〕 최근 중국학계는 이 기록을 액면 그대로 받아들여, 진한을 진(秦)나라의 유민들이 세운 망명 정권이라고 파악하고 있다.〔羅繼祖, 1995〕 『삼국지』의 '중국〔진〕 망명인 → 진한' 기사를 비판 없이 그대로 받아들이면, 삼한의 기원을 기원전 3세기까지 소급해 보게 된다.〔노중국, 1987〕

그러나 『삼국지』의 기록대로 기원전 3세기 말에 진나라 사람들에 의해 진한이 형성되었다고 보면, 진한과 진국(辰國)이 시기적으로 중첩되는 문제가 발생하게 된다. 앞서 보았듯이 진국은 기원전 2세기 말에 존재하고 있었기 때문에, 기원전 3세기에 진한이 먼저 성립되었다고 보면 『삼국지』 기록의 선후 관계〔진국 → 진한〕가 뒤집히는 모순이 일어나는 것이다.

'중국 망명인 → 진한' 기사는 시·공간적으로 그 중간에 위치한 '위만조선'의 존재를 염두에 둘 때 문제의 실마리가 풀린다고 본다. 기원전 3세기 말 이래 중국 동북지역의 유민들이 조선으로 많이 망명했다는 사실은 위만의 망명 기록을 통해서도 쉽게 확인할 수 있다. 위만조선의

[그림 4] 경주 조양동에서 출토된 와질토기[우각형파수부호]

주민 가운데는 위만과 함께 망명해 온 중국계 유민들이 다수 포함되어 있었을 것이다. 따라서 위만조선의 멸망 이후에 남하해 진한을 세운 유민들 속에는, 본래 중국에서 조선으로 망명했던 사람들도 다수 포함되어 있었을 것이다. 이처럼 위만조선을 거쳐 온 중국 망인들이 진한의 성립에 기여하게 되면서, 중국에서 온 망인들이 진한을 세웠다고 하는 식의 함축적인 전승이 생겨난 것이라고 이해된다.[이현혜, 1984 ; 박대재, 2005]

이와 관련하여 고고학적으로 남한 지역에서 기원전 3세기에 해당하는 중국 전국계(戰國系) 철기들은 발견되지 않고 있다는 점을 유념해야 한다.[이남규, 1993] 최근 대구 팔달동 유적에서 초기의 주조철기가 출토되어, 마한 지역의 기원전 2세기 주조철기 유적[장수 남양리·부여 합송리·당진 소소리]과 대비가 가능하게 되었다. 그러나 팔달동 유적에서는 주조철부 외에 소형의 판상철부·철착·철검 등 단조철기도 출토되어 마한 지역의 주조철기 일색의 양상과는 차이가 있다. 그래서 팔달동 유적의 연대는 단조철기의 동시 출현으로 보아 마한 지역의 초기철기[주조철기] 유적보다 한 단계 늦은 기원전 2세기 말~기원전 1세기 전반으로 파악되고

있다.〔송계현, 2000〕

　그러므로 옛날 망인들이 진한을 형성한 실제 시기는, 문헌과 고고
학 자료를 종합해 보면 진나라 시대인 기원전 3세기 말이 아니라 위만
조선이 멸망한 기원전 108년 이후라고 이해할 수 있다.〔이현혜, 1984〕 그
리고 『삼국사기』에서는 혁거세가 서나벌〔사로국〕을 세우던 기원전 57년
전에 조선유민들이 이미 6촌을 이루었다고 하였으니, 진한의 성립은
늦어도 기원전 57년 이전, 즉 기원전 1세기 전반에 이루어졌을 것이라
고 추정된다.〔박대재, 2005〕

3) 변한〔변진〕의 성립

　변한은 진한과 의복·거처 등이 동일하고 언어·법속 등도 유사하
여 문화적으로 아주 가까운 관계였다. 이것은 변한과 진한이 서로 섞여
서 분포하던 지리적 상황과도 밀접한 관련이 있을 것이다. 이런 배경에
서 변한도 진한과 마찬가지로 북쪽에서 내려온 유이민 세력 및 그 문
화와 관련이 있을 것으로 이해된다.〔천관우, 1989 ; 주보돈, 2002 ; 신현웅, 2003〕

　그러나 이와 달리 변한은 북방 유이민의 남하와 직접 관련되기 보
다는 지석묘 등 청동기문화를 기반으로 한 토착세력이 활발한 대외교
역을 통해 철기문화를 수용 발전시킨 결과라고 보는 시각도 있다.〔백승
충, 1995〕 변한 지역인 낙동강 하류 및 경상도 남해안 지역은 기원전 3~2
세기 이전부터 경주·대구 지역의 진한 지역과 달리 지석묘계 토착집
단을 주축으로 다수의 소규모 정치집단이 성립되어 있었으며, 기원전
3~2세기경이 되면 옹관묘계 집단이 지배집단으로 대두되는 등 새로운

문화요소와 주민들이 혼입되지만, 진한 지역에서 있었던 위만조선계 유민과 문화의 적극적인 유입과 같은 정치·문화적인 전환계기가 잘 확인되지 않는다는 것이다.[이현혜, 1984]

그런데 1990년대 이후 창원 다호리, 김해 양동리 등 변한 지역에서도 기원전 2세기~기원전 1세기의 서북한 계통 목관묘 유적이 확인되면서[임효택, 1993], 변한의 문화 및 주민 계통도 진한과 대동소이하였을 것이라는 인식이 확산되게 되었다. 1990년대 이후 고고학에서 영남 지역은 기원전 1세기 후반~기원후 3세기 사이 하나의 '와질토기(瓦質土器)' 문화권을 이루고 있었던 것으로 이해되고 있다.[신경철, 1995a ; 최종규, 1995] '와질토기'의 계통 및 중부 지역으로 확대 적용하는 문제 등에 대해서는 비판적 시각이 있지만[최병현, 1998], 어쨌든 대체로 영남 지역을 '와질토기' 문화권으로 묶어보는 데는 고고학계의 공감이 형성되어 있다. 따라서 변한의 기원은 진한과 같은 맥락에서 이해해야 할 것이다.

변한의 성립시기를 구체적으로 가늠할 만한 문헌자료는 거의 없는 형편이다. 그래서 기왕의 연구에서는 간접적이나마 김해 구야국[가락국]의 성립을 통해 변한의 성립과정을 유추해 보았다. 『가락국기』에 의하면 가락국의 수로왕이 '기원후 42년'에 즉위했다고 하였는데, 이 연대를 기원후 1세기로 그대로 받아들이는 입장이 있는가 하면[이현혜, 1984 ; 김정학, 1990 ; 백승충, 1995], 기원전 2세기[이병도, 1976 ; 이종욱, 1982] 내지 기원전 1세기~기원후 1세기[정중환, 2000 ; 이영식, 2000]로 상향조정해 보거나, 또는 기원후 2세기[천관우, 1989 ; 김태식, 1990]로 하향조정해 보기도 한다.

하지만 다른 사료에 의하면 변한사회는 수로왕의 즉위 이전에 이미 형성되어 있었던 것으로 나타난다. 먼저 『위략』의 염사치(廉斯鑡) 기록에 의하면, 기원후 20~23년 사이에 '변한포(弁韓布)'라 하여 변한의 특산물이 보이고 있으며, 『삼국사기』혁거세 19년(기원전 39)에는 "변한국(卞韓國)이 항복해 왔다"고 하였고, 또 혁거세 38년(기원전 20)에도 '변한'의 존재가 확인되고 있다. 이상의 기록을 참조해 보면 변한은 기원전 1세기 후반 이전에 성립해 있었던 것이다.

4. 삼한의 발전과 국가형성

1) 읍락의 성격

『삼국지』에 의하면 마한에는 50여 국(國), 진한 12국, 변한 12국 등 삼한에는 총 74여 개의 국들이 있었으며 그 국은 또한 읍락(邑落)으로 이루어졌다고 하였다. 국의 구성단위인 읍락에 대해서, 읍과 락을 구분하여 취락집단의 크기에 따라 큰 규모의 읍과 작은 규모의 락으로 각각 구별하는 시각도 있으나[이병도, 1976 ; 사회과학원 력사연구소, 1991], '읍락' 자체가 사회구성의 세력단위[취락단위]를 지칭하는 단일한 보통명사라고 보는 것이 일반적이다.[이현혜, 1984 ; 문창로, 2000]

읍락의 용례는 고구려·부여·옥저·읍루·예·삼한 등에 두루 보이고 있어, 고대 동이지역의 보편적인 취락단위를 가리키는 용어였다는 것을 알 수 있다. 이런 맥락에서 삼한의 읍락을 옥저나 읍루 등의 읍락과 같이 단일한 정치세력단위로 보는 시각도 있다.[문창로, 2000] 그러나 삼한과 옥저·읍루의 읍락은 그 성격을 구분해 보아야 할 것 같다. 옥저와 읍루의 읍락에는 각각 '장수(長帥)'·'거수(渠帥)'·'대인(大人)'이라는 우두머리가 있어 독자적인 지배력이 존재하고 있었다. 옥저와 읍루에 '대군장(大君長)'이나 '대군왕(大君王)'이 없었다고 한 것을 보아도 각각의 읍락 들이 개별적인 정치세력단위로 기능하고 있었음을 알 수 있다.

그러나 삼한에서는 여러 읍락 가운데 중심 읍락인 국읍(國邑)에 '주수(主帥)'나 '거수(渠帥)'가 있으며, 그 주변에 잡거하는 읍락들을 완전하지는 않지만 일정하게 제어하고 있었다. 국읍의 우두머리는 동시에 국의 지배자였는데, 세력크기에 따라 큰 자는 '신지(臣智)', 작은 자는 '읍차(邑借)'라고 스스로 불러 차등이 있었다. 이처럼 삼한의 읍락은 국[국읍]의 지배자에게 제어되는 산하집단으로 독자적인 운동력을 가진 정치세력단위가 아니었다.

그런데 삼한의 국에는 일반적인 읍락 이외 '소도(蘇塗)'라고 불리는 '별읍(別邑)'이 따로 있었다. 이 별읍[소도]에서는 국읍의 '천군(天君)'이 주재하는 천신제사와 별도로 무당이 토착적인 귀신제사를 행하고 있었다.〔최광식, 1994〕이처럼 별읍은 신앙적으로 독자성을 유지하고 있었지만, 정치적으로는 국읍의 지배세력에게 묶여 있는 이중적인 성격의 사회였다.〔문창로, 2000〕별읍도 일반 읍락과 마찬가지로 완전하지는 않지만 정치적으로 국읍의 통제를 받으며 그 영역 안에 속해 있었던 것이다.

삼한에서 정치세력단위는 읍락이 아니라 국읍을 중심으로 한 국이었다. 삼한에서 국읍은 재분배와 잉여생산물의 보관 등을 위한 경제적 기능, 외부세력과의 전쟁과 방어를 위한 군사적 기능, 다수의 읍락들을 결집시키는 천군을 중심으로 한 종교적 기능을 가지고 있던 단위 정치체[국]의 중심지였다.〔권오영, 1996〕

2) 국의 발전과정

삼한 각국은 대체로 평균인구 1만여 명으로 상정되며, 지금의 군(郡) 단위 정도의 크기로 추정되고 있다.[김정배, 1986 ; 천관우, 1989] 삼한 각 '국'의 인류학적 정치 수준은 준국가(準國家) 단계인 '군장사회(君長社會, chiefdom)'로 이해되며[김정배, 1986], 이 단계를 '성읍국가(城邑國家)'라는 용어로 부르기도 한다.[천관우, 1989] 그러나 '성읍국가'는 성읍, 즉 성곽(城郭)의 존재를 전제로 한 것인데, 『삼국지』에 의하면 마한에는 '성곽이 없다'라고 명시되어 '성읍국가' 용어를 삼한에 적용해 보기가 어려워진다. 진한의 경우에 '성책(城柵)이 있다'고 하였지만, 이 성책은 국읍을 둘러싼 성곽[읍성]의 규모가 아니라 목책(木柵)과 토루(土壘) 정도로 이루어진 청동기시대 이래의 방어 시설이기 때문에, 그것의 존재가 철기시대에 들어와 새롭게 등장한 삼한 국의 정치적 수준을 상징한다고 보기는 어렵다.

최근 고고학계에는 삼한 지역 국의 크기를 놓고, 직경 10킬로미터 정도의 '지구(地區)' 규모로 볼 것인가[이청규, 2005], 아니면 '지구' 규모는 읍락이고, 수 개의 읍락을 포괄한 30킬로미터 정도의 '지역(地域)' 규모를 국이라 볼 것인가[이희준, 2002]에 대한 논쟁이 있다. 이것은 삼한에서 독자적인 정치세력단위의 규모를 어떻게 상정할 것인가의 문제인데, 과거에 있었던 읍락 단계를 '추장사회(chiefdom)'로 볼 것인가[이종욱, 1982] 아니면 국 단계를 '군장사회(chiefdom)'로 볼 것인가[김정배, 1986]의 논쟁을 연상시키기도 한다. 그러나 『삼국지』에 의하면, 삼한의 각 국은 몇 개의 읍락, 즉 취락단위로 구성된 것으로 나오고 있기 때문에,

국 내부에 몇 개의 지구〔읍락〕 구분이 있었다고 보는 후자〔지역 국〕 쪽이 더 사료에 부합한다고 판단된다. 직경 10킬로미터 정도의 규모는 '읍락'의 일반적인 크기였다고 이해할 수 있을 것이다.〔문창로, 2000〕

그러나 삼한의 국 가운데는 일반적이지는 않지만 상대적으로 크기가 작은 '지구' 규모의 국도 존재했다고 볼 수 있다. 그것은 『삼국지』에서 삼한에 '대국(大國)'과 '소국(小國)'의 구분이 보이기 때문이다. 마한에서 대국의 인구는 '1만여 가(家)' 소국은 '수천 가', 진·변한에서는 대국이 '4천~5천 가' 소국이 '6백~7백 가'라고 하였다. 진·변한의 경우를 보면 대국과 소국 사이에 6~7배 정도의 인구 차이가 나고 있는데, 마한의 경우도 이와 비슷하였을 것이다. 이렇게 인구 차이가 많은 삼한의 대국과 소국을 일률적으로 동일한 단계라고 보기는 곤란하다. 그래서 소국은 '성읍국가' 단계이고 대국은 소국이 주위의 다른 소국 내지 읍락을 흡수한 '소연맹국(小聯盟國)' 단계라고 상정하거나〔김두진, 1985〕, 또는 소국은 '단순 군장사회(simple chiefdom)' 대국은 '복합 군장사회(complex chief-dom)'라고 구분하거나〔김태식, 1990〕, 또는 소국은 군장사회 단계인 '수장사회'이고, 대국은 '초기국가'라고 하여 발전단계에 차등을 두는 것이다.〔최광식, 1994〕

『삼국사기』 신라본기에 의하면, 경주 중심의 초기 신라〔사로국〕가 확대되면서 진한 지역의 여러 국들을 복속하는데, 안강 근처의 음즙벌국은 하나의 '현(縣)' 단위로 편제하는 반면, 상주의 사벌국은 '군(郡)' 단위로 편제하여 규모에 차이가 있다. 『삼국사기』에 보이는 '현' 단위 국과 '군' 단위 국의 규모차이는 『삼국지』에 보이는 '소국'과 '대국'의 차이이고, '읍차'와 '신지'의 차등도 같은 맥락이라고 볼 수 있다.〔박대재, 2005〕

삼한의 대국도 애초에는 규모가 작은 소국에서 출발하였을 것이다.

삼한의 소국이 대국으로 발전하는 과정은 『삼국사기』의 초기기록을 통해 짐작할 수 있다. 백제본기에서 십신(十臣)을 중심으로 형성된 위례지역[서울]의 '십제(十濟)'가 미추홀지역[인천]의 비류세력을 흡수하면서 '백제(百濟)'로 발전하는 과정이나, 신라본기에서 경주 일대의 서라벌[사로국]이 이서국[청도]·음즙벌국[안강]·실직국[삼척]·압독국[경산] 등을 차례로 복속하는 과정은 소국이 대국으로 발전해 가는 과정의 예라고 이해된다.[박대재, 2005]

3) 삼한의 왕과 국가형성

『삼국지』에서는 후한 환제·영제 시대(146~189) 말기, 즉 2세기 후반에 한[삼한]과 예(濊)가 강성해져 중국군현[낙랑군]이 통제하지 못하고 인민들이 대거 한국으로 유입하게 되었다고 하였다. 2세기 후반은 후한의 중앙정부가 크게 혼란해지고, 중국군현의 통제력도 주변세력에 미치지 못하던 시기로 이때 삼한이 강성하게 된 것이다. 고고학에서는 이 기록을 중시하여 2세기 후반에 있었던 한의 강성을 진·변한에서 '신식 와질토기'와 '목곽묘' 등 삼한 후기 문화가 등장하는 계기로 보고 있다.[최종규, 1995]

그러나 중국군현과 가장 인접한 마한 지역에서는 정작 2세기 후반에 어떤 변화 발전이 있었는지 명확하지 않다. 마한 지역에서 일어난 변화 발전과 관련해서는 일단 '진왕(辰王)'의 존재를 주목해 볼 수 있다. 『삼국지』에 의하면 진왕은 월지국[목지국]에 치소를 두고 있던 마한 유일의 왕이었다. 진왕을 '진국왕(辰國王)'의 의미에서 『후한서』의 기록대로 진국, 즉 삼한 전체를 다스리던 총왕(總王)이었다고 보기도 하였다. 〔이병도, 1976 ; 사회과학원 력사연구소, 1990〕 그러나 진국은 과거의 정치체이고, 진왕은 그 이후인 삼한 단계의 존재라는 점에서 시간적으로 별개의 세력이라고 보아야 한다.〔김정배, 1986〕

한편 목지국을 비류가 정착했던 미추홀〔인천〕지역으로 비정하고 진왕은 그곳을 다스리던 백제국(伯濟國) 왕이라 이해하는 입장도 있다.〔천관우, 1989〕 이는 치(治)자의 의미를 '다스리다'는 의미로 해석한 것이지만, 여기서 '치'는 '치소(治所)'의 의미로 보아야 할 것이다.〔노중국, 1990〕 따라서 목지국에 치소를 두고 있던 진왕과 백제국의 지배자는 공간적으로 별개의 세력이었던 것이다.

그동안 진왕과 관련한 논의는 그 치소인 목지국을 어디로 볼 것인가에 초점이 맞춰져 진행되어 왔다. 목지국의 위치에 대해서는 조선 후기 실학자들의 익산설〔한치윤 · 정약용〕이래, 직산설〔이병도, 1976〕· 인천설〔천관우, 1989〕· 예산설〔김정배, 1986〕· 금강유역설〔박찬규, 1995 ; 박대재, 2005〕, 충남 천안→전북 익산→전남 나주 이동설〔최몽룡 · 김경택, 2005〕 등 다양하지만, 최근에는 청당동 유적이 발굴된 천안과 예산 일대의 아산만 방면으로 보는 시각이 유력하게 받아들여지고 있다.〔武田幸男, 1995~1996 ; 권오영, 1996〕

목지국의 위치가 어디이든 진왕의 성격은 일차적으로 그 왕호 자체에 표현되어 있다고 보인다. 『삼국지』 동이전에 보이는 다른 왕호, 즉 고구려왕 · 부여왕 · 예왕 · 왜왕 등의 예로 미루어 보면, 진왕 역시 일단 진(辰)의 왕이다. 그리고 이 '진'은 아무래도 삼한에 앞서 있었던 진국의 '진'과 관련이 있을 가능성이 높다. 이에 목지국에 치소를 둔 왕의 통치지역이 과거 진국의 범위와 대체로 일치하였기 때문에 그를 '진'지역의 왕이라는 의미에서 진왕이라 부르게 된 것이라고 추정하기도 한다.〔박대재, 2005〕

진왕의 성격에 대해서는 삼한 전체의 '총왕' 내지 대표자로 보거나[이병도, 1976 ; 武田幸男, 1995~1996], 또는 마한 전체의 '연맹장'인 '마한왕'으로 보는 견해가 있다.[노중국, 1990] 그러나 만약 그가 삼한 전체를 대표하는 지배자였다면, 진왕이 아니라 예왕·왜왕 등의 경우와 같이 '한왕(韓王)'이라고 불렸을 것이다.[박대재, 2005] 그리고 당시 한강 유역에 백제국을 중심으로 하는 별도의 마한세력이 있었던 것으로 상정되기 때문에[이현혜, 1997], 진왕이 마한 전체를 대표하는 마한왕이었다고 보기도 어렵다.

마한의 실질적인 대표자라고 볼 수 있는 존재는 진왕의 다음 단계인 『진서』의 '마한주(馬韓主)'다. 277~290년 중국 진(晉)에 사신을 파견하였던 마한주의 실체에 대해서는, 백제국왕[고이왕]으로 보는 입장[이병도, 1976 ; 천관우, 1989 ; 이기동, 1997)과 함께 백제와 관련이 없는 기타 마한세력의 움직임으로 보는 견해가 있다.[유원재, 1994] 한편 『진서』 장화(張華)전에 보이는 282년 '신미제국(新彌諸國)'의 사신파견을 중시하여, 282년 이전의 마한주는 백제였으나, 282년 이후는 영산강 유역의 신미국을 중심으로 하는 별도의 마한세력 등으로 이원화 내지 다원화되었다고 이해하기도 한다.[노중국, 1990 ; 이현혜, 1997]

그런데 『진서』 마한전의 사신파견 기록에는 시기가 늦은 280~290년의 기사가 277~278년의 기사보다 먼저 나와 단락이 도치되어 있다. 이에 대해 전반부의 280년대 사신파견은 기록대로 마한주가 중심 주체가 된 것이며, 후반부의 277~278년 기록은 주도 세력이 불분명한 개별 마한세력의 입공이라고 구분해 보기도 한다.[박대재, 2005]

『진서』의 '마한주'는 이후 『통지(通志)』·『통전(通典)』·『책부원귀(冊府元龜)』 등에서는 '마한왕(馬韓王)'이라 되어 있다. 이처럼 3세기 후반에 중국 진에 사신을 파견한 마한의 세력으로 진왕 대신 마한주[마한왕]가 새롭게 보이고 있어, 진왕의 하한과 마한 전체의 실질적인 대표자가 등장하는 시기를 가늠하게 해준다.

한편 『삼국지』에 의하면 진·변한 중 12국이 진왕에게 '속(屬)'해 있었다고 하였는데, 여기서의 진왕을 마한 목지국의 진왕과 동일하게 볼 것인가[노중국, 1990 ; 권오영, 1996] 아니면 동명이체(同名異體)의 별도 존재로 볼 것인가[천관우, 1989 ; 이현혜, 1997]의 문제가 있다.

마한과 진·변한의 두 진왕을 동일한 존재로 보는 쪽에서는 "[12국의] 진왕은 늘 마한인이 되었다"고 한 『삼국지』 기록을 중시하여, 진·변한 12국의 진왕은 자연히 마한의 진왕과 동일한 존재로 보거나[노중국, 1990], 또는 '속(屬)'의 의미를 상하 통속관계가 아니라 교섭의 관할이라는 의미에서 12국이 목지국[진왕]을 중심으로 하는 교역체계에 들어가 있었던 것으로 파악한다.[권오영, 1996] 반면 진한 별도의 왕으로 보는 쪽에서는 『삼국사기』 초기기록에 의하면 3세기 중엽에 진한의 국들이 모두 사로국[신라]에 장악되어 있었기 때문에 이 진왕을 마한과 관련해 볼 수는 없으며 '진한의 왕'이라는 의미에서 사로국왕[첨해왕]에 비정해야 한다는 것이다.[천관우, 1989 ; 이현혜, 1997] 이처럼 진한 별도의 왕으로 보는 입장에서 이 12국 진왕을 『진서』에 보이는 3세기 후반의 진한왕과 선후 관계로 연결해 보기도 한다.[박대재, 2005]

한편 변한[변진] 12국에도 역시 '왕'이 있었다는 『삼국지』의 기록으로 보아, 목지국 진왕이 삼한 전체를 대표하는 왕이 아니었고 또 진왕에게 속해 있었다던 앞의 12국도 변한이 아니라 진한의 12국이었다는 것을 알 수 있다.[백승충, 1995] 물론 변한의 왕에 대해서 변한 전체를 대표하는 왕으로 보는 쪽[노중국, 2002 ; 박대재, 2005], 변한 12개 각국의 지배자[거수]들에 대한 일반 호칭에 불과한 것으로 보는 쪽으로[김정학, 1990 ; 김태식,

1990〕 논의가 갈라져 있기는 하다.

이상과 같이 삼한에서 신지·읍차 등의 수장세력 이외 왕〔진왕·마한왕·진한왕·변한왕〕이 존재한다는 점은 삼한 가운데 국가(state)단계로 발전한 정치체가 있었다는 것을 시사해 준다. 그러나 이러한 삼한의 왕들에 대해 아직 국가단계에는 도달하지 못한 '연맹' 단계의 지배자 대표〔연맹장〕로 보는 경향이 많다.〔노중국, 1990, 2002 ; 김태식, 1990 ; 백승충, 1995 ; 이현혜, 1997 ; 문창로, 2000 ; 주보돈, 2002〕 '연맹'의 성격을 단일한 '연맹체' 또는 '연맹왕국'으로 볼 것인가 아니면 몇 개의 '지역연맹체'로 구성된 구조로 볼 것인가에 대해 삼한 각각의 경우 세부적인 입장 차이는 있으나, 이 '연맹론'들은 모두 삼한에서 국가 단계를 설정하지 않는다는 데 공통점이 있다고 할 수 있다.

한편 이와 달리 목지국·사로국·백제국·구야국〔가락국〕과 같은 대국(大國)의 경우에는 이미 국가단계〔초기국가 또는 영역국가〕에 도달했다고 보아, 삼한에서 국가의 형성을 논하는 경향도 있다.〔이종욱, 1982 ; 김정배, 1986 ; 천관우, 1989 ; 최광식, 1994 ; 최몽룡·김경택, 2005〕 그리고 이러한 '국가론'의 연장선에서 『삼국지』·『진서』에 보이는 3세기 삼한의 왕들을 군사권, 대외교섭권까지 획득한 국가(state) 단계의 왕(king)으로 해석하기도 한다.〔박대재, 2005〕

최근 연구에서 마한 소국연맹체는 지역적으로 한강유역권〔경기 북부지역 포함〕·금강유역권〔아산만 지역 포함〕·영산강유역권의 세 지역으로 나뉘며, 3세기 중엽까지 목지국 진왕을 중심으로 한 금강유역권의 소국연맹체가 마한의 중심지 역할을 하다가 백제국이 주도한 대방군 기리영 전투(246) 이후인 3세기 후반이 되면서 백제국을 맹주로 한 경기 지역 소국연맹체의 세력이 확대되었고, 결국 이들이 차례로 금강 유역과

영산강 유역의 마한세력을 병합하면서 백제 국가로 편제되었다고 이해되고 있다.[이현혜, 2007]

이처럼 마한을 3지역권으로 나누는 것은 고고학적인 조사 성과와도 일치하며, 마한사의 전체 흐름을 시공간적으로 조감할 수 있다는 점에서 대체로 공감되는 내용이다. 그런데 『삼국지』 기록에 따르면 대방군 기리영 전투는 결과적으로 전쟁을 주도했던 세력이 멸망했다고 할 정도로 마한 쪽 세력의 쇠퇴를 초래하였다. 따라서 과연 백제를 기리영전투의 주도 세력으로 볼 수 있을지 의문이다. 만약 백제국이 중국 군현과의 기리영전투를 주도했다면 전투에서 크게 패배한 직후인 3세기 후반에 마한의 중심 세력으로 대두하기는 어려웠을 것이다. 오히려 기리영전투로 인해 전쟁을 주도했던 신분고국 등 경기도 북부 지역의 마한세력이 갑자기 쇠퇴하였고, 그 대신 전쟁 피해를 입지 않은 한강 유역의 백제국이 당시 주변의 전시 상황을 이용해 내부의 지배체제를 강화하면서 마한을 대표하는 새로운 세력으로 급부상했다고 보는 쪽이 더 설득력이 높지 않을까 생각한다.[박대재, 2006]

백제가 금강 유역과 영산강 유역의 마한세력을 병합한 시기에 대해서는 그동안 『일본서기』 기록을 통해 근초고왕 24년(369)으로 주로 비정해 왔다. 그런데 근래에 영산강 유역의 고고학 자료를 근거로 5세기 후반 내지 6세기 전반까지 마한세력이 독자적으로 존재하였다고 보는 시각이 고고학계를 중심으로 대두하고 있다. 그러나 「광개토대왕릉비」에 의하면 당시 만주·한반도·일본열도에 존재하고 있던 여러 정치체들의 명칭이나 존재가 나타나지만, '마한'의 명칭은 보이지 않는다. 이는 늦어도 비가 세워진 414년 이전에는 마한이라는 정치체가 백제의 통치 구조 속에 흡수되었음을 알려주는 것이다.[박찬규, 2010]

5. 삼한과 삼국시대의 관계

앞에서 본 바와 같이 '연맹론'과 '국가론'으로 논의가 갈리는 것은 기본적으로 삼한의 시기를 어떻게 바라볼 것인가의 시대구분론과 깊게 맞물려 있다. '연맹론'에 서 있는 연구자들은 3세기까지를 '삼한시대'라고 하여 4세기 이후의 삼국시대와 구분해 보거나[문창로, 2000], 또는 삼국시대의 '전사(前史)'로서 삼한을 따로 떼어보고 있다[주보돈, 2002].

고고학에서도 3세기 말~4세기 초 사이에 삼한 문화의 종말을 비정하면서, 경주 구정동 목곽묘나 김해 대성동 29호분의 자료를 통해 볼 때, 이 시기에 기존 '와질토기' 문화의 소멸과 새로운 '도질토기(陶質土器)'의 등장, 목곽묘의 대형화 및 지역화[경주형·김해형], 탁월한 입지를 보이는 '왕묘(王墓)'와 중심 고분군의 등장, '고분(古墳)'의 발생 등 정치체의 통합을 상징하는 획기적인 변화가 일어났다고 보고 있다.[신경철, 1995b ; 최종규, 1995] 이러한 시기구분이 바로 서두에서 언급했던 고고학계의 '삼한시대론'이다.

그러나 '삼한시대'란 용어는 무엇보다도 북쪽의 고구려를 포함하지 못할 뿐만 아니라, 삼한과 혼재하던 영서·영동의 예맥세력도 담아내지 못하는 점에서 보편적인 시대구분 용어로는 적절치 못하다. 삼한시대론에 따르면, "삼한시대의 폭[기원전 3세기~기원후 3세기]은 철기의 사용, 목관묘의 채용이라는 고고학적인 근거에서 후기무문토기시대[세형동검문화기]에서 와질토기시대까지로 간주한다"라고 하였다.[신경철, 1995a] 그러나 앞서 보았듯이 영남 지역에서 철기와 목관묘는 기원전 2세기에

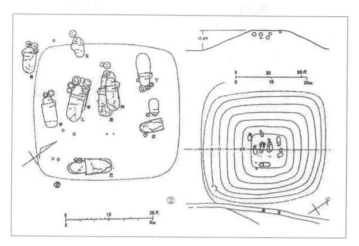

[그림 5] 나주 신촌리 9호분 옹관분구묘

[그림 6] 나주 덕산리 분구묘

등장하여 기원전 1세기가 되어야 집단적으로 채용하게 된다. 이에 따라 최근 고고학에서는 기원전 1세기를 새로운 철기문화와 와질토기〔타날문토기〕 문화가 본격화된 삼한〔원삼국〕 문화의 실질적인 개시기로 보고 있다.〔이성주, 2000 ; 송계현, 2000〕

그리고 마한의 경우는 4세기 중엽 백제에 병합되기까지 영산강 유

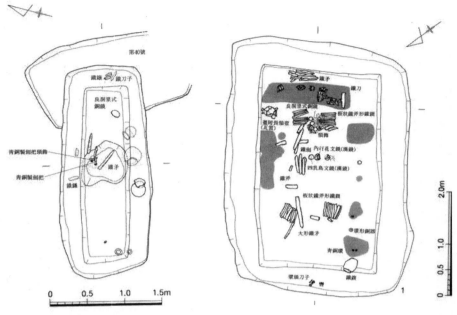

[그림 7] 김해 양동리 유적의 목관묘(55호)와 목곽묘(162호)

역에서 그 세력을 온존하였던 것으로 이해되고 있으며[이병도, 1976 ; 이기동, 1990 ; 박찬규, 1995], 고고학에서는 마한이 5세기 말까지도 영산강 유역에서 대형 옹관고분[분구묘]을 조영하며 독자적인 세력을 유지했다고 보기도 한다.[최완규, 2000 ; 최몽룡·김경택, 2005] 따라서 마한의 하한을 진·변한과 같이 일률적으로 3세기 말로 못박아 '삼한시대'에 묶는 것도 큰 문제점이다.

'삼한시대론'에서 3세기 말~4세기 초는 삼한시대에서 삼국시대로 넘어가는 중요한 획기로 파악되고 있다.[신경철, 1995b ; 최종규, 1995] 그러나 최근 김해 양동리, 울산 하대·중산리, 흥해 옥성리 등 새로운 발굴 자료가 알려지면서 더욱 획기적인 변화는 그보다 150년 정도 먼저 목관묘에서 목곽묘로 바뀌던 2세기 중·후반에 일어났다고 보는 경향이 대두하고 있다.〔이성주, 1997 ; 송계현, 2000〕 2세기 후반은 앞서 보았듯이『삼국지』에서 한(韓)이 강성해지고 낙랑군의 주민이 많이 유입했던 시기로, 고고학적인 문화변동이 이런 사료상의 변화와 관련이 있을지도 모르겠다.

삼한시대론에서도 지적되었듯이, 2세기 중엽 이후 진·변한 지역에서는 목관묘에서 목곽묘로 무덤 양식의 변화가 확인되며, 토기에서도 노형토기(爐形土器)와대부호(臺附壺)라는 새로운 기종이 등장한다.〔신경철, 1995b ; 최종규, 1995〕

진·변한의 철기 중 가장 특징적 유물인 판상철부(板狀鐵斧)도 2세기 중엽 이후가 되면 김해 양동리 162호나 김해 대성동 45호 목곽묘에서 출토된 것처럼 폭이 좁은 봉상(棒狀)으로 변화하는데, 이 판상과 봉상의 차이도 목관묘 단계와 목곽묘 단계의 구분으로 이해되고 있다.〔송계현, 2000〕 또 2세기 중엽 이후가 되면 철제 무기에서도

[그림 8] 판상철부
창원 다호리, 경주 사라리, 김해 양동리,
울산 하대 출토, 길이 27.3cm[좌]

환두대도(環頭大刀)·유경식철촉(有莖式鐵鏃)·장검형철검(長劍形鐵劍) 등 새로운 무기가 등장하고, 철제 무기의 출토도 증가하여 호전적·군사적 분위기가 고조하게 된다.〔송계현, 2000〕 이러한 자료에 근거해 볼 때 목관/목곽묘 교체기(2세기 중엽)의 변동이 3세기 말·4세기 초의 변동보다 더 현저하고 중요하다고 보는 것이다.〔이성주, 1997〕

사실 2세기 후반에 등장한 목곽묘는 5세기까지 영남 지역의 주 무덤 양식으로 지속되고 있기 때문에 300년을 기준으로 잘라 보기가 어렵다. 그리고 이른바 '도질토기'의 출현도 창원 도계동 6호묘와 진천 송두리 1호묘의 경우와 같이 3세기 중엽 이전으로 소급될 가능성도 있어 '와질토기론'에서 주장하는 것처럼 3세기 말과 4세기 초 사이에 획기적인 문화변동을 상정할 수 있을지도 의문이다.〔최병현, 1998〕이런 맥락에서 3~4세기 사이의 변화는 단절보다는 지속적인 측면을 더욱 많이 가지고 있다고 설명되는 것이다.〔권오영, 1996〕

그러나 이상의 고고학적 검토는 대체로 영남 지역, 즉 진·변한 지역의 문화 양상을 중심으로 하고 진행되었다는 점에서 한계가 있다. 마한도 진·변한의 고고학적 맥락과 같이 설명할 수 있을지 의문이 아닐 수 없다. 최근 마한 지역에서 토실(土室)·주구묘·옹관고분〔분구묘〕·조족문(鳥足文)·거치문(鋸齒文)의 토기 등 특징적인 문화가 점차 알려지고 있다.〔최완규, 2000 ; 최몽룡·김경택, 2005〕그러나 이러한 마한 문화에 대해 진·변한 지역과 비교 검토하는 연구는 아직 시도되지 못하고 있다. 최근 영남지역에서 초기 단경호(短頸壺)의 출토가 증가하면서 마한 지역과 비교할 수 있는 토대가 확대되고 있다. 향후에는 마한과 진·변한의 문화 양상을 비교 검토할 수 있는 다각도의 연구가 진행되어야 할 것이다.

최근 고고학계에서는 분구묘(墳丘墓)를 마한의 대표적인 묘제로 인식하고 있다. 일반적으로 분구묘는 지상에 미리 분구를 조성한 후 매장 시설을 분구 중에 설치하는 분묘로 정의된다. 매장부를 중심으로 그 주위에 도랑을 돌려 판 주구묘를 포함해 백제계 석실분 이전까지의 방형이나 원형의 분구를 갖춘 분묘를 마한의 분구묘로 파악하면서, 영산강 유역에서는 늦은 시기까지 대형 분구묘들이 축조될 만큼 마한세력이 유지되고 있었다고 이해하는 것이다.〔최완규, 2007〕 영산강 유역에서는 분구묘가 6세기 초까지 성행했는데, 이로 보아 영산강 유역의 마한세력은 이때까지 독립적인 세력으로 발전하다가 백제의 사비 천도(538)와 연계된 적극적인 남진정책으로 급속히 해체되어 백제의 편제 속으로 들어갔다고 한다.〔임영진, 2010〕

그러나 고고학적으로 중앙과 다른 문화요소가 보인다고 해서 그것을 곧바로 별도의 정치세력으로 설정할 수 있을지는 의문이다. 『삼국사기』 및 『일본서기』의 기록과 함께 종합해 살펴볼 때 영산강 유역의 특징적인 고분은 백제의 중층적인 지방통치 방식이나 분권적인 국가구조와 관련될 가능성이 높다. 지방관 파견을 통한 일원적인 지방통치체제가 확립되기 전까지 청동기시대 이래 마한문화의 전통이 강했던 영산강 유역에 지역문화가 존재하는 것은 자연스러운 현상이다. 일반적으로 백제의 중앙집권적 지방통치체제인 5방(方) 체제는 사비시기(538~660)에 확립된 것으로 이해되고 있다. 따라서 6세기 초까지 별도의 마한세력이 영산강 유역에 존재했다기보다는, 그전에 백제로 편입되었으나 마한의 전통 묘제가 다른 지방에 비해 더 늦은 시기까지 이 지역에서 유지되었다고 보는 지역문화론의 관점이 더 설득력이 있을 것이다.

삼한의 역사와 문화는 그 시작과 끝을 획일적으로 볼 수 없는 다기한 면을 가지고 있다. 따라서 시·공간적으로 복잡하게 얽혀 있는 삼한을 하나의 단위로 묶어 '삼한시대'라고 명명하여 삼국시대와 분리해 보는 것은 무리가 따른다고 생각된다.

'연맹론'과 '삼한시대론'은 기본적으로 삼한과 삼국시대의 관계를 계기적인 측면보다 단절적인 측면에서 바라보고 있다. 그러나 백제·신라·가야가 삼한의 백제국·사로국·구야국에서 잉태된 만큼 양자의 관계를 단절시켜 볼 수는 없으며 연속선상에서 국가의 형성과정을 이해해야 한다고 본다.

박대재

‖ 참고문헌 ‖

권오영, 1996, 「三韓의 '國'에 대한 硏究」, 서울대 박사학위논문.

김두진, 1985, 「三韓 別邑社會의 蘇塗信仰」, 『韓國古代의 國家와 社會』(역사학회 편), 일조각.

김상기, 1948, 「韓濊貊移動考」, 『史海』 創刊號.

김정배, 1986, 『韓國古代의 國家起源과 形成』, 고려대 출판부.

_____, 2000, 『韓國 古代史와 考古學』, 신서원.

김정학, 1990, 『韓國上古史硏究』, 범우사.

김태식, 1990, 「加耶의 社會發展段階」, 『한국 고대국가의 형성』, 한국고대사연구회 편, 민음사.

노중국, 1987, 「馬韓의 成立과 變遷」, 『馬韓·百濟文化』 10.

_____, 1990, 「目支國에 대한 一考察」, 『百濟論叢』 2.

_____, 2002, 「辰·弁韓의 政治·社會구조와 그 운영」, 『진·변한사 연구』, 경상북도·계명대 한국학연구원.

노태돈, 1982, 「三韓에 대한 認識의 變遷」, 『韓國史硏究』 38.

문창로, 2000, 『三韓時代의 邑落과 社會』, 신서원.

박대재, 2005, 「三韓의 '王'에 대한 研究─戰爭과의 관계를 중심으로」, 고려대 박사학위논문.

_____, 2006, 『고대한국 초기국가의 왕과 전쟁』, 경인문화사.

_____, 2009a, 「謝承의 『後漢書』 東夷列傳에 대한 예비적 고찰」, 『韓國古代史硏究』 55.

_____, 2009b, 「三韓의 '臘日祭祀'와 부뚜막신앙」, 『韓國史學報』 37.

박성봉, 1990, 「馬韓認識의 歷代變化」, 『馬韓·百濟文化』12.

박순발, 1998, 「前期 馬韓의 時·空間的 位置에 대하여」, 『馬韓史研究』, 충남대 백제연구소 편, 충남대 출판부.

박찬규, 1995, 「百濟의 馬韓征服過程 研究」, 단국대 박사학위논문.

_____, 2010, 「문헌을 통해서 본 馬韓의 始末」, 『百濟學報』3.

백승충, 1995, 「弁韓의 成立과 發展」, 『韓國古代史研究』10〔三韓의 社會와 文化〕.

사회과학원 력사연구소, 1991, 「진국사」, 『조선전사』2, 과학백과사전종합출판사.

송계현, 2000, 「辰·弁韓 文化의 形成과 變遷」, 『고고학으로 본 변·진한과 왜』, 영남고고학회·구주고고학회.

신채호, 1925, 「前後三韓考」, 『朝鮮史研究草』; 1995, 『改訂版 丹齋申采浩全集』(中), 형설출판사.

신현웅, 2003, 「三韓 起源과 '三韓'의 成立」, 『韓國史研究』122.

신경철, 1989, 「三韓時代의 釜山」, 『釜山市史』(第一卷).

_____, 1995a, 「瓦質土器文化論－그 성과와 과제」, 『韓國考古學의 半世紀』, 제19회 한국고고학전국대회 자료집.

_____, 1995b, 「三韓時代의 東萊」, 『東萊區誌』.

유원재, 1994, 「晉書의 馬韓과 百濟」, 『韓國上古史學報』17.

윤선태, 2001, 「馬韓의 辰王과 臣濆沽國－領西濊지역의 歷史的 推移와 관련하여」, 『百濟研究』34.

윤용구, 1999, 「三韓의 對中交涉과 그 性格－曹魏의 東夷經略과 관련하여」, 『國史館論叢』85.

이기동, 1996, 『百濟史研究』, 일조각.

이남규, 1993, 「三韓 鐵器文化의 成長過程－樂浪地域과의 比較的 視角에서」, 『三韓社會와 考古學』, 제17회 한국고고학전국대회 자료집.

이병도, 1976, 『韓國古代史研究』, 박영사.

이성주, 1997, 「木棺墓에서 木槨墓로」, 『新羅文化』14.

_____, 2000, 「紀元前 1世紀代의 辰·弁韓地域」, 『轉換期의 考古學 Ⅲ－歷史時代의 黎明』, 한국상고사학회.

이영식, 2000, 「문헌으로 본 가락국사」, 『가야 각국사의 재구성』, 부산대 한국민족문화연구소 편, 혜안.

이재현, 2003, 「弁·辰韓社會의 考古學的 研究」, 부산대 박사학위논문.

이종욱, 1982, 『新羅國家形成史研究』, 일조각.

이청규, 2005, 「사로국의 형성에 대한 고고학적 검토」, 『國邑에서 都城으로─新羅
　　　　王京을 중심으로』(新羅文化祭學術論文集 26).

이현혜, 1984, 『三韓社會形成過程研究』, 일조각.

_____, 1997, 「삼한의 정치와 사회」, 『한국사』 4, 국사편찬위원회.

_____, 2007, 「마한사회의 형성과 발전」, 『백제의 기원과 건국』(백제문화사대계
　　　　연구총서 2), 충청남도역사문화연구원.

이희준, 2002, 「초기 진·변한에 대한 고고학적 논의」, 『진·변한사 연구』, 경상북
　　　　도·계명대 한국학연구원.

임영진, 2010, 「묘제를 통해 본 마한의 지역성과 변천 과정─백제와의 관계를 중심
　　　　으로」, 『百濟學報』 3.

임효택, 1993, 「洛東江 下流域 土壙木棺墓의 登場과 發展」, 『三韓社會와 考古學』,
　　　　제17회 한국고고학전국대회 자료집.

정중환, 2000, 『加羅史研究』, 혜안.

주보돈, 2002, 「辰·弁韓의 成立과 展開」, 『진·변한사 연구』, 경상북도·계명대 한
　　　　국학연구원.

천관우, 1989, 『古朝鮮史·三韓史研究』, 일조각.

최광식, 1994, 『고대한국의 국가와 제사』, 한길사.

최몽룡·김경택, 2005, 『한성시대 백제와 마한』, 주류성.

최병현, 1998, 「原三國土器의 系統과 性格」, 『韓國考古學報』 38.

최완규, 2000, 「馬韓墓制의 最近 調査 및 研究動向」, 『三韓의 마을과 무덤』, 제9회
　　　　영남고고학회 학술발표회 자료집.

_____, 2007, 「마한의 분묘 문화」, 『백제의 기원과 건국』(백제문화사대계 연구총
　　　　서2), 충청남도역사문화연구원.

최종규, 1995, 『三韓考古學研究』, 서경문화사.

羅繼祖, 1995, 「辰國三韓考」, 『北方文物』 1995-1.

三品彰英, 1946, 「史實と考證─魏志東夷傳の辰國と辰王」, 『史學雜誌』 55-1.

武田幸男, 1995~1996, 「三韓社會における辰王と臣智」, 『朝鮮文化研究』 2~3.

坂田隆, 1989, 「三韓に關する一考察」, 『東アジアの古代文化』 59.

한국의 고대국가형성론

1. 머리말

한국의 고대국가 형성에 대한 연구는 1970년대 이후 활발하게 전개되었다. 식민사학의 극복이라는 당시 학계의 커다란 과제를 추진하는 과정에서 토론의 장이 마련된 때문이라 할 수 있다. 1971년 『신동아』[1월호부터 5월호까지]에 연재되었던 「토론 : 한국사의 쟁점」에서 고대국가에 대한 종래의 연구를 검토·비판하고 새로운 문제를 제기하였다. 여기에 많은 학자들이 참여하여 종래의 부족국가설을 비판하고 한국고대국가 형성연구에 새로운 방안을 모색하였다.

1973년 김정배는 종래의 '부족국가'설을 비판하고 새로운 인류학 이론을 수용한 '군장사회(chiefdom)'설을 제시하였다. 이후 고대국가에 대한 논의가 활발해져 천관우가 '성읍국가'설을 제시하였으며, 이기백이 성읍국가설을 한국사 개설서에 반영하였다. 따라서 한국의 고대국가형성론은 '부족국가설'·'군장사회설'·'성읍국가설' 등 세 가지 방향에서 진행되었다. 이 세 가지 설에 대해 서로를 비판하는 연구가 이어지는 동시에 세 가지 학설에 대해 더욱 구체적인 연구들이 심화되어 갔다. 최근에는 '부체제설'이 국가형성 단계론의 입장에서 많이 논의되고 있으며, 또한 왕권과 제의라는 입장에서 국가가 형성되고 단계적으로 발전해 가는 것으로 파악하는 연구도 진행되고 있다.

한편 북한에서도 고대국가 형성에 대한 연구가 꾸준히 진행되었는데, 특히 1990년대 소위 '단군릉' 발굴 이후 고대국가 형성의 시기를 기원전 3,000년으로 보는 새로운 견해가 발표되었다. 앞으로 문헌사료의 엄밀한 검토와 새로운 고고학 자료의 활용 및 새로운 인류학 이론의 수용 등이 과제라고 하겠다.

2. 국가형성론의 연구 경향

민족주의사학 계열의 연구에는 고대국가의 기준이나 시기가 제시되지 않고, 상고사로서 고조선·삼한·삼국의 건국에 대한 왕조사적 기준이 적용되었다. 실증사학자인 이병도는 『조선사대관』 상대사 편목에서 고조선부터 신라 말까지 다루었으나 고대국가에 대한 기준이나 시기를 제시하지 않았다. 다만 『조선사개설』을 보면 종래의 시간적 구분법〔상고·중세·근세·최근세〕 혹은 왕조 중심의 구분법〔삼국·통일신라·고려·이조〕을 취하지 않고 사회구성의 발전단계에 의하여 연구를 진행하였으나 실제로는 왕조사관을 벗어나지 못하였다. 사회경제사학 계열에서는 해방 후 아시아적 생산양식론의 적용과 관련하여 한국사에서 노예제사회의 존재유무와 그 시기설정이 쟁점이 되었다.

한편 신민족주의사학의 경우 손진태는 『조선민족사개론』에서 사회발전의 단계를 씨족공동사회 → 부족사회 → 부족국가 → 부족연맹왕국 → 귀족국가의 단계로 설정하였다. 이인영은 부족사회에서는 처음에 부족추장이 씨족대표에 의하여 선출되고, 부족연맹으로서의 왕은 부족추장들의 선거에 의해 결정되었으나 후에 세습제로 바뀌어갔다고 하여 모건(Morgan, L.H.)의 소박한 이론을 그대로 옮겨놓았다.

1950년대에는 전쟁으로 인한 학자들의 납북과 월북으로 한국사연구가 부진하였으며, 실증사학의 입장에서만 연구가 수행되었다. 실증사학의 입장에서 고대국가를 다루다 보니 문헌 중심으로 연구가 진행되었으며, 중앙집권과 관제, 정복과 외교관계가 그 기준이 되었다. 하부구조에 입각한 고대사회와 고대국가에 대한 연구는 보이지 않고, 이론 면에서 모건의 소박한 인류학 이론만이 적용되었다.

1960년대 고대국가에 대한 연구는 문화사관에 입각하여 진행되었는데, 특히 인류학과 고고학적 입장에서 한국의 고대국가 형성을 다루고 있다는 점이 특징이다. 한편 경제개발에 따른 근대화 문제에 입각하여 경제사적 연구가 진행되어 한국경제사학회 주최의 '한국사 시대구분론 심포지엄'이 있었다. 문헌사료 면에서 『삼국지』동이전에 대한 새로운 해석과 『삼국사기』 초기기록에 대한 긍정적이며 적극적인 해석이 시도되었다. 그러나 1960년대까지도 종래 일본 고대국가 형성의 기준이 되었던 율령반포와 불교공인을 중요시하는 경향이 주류였다.

1970년대 이르러 한국의 고대국가 형성에 대한 논의를 활발하게 이끌어낸 계기는 『신동아』의 '토론 : 한국사의 쟁점'이었다. 부족국가라는 개념의 애매함과 부족연맹이 곧 부족국가가 아닌가 하는 등 종래의 견해에 대한 의문점이 제기되었다. 국가의 형성은 혈연적인 지배구조가 지연적인 지배구조로 전환될 때 비로소 이루어진다는 점을 강조하고, 혈연적인 요소에서 씨족·부족·부족연맹까지 오다가 권력에 의한 영역적인 요소가 가미될 때 그것이 곧 '도시국가'라는 것이다. 종래의 통설이던 '부족국가'에 대해 본격적이고 체계적인 비판이 가해진 것이다. 김정배는 부족국가설은 과거의 소박한 이론이라고 주장하며, 구미학계의 '치프덤(chiefdom)설'을 소개하고 이를 한국 고대국가 형성과정에 적용하였다.

천관우는 『신동아』 토론에서 제기되었던 '도시국가'를 한국의 고대국가에 적용하여 '성읍국가설'을 제기하였다. 소국은 소규모의 취락, 대국은 대취락, 부족연합은 이미 혈연을 넘어서 지연을 바탕으로 형성되는데, 그것이 국가형성의 전단계라고 예시하고, 성채왕국을 성읍국가로 대체하여 한국 고대국가에 적용하였다. 베버(Weber, M)의 고대사회제 형태를 도입한 마쓰마루(松丸道雄)가 중국의 고대국가에 적용한 발전단계〔씨족단계 → 도시국가 → 영토국가 → 대제국〕를 도입하여 한국 고대사회에 적용함으로써 삼한의 국가 형성과정을 성읍국가에서 영역국가로의 발전단계로 보고, 영역확대를 국가형성의 중요한 징표의 하나로 파악한 것이다. 그러나 성읍국가의 개념이 명확하지 않으며 이를 증명할 구체적인 자료가 있느냐는 점, 외형적인 면을 강조하고 있다는 점이 비판되었다.

천관우가 제기한 성읍국가론은 이기백에 의해 1976년 개정판 『한국사신론』에 처음으로 적용되었다. 그러나 종래의 부족국가의 명칭을 다만 성읍국가로, 부족연맹의 명칭을 연맹왕국으로, 고대국가의 명칭을 중앙집권적 귀족국가로 바꾸어놓았다는 인상을 준다. 그리고 연맹왕국이나 중앙집권적 귀족국가의 개념은 이미 손진태에 의해 사용된 바가 있다.

1980년대 들어와 한국 고대국가에 대한 연구는 더욱 활발히 진행되어 종래 견해에 대한 재검토와 함께 인류학 이론이 한국 고대국가 형성에 더욱 구체적으로 적용되고 고고학적 지식이 폭넓게 원용되었다.

이종욱은 『삼국사기』 초기기록을 적극적으로 이용하고 고고학적 지식을 활용하여 치프덤설을 신라의 국가형성에 적용하였다. 촌락(추장)사회 단계의 사로육촌, 촌락(추장)사회의 연맹단계인 사로소국, 사로국을 맹주국으로 하는 진한소국연맹 단계, 사로국의 진한제소국 정복단계로 발전단계를 세분화하였다. 그러나 치프덤의 개념과 해석에 대한 면밀한 설명이 요구되며, '소국'이라는 용어는 애매하므로 역사적 술어로는 부적당하다.

최몽룡은 플래너리(Flannery. K.)가 제시한 국가형성에 관한 모델을 위만조선에 적용하여 문헌상 최초의 국가로 파악하였다. 사회조직, 직업적인 행정관료, 막강한 군사력, 신분계층, 행정중심지로서의 왕검성의 존재, 왕권의 세습화, 전문직 직업인의 존재 등으로 보아 위만조선은 국가체제를 갖추었다고 추정하였다.

3. 국가형성론의 쟁점

위에서 살펴본 바와 같이 고대국가 형성론은 부족국가설·성읍국가설·군장사회설로 나뉘어 논의가 전개되었다.

　부족국가설은 모건이 『고대사회』라는 책에서 현장조사와 문헌연구를 통하여 제시한 가설에서 기인한 것이다. 씨족사회가 여럿이 모여 부족사회를 이루고, 부족사회가 여럿이 모여 부족국가를 이루고, 부족국가가 여럿이 모여 부족연맹을 이루고, 이러한 부족연맹이 마침내 고대국가를 이룬다는 것이다. 그러나 씨족사회라는 것은 사실상 존재하지 않으며, 부족사회란 여러 씨족이 모여 있는 사회이지 여러 씨족사회가 모여 있는 사회가 아니다.

　그리고 가장 문제가 되는 것은 부족국가라는 개념이다. 국가란 혈연적인 지배구조가 지연적인 지배구조로 전환될 때 비로소 이루어지는 것이다. 즉 국가란 혈연적인 요소를 극복한 지연적인 개념이다. 그런데 부족국가란 혈연적 개념과 지연적 개념이 함께 어우러져 있는 것이다. 혈연적 개념인 부족과 혈연적 개념을 초극한 국가라는 개념이 혼재한 모순된 표현이라고 할 수 있다. 더구나 부족연맹이라는 개념은 더욱 문제가 많다고 할 수 있다. 부족연맹이란 부족사회의 연맹인지 부족국가의 연맹인지가 애매하다. 단계적으로 보아서는 부족국가연맹으로 표현하여야 더 적합하다고 할 수 있다.

　그런데 문제는 과연 연맹이라는 개념이 무엇인가 하는 점이다. 부족사회와 부족사회연맹, 또는 부족국가와 부족국가연맹 사이의 관계는 어떤 것인지 분명하지 않다. 또한 연맹이란 국가와 국가 사이에도 존재할 수 있는 개념이다. 그리고 다음 단계인 고대국가라고 하는 표현은 결국 그 이전 단계의 부족국가나 부족연맹은 국가가 아니라는 것을 의미한다고 하겠다. 더구나 고대국가의 형성을 삼국시대로 보고, 고구려는 소수림왕대, 백제는 침류왕대, 신라는 법흥왕대로 설정하고 있다.

기본적으로 일본의 고대국가의 기준인 율령반포와 불교공인을 그 기준으로 하고 있다는 것을 알 수 있다.

이용희는 그리스의 도시국가를 한국 고대국가의 최초의 단계로 설정하여 볼 것을 제안하였다. 왜냐하면 19세기 후반 메인(Maine)과 모건에 의해 제기된 부족국가라는 개념은 애매하며 또 그것이 사실과 맞지 않기 때문이라고 하였다. 혈연적인 요소에서 씨족·부족·부족연맹까지 오다가 그러한 혈연적인 요소에 다시 권력에 의한 영역적인 요소가 가미될 때 그것이 곧 '도시국가'라는 것이다.

김정배는 1973년에 '부족국가'에 대해 본격적이고 체계적인 비판을 가하였다. 씨족사회에서 부족사회, 고대국가로의 발전단계는 과거의 소박한 이론으로서 구미 인류학계에서는 이미 비판되었다고 일축하였다. 현재 구미 인류학계에서 통용되는 발전단계, 즉 '군사회 → 부족사회 → 치프덤'을 소개하고, 이를 한국 고대사회 발전단계에 적용할 것을 제안하였다.

군사회는 양식채집단계로서 20~50인이 무리지어 살던 구석기시대에 해당하며, 치프덤 단계가 되면 계층분화가 일어난다고 하였다. 따라서 위만조선도 부족연맹의 단계가 아니고, 삼한도 부족국가의 단계가 아니라는 것이다. 삼한사회는 부족단계에서 더 발전된 최소한 치프덤 이상의 사회이거나 한 걸음 나아가 늦어도 소위 준국가 성립의 단계라고 하였다. 그리고 종래 법제의 정리와 중국 측과의 외교관계를 중요시한데 반하여 군대의 존재와 정복을 중요시하여 고대국가의 출발을 고조선에서 찾았다.

고대국가는 철기문화를 바탕으로 이루어진다고 하였으며 그 근거로 세형동검과 널무덤을 들었다. 종래 관제정비, 중국과의 외교, 율령반포, 불교공인 등 일본 고대국가의 기준을 그대로 한국 고대국가에 데 대하여 신랄한 비판을 가하였다. 모건과 메인의 소박한 19세기 후반의 인류학 이론을 한국 고대국가의 발전단계에 안이하게 적용한 우리 학계의 수준을 한 단계 올려놓은 주장이라고 할 수 있다. 그리고 구미 인류학계의 새로운 고대사회 발전단계설을 소개하고, 이를 한국 고대국가 형성과정에 적용한 데 커다란 의의가 있다.

김정배는 치프덤은 인구수뿐만 아니라 일반적으로 강력한 군사력과 통제력의 결여가 지

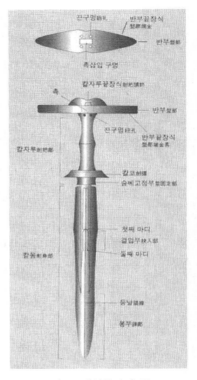

[그림 1] 세형동검의 구조

적되고 있기 때문에 국가와는 구별된다고 하고, 늦어도 기원전 4~3세기에는 국가가 성립되었다고 보았다. 따라서 이른바 '기자조선'은 치프덤 단계가 아니라 초기국가 단계이며, 위만조선은 정복국가 또는 정복왕조라고 보았다. 또한 그는 치프덤을 『삼국지』 동이전에 나오는 군장(君長)이라는 단어를 적용하여 '군장사회'로 번역하고 삼한 제국(諸國)은 인구수와 크기로 보아 군장사회 단계라고 주장하였다.

그리고 천군(天君)은 무(巫)에서 한 단계 발전된 제사장의 임무를 수행하는 공적인 권위와 임무를 가진다고 하였다. 『삼국지』 동이전에 보

이는 군장은 정치발전 단계에서 볼 때 군장사회의 지도자를 뜻한다고 강조하고, 문헌에 장수(長帥)·거수(渠帥)·주수(主帥)·신지(臣智) 등으로 표기되는 이들은 각기 사회의 지도자로서 통치자와 같은 성격의 존재라고 하였다. 일찍이 준왕이 후(侯)라는 칭호를 버리고 왕(王)으로 칭한 것은 이미 이 사회가 군장사회의 단계를 넘어섰기 때문이며, 군장사회는 최소한 청동기문화의 단계를 딛고 선 철기문화가 꽤 깊숙이 들어온 사회라고 하였다.

이러한 김정배의 주장은 종래 안이하게 19세기 후반의 소박한 이론을 고대사회에 적용하던 점을 비판하고, 최신의 인류학 이론을 수용하여 한국 고대사회 발전단계에 적용하는 커다란 역할을 하였다. 특히 부족과 치프덤의 인구수를 제시하여 각각의 규모에 대한 구체적인 양상을 보여주었다. 그러나 치프덤의 경우 1만~1만 2천 명, 국가는 10만 명 이상이라고 하고, 그 중간은 극소국가·소국가라고 하였는데 이것이 국가인지 아닌지 애매하다고 하겠다. 또한 마한의 대국[1만여 가]과 변진의 소국[6백~7백 가]을 같은 단계로 파악한 것은 문제라고 하겠다. 왜냐하면 마한의 대국과 변진의 소국은 인구상으로 많게는 20배 정도의 차이가 나고 있는 것이다. 이를 평균으로 하여 같은 단계로 본 것은 문제가 있기 때문에 대국은 국가단계로, 소국은 수장사회로 보는 것이 오히려 합리적이라고 생각한다.

한편 천관우는 『신동아』 토론에서 제기되었던 '도시국가'를 한국의 고대국가 형성에 적용하여 '성읍국가'설을 제기하였다. 소국은 소규모의 취락, 대국은 대취락, 부족연합은 이미 혈연을 넘어서 지연을 바탕으로 형성되는데 그것이 곧 국가형성의 전단계라고 예시하고, 성채왕국을 성읍국가로 대체하여 한국 고대국가에 적용하였다. 그러나 다음 단계에서 한국의 고대국가는 그리스·로마형인지 오리엔트형인지는 밝히지 않았다. 여기서 베버의 이론이 유럽과 오리엔트사회 이외에 다른 나라에 적용되는 예가 있는지 의문이며, 부족에 대한 이해가 애매하다. 왜냐하면 소국을 소규모의 취락이라 하여 씨족단위인 것 같기도 하고, 대국은 대취락으로 성읍국가인 것 같기도 하였기 때문이다.

천관우의 성읍국가설은 1976년에 더욱 구체화되었다. 여기서 그는 베버의 고대사회 제 형태를 도입한 마쓰마루가 중국의 고대국가에 적용한 발전단계〔씨족단계 → 도시국가 → 영토국가 → 대제국〕를 도입하여 한국 고대국가 형성에 적용하고 있다. 사로국과 구야국은 성채에서 발전한 일종의 도시국가인 '성읍국가' 단계에서 그 역사기록이 시작되었는데, 사로국은 그 뒤 '영역국가'로 발전하였지만, 구야국은 영역국가로서의 발전이 뚜렷하지 못하였으며, 백제의 경우 그 시조대에 벌써 성읍국가의 단계를 넘어선 영역국가의 출발점이었다고 하였다. 따라서 사로국의 경우 파사왕대, 백제의 경우 온조왕대, 구야국의 경우 수로왕대가 고대국가 형성기라고 하였다. 그리고 삼한의 국가형성 과정을 성읍국가에서 영역국가로의 발전단계로 보고, 영역확대를 국가형성의 중요한 징표 가운데 하나로 보았다.

그런데 베버는 성채국가를 유럽과 오리엔트의 경우가 그렇다고 한 것이지 전 세계가 보편적이라고 한 것은 아니며, 그 고대사회 제 형태를 발전단계로서가 아니라 하나의 유형으로 제시한 것이다. 이것을 중국사에 적용시킨 마쓰마루의 경우도 중국 고대사회의 역사적 조건 위에서 이를 제기한 것이기 때문에 과연 우리의 역사적 조건에 알맞은 것인가에 대해서 신중히 검토할 필요가 있는 것이다. 또한 이러한 성읍국가론은 외관상의 유사점에 주안점을 둔 것으로 내부의 구조적인 측면을 간과하고 있다. 그리고 성읍국가를 고대국가로 보는지 보지 않는지 애매하게 처리되어 있다. 이와 같이 19세기 후반 모건의 소박한 인류학 이론이 적용되어 오던 한국 고대국가 형성론에 20세기 초반 베버의 고대사회 제 형태이론이 도입된 것이다.

천관우가 제기한 성읍국가론은 이기백에 의해 1976년 개정판 『한국사신론』에 처음 적용되었다. 이기백은 고인돌의 등장을 권력의 소유자가 나타난 것으로 보고, 나지막한 구릉 위에 토성을 쌓고 살면서 성밖의 평야에서 농업에 종사하는 농민들을 지배해나가는 정도의 것을 성읍국가라고 부르기에 알맞은 존재라고 하였다. 비록 부족적인 전통을 지니고 있었다 하더라도 부족 이외의 다른 요소까지도 포함한 지연중심의 정치적 기구를 지녔던 이 성읍국가를 한국 최초의 국가라고 하였다.

청동기의 사용과 더불어 형성된 성읍국가를 기본으로 각지에 정치사회가 탄생했는데 부여·예맥·고조선·임둔·진번·진국이 그것이며, 기원전 4세기경 중국에까지 그 존재가 알려진 고조선이 가장 선진국이라 하였다. 이 고조선 성읍국가는 이어 대동강과 요하 유역 일대에 흩어져 있는 여러 성읍국가와 연합하여 하나의 연맹체를 형성하고, 그 통치자를 왕이라고 칭했는데 이때의 고조선은 연맹왕국 단계로 기원전 4세기 이전이라고 했다. 부여는 기원전 4세기경 형성되어 기원전 1세기경 연맹왕국으로, 삼한의 경우 소국단계는 성읍국가이며, 진국 단계가 연맹왕국 단계라고 했다. 고구려는 소수림왕대, 백제는 침류왕대, 신라는 법흥왕대에 이르러 중앙집권적 귀족국가로 발전했다고 하였다.

그러나 문제는 성읍국가의 개념이 분명하지 않다는 점과 과연 고대사회에 이러한 근거를 제시할 만한 자료가 있는가 하는 점이다. 그리고 생산력·계급분화·사적소유 등 사회경제 관계에 대한 설명이 보이지 않는다. 또한 연맹왕국이 성읍국가연맹이라는 것인지, 중앙집권적 귀족국가의 기준은 무엇인지 명확하게 제시하지 못하고 있다. 종래의 부족국가의 명칭을 다만 성읍국가로, 부족연맹의 명칭을 연맹왕국으로, 고대국가의 명칭을 중앙집권적 귀족국가로 바꾸어 놓았다는 인상을 주고 있다. 그리고 연맹왕국이나 중앙집권적 귀족국가의 개념은 이미 손진태에 의해 사용된 바가 있다.

1980년대에 들어와 한국 고대국가에 대한 연구는 더욱 활발히 진행되었다. 특히 종래 견해에 대한 재검토와 새로운 인류학 이론이 한국 고대국가 형성에 더 구체적으로 적용되고 고고학적 지식이 넓게 원용되었다.

이종욱은 추장사회 단계의 사로육촌에는 아직 성이 만들어지지 않았으며, 촌락사회 연맹단계도 성읍국가로 보기는 어렵다고 하였다. 소국시대에는 정치적 지배자와 종교적 제사장이 따로 있어 제정분리가 이루어졌으며, 연맹단계의 특징으로서 출전과 공납의 의무를 포함한다고 파악하고 2세기 후반에 들어서면서 정복사업을 벌이게 되었다는 것이다. 그리고 지배자를 중심으로 신라사 발전과정을 추장사회 → 군장사회 → 왕국시대로 나누었으며, 대외관계에서 교역과 전쟁관계를 중요시하였다. 그러나 『삼국사기』상고 부분 사료를 이용하는 데 방법상 문제가 있으며, 치프덤의 개념과 해석에 더욱 면밀한 설명이 요구된다. 또한 소국이라는 용어는 애매하고 추상적인 개념으로 역사적 술어로는 부적당한 것이다. 이종욱은 이후 고조선과 고구려의 경우도 이와 유사한 발전단계를 적용하여 고대국가 형성을 논하였다.

이현혜는 고고학적 지식을 활용하여 삼한사회의 형성과정을 논하였다. 제 소국의 형성과 그 정치·사회적 성격을 논하고, 삼한 소국의 성장과 소국연맹체의 대두와 삼한의 분립에 대하여 논하였다. 그런데 앞에서도 지적하였듯이 소국은 역사적 용어로서 적합하지 못하며, 더구나 삼한의 경우 사료상에 소국과 함께 대국이 나타나고 있어 더욱 문제가 된다.

4. 최근의 연구 경향

1990년대에 들어와서는 국가형성에 대한 논의가 더욱 새로운 국면으로 전환되었다고 할 수 있다. 종래 '부족국가설'은 이미 더 이상 언급되지 않았으며, '성읍국가설'은 논리적으로는 타당성이 있지만 현실적으로 존재 가능성이 증명되지 못하였다. 한편 치프덤설은 고고학자들에 의해 고고학 자료와 함께 활용되고 있으며, 또한 제의와 왕권이라는 면에서 연구가 진행되고 있다.

한편 '부체제설'이 제기되어 많은 연구자들로부터 호응을 받고 있는데, 비판적인 의견 또한 만만치 않다. 결국 1999년 한국고대사학회 주최로 '부체제설'에 대한 찬반의 토론회가 열려 열띤 토론이 진행되었다. '부체제설'은 삼국시대 부(部) 연합체의 실상을 검토하면서 개별 부 내부에도 독립성이 강한 '부내부(部內部)'가 존재하였다는 노태돈의 연구에서 비롯되었다. '부체제설'은 중앙집권적인 지배체제를 갖추기 이전 단계의 고대국가의 구조를 일컫는 개념으로 국가형성 단계론과 밀접한 연관을 갖고 있다. 이는 기존 '연맹'이나 '연합'으로 부르던 막연한 개념에서 벗어나 고대국가의 내부 구조를 분석하여 개념화하였다는 데 커다란 의미가 있다. 즉 고대국가의 발전단계를 외형적인 관계에 주목한 것이 아니라 내부적인 구조에 착안한 것이다. 이는 부족국가설이 지니는 용어나 개념의 혼란을 극복하면서 고대사회 초기의 권력구조에 대한 실상 파악을 진전된 차원에서 계승하였다고 할 수 있다.

그러나 왕을 한 부의 장으로 파악하는 것은 문제가 있다고 생각한다. 왜냐하면 적어도 삼국의 부는 왕경의 지역구분이건 왕경 밖의 지역구분이건 지방 행정구역이기 때문이라는 것이다. 또한 권력관계를 중심으로 파악하는 지배체제만 가지고서는 국가발전

[그림 2] 신라 왕경 6부 위치 추정도
[전덕재, 2009]

단계를 설정하는 것은 무리라는 것이다. 여러 부의 연합체라는 구조가 해체되면서 등장한 중앙집권체제를 '성숙한 고대국가'라고 한다면, 부체제를 가진 국가는 고대국가에 다다른 것인지 아닌지 모호해지는 것이다. 그렇게 본다면 부체제설은 연맹체설의 단위정치체의 외부적 관계에 대한 관심보다 그 내부적 모습에 착안하여 개념화한 것처럼 보이게 되는 것이다. 따라서 연맹체 내의 단위정치체와의 관계에 대해 구조적인 모습을 파악하였다는 데 의미를 갖고 있지만 고대국가 형성의

발전단계를 입체적으로 보여주지는 못하는 한계가 있는 것이다.

한편 최근에는 새로운 경향으로 왕권과 제의라는 입장에서 국가가 형성되고 단계적으로 발전해 가는 것으로 파악하는 견해가 제기되었다. 시대변천과 제의와의 관계를 잘 보여주는 것이 삼한사회의 천신과 귀신 문제라고 할 수 있다. 종래는 삼한사회를 부족국가나 성읍국가로 이해하였다. 그러나 삼한의 경우 마한과 진한의 발전 정도가 같은 것인가 하는 점과 대국과 소국의 발전 정도를 동질적으로 파악할 수 있는가 하는 의문점이 생긴다.

마한의 경우 대국은 1만여 가이고, 소국이 수천 가이며, 진한에서는 대국이 4~5천 가, 소국은 6~7백 가로 되어 있다. 마한의 대국과 진한의 소국은 인구 면에서 20배 정도의 차이가 난다. 따라서 소국과 대국은 발전단계를 달리 보아야 할 것이다. 예컨대 소국이 수장사회라면 대국은 초기국가 단계로 볼 수 있을 것 같다. 제의에 있어서도 소국과 대국은 차이가 난다. 소국은 국읍에 천군을 세워 제천의례를 행하였지만 아직도 별읍에서는 소도가 있어 그들 나름대로의 귀신에게 제사를 지내는 것은 소국사회의 한계성을 보여주는 것이라 할 수 있다.

종래에는 제천을 천군이 소도에서 행한 것으로 파악하였다. 그러나 사료를 면밀히 살펴보면 천군은 국읍에서 제천의례를 행하였으며, 소도에서는 귀신에게 제사를 지냈는데, 이는 무(巫)가 주재하였다고 생각한다. 무(Shaman)는 부족사회의 문화에서 나타나며, 제사장(Priest)은 국가형성과 밀접한 것으로 알려지고 있다. 무가 영험자와의 접촉으로 그의 힘을 얻는 데 반해서 제사장은 특별한 훈련을 통해서 그의 신임을 얻고 있다고 보기도 한다. 이와 같이 무와 제사장과의 차이를 비교해 보면 삼한의 천군은 무라기보다는 제사장에 가깝다고 보아야 할 것이다.

정치적 발전단계가 부족사회에서 수장사회로, 그리고 국가의 단계로 발전하였다는 사실에 유의하면, 위의 각 단계에 해당하는 무와 제사장인 천군, 그리고 왕호의 출현 등은 매우 흥미 있는 대비가 된다. 이것은 서비스(Service, E.R.)가 무와 부족사회, 제사장과 수장사회를 비교한 것과 같은 현상이다. 따라서 별읍인 소도에서 귀신에게 제사를 지내는 부족사회의 모습이 잔재로서 남아 있는 동시에 국읍에서 천군이 천신에게 제사를 지내는 것을 치프덤단계의 사회〔수장사회〕라고 볼수 있다. 다만 대국인 백제국이나 사로국에서는 제천의례뿐만 아니라 시조묘에서 제사를 지냈으므로 수장사회 단계를 넘어서 초기국가 단계로 들어섰다고 볼 수 있다.

제천의례는 계급사회로의 이행을 의미하며, 그러한 계급사회에서 지배자의 권위를 나타내는 것이 제천의례다. 곧 지배자의 정당성을 하늘에서 얻고 그러한 과정을 통해 권위를 확보해 나가는 것이다. 그러나 아직 부족사회의 유제로 귀신에 대한 제장인 소도를 청산하지 못하고 있는 한계점을 보이기 때문에 국가단계로 볼 수 없고 과도기적 단계인 치프덤단계로 볼 수 있는 것이다.

대국인 백제국이나 사로국의 경우는 천의 대리자인 시조에 대한 제사를 지냄으로써 일원적이며 배타적인 제사권을 확립하였다고 할 수 있다. 즉 천에 대한 막연한 의례에서 천손강림의 천손에 대한 제사권을 독점적으로 장악하는 국가체제의 모습을 보여주는 것이라 할 수 있다.

고구려는 이미 제천의례의 단계에서 시조인 동명에 대한 제의와 지신에 대한 제사가 함께 이루어졌다. 백제의 경우는 시조묘 제사와 함께 지신에 대한 제사도 같이 행해졌다. 즉 시조묘 제사와 천지신 제사가 함께 이루어졌던 것이다. 이는 고구려·백제가 정복국가적 성격을 갖고 있었기 때문이다.

반면 사로국은 제천의
례와 시조묘에 대한 제사
는 일찍부터 이루어졌지
만 지신에 대한 제사권을
완전히 장악하는 데는 많
은 시간이 필요하였다. 따
라서 사로국은 초기국가
단계를 오랫동안 거쳤는
데 이것은 사로사회가 토

[그림 3] 영일 냉수리 신라비

착성이 강하였음을 보여주는 것이다. 이러한 초기국가 단계에서 정복국
가로 발전단계를 잘 보여주는 것이 '영일냉수리신라비(迎日冷水里新羅碑)'
다. 결국 정복국가 단계로 발전하여 천지신을 제사하는 신궁(神宮)을 설치
하게 되었다. 즉 종래 천신과 시조에 대한 제사에서 토착신인 지신에
대한 제사권을 국왕이 완전히 장악하게 된 것이다.

따라서 이때부터 국호를 신라라 하였으며 왕호를 사용하였다. 그렇
다고 하여 신라의 소지왕대나 지증왕대에 국가가 형성되었다는 것은
아니다. 신라는 일찍부터 초기국가 단계를 거쳤는데 그 기간이 매우
길었으며, 정복국가 단계로서의 면모를 과시하게 된 것이 소지왕대에
서 지증왕대라고 보는 것이다. 결국 천지신에 대한 제사가 수장사회
단계의 제천의례와 초기국가 단계의 시조묘 제사에 덧붙여 지신에 대
한 제사까지 포괄하게 됨으로써 정복국가 단계로 발전할 수 있었던 것
이다. 시조묘 제사에서 천지신 제사로의 변화과정의 단면을 보여주는
것이 앞에서 언급한 '영일냉수리신라비'다. 여기에는 지역신에 대한 제

사권의 장악이 현실감 있게 나타나 있다. 이것은 고고학적으로 청동기시대에 수장사회, 초기철기시대에 초기국가, 철기시대에 정복국가라는 발전단계와 밀접한 연관을 갖는다. 여기에 천신·시조신·지신에 대하여 제사의례가 지니는 정치사적 의의가 있는 것이다.

최근에는 성립 단계의 고대국가를 '초기 고대국가'라고 하여, '성숙한 고대국가' 단계와 구분해 개념화하는 시도가 있다. '성숙한 고대국가'는 ① 귀족-평민-노비 등 3개 이상의 사회경제적 계층 구분, ② 왕을 중심으로 한 무력독점, ③ 중앙집권적 관료제의 정비, ④ 귀족회의의 상설 개최, ⑤ 지방관의 파견, ⑥ 불교나 유교와 같은 인간 중심적 세계관의 형성 등 여섯 가지 요소를 갖춘 단계로 보고, 그보다 완전치 못한 또는 그 직전 단계를 '초기 고대국가'로 보는 것이다. '초기 고대국가'는 여러 단위 정치체들의 '대외적인 소국명(小國名)의 포기'와 '대외교섭 창구의 일원화'를 특징으로 한다. 즉 대외적으로는 하나의 국가로 기능을 하면서, 대내적으로는 지역별 독립성이 인정되는 '부'가 존재하는 정치체제이다. 따라서 '초기 고대국가'는 기존의 소국이 해체되고 왕 중심의 '부체제'로 새롭게 편제되었다는 점에서 소국연맹체의 완성이라기보다 진일보한 고대국가의 성립 단계로 보아야 한다는 것이다. 〔김태식, 2003〕

'초기 고대국가'론은 대내적인 정치체제에서 '부체제'를 중요한 특징으로 한다는 점에서 기존의 '부체제'론을 발전시킨 개념이라고 할 수 있다. '부체제'가 국가형성과 같은 발전단계를 설명하기에는 부족한 면이 있다는 비판을 염두에 두고, 부체제의 정치체제를 갖춘 발전 단계를 '초기 고대국가'라고 개념화한 것이다. 하지만 '초기 고대국가'라는 용어는 기존에 사용되던 '초기국가'와 '고대국가' 두 용어가 합성된 것

[그림 4] 몽촌토성 지형도(1910년대)와 풍납토성 항공사진(1972년)

같아 개념상 혼란을 준다. 일반적으로 국내 학계에서는 한국 고대 최
초의 국가를 형성했던 고조선, 부여, 삼한을 '초기국가'로, 그 뒤를 이
은 고구려, 백제, 신라의 삼국을 '고대국가'로 불러 구분하고 있다.〔김정
배, 1997; 박대재, 2006〕 이 때문에 '초기 고대국가'라고 하면 초기국가인지
고대국가인지 개념상 혼동을 줄 수 있다. 고대국가의 초기 단계라는
의미에서 '초기 고대국가'라고 개념화한 것 같지만, 넓게 보아 이미 '고
대국가' 단계에 진입한 것이며, 고대국가의 초기를 의미하는 것이다.
따라서 이것은 삼국시대에서 '초기 삼국시대'를 따로 떼어내어 부르는
것과 마찬가지로 부자연스러운 면이 있다.

　　또한 최근에는 고대 국가의 성립을 말해주는 고고학적인 지표로 성
(城)의 등장, 대형 분묘의 출현, 토기 양식의 성립 등을 설정한 국가 형

성에 대한 고고학적 접근이 있기도 했다.〔박순발, 2008〕 이와 같은 국가 형성에 대한 고고학적인 연구 방법론은 앞으로 더욱 개발되어야 하겠지만, 도성과 고총고분과 같은 대형 건축물이 과연 국가 형성의 지표일지 또는 국가 발전과정의 지표일지에 대해서는 국가 형성과 관련된 문헌기록과 함께 더욱 종합적으로 연구해 보아야 할 과제이다.

5. 북한의 고대국가 형성론

북한에서 고대국가 형성 문제에 대해 본격적으로 논의한 것은 1956년 10월 사회과학원 력사연구소에서 주최한 '삼국의 사회경제구성에 관한 토론회'였다. 여기서 발표된 토론 내용이 1958년 『삼국시기 사회구성에 관한 토론집』에 집대성되어 있는데 이로써 북한의 고대국가 형성 문제를 살펴볼 수 있다.

이 토론집에 제출된 여러 학자들의 견해는 크게 두 가지로 나눌 수 있다. 하나는 우리 역사에 일찍이 노예소유자적 구성이 존재하였다는 것이며, 다른 하나는 노예소유자적 구성이 존재하지 않았다는 것이다. 이 두 가지 논조는 또다시 상호 다른 견해들로 나뉜다. 즉 노예소유자적 구성의 존재를 주장하는 논자들도 그 시작과 붕괴의 시기에 대한 문제, 또는 그 구성이 존재한 개별 국가들에 대한 문제에서 여러 가지 견해가 있다.

논쟁의 핵심적인 견해를 정리하면 다음과 같다. 노예제결여설은 김광진과 김석형의 원시사회 → 봉건사회〔3국 이후〕설로 3국 형성 이전은 원시 말기이며, 3국에는 가부장적 노예제와 봉건제 및 원시공납제 등의 여러 우클라드(Uklad)가 병존하면서 봉건제적 우클라드가 기본적인 것으로 되었다고 주장했다. 한편 여러 논자들은 노예제사회의 존재를 강조하였다. 백남운은 총체적 노예제사회[3국 이후] → 노예제사회(5~7세기) → 봉건제사회(7세기 이후)로 파악하였다. 이응수는 노예제사회[고조선 이후] → 과도기[신라] → 봉건제사회[고려 이후]로 파악하였다. 림건상은 총체적 노예제사회[고조선 이후] → 노예제사회 → 봉건사회[7세기 중엽 이후], 한길언은 동방형 노예소유사회[고조선 이후] → 봉건사회[8~9세기 이후]로 파악하였다.

일반적으로 노예제 존재론자들은 노비를 노예로 보는 외에 하호와 부곡민을 노예 또는 노예적 존재로 보고, 양인 신분의 소농민을 노예적인 자나 노예의 원천으로 보려는 경향이 있다. 또한 그 가운데 총체적 노예제[고대 동방노예제]로 보는 논자들은 원시적 공동체의 강고한 잔존, 치수 · 관개사업의 필요, 전제적 정치 형태를 강조하는 경향이 있다.

1960년대에 들어와 삼국의 사회구성에 관하여 림건상과 김석형 · 정찬형이 이전의 논점을 정리하여 노예제의 존재를 인정하기에 이르렀다. 따라서 1962년 판 『조선통사』에서는 원시사회 → 노예소유자사회 [고조선 · 부여 · 진국] → 봉건사회[삼국 이후]의 새 시기구분법을 사용하기에 이르러 정론으로 굳어졌다. 이후 논자들에 따라 그 시작 시기는 다르지만 이러한 시기구분법은 지금까지도 변하지 않고 있다. 이러한 논쟁의 성과는 노예제와 봉건제 문제가 학계의 도식적 논쟁의 형태를 띠어나갔다는 점, 여러 우클라드를 전개한 점, 노예제 우클라드에도 고전적 · 가부장[가내]적 · 총체[고대 동방]적 등의 여러 유형이 제기되었다는 점, 아시아적 성격을 떨쳐버렸다는 점 등을 들 수 있다.

1977년 판『조선통사』에서는 원시사회의 역사를 종전에 비해 상세히 서술하였는데, 이것은 그동안의 고고학적 발굴을 통하여 풍부한 유물들이 나왔기 때문이라 하겠다. 또한 국가형성에 종래의 철기 사용과의 관련성을 지양하고 청동기 사용과 관련시킨 것이 달라진 점이라 하겠다. 따라서 고대국가 형성의 시기가 철기의 사용이 아니라 청동기의 사용 시작시기로 상향조정되었다. 원시공동체사회는 청동기시대에 급속히 무너지기 시작하였는데, 기원전 2천 년대 이래 청동기가 점차 보급되고 그에 따라 사회적 생산성이 높아진 데 기인한다고 보았다. 특히 후기 청동기시대에 농업생산이 확대됨에 따라 노예소유자적 경제형태가 점차 공동체적인 경제 형태를 뒤로 밀면서 지배적인 경제 형태로 등장하였으며, 그에 토대하여 최초의 계급국가인 노예소유자 국가, 즉 고조선·부여·진국이 성립되었다고 하였다.

1987년 판『조선통사』의 한국 고대국가 형성과 관련된 부분의 구성은 10년 전에 출판된 1977년 판『조선통사』와 차이가 없다. 기원전 2천 년대 후반기에 생산력이 더욱 발전하였고, 이에 따라 잉여생산물에 대한 사적 소유화과정이 촉진되었다. 부의 차이가 더욱 커져서 공동체 성원들은 부자인 귀족과 가난한 평민으로 분열되었고, 약탈전쟁에서 붙잡힌 포로는 노예가 되었으며, 이 계급 간의 모순이 격화됨에 따라 지배계급은 계급적 지배를 위한 폭력기구인 국가를 만들어내게 되었다고 하였다.

고조선은 처음으로 형성된 국가로 기원전 8~7세기에는 이미 상당히 발전된 노예소유자 국가로 보았는데,『관자(管子)』의 교역기사와 강상무덤의 순장을 근거로 들었다. 부여의 경우도 맥족이 위주가 되어 세워진 국가로서 비파형단검 관련 문화의 발전경로와 '예' 기록의 내용으로 보아 기원전 5세기경 성립한 것으로 보고 있다. 다만 진국의 경우 1977년 판 『조선통사』에는 기원전 4세기 이전에 성립되었다고 하였다.

1990년대에 들어와서는 고대국가 형성에 대한 기준과 시기가 매우 달라졌다고 할 수 있다. 먼저 1991년에 출판된 『조선전사』 개작판[1~5]을 보면 1권은 원시편이며, 2권은 고대편으로 고조선사·부여사·구려사·진국사와 고대문화를 다루고 있는데, '구려사' 부분이 보충된 것이 다르다. 즉 고구려의 전사인 구려사를 고구려와 같이 중세사회로 보지 않고 고대사회로 인식한 것이 바뀐 점이다. 또한 부여의 역사도 고대부여와 봉건부여[후부여] 시기로 나누었다. 그리고 고대국가들의 건국 연대를 종래보다 더 이른 시기로 올려본 것이 달라진 점인데, 이는 새로이 발굴된 유물이 나왔기 때문이라고 하였다.

그런데 특히 더 크게 달라진 것은 1993년 소위 '단군릉'을 발굴하고 나서 세 차례에 걸쳐 진행된 '단군 및 고조선에 관한 발표회'에서 고조선의 국가형성을 기원전 3천 년으로 끌어올린 점이라 하겠다. 단군유골을 측정한 결과 기원전 3천 년의 것이며, 따라서 고조선은 기원전 30세기 초에 수립된 국가이며, 평양을 중심으로 한 서북조선 일대에서 박달민족을 기본으로 점차 영토를 확장하여, 그 전성기에는 한반도의 거의 대부분 지역과 북으로는 송화강 일대 길림지구, 서쪽으로는 요하하류계선까지 영토를 확장한 큰 나라로 되었다고 보았다. 후조선시기에는 중국의 연·진나라와 우위를 다투면서 만리장성까지 진출한 것으로 보았다. 그러나 단군인골의 측정 방법에 문제가 있으며, 그것은 바로 고조선의 국가형성 시기와 관련된 문제이기도 하다. 또한 단군릉은 적석총으로 고구려시기의 묘제이지 고조선시기의 묘제가 아니기 때문에 많은 비판을 받고 있다.

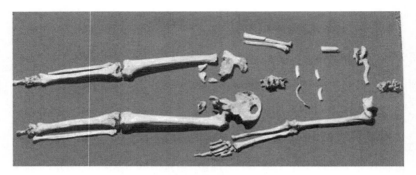

[그림 5] 평양 단군릉에서 출토된 인골

단군 및 고조선에 대한 제2차 학술발표회가 1994년 10월 5일부터 8일까지 평양에서 열렸는데 27명의 학자가 참가하여 논문을 발표하였다. 여기서는 평양 일대의 고조선유적 발굴조사와 연구성과를 해설하고 소개하는 글들이 발표되었다. 그리고 1995년 11월에는 단군 및 고조선에 관한 제3차 학술발표회가 평양 인민문화궁전에서 열렸다. 북한의 사회과학원 력사연구소·고고학연구소·민족고전연구소·언어학연구소 그리고 김일성종합대학·김형직사범대학·평양미술대학 등 38명의 저명한 학술기관 연구원과 교수들이 대거 참여한 초대형 학술심포지엄이었다. 발표된 연구는 주로 단군과 단군릉의 역사적 실체를 보강하는 논문들이 대부분이며, 특히 단군시기의 유적과 유물에 대한 연대측정을 강조하고 있다. 따라서 단군유골 연대측정에서 얻은 기원전 3천 년 전을 고조선의 건국시기이며 고대국가의 형성시기라는 주장을 더욱 보강하는 차원에서 학술발표가 이루어졌다고 할 수 있다. 다만 평양을 세계 4대문명에 더하여 세계 5대문명의 하나라고 주장하는 점이 달라진 점이라 하겠다.

그리고 1999년에 펴낸 『고조선력사개관』에서 고조선의 국가형성에 대한 시기와 기준에 대해 공식적으로 확정을 짓고 있다. 즉 고조선·부여·진국과 구려국을 고대국가로 상정하고, 고조선은 기원전 3천 년 전부터 시작한 것으로 보고 있다. 그리고 고조선의 왕조가 서로 계승관계가 있는 3개 왕조, 즉 단군조선〔전조선〕·후조선·만조선으로 변화하였다고 단정하고 있다. 이러한 내용은 지금까지 북한의 공식적인 견해로 자리를 잡고 있다.

북한의 이러한 견해에 대하여 남한학계에서는 비판적인 견해가 제기되었다. 먼저 인골의 연대를 측정한 전자스핀공명법은 몇 만 년 또는 몇 10만 년 단위에 알맞은 측정 방법이지 몇 천 년 전 단위를 측정하는데 알맞은 방법이 아니라는 것이다. 몇 천 년 전에 해당하는 연대를 측정하는 데는 방사성연대측정법이 적합하다는 것이다. 또한 단군 부부의 인골이 발굴된 무덤은 석실봉토분으로 이는 고구려시기의 묘제이므로 단군조선의 묘제라고 볼 수가 없는 것이다. 이에 대해서는 고구려시기에 개장하였기 때문에 유물이 5세기 전후 무렵의 고구려 양식이라고 한다. 그러나 고구려의 자료에 단군릉이 있었으며 개장하였다는 자료가 아무데도 보이지 않는다. 더구나 고구려시기 단군에 대한 숭앙이 이루어졌다는 자료가 없는데, 광개토왕비나 모두루묘지명을 보면 고구려의 시조를 천손으로 표현하고 있을 뿐이다.

북한에서 주장하는바 기원전 3천 년경에 고조선이 건국되었다는 주장이 설득력을 가지려면 이 시기에 청동기를 사용하였다는 것이 증명되어야 할 것이다. 왜냐하면 아무리 빨라도 신석기시대에 형성된 고대 국가는 세계 어디에도 없기 때문이다. 따라서 이 시기에 청동기를 사용하였다는 근거를 제시하여야 설득력이 있을 것이다.

6. 맺음말

이제까지 한국의 고대국가 형성에 대한 발전단계를 부족국가설·성읍국가설·수장사회설로 나누어 살펴보았다. 또한 거기서 더 발전된 부체제설과 종합적인 과정으로서 왕권과 제의라는 측면에서도 살펴보았다. 그리고 북한학계의 고대국가 형성론에 대해서도 시기의 흐름에 따라 살펴보았다. 여러 가지 논점은 각기 장점과 단점을 갖고 있으며, 한국의 고대국가를 이해하는 데 나름대로의 역할을 하였다고 할 수 있다. 그러나 또한 여러 가지 문제점을 안고 있기 때문에 이를 극복해 나가야 할 것이다.

먼저 용어에 대한 문제로서 부족·연맹·소국 등의 용어를 사용하는데, 똑같은 용어를 사용하면서도 연구자마다 그 개념이나 차원이 다르다는 점이다. 부족은 사실 수백 명 단위의 신석기시대 사회에 해당하는데 청동기시대나 고대국가 형성시기에도 사용하는 경우가 있는 것이다. 또한 연맹이라는 용어도 부족사회의 연맹인지 부족국가의 연맹인지 애매한데, 사실 연맹이란 국가 사이에도 존재할 수 있는 것이다. 한편 소국은 『삼국지』 동이전에 기록되어 있는데 거기에는 대국도 함께 기록되어 있다. 그런데 연구자들은 소국과 대국은 구별하지 않고 '소국'이라고 사용하고 있다. 소국과 대국의 인구상의 차이가 많게는 20배 정도가 되므로 소국과 대국은 발전단계가 다른 것으로 보는 것이 합리적일 것이다.

외국의 인류학자들이 사용하는 개념을 이해하는 데서도 많은 편차를 보이고 있어 혼란스럽다. 치프덤의 경우 족장사회·추장사회·군장사회 등 여러 용어로 번역되어 사용되고 있는데, 이는 용어만의 문제가 아니라 개념을 어떻게 이해하고 있는가 하는 문제라고 하겠다. 족장사회라는 것은 사실 신석기시대의 족장을 떠올리기 때문에 치프덤의 번역어로서 적합한 용어가 아니다. 추장사회는 적절한 용어이기는 하나 인디언 사회를 떠올리기 때문에 한국 고대국가 형성단계를 설명하는 데 적절한 용어가 아니라고 생각한다. 군장사회는 사료에도 나타나 있어 사용할 수는 있으나 국가형성 단계의 임금(王)과 차별성이 적다고 할 수 있다. 어쩌면 군장사회는 복합 치프덤(Complex Chiefdom)의 번역어로는 적합하다고 생각한다. 따라서 단순 치프덤(Simple Chiefdom)과 복합 치프덤을 모두 아우를 수 있는 개념으로 수장사회가 적합하다고 생각한다.

세계사의 보편성과 동양사회의 특수성 나아가 한국사의 특수성을 고려하여 적합한 이론을 수용해야 할 것이며, 고대사회의 성격과 관련된 사회구성체에 대한 논의가 병행되어야 한다. 특히 일본이나 중국에서 고대국가의 기원과 형성에 적용하는 이론과도 비교연구가 이루어져야 할 것이다. 또한 분단된 현실이지만 동일한 역사를 가진 입장에서 북한에서 진행된 고대국가 형성에 대한 연구를 참고하는 것도 필요할 것이다.

역사적 사실의 토대 위에서 인류학적 이론의 적용과 고고학적 지식이 수용되어야 한다. 현존사료를 엄밀한 문헌비판을 통해서 재평가하고 그것을 재구성해서 이용하는 연구태도를 견지하여야 한다. 또한 고대국가 각 나라들은 각각 다른 양상으로 발전하였으므로 개별연구의 토대 위에서 고대국가 형성의 이론적 모델을 구성함으로써 세계학계에 새로운 모델을 제시할 때, 한국 고대국가 형성연구가 세계학계에 기여할 수 있을 것이다.

최광식

‖참고문헌‖

김광억, 1985, 「국가형성에 관한 인류학적 이론과 한국고대사」, 『한국문화인류학』 17.

김광진, 1937, 「고구려 사회의 생산양식 ― 국가 형성과정을 중심으로」, 『보전학회 논집』 3, 보성전문학교.

김석형·정찬영, 1960, 「우리나라의 노예소유자 사회의 특성과 봉건사회 성립」, 『력사과학』 2호 부록.

김영하, 2000, 「한국 고대국가의 정치체제발전론」, 『한국고대사연구』 17.

김원용, 「삼국시대의 개시에 관한 일고찰 ― 『삼국사기』와 낙랑군에 대한 재검토」, 『동아문화』 7.

김정배, 1973, 「한국고대국가 기원론」, 『백산학보』 4.

_____, 1978, 「소도의 정치사적 의미」, 『역사학보』 79.

_____, 1982, 「국가기원의 제이론과 그 적용문제」, 『역사학보』 95.

_____, 1986, 『한국고대의 국가기원과 형성』, 고려대출판부.

_____, 1989, 「한민족의 기원과 국가형성의 제문제」, 『국사관논총』 1.

_____, 1997, 「초기국가의 성격」, 『한국사』 4(초기국가 ― 고조선·부여·삼한), 국사편찬위원회.

김철준, 1964, 「고대국가발달사」, 『한국문화사대계 ― 민족·국가사 편』, 고려대 민족문화연구소.

김태식, 2003, 「초기 고대국가론」, 『강좌 한국고대사』 제2권(고대국가의 구조와 사회 1), 가락국사적개발연구원.

노태돈, 1999, 「북한학계의 고조선사 연구동향」, 『한국사론』 41·42합, 서울대.

_____, 1999, 『고구려사 연구』 17, 사계절.

_____, 2000, 「초기 고대국가의 국가구조와 정치운영 - 부체제를 중심으로」, 『한국고대사연구』.

력사편집실, 1994, 『단군과 고조선에 관한 연구론문집』, 사회과학출판사.

림건상, 「조선에 존재한 노예제사회의 시기문제에 관하여」, 『력사과학』 2호 부록.

박대재, 2006, 『고대한국 초기국가의 왕과 전쟁』, 경인문화사.

박득준 편집, 1999, 『고조선력사개관』, 사회과학출판사.

백남운, 1933, 『조선사회경제사』 상, 개조사.

박순발, 2008, 「국가 형성에 대한 고고학적 접근」, 『국가 형성의 고고학』(한국고고학회 편), 사회평론.

사회과학원 력사연구소 편, 1958, 『삼국시기의 사회경제구성에 관한 토론집』, 과학원출판사.

_____, 1962, 『조선통사』 상, 과학원출판사.

_____, 1977, 『조선통사』 상, 과학원출판사.

_____, 1979, 『조선전사』 1~5, 과학·백과사전출판사.

_____, 1991, 『조선전사』 개작판(1~5), 과학·백과사전출판사.

손영종·박영해, 1987, 『조선통사』 상, 사회과학출판사.

손진태, 1948, 『조선민족사개론』 상, 을유문화사.

이기동, 1987, 「한국 고대국가 기원론의 현단계」, 『한국상고사의 제문제』, 한국정신문화연구원.

이기백, 1976, 『한국사신론』, 일조각.

이기백·이기동, 1982, 『한국사강좌 - 고대편』, 일조각.

이병도·김재원, 1959, 『한국사 - 고대편』, 을유문화사.

이선복, 1997, 「최근의 '단군릉' 문제」, 『한국사시민강좌』 21.

이인영, 1950, 『국사요론』, 금룡도서.

이종욱, 1982, 『신라국가형성사 연구』, 일조각.

_____, 2000, 「한국 고대의 부와 그 성격」, 『한국고대사연구』 17.

이현혜, 1984, 『삼한사회 형성과정 연구』, 일조각.

전경수, 1988, 「신진화론과 국가형성론」, 『한국사론』 19.

전덕재, 2009, 『신라 왕경의 역사』, 새문사.

조법종, 1999, 「고조선관련연구의 현황과 과제」, 『단군학연구』 창간호.

주보돈, 1990, 「한국 고대국가 형성에 대한 연구사적 검토」, 『한국 고대국가의 형성』, 민음사.

천관우 편, 1975, 『한국상고사의 쟁점』, 일조각.

천관우, 1976, 「삼한의 국가형성」, 『한국학보』2·3.

최광식, 1990, 「고대국가 형성에 대한 연구사 검토」, 『역사비평』8, 역사비평사.

_____, 1990, 「고대국가 형성에 대한 이론적 검토」, 『신라문화』3·4합.

_____, 1990, 「북한학계의 고대국가 형성에 대한 연구사적 검토」, 『한국고대국가의 형성』, 민음사.

_____, 1990, 『한국고대의 제의 연구-정치·사상사적 고찰을 중심으로』, 고려대 박사학위논문.

_____, 1994, 『고대 한국의 국가와 제사』, 한길사.

_____, 2000, 「남북한 '단군'인식의 차이점과 그 극복방안」, 『민족문화연구』33.

_____, 2000, 「남북한의 '한국사 시기구분론' 비교연구」, 『사총』51.

_____, 2007, 『한국 고대의 토착신앙과 불교』, 고려대학교 출판부.

최몽룡, 1983, 「한국 고대국가 형성에 대한 일고찰-위만조선의 예」, 『김철준박사 화갑기념사학논총』, 지식산업사.

_____, 1997, 「북한의 단군릉 발굴과 문제점(1)」, 『도시·문명·국가』, 서울대출판부.

최몽룡·최성락, 『한국고대국가형성론』, 서울대출판부.

하일식, 2005, 「고대사 연구의 주요쟁점과 과제」, 『한국사연구 50년』, 혜안.

일본의 고대국가형성론

1. 머리말

일본 고대국가형성사의 연구에 가장 지대한 영향을 미쳤던 엥겔스의 문명(文明)이라는 말은 고대국가(古代國家)를 의미하였다.〔엥겔스, F., 1884〕 1945년 이후 일본의 고대국가형성론은 모건과 엥겔스의 '미개와 문명'이라는 이분법적 구분의 철저한 적용이었다 해도 과언은 아니다. 기요미하라율령(淨御原令, 692년) 이후를 고대국가로, 이전은 원시, 즉 '미개와 야만'의 단계로 파악하는 것이 주류였다.

그러나 1980~90년대부터 율령 이전의 모든 단계를 원시로 보는 것은 문제가 있다는 반성이 제기되면서, 국가형성 이전 또는 직전의 사회에 대한 재조명이 활발해졌다. 고대국가＝율령국가로 가는 형성과정에 관한 더 많은 논의가 필요하다는 인식이 제기된 것이다. 국가성립 직전에 대한 단계적 연구가 수장제이론〔Chiefdom론〕의 원용을 통해 문헌사학과 고고학의 양쪽에서 제시되기 시작하였다. 문헌사학의 스즈키(鈴木靖

民)와 고고학의 쓰데(都出比呂志)가 그 선두를 장식하였다.

국가형성의 동인으로 일본열도 외부의 국제적 변동을 중시하는 연구도 제시되었는데, 국제적 질서론과 국제적 계기론이다. 국제적 질서론은 책봉체제론으로도 불리며, 일본열도 내부의 사회적 변화가 중국중심의 정치질서에 의해 규정된 것이 많다는 생각이다. 니시지마(西嶋定生)는 "동아시아세계란 중국문화권과 같은 의미이고, 중국중심의 정치기구를 기반으로 실현된 정치적 세계"로 규정하였다.〔西嶋定生, 1966〕 국제적 계기론은 일본의 국가형성에 국제적 계기와 국내지배가 불가분의 관계를 가지고 있다고 파악하였다. 대외관계라는 국제적 계기가 한 나라의 내정으로 전화되고, 내정은 다시 대외관계를 규정하게 된다는 것이다.〔鈴木靖民, 1984〕 국제적 계기란 중국과 삼국 그리고 가야의 역사적 변동에 따라 고대일본의 내정이 변하게 되었고, 고대일본의 내정은 다시 중국이나 한국에 대한 대외관계의 내용과 형식을 규정하였다고 보는 시각이다.

이 글의 목적은 일본학계의 국가형성론을 정리해 보는 것이다. 먼저 국가형성론의 시대적 흐름을 정리하고, 고훈시대(古墳時代) 특히 4~5세기〔古墳中期〕에 관한 국가형성론과 사회발전단계론을 정리해 본다. 전자에 대해서는 각 시대의 연구 경향을 대변하는 『암파강좌 일본역사〔통사〕』의 연구를 1960·70·80·90년대로 나누어 정리해 본다. 다만, 1980년대에는 『암파강좌 일본역사』가 간행되지 않았기 때문에 해당부분은 동경대『강좌일본역사』에 수록된 연구를 정리한다. 후자에 대해서는 근년에 전개되고 있는 4~5세기의 국가형성론을 ① 수장제사회론, ② 초기국가론, ③ 수장연합〔동맹〕론, ④ 2차국가론 등으로 나누어 정리 소개한다.

2. 고대국가 형성론의 전개

1) 1960년대의 국가형성론

1960년대의 국가형성론에는 서로 다른 두 얼굴이 있었다. 하나는 엥겔스적 발전도식의 철저한 수용과 그 대입에 적합한 고대사상의 징표찾기와 같은 보편사적 경향이며, 또 하나는 고대 한일관계에 대한 전통적 이해를 바탕으로 한 야마토왕권론의 계승이란 특수사적 경향이다. 1945년 패전 후 일본 고대사학계는 쓰다(津田左右吉)의 기기(紀記)비판론을 대전제로 하였지만, 쓰다가 그랬듯이 「신공기(神功紀)」는 부정하면서도 「칠지도」·「광개토왕릉비」·『송서』왜국전 등을 근거로 4세기 중엽 한반도에 대한 대규모 출병을 역사적 사실로 인정하고, 이를 가능케 했던 정치세력의 존재를 야마토왕권(大和王權)으로 인정하려 했던 경향은 여전하였다.

이시모다(石母田正)「고대사개설」 모건과 엥겔스의 문명·미개·야만의 도식을 원용해 이른바 7·5·3세기의 사회발전단계론을 성립시켰다. 3세기 야마타이국(邪馬臺國)에서 국가형성의 맹아가 인정되고, 5세기 왜 5왕의 대중국외교는 문자가 사용된 문명의 시작이며, 7세기 추고조(推古朝)에 고대국가는 성립했다. 4~5세기 고훈시대 전기〔현재의 중기〕는 문명 직전의 '미개의 후기'로 규정하였다.〔石母田正, 1962〕 원시사회의 붕괴와 고대국가 성립의 과도기로 이미 계급대립은 분명해져 있지만, 족장과 공동체구성원의 일체적 관계는 여전히 잔존하고 있던 영웅시대(英雄時代)라 하였다. 족장이 언제나 공동체의 선두에 서서 영웅적으로 행동해야

하는 시대로 국가성립 직전의 단계다. 헤겔의 『미학강의』에 의거한 개념이었다.〔石母田正, 1948〕

그러나 고대일본에서는 영웅시대의 전제조건인 자유독립농민의 일반적 분포가 실증될 수 없는 의문도 있다. 다만 국가형성이 천황의 권력에 의해 실현된 것이 아니라, 고대귀족의 계급적 모순, 즉 수장(首長)—영웅(英雄)의 계급적 사업이었다고 주장함으로써, 천황의 사업으로만 인식했던 종래의 국가주의적 고대사관에 재검토를 촉구했던 의미가 있다.

고바야시(小林行雄) 「**고분문화의 형성**」 문화사적인 관심에서만 다루어지던 청동경(靑銅鏡)의 연구를 국가형성론으로 발전시켰다. 고분—전방후원분에서 출토되는 삼각연신수경(三角緣神獸鏡)에 동일한 거푸집으로 주조된 동범경(同范鏡)이 많다는 것은 이전부터 알려져 있었다. 이러한 동범경의 분포를 추적하여, 이들이 일괄적으로 대륙〔魏〕에서 기나이(畿內, 邪馬臺國)로 수입되고, 기나이정권 휘하 각 지역의 지도자에게 분배되었다는 충격적인 결론을 제시하였다. 아울러 이러한 청동경(靑銅鏡)들이 고분에 부장되는 것은 분배 후 2세기 정도가 지난 시점, 즉 고분문화의 발생기다. 공동체 보유의 보기(寶器)가 수장의 전유물이 되어 수장묘에 부장되었던 것이다. 야마타이국(邪馬臺國)은 야마토정권(大和政權)의 전신으로 고분발생 직전의 단계이고, 따라서 전기 고분문화의 분포는 야마토정권의 세력권을 의미하며, 기나이 야마토정권 중심의 열도통일국가의 형성을 보여주는 것이다.

이러한 고분문화기원론의 문제점은 다음의 두 가지로 요약된다. 첫째 정말로 삼각연신수경(三角緣神獸鏡)을 비롯한 보기(寶器)가 야마타이국(邪馬臺國-大和政權)에서 지방수장에게 분배되었던가, 둘째 고분축조의 시작이 과연 일본열도 국가형성의 획기적인 시기와 의미를 가지는가이다. 전자에 대해서는 소수의 이견도 있으나 세계에서 위신재(威信財)의 분배가 실증되었던 거의 유일한 예로 평가되고 있다. 후자에 대해서는 야요이시대(彌生時代)부터의 연속성을 강조함으로써 고훈시대(古墳時代)를 국가형성의 획기적인 시기로 설정하는 데 부정적인 이시노(石野博信)의 견해와 획기적인 시기로 인정하려는 곤도우(近藤義朗)와 쓰데(都出比呂志)의 연구로 엇갈리고 있다.

결국 동범경은 기나이(畿內)의 쓰바이오츠카야마(椿井大塚山)에서 서일본과 규슈로 분배되었고, 4세기 말~5세기 초 갑주(甲冑) 부장의 시작은 기나이 중심의 지역통합전쟁을 보여주는 것으로 해석하였다. 다만 이러한 분석의 결과를 가지고도 이 단계를 국가로 보지는 못하였던 것은 이시모다(石母田正) 주도의 문헌사학의 도식에 고고학이 구속되어 있었기 때문이었다. 이후 비슷한 분석을 진행시켰던 쓰데(都出)가 같은 사회단계를 초기국가로 주장했던 것과는 다른 한계였다.

도마(藤間生大)「4·5세기의 동아시아와 일본」 5세기 웅략조(雄略朝)에서 귀화인 무사노스구리아오(身狹村主靑)와 히노쿠마다미쓰카이하쿠토쿠(檜隈民使博德)는 천황의 총애를 독차지했고, 6세기 계체(繼體)를 에치젠(越前)에서 야마토(大和)로 안내했던 것도 도래씨족 가와치우마카이오비토아라코(河內馬飼首荒籠)였다. 불교수용에 열심이었던 계체조(繼體朝)의 시바타쓰(司馬達)나 흠명(欽明)·추고기(推古朝)의 이마키아야히토(今來漢人)들, 민달조(敏達朝)의 외교문장의 작성으로 유명한 왕진이(王辰爾) 등은 모두 대륙과 조선의 귀화인들이었다. 한계통(韓系統)의 도래인은 일본의 국가형성에서 활약하였으며, 야마토왕권(大和王權)이 도래인을 편제해 가는 과정에서 국가의 기구적 발전은 진척되었다. 5세기 말 웅략조(雄略朝)의 귀화인에 대한 편성에서 부민(部民)이 시작되었고, 7세기 율령국가의 부민제(部民制)로 갖추어졌으며[藤間生大, 1962], 부민제는 씨성제(氏姓制)와 함께 국가적 인민지배의 근간이 되었다. 현재 한일양국의 상식처럼 되어 있는 국가형성과정의 한계통 도래인의 역할에 대한 최초의 적극적 지적이었다. 3~5세기의 시대적 특징을 이시모다와 같이 영웅시대로 규정하고, 일본민족과 고대국가의 확립기로 정의하였다. 3~5세기의 사회발전단계는 '문명의 개시'에 해당하는 것으로 보고, 야마토연합국가(大和連合國家)로 명명하였다. 5세기 말의 일본은 문명의 단계, 즉 국가형성의 단계로 돌입하였다고 주장하였다.

2) 1970년대의 국가형성론

1960년대 말~1970년대 초 미·일안보협약반대투쟁의 정치·사회·사상적 변환을 경험했던 일본고대사학계는 패전 전의 꼬리를 끌고 있던 고대한일관계사의 전면적 재검토를 전개하였다. 한반도에 대한 대규모 출병설이 부정되면서 국가형성론의 전제로 삼았던 것에 대한 비판을 전개하고, 그 대안으로서 보다 철저한 마르크스·엥겔스적 사회발전단계론의 적용을 추구하였다. 율령체제의 시작만이 고대국가이고, 율령국가만이 문명의 단계로 인정되었다. 국가형성과정에 대해서는 6~8세기의 율령체제의 형성과정에 관심을 집중시키고 있었을 뿐이었다. 따라서 6세기 이전의 국가형성과정에 대한 논의는 거의 없었다고 해도 과언은 아니며, 자연히 4~5세기의 사회발전단계에 대해서도 1960년대의 해석보다 저급하게 이해되기도 하였다.

나오키(直木孝次郎) 「원사·고대사 서설」 1970년대 고대사 부분의 총론으로 ① 고대일본 사회구조의 특질[풍토론+아시아적 생산양식 사회론], ② 정치사 전개의 단계와 각 단계의 정치 형태[계급사회 성립기의 영웅시대~봉건사회 형성의 왕조국가], ③ 고대사회의 변질과 중세사회의 성립, ④ 고대사료론[기기비판론·도성론·호적론]으로 나누어 서술하였다.[直木孝次郎, 1975] 이 글의 주제와 관련되는 부분은 ①과 ②이다.

① 아시아적 생산양식론과 총체적 노예제론이 국가형성의 연구에 어떤 영향을 미쳤던가. 아시아적 생산양식론에 비추어 본다면, 계급이 발생하는 야요이시대(彌生時代), 계급이 명확해지는 고훈시대(古墳時代) 초기 이후가 아시아적 생산양식의 사회·율령 체제에 근거하는 고대국가 율령국가가 아시아적 전제국가·율령국가는 민중이 총체적 노예인 총체적 노예제국가로 될 것이다.

② 정치사 전개의 제 단계와 각 단계의 정치 형태에서는 6세기 말의 추고조(推古朝, 591~628)를 국가형성과정의 첫째 도달점으로 보고, 그 이전을 3기로 나누어 사회발전단계를 요약하였다.

제1기는 야요이 후기로 석기의 감소, 철기의 증가로 계급분화가 더욱 명확해지고, 유력 공동체의 수장(首長)이 약한 공동체를 세력하에 편제하는 시기다. 야마타이국(邪馬臺國)이 이십 수개 국을 통합한 것이 그 예에 해당하지만, 중심 수장이었던 히미코(卑彌呼)의 실권은 부족연합의 범위를 크게 벗어나지 못했다.

제2기는 3세기 말~4세기 초에 시작되는 고훈시대 전기다. 야마토(大和)에서는 길이 2백 미터의 대형고분이 7기나 확인되지만, 그 외에는 가

[그림 1] 인덕천왕릉

와치(河內)에 1기가 있는 정도이다. 고바야시(小林行雄)의 연구와 같이 야마토 중심의 동범경의 집적과 지역으로의 분배가 확인된다. 야마토정권(大和政權)이 열도각지에 세력을 펴기 시작한 시기이다. 그러나 그 실태를 『고사기』·『일본서기』와 같이 생각할 수는 없다. 국가의 돌입 여부는 아직 의문이다.

제3기는 4세기 말부터 시작되는 고훈시대 중기로 『고사기』·『일본서기』의 응신(應神)과 인덕(仁德)에서 시작되는 시기다. 종래 조선출병의 기술을 사실로 해석하여 대규모 해외원정이 가능했던 강력한 국가로 이해하였으나, 관련 기록의 재검토, 초대형고분에 대한 편년의 문제, 야마토정권 단독의 군사진출 부정 등으로 더 이상 고대국가형성의 기준으로 삼을 수는 없게 되었다. 그러나 고분의 거대화, 마구의 출현, 철제무기의 비약적 증대 등은 이 시기의 후반, 즉 왜왕 무〔雄略〕의 시대를 고대전제국가 성립의 직전 단계로 보는 데 문제가 없다.

엥겔스적 문명의 기준은 ㉠ 지역에 따른 국민의 구분지배, ㉡ 무력 등의 공적 강제력, ㉢ 조세의 수취, ㉣ 관리기구 등이었다. 5세기의 야마토왕권에서 ㉡과 ㉢은 거의 실현되었으나, ㉠과 ㉣은 미성숙이었다. 다만 왕중왕을 의미하는 '대왕(大王)'이 5세기의 여러 금석문에서 확인되는 것은 야마토 수장(首長)이 여러 지역수장 위에 군림했음을 보여주는 것이다. 근래 6세기의 국가성립론이 유력시되는 것도 이러한 5세기의 야마토왕권이 6세기의 추고조(推古朝)에 이르면 ㉠과 ㉣이 성숙되기 때문이다. 지역수장을 구니노미야쓰코(國造)로 편제하여 조세와 부민의 통제를 담당케 하고, 구니노미야쓰코 근친의 남녀를 도네리(舍人)와 우네메(采女)로 대왕(大王)에게 봉사케 하여 복종의 증거로 하였다. 7세기까지 빈번하게 진행되었던 조선·중국과의 교섭을 통해 선진제도를 수용하여, 재정·군사 등의 기구가 급속하게 정비되었고, 관사제(官司制)와 관리군(官吏群)의 창출과 성숙을 이루게 되었다. 따라서 6세기 추고조(推古朝)는 국가형성과정 도달점의 하나로 보아 좋을 것이다.

아마카스(甘粕健) 「고분 형성기술의 발달」 전방후원분으로 대표되는 고분은 기나이(畿內)·세토우치(瀨戶內)를 중심으로 처음부터 획일적 양상으로 출현하였고, 한 세대에 한 기씩만 축조되었다. 한 시기에 단 하나의 수장묘가 존재할 뿐으로, 그에 견줄 만한 고분은 전혀 없다. 전국적으로 동시에 전방후원분이라는 특이한 분형, 장대한 목관이 들어가는 수혈식 석실과 점토곽, 청동경·철제무기·철제농공구 중심의 부장품 세트 등이 통일적 양상으로 나타났다. 각 고분의 피장자가 지역적 지배영역을 넘어 전국적 결합을 가지고 있었음을 보여준다. 출현부터 일관되게 기나이에만 최대의 전방후원분이 집중하고, 기나이에서 분배된 다수의 동범경이 전국의 고분에서 출토되고 있다. 기나이를 맹주로 하는 정치적 연합이 있었음을 보여준다. 야요이분구묘(彌生墳丘墓)와 전방후원분(前方後圓墳)의 연결성은 1백 미터 정도의 산이라는 입지조건 외에 별로 없다. 분구에서 확인되는 척[漢尺]의 사용과 기획성, 내부주체에 보이는 특이한 통나무형목관[刳拔式木棺]은 전혀 새롭게 창출된 것이었다.

야요이분구묘에 없었던 새로운 창출은 일찍부터 거대고분을 조영해 왔던 대중국 책봉외교의 산물일 가능성이 있다. 연대적 문제는 있지만, 히미코의 지름 1백 보의 분구묘도 위(魏)의 책봉과 관련될 수 있고[西嶋定生, 1966], 기나이·서일본의 연합정권을 대표하는 야마토의 왕이 중국의 예제(禮制)를 따라 거대고분의 축조를 기획하고 실천했을 가능성이 높다. 야마오(山尾幸久)는 전방후원의 분형이 중국황제가 천지에 제사지내는 환구(環丘 : 天壇)와 방구(方丘 : 地壇)에서 비롯되었을 것으로 보고, 왜국이 조공했던 서진(西晉) 무제(武帝) 태시(泰始) 2년(266)에 환구와 방구를 합하여 천지에 합사했다는 견문에 따라 전방후원분이 창출되었을 것으로 추정하였다.[山尾幸久, 1970]

야마타이국이 집적하고 있던 동범경은 기나이·세토우치연합이 북규슈연합을 정복하고 확보하였던 것으로, 참전 멤버에게 전리품으로 분배한 논공행상의 의미였다. 고바야시(小林行雄)와 같이 야마토정권이 지방수장의 제사권을 빼앗은 것이 아니라, 현실적 통합의 반대급부로 지방수장의 제사권 보호를 위해 분배했던 것이다. 5세기 기나이 야마토정권의 수장은 왜왕으로서 열도수장연합의 외교권과 군사동맹의 지휘권을 가지고 있었기 때문에 선진기술과 철 수입에 절대적 우위를 확보하고 있었다. 조선침략의 획득물과 야마토에서 개발된 기술은 지역수장에게 분배되었다.[甘粕健, 1975]

[그림 2] 쓰쿠리야마 고분

  오키노시마(沖ノ島)의 제사는 지방수장의 제사가 아니라, 야마토정권이 관여한 국가적 제사였다. 4세기 말에 기나이(畿內)색이 강한 전방후원분이 출현하는 것과 궤를 같이한다. 그러나 야마토왕권이 전국을 통합한 것은 아니었다. 쓰쿠리야마고분(造山古墳)·쓰쿠리야마고분(作山古墳)으로 대표되는 기비정권(吉備政權), 오타텐진야마고분(太田天神山古墳)으로 대표되는 게누정권(毛野政權) 등은 지역연합의 주도권을 쥐고 대량의 철제무기와 생산용구를 집적하고, 농지개발을 추진하면서 기나이정권에 견줄 만한 강력한 지역정권을 형성하고 있었다.
  이들 지역정권은 열도수장연합에서 우위를 점하기 위해 거대고분의 축조경쟁에 열을 올렸다. 5세기 기비(吉備)의 쓰쿠리야마고분(造山古墳)과 가와치(河內)의 거대고분은 이러한 대왕권력과 지역정권의 처절한 힘겨루기로 탄생한 것이었다. 4세기의 왕권이 주술적·종교적 권위에 의존하고 있었다면, 5세기의 왕권은 지역정권의 최강수장으로서 정치적·경제적 실력의 방향으로 변화했다. 야마토왕권의 지방수장에 대한 증여가 동경·벽옥제품과 같은 주술품에서 갑주와 같은 실용품으로 바뀌었다는 것으로 뒷받침되고 있다. 5세기의 대왕은 야마토정권의 내부에서도 그렇고, 열도 각지의 지역정권에 대해서도 왕중왕(王中王), 즉 대왕(大王)이었다.

요시다(吉田晶)「고대국가의 형성」 6세기 초〔繼體朝〕~7세기 전반〔推古朝〕에 이르는 120년의 역사가 고대국가의 형성과정이다.〔吉田晶, 1975〕527~528년(繼體 21~22)에 규슈북부에서 일어난 쓰쿠시키미(筑紫君) 이와이의 난(磐井亂)의 성격을 밝히고, 6세기 전반 가라제국(加羅諸國)을 둘러싼 남선경영론의 재검토를 통해 국제관계의 실상을 새롭게 밝히고, 이 점이 국가형성에 작용했던 의미를 찾았다. 7세기 전반은 대왕(大王)·대후(大后)·대형(大兄)의 분석을 중심으로 고대천황제의 역사성을 더듬어 고대국가의 완성을 논하고 있다.

이와이의 난은 반란이 아니라, 기나이와 규슈의 각 부족동맹단계의 사회 사이에 일어났던 통합과 국가형성 지향의 전쟁이었다. 이전 북부 규슈의 해안 지역에 한정되어 있던 부민은 난후 내륙 지역까지 확산되어 북부규슈〔筑·豊·火〕 전역에 대대적으로 설치되었다. 이와이의 난까지 기나이세력이 장악하고 있던 지역은 북부규슈 해안 지역의 일부에 국한되었을 뿐이다.

이와이(磐井)의 무덤으로 알려진 이와토야마고분(岩戶山古墳)보다 3대 정도 이전의 세키진잔고분(石人山古墳, 5세기 중엽)은 전방후원의 분형을 채택하면서도 기나이형고분과는 다르게 석인(石人)·석마(石馬)와 장식이라는 규슈형 장식고분의 선두를 장식하고 있다. 기나이와 다른 지역의 독립적 성격을 보여주는 것이다. 세키진잔고분(5세기 중엽)에서 이와토야마고분(6세기 중엽)까지의 약 1세기는 쓰쿠시키미(筑紫君) 일족을 최고수장으로 하는 지역수장연합체제로, 그 사회발전단계는 기비(吉備)나 게누(毛野)와 같은 부족동맹의 단계였다. 이와토야마고분에 관한 문헌과 고고자료에서 확인되는 별도 구역의 석전(石殿)과 석장(石藏)은 사후세계에서의 이와이(磐井)의 관청을 의미한다.

이와이가 친백제의 기나이와 반대되는 친신라 노선을 택한 것은 독자적 외교권의 보유를 보여주는 것이었다. 이와이가 보유하고 있었던 외교권의 실재는 기나이와 상관없이 북부규슈에서 자체적으로 국가형성을 지향해 가던 모습이었다. 결국 이와이의 난은 북부규슈와 기나이 지역수장 간의 대립이 아니라, 국가형성기에 필연적으로 발생하는 영토통일전쟁이었다. 이와이의 '지역국가'를 의미하는 것은 아니고, 북부규슈의 최고수장으로서 다른 수장을 통합하면서 국가형성에 접근해 가는 자체적 움직임으로 파악된다.

가도아키(門脇禎二) 「고대사회론」 1930년 이래 고대노예제 논쟁을 통하여 선·후진성의 구별에 집착해 왔던 사회발전단계론과 야마토조정에 의한 일방적인 확대과정으로서 일본의 국가형성을 이해해 왔던 것에 반대하면서 '영웅시대론'이나 '기마민족설' 등에 대한 비판적 대안으로 '지역국가론'을 제시하였다.〔門脇禎二, 1975〕

기원 전후〔彌生中期~後期〕 농업공동체 사이의 항쟁을 통해 최초의 정복공동체 수장이 탄생하는데 이를 지역국가〔소국〕로 정의하고, 소규모의 국가로 간주한다. 국가적 징표는 엥겔스에 의존하였다. 『삼국지』왜인전의 말로국(末盧國)·이도국(伊都國)·노국(奴國)·불미국(不彌國) 등 북부규슈~서일본 사이의 소국가들이 이 단계의 정치체로서, 야요이 중기~후기에 대량의 청동경들이 부장되는 옹관묘와 원초적인 분묘 등이 이러한 소지역국가 왕들의 무덤이었다.

2세기 후반~3세기 전반 이들 소국〔소국가, 소지역국가〕사이에 격렬한 항쟁이 전개되었고, 그 결과 지역통일국가〔대국〕가 형성되었는데, 야마타이국(邪馬臺國)이 여기에 해당하는 정치체였다. 야마타이국의 위치에 대해서는 기나이설을 취하면서, 야마토의 지역통일국가는 소국들과 병존하면서도, 일대솔(一大率)과 같은 감찰을 파견하고 있어, 고대통일국가의 전 단계로 파악될 수 있다.

3세기 후반~5세기의 고훈시대가 되면 야마토·기비(吉備)·이즈모(出雲)·쓰쿠시(筑紫) 등의 지역통일국가〔大國〕들 사이의 광역항쟁으로 전개되었다. 기비·이즈모·쓰쿠시 등 지역통일국가들은 야마토의 개입없이도 고구려·백제·신라·가야 등을 상대하는 독자적 외교권을 행사하고 있었다. 흠명(欽明) 31년 4월과 5월에 에쓰(越)의 지역통일국가의 수장이었던 가와누마키미시로(江渟裙代)는 고구려의 사신을 은닉하면서 공물(貢物)을 받았다. 이러한 지역통일국가 권력에 의한 독자적인 교섭의 예는 얼마든지 확인할 수 있다.

5~6세기 초 한제국(韓諸國)과의 외교에 야마토가 유일한 대표자는 아니었다. 지역국가의 마지막 단계라 할 수 있는 6세기 전반 이와이의 난(磐井亂)의 경우에도 쓰쿠시(筑紫)의 지역통일국가는 친백제 노선의 야마토(大和)에 반대하면서 신라와의 동맹을 선택할 수 있었다. 그러나 야마토〔나라〕가 쓰쿠시〔규슈〕를 통합함으로써 지역통일국가 사이의 항쟁은 종결되고 통일국가가 성립하게 되었다. 6세기 중반~7세기 후반의 부민제와 미야케제(屯倉制)의 확충을 거쳐, 율령체제를 갖춤으로써 서일본 전체를 대상으로 하는 하나의 고대국가가 탄생하였던 것이다.

3) 1980년대의 국가형성론

역사연구회·일본사연구회 공동편찬의 『동경대 강좌일본역사』고대 2권 중 1권에서 일본사의 여명에서 고대국가의 성립까지를 다루었다.〔歷史研究會·日本史研究會, 1984〕논술의 내용은 엥겔스적 도식의 견지와 신진화주의 치프덤(Chiefdom)론을 수용한 수장제사회론으로 대별된다. 전자는 율령국가 이전을 부족연합의 반국가·족장국가로 부르면서 국가형성 이전의 사회로 규정했다. 후자는 야요이시대(彌生時代) 후기~고훈시대를 수장제사회의 한 유형으로 파악하였다.

하라(原秀三郎)「일본열도의 미개와 문명」 문헌사학의 전형적인 국가형성론이다. 엥겔스의 이분법을 원용하여 8세기 율령국가의 이전을 부족연합의 단계로 인식하고, 반국가 또는 족장국가로 부르면서, 국가형성 이전의 사회로 규정하였다.〔原秀三郎, 1984〕사회발전단계의 구분과 해당 시기의 징표를 아래와 같이 정리하였다.

① 미개의 중위〔야요이시대. 3세기 후반~4세기 후반〕: ⓐ 야마토(大和)에서 고분이 발생하고 전국으로 확산되었다. ⓑ「칠지도」(369)·「신공기」·「광개토왕릉비」(391년, 백제·신라의 신속으로 해석)를 보면, 이 시기의 야마토왕권은 강력한 군사왕권으로 성장하였다.

② 미개의 상위〔고훈시대. 5~7세기 초〕: ⓐ 5세기에 분이 가와치로 이동한 것은 한반도 군사개입에 유리한 오사카만 지역이 선택된 것으로, 왜왕무(倭王武)의 상표문대로 대규모의 군사력을 갖췄던 시기다. ⓑ 5세기 후엽~6세기는 문자의 사용이 진전되던 시기다. 405년〔應神 16년, 285년 →

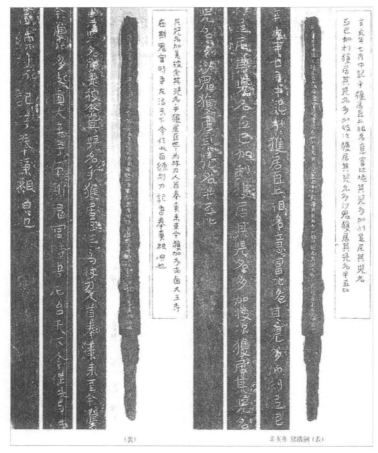

[그림 3] 이나리야마 고분 출토 철검 명문

2주갑 인하]에 백제의 왕인이 천자문을 들여오고, 「이나리야마철검명문
(稻荷山鐵劍銘文, 471년)」과 「에다후나야마대도명문(江田船山大刀銘文, 5세기
후반)」에서 이미 일본식 한문이 쓰이기 시작했다. 6세기 전반에 오경박
사와 불교〔欽明 7년(538) 빠르면 繼體 16년(522)〕의 수용으로 인민통합의 이데올
로기를 가지게 되었다. 통합이데올로기의 정점인 천황호(天皇號)는 백제

가 군사대국 왜국의 대왕(大王)을 불교의 사천왕(四天王)과 같이 '경외로운 천황(可畏天皇)'으로 불렀던 것에서 비롯되었다.〔欽明 9년 4월〕 ⓒ 7세기 초에는 수사(遣隋使) 파견으로 중국과 직접 교섭하면서 문명화의 최종단계에 들어섰다. 일본 국가형성의 출발점이다. 추고조(推古朝)의 정치체제를 고대국가의 성립으로 보았던 이시모다

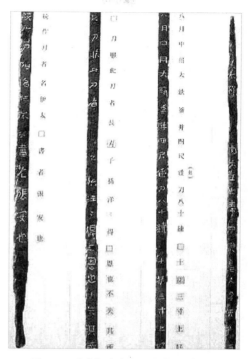

[그림 4] 쓰에다후나야마 고분 출토 철검 명문

(石母田正)와 이노우에(井上光貞)의 견해를 부정하였다. 이시모다의 왕민제(王民制)나 이노우에의 중앙의 관사제(官司制 : 大臣·大夫·伴造)와 지방의 구니노미야쓰코·아가타누시제(縣主制)의 실체도 명확치 않고, 있었다 하더라도 아주 소박한 것이었다. 5세기 후엽의 조도인(杖刀人 : 친위대)이나 젠소인(典曹人 : 사법관)도 군사왕권의 소박한 관료기구일 뿐이었다. "이러한 것들로 고대국가의 성립을 논하는 것은 국가개념의 남용이 아니라면, 선입관에 사로잡힌 과대평가 외에 아무것도 아니다."

③ 문명 : 고대국가의 성립은 663년 백촌강전투에서 패전한 후, 664년 고시노센(甲子宣, 664)으로 관위 26계가 제정되고, 670년 경오년적(庚

午年籍)이 실시되었으며, 임신란(壬申亂) 이후 673년에 천무(天武)가 즉위하여, 675년 관인등용법과 야쓰쿠사노카바네(八色姓)가 제정되고, 지통(持統)과 문무(文武)가 계승하여 다이호율령(大寶律令, 701년)에 도달함으로써, 일본의 고대국가는 완성되었다. "다이호율령(大寶律令)의 완성이야말로 일본민족이 미개에서 문명으로 대전환"했던 역사적 이정표였다. 따라서 8세기부터를 고대국가로 규정할 수 있는 것이다.

스즈키(鈴木靖民) 「동아시아 제 민족의 국가형성과 야마토왕권」 기원후 1~7세기 동아시아 여러 민족의 동정과 야마토왕권의 관련을 논하면서, 시기에 따른 국제관계의 특질을 파악하여, 국가형성과 국제관계의 불가분적 특성을 통관하였다.〔鈴木靖民, 1984〕

① 4세기 후반 : 369년의 「칠지도」는 대 고구려전을 의식하던 백제가 중국계 백제인의 문장을 통해 왜를 배후세력으로 확보하려 했던 능동적 외교를 보여주는 것이다. 이 교섭상대의 왜왕은 나라(奈良) 사키고분군(佐紀古墳群)의 피장자로서, 시라이시(白石太一郎)에 따르면 혁철단갑(革綴短甲)의 형식통일과 실전용 철촉의 부장에서 군사적 지휘자로서의 왜왕이 상정된다. 「광개토왕비문」 신묘년의 기술은 왜가 391년에 출병하여 백잔(百殘)·신라를 신민화한 것으로 해석해 좋지만, 396년〔丙申〕에 광개토왕의 백제토멸로 해소되었다.

이 결과 397년에 백제는 태자 전지(腆支)를 인질로 파견하는 외교를 제의하였는데, 그 상대가 4·5세기 기나이지역의 왜왕권이었다. 그 근거는 다음과 같다. 첫째로 「칠지도」가 나라의 이소노카미신궁(石上神宮)에 전해지고 있다. 둘째로 오키노시마(沖ノ島) 유적과 기나이 전기고분의 공통된 유물상은 기나이왕권이 대한해협을 장악하고 있던 증거다. 셋째로

『송서』왜국전에서 왕족장군(王族將軍) 왜수(倭隋)가 평서장군(平西將軍)에 책봉된 기술, 왜왕무의 상표문 동정(東征)·서복(西服)·도평해북(渡平海北)의 기술과 일치하고 있다. 넷째로 기나이수장들의 정치적 통합체인 왕권이 서진하면서 북부규슈와 세토우치의 수장들이 동요하게 되었으나, 기나이왕권이 제의한 조선출병을 통해 군사적으로 결합하는 계기가 되었고, 이를 통해 군사권과 외교권을 휘두르는 기나이왕권의 우위가 두드러져 연합적 성격을 가지는 왜라는 공적 권력체가 등장하였다.

② 5세기 중~후엽〔雄略朝〕: 475년 고구려의 남진으로 백제의 한성이 함락되고 일시적 멸망에 처하자, 478년 왜왕무는 백제를 대신해 고구려를 상대하는 유일한 세력임을 대외적으로 주장하였다. 고구려와의 경쟁을 의식하여 당시 동아시아에서 고구려왕만이 가지고 있었던 개부의 동삼사(開府儀同三司)를 요청하고, 아울러 백제제군사(百濟諸軍事)의 칭호를 남송(南宋)에 요청하였다. 이러한 책봉요청은 대내적으로 남송과의 외교를 독점하는 열도 내의 유일세력임을 자처하면서, 부관제(府官制)의 채용을 통해 기나이왕권과 지역수장의 서열화를 고착화시켰다. 5세기 중~후엽 왜왕의 칭호는 대외적인 형식적 의미보다 대내적으로 실질적 정치질서를 형성하는 계기가 되었다.

③ 6세기(繼體·欽明朝): 히노아시키타(火葦北)의 아리시토(阿利斯登, 敏達 12년), 쓰쿠시(筑紫)의 이와이(磐井), 오우미(近江)의 게누(毛野, 繼體 21년) 등은 재지(在地)에 근거를 가지는 유력 수장이면서, 중앙에 출사하여 왕권의 외교와 군사의 일부를 분장하는 관인적 존재이기도 하였다. 게이타이(繼體)~민달(敏達)시대에 왜왕권은 상·중·하 각급 관인의 전신(前身)을 형성하고, 대신(大臣)·대련(大連)제와 대형(大兄)·대후(大后)제를 포함하는 대왕제(大王制)의 세습화로 나가는 준비를 갖추게 되었다.

4) 1990년대의 국가형성론

『암파강좌 일본통사』의 고대사는 1권〔6세기까지의 일본열도-왜국의 형성〕·
2권〔7세기의 일본열도-고대국가의 형성〕·3권〔8세기의 일본열도-율령국가의 형성〕·4권
〔9~10세기의 일본열도-평안경〕·5권〔10~11세기의 일본열도-섭관정치〕로 구성되었다.
국가형성은 1·2·3권에서 논급되고 있다. 그러나 7세기를 고대국가의 성립
으로 보고, 조몬(繩文)시대~고훈(古墳)시대까지의 모든 시대를 「6세기까지
의 일본열도-왜국의 형성」의 한 권에 서술하고 있다. 문명과 야만의 이분
법적 국가형성론이라는 커다란 틀 자체는 별로 변하지 않고 있다.

기토우(鬼頭淸明) **「6세기까지의 일본열도-왜국의 형성」** 엥겔스의 단계
규정을 답습하여 계급-노예〔노비〕가 존재하는 '미개의 중단을 야요이사
회에, 계급관계를 필요로 하는 사회인 '미개의 상단을 전방후원분의 시
대(4~5세기)에, '문명으로의 이행'을 6세기의 왜국에 각각 비정하였다.〔鬼
頭淸明, 1993〕

5세기 왜왕의 대송외교와 책봉은 종속형 제국주의였다. 종속형이란
서일본 최고수장의 지위를 중국적 권위에 의지해 보장받으려 했기 때
문으로 국가형성의 후진성을 보여준다. 제국주의란 한반도에서의 군사
활동을 한남부제국명군사호(韓南部諸國名軍事號)의 획득으로 보장받으려 했
던 것, 왜왕무의 상표문과 같이 무력으로 국내적 통합을 달성하고자 했
음을 의미한다. 전방후원분의 채용과 확산은 기나이왕권(畿內王權)에 의
한 책립과 분봉이었지만, 야마토 파견장군이 지방수장묘〔전방후원분〕에 묻
혔을 것으로 생각되지는 않는다. 지방수장묘의 출토유물이 기나이(畿內)

와 같지 않기 때문이다. 따라서 의제적 분봉의 관계가 형성·유지되었을 뿐, 지역수장의 계보형성이나 야마토(倭)와의 관계를 오랜 기간 규제했던 정치구조로 보기는 어렵다.

야마시로(山城)·도우호쿠(東北)·북부규수에서는 4~5세기에 고분축조지역의 단절이 확인되며, 동일한 지역의 축조가 2대를 넘지 못하고 있다. 피장자의 계보가 재지의 정치구조와 야마토(倭)와의 관계를 오랜 기간 규제했던 것은 아니었다. 5세기 웅략(雄略)조에서 지역수장에 대한 분봉과 책립으로 파악되는 전방후원분의 축조와 확산, 송(宋)의 정치질서에 맞춰 왕족과 신하들에게 가수(假授)하고 책봉받게 하였던 것 자체가 왕권의 취약성을 보여주는 것이다. 웅략이 대악천황(大惡天皇)으로 묘사되면서 실력있는 군사지휘자와 같은 성격을 함께 가지고 있는 것이야말로, 영웅적 특징을 나타내는 것으로, 웅략의 개인적 능력없이는 유지될 수 없었던 정치체였음을 보여준다. 4~5세기는 국가기구의 발달이 미숙했던 단계로 '미개의 상단'에 설정될 수 있으며, 인격적 예속으로 서열화된 부족적 통일체였다.

요시무라(吉村武彦) 「왜국과 야마토왕권」 전방후원분의 출현이 바로 정권이나 고대국가의 성립을 의미하는지, 야마토왕권의 출현을 3세기 말의 전방후원분에서 구하는 고고학과 3세기 초의 숭신(崇神)에 비정하는 문헌사학과의 괴리, 고고학에서 기구에 의한 민중지배의 측면을 경시하는 것 같은 문제점을 지적하였다.〔吉村武彦, 1993〕

야요이분구묘(彌生墳丘墓)와 전방후원분의 차이는 '비약적인 계승'이란 점에서 '창조적 산물'로 보지 않을 수 없다.〔近藤義郎, 1986〕 전방후원분의 출현은 야요이시대와는 전혀 다른 차원의 권력탄생으로 생각되었고,

전방후원분의 소재지가 야마토왕권의 중심으로 간주되었으나, 왕릉이 아닌 왕궁의 위치가 야마토왕권의 중심과 국가탄생지로 생각되어야 한다. 숭신 이후 왕궁과 왕묘가 반드시 가까운 곳에 위치하지는 않는다. 『고사기』·『일본서기』에 따르면, 경행(景行)·성무(成務)의 궁은 오우미(近江：滋賀)에 있었으나 야마토에 묻혔고, 이중(履中)·웅략(雄略)·청녕(淸寧)·인현(仁賢)의 궁은 야마토에 있었으나 묘는 가와치(河內)에 조영되었다.

　'왕(王)'의 표기는 이나리다이(稻荷臺) 1호분 출토 대도명문 '왕사(王賜)'(5세기 중반)에서 처음 보이며, '대왕(大王)'은 「이나리야마고분철검명(稻荷山古墳鐵劍銘)」(471년)과 「에다후나야마고분대도명(江田船山古墳大刀銘)」(5세기 후반)에서 확인된다. 그러나 이때의 대왕을 왕중왕과 같은 칭호로 보기는 어렵다. 『일본서기』 이전의 「상궁기일문(上宮紀逸文)」에서 웅신(應神)은 '왕', 수인(垂仁)이 '대왕', 계체(繼體)가 '대공왕(大公王)'으로 다양하게 표기되었고, 7세기에도 추고(推古)천황·우마야도노지(廐戶皇子)·야마시로노지(山背皇子)의 3인이 함께 '대왕'으로 칭해지고 있다. 이 경우 대왕은 국가기구의 칭호라기보다 특정 왕족에 대한 존칭이다.

　『고사기』의 모든 왕대기는 화풍시호(和風諡號)＋△△궁(宮)＋치천하(治天下)로 시작되지만, 고고학적으로 궁(宮)이 확인되는 것은 7세기 중엽의 이타부키궁(板蓋宮)과 7세기 전기의 나니와궁(難波宮)이 처음이며, 문헌상으로도 7세기 오와리다궁(小治田宮) 이전까지 치천하(治天下)의 중심인 궁(宮)의 내용을 알 수 없다. 그러나 「이나리야마고분철검명(稻荷山古墳鐵劍銘)」의 "獲加多支鹵大王寺在斯鬼宮時"의 구절과 수장거관(首長居館)으로 발굴조사된 군마현(群馬縣)의 미쓰데라 I 유적의 내용을 대비해 볼 수 있다. 와카타케루(獲加多支鹵：雄略) 대왕의 사(寺)는 니와(廷), 즉 조정(朝廷)으로 해석되고, 시키궁(斯鬼宮)의 모습을 보여준다. 이러한 사

(寺)＝정(廷)＝조정(朝廷)은 미쓰데라(三ッ寺) I 유적에서 확인되었던 내정 (內廷)과 외정(外廷)으로 구성되었을 것이다. 내정에는 미야케노코(御家 子 : 奴子-伴造)가, 외정에는 조도인노미(杖刀人首)가 있어, 천하 다스림[治天 下]을 도왔던 것으로 생각된다. 건축학적 시각에서 5세기 왕궁 내부에는 정치적 기구가 존재했다고 보아 큰 잘못은 없을 것이다.

「이나리야마고분철검명」의 조도인(杖刀人)의 우두머리(首)로 기술된 오와케(乎獲居)는 간토(關東)의 지역수장으로 대왕에 출사하던 인물이었 다. 이렇게 지역수장의 출사를 받는 야마토왕권은 왜의 오왕으로서 남 송과의 외교를 통해 칭호수수의 관계를 유지하고 있었다. 왜수(倭隋)와 같은 왕족장군의 존재와 군군호(軍郡號)에 가수(假授)되고 책봉된 23인의 존재[지역수장] 등은 야마토왕권 내부에 계층적 질서가 형성되어 있던 증 거이다.

3. 4~5세기의 고대국가형성론

4~5세기의 국가형성론은 고훈시대가 어떠한 사회발전단계였던가의 문제이며, 히미코(卑彌呼)의 야마타이국(邪馬臺國)과 왜왕무[雄略]의 왜국이 고대국가에 도달하였던가의 논의로 전개되고 있다. 장거리교역이 있고, 청동기가 주조되며, 재분배구조의 상정이 가능한 야요이시대의 야마타 이국을 국가단계로 보려는 견해도 있고[水野正好, 1985], 국가의 본질을 영 역지배권으로 파악하여, 영역지배가 상정되는 야요이시대를 고대국가 로 보려는 생각도 있으나[宇野隆夫, 1991, 1996], 현재 이러한 견해를 지지하

는 연구자는 거의 없다. 4~5세기 고훈시대의 사회발전단계에 대해, 요
시다(吉田晶, 1970년대)와 하라(原秀三郎, 1990년대)가 소개한 부족연합[동맹]을
제외하고, 수장제사회론·수장연합[동맹]론·초기국가론·이차국가론의
네 가지로 나누어 정리한다.

1) 수장제사회론

　　문헌사학에서 수장제사회론은 왜왕무-웅략기(雄略期)에 대한 평가가
어떠했던가로 귀결되었다. 그 기본이 된 것이 5세기 도검명(刀劍銘)과 왜
왕무의 상표문과 책봉칭호에 대한 해석이었다.

　　① 조도인(杖刀人 : 稻荷山古墳, 471년)과 젠소인(典曹人 : 江田船山古墳, 5C 후
반)은 간토(關東)와 규슈북부의 지역수장이었고, 야마토[倭]의 웅략(雄略)
은 이들의 상번봉사를 받는 최고 수장이었다. 가쓰라기씨(葛城氏)를 타
도한 웅략은 오토모(大伴)·모노노베씨(物部氏)의 기나이(畿內) 군사씨족
과 함께, 기비(吉備)·쓰쿠시(筑紫) 같은 강한 독립성의 지방세력을 제압
해, 씨족연합정권에서 군사전제왕권으로의 비약하였다. 국가성립의 중
요지표가 된다.[井上光貞, 1980]

　　② 478년 왜왕무가 자칭했던 개부의동삼사(開府儀同三司)는 이러한 군
사적 지배체재 확립을 위한 막부 개설의 의지를 보여주는 것으로, 부관
제(府官制)는 국가성립 직전에 해당하는 것이었다.[鈴木靖民, 1988]

　　③ 웅략이 『일본서기』에 '대악천황(大惡天皇)'으로 표현된 것은 마르
크스·베버의 정의 '카리스마적 지배'를 보여주는 것이다. 개인적 능력
에 지배력의 근원이 구해지고 있는 '합법적 지배' 이전의 수장제였다.

〔佐藤長門, 1998〕아울러 웅략의 왕권은 베버의 '전통적 지배'도 아니었고, 혈통이 왕권계승의 필수조건도 아니었다. 왕권의 구성분자 수장층이 기대하는 인격과 자질, 즉 철자원과 신기술의 확보 및 안정적 재분배의 보장, 대규모전의 전투지휘능력, 외교주도의 역량을 가진 인물이 실력으로 왕위를 계승하던 단계였고, 왜오왕(倭五王)의 왕위계승이 그러하였다.〔遠藤美都男, 1988〕

④ 신진화주의의 치프덤(Chiefdom)론을 일본에 적용하여, 야요이시대 후기부터 고훈시대에 이르는 시기, 즉 율령국가 이전의 단계를 수장제사회의 한 유형으로 파악하였다.〔鈴木靖民, 1990〕수장은 치프(Chief)의 번역어로 종래의 족장 등과 같이 공동체 집단의 리더를 가리키던 수장과 구별된다. 2~3세기 부족(Tribes)에서 수장제사회(Chiefdom)로 이행하여, 긴키(近畿)·기비(吉備)·북부규슈 등에 지방수장국(Chiefdom)이 형성되었고, 5~6세기에는 통일수장국〔수장국연합, Complex Chiefdom〕이 형성되어 야마토왕권 중심의 서열사회가 형성되었으며, 7세기 전반에 고대국가로 진화하였다. 왜국의 국가형성의 단계는 3·6·7세기 후반을 계기로, 합의제, 관위·관직제의 발전에서 전형적으로 보이듯이 역사적 전개과정의 공통성과 연동성을 지적할 수 있다.〔鈴木靖民, 1994〕

⑤ 수장제사회가 종말을 고하고 고대국가로 돌입하게 되는 직접적 계기는 527년(繼體 21) 이와이(磐井)의 난과 534년(安閑 1) 무사시고쿠조(武藏國造)난의 평정이었다. 이와이가 진압군의 오우미케나노미(近江毛野臣)에게 "무릎을 마주 대고 같은 솥의 밥을 함께 먹던 사이"라 한 것은 이전에 규슈북부와 오우미(近江)의 지방수장이 야마토왕권에 각각 출사하여 함께 봉사했던 전통을 말하는 것이었다. 이 두 번의 전쟁 결과로 수장연합은 종말을 고하게 되고, 규슈~동일본에까지 유일한 정치권력으

로 야마토왕권이 자리하게 되었다.

2) 초기국가론

엥겔스적 문명의 징표만을 중시하여 율령국가로의 이행과정에 대한 전체적 조명과 개별적 분석을 소홀히 하여 국가형성의 시기를 늦추어 보는 문헌사학의 연구 경향을 비판하면서, 문화인류학적 국가형성론의 도입을 시도하는 고고학자들의 연구가 여기에 해당한다.

쓰데(都出比呂志)는 고고학에서 그 선두에 섰다. 국가를 계급지배의 권력구조로 정의하면서, [표 1]에 정리한 바와 같이 고고학 자료를 바탕으로 계급분화의 성숙도, 신분제, 수탈기구, 관료제, 군사제 등의 지배조직을 구성하는 항목에 대한 실태를 검토하고, 고훈시대의 사회적 발전을 적극적으로 평가하여 초기국가로 규정하였다.〔都出比呂志, 1991〕

다나카(田中琢)는 고고학 자료에서 현저히 나타나는 전쟁을 소재로 국가형성과정을 제시하였다. 4세기 후반의 분구와 하니와에서 보이는 분묘제사와 계승의례는 이미 혈연관계를 떠난 세속권력의 출현과 지역을 초월하는 국가〔國〕의 성립을 보여주는 것이다.〔田中琢, 1991〕

히로세(廣瀬和雄)는 '수장제네트워크론'을 제창하였다. 고분사회의 수장층은 소규모의 관개조직을 관리하면서, 물자·기술·정보의 유통망으로 연결된 지배적 공동체를 형성하였는데, 7세기에 들어 확인되는 후루이치오미조(古市大溝)의 완성은 지배적 공동체의 단계를 넘어 고대국가 주도의 개발이었다. 일본적 관개모델과 교역모델의 결합을 시도한 연구였다.〔廣瀬和雄, 1992〕

마쓰키(松木武彦)는 전쟁에 관련된 고고학 자료를 정리하여 전쟁의 범위·규모·양상의 변화를 추적하여, 정치적 지배나 국가형성에 어떻게 연결되었던가를 고찰하였다.〔松木武彦, 1992, 1995, 1998a, 1998b〕 야요이시대의 전쟁을 토지의 확보 및 재분배로 해석하고, 고훈시대의 전쟁을 철을 비롯한 중요물자 공급루트의 쟁탈전으로 해석하는 것에 동의하면서, 항상적 전쟁이 수장의 군사권을 신장시키고 군사조직을 형성시켰으며, 2차적인 생산장치로서 경제적 지배력을 강화시켰다. 평상시의 군사조직은 헌병대와 같이 피지배계층에 대한 경찰력으로 활용되었다고 정의하고, [표 1]의 후반부에 정리한 것처럼, 각 시기의 전쟁과 국가형성의 관계를 논의하였다.

전방후원분의 출현과 함께 3~4세기부터 기나이지역이 새로운 일본열도의 중심으로 돌출하게 된다. 기나이지역의 평야와 수자원은 비교적 풍요한 생산기반으로 작용하였고, 세토내해(瀨戶內海)를 통하는 해상교통로의 종점으로서, 또는 도카이(東海)·호쿠리쿠(北陸)·간토(關東) 등의 지역으로 통하는 육로의 시발점으로서 급격한 인구의 집중을 보이기 시작하였다.

4세기의 고분에는 단갑·주·단검·도·시 등의 무구류 들이 다량으로 부장되기 시작하는데, 이들 고분의 주인공인 유력수장은 평상시에는 자신이 무기를 보유하다가 전시에는 하층의 수장이나 전사에게 분배하였을 것으로 추정된다. 매납된 무구류 자체가 실용성보다는 정치적 신분의 표시인 위신재로서 부장된 것이지만, 기나이지역의 군사적 대수장은 청동경(靑銅鏡)·팔찌〔腕輪〕와 같은 주술구나 보기의 수수관계를 통해 다른 지역의 수장들과 군사적 맹약관계를 수립하고 있었을 것이다. 4세기경 고분에 매납되는 화살촉 개체수는 이러한 추정의 기

[표 1]

계급	부족	수장제 : 야요이시대	초기국가 : 고훈시대	성숙국가 : 율령국가
계급관계	평등	수장 존재하나, 계급적 지배자 무	계급관계 현저, 수장 지배자 전화	계급관계 신분제로 증폭·고정
권력관계		수장과 일반의 혈연유대 비중 큼. 원추씨족관계 사회통합원리로 작용. 모촌·분촌, 분구묘 계열과 대소 차	전방후원분별 지역권력 기나이정치센터 병존, 전방후원분 체제 신분제는 출신·실력에 기초, 상호승인 관계	2관8성의 중앙관제 고쿠시(國司)·군지(郡司) 지방관제 명령관계로 작용하는 신분제
조세		취락공유의 창고관리	조세수납창고[5C중, 오사카法圓坂·와카야마鳴瀧유적, 개별농민창고 vs 창고 없는 계층분화, 전방후원분 축조, 古市大溝 굴착 등 노동력 착취=요역[庸]의 기원	租·庸·調
유통기구		특산품 석재 등 희귀품 교역 상호호혜적 관계	소금·스에키·옥 유통 공납관계, 철 소재 유통 중앙장악	철 포함 調 등의 세제가 유통시스템의 일환으로 작용. 국가간섭 가능
취락구조		환호취락 내곽의 수장, 외곽의 일반구성원	수장거관, 농민 거주공간 분리(3C중) 수장[수장거관]>중간층>일반민중>하층민[소옥주거]	도시는 신분질서에 의한 거주구분 농촌은 거주규모의 차
묘제		수장일족[분구묘], 일반[공동묘지]	전방후원분과 밀집토광묘	분묘는 더 이상 신분표시 아님
대외교섭주체		수장연합별 한(漢)과 접촉	히미코(卑彌呼)~와오왕(倭五王) -왜인사회의 대표정치센터	율령체제의 중앙정부
무장형태		수장과 일반 일체의 무장과 전투 인민무장이 기본인 단계	중앙권력-將軍·杖刀人·典曹人 지방권력-수장거관의 방어와 위병 인민무장이 아닌 단계	율령군제의 위군(衛軍)과 군단(軍團)
전쟁범위	5km 기나이	20~30km 규슈	수십~백 수십 km 서일본	국경 외국
전쟁목적	복수형	자원약탈형	영토·인민확보형	국제적 이해 해결형
전쟁양상	지역내국부전	지역 내 집단 간의 전쟁 환호 기능	지역 대 지역의 전쟁 환호 매몰	열도광역전·국제전 산성과 봉수 기능
전쟁무기	석기	석기와 금속기 [청동·철]	철기	선단조직
전쟁사례		왜국대란, 2C중~후	4C 기비반란(吉備反亂)~ 6C 이와이(磐井), 무사시고쿠조(武藏國造)난	백촌강전투, 7C

초가 되고 있다. 야마토의 메쓰리산고분(4C 중)에서 무려 230개의 청동촉과 2백 개의 철촉, 야마토의 도다이지야마(東大寺山)고분(4C 후)에서 중평명대도(中平銘大刀)와 조수형환두대도(鳥首形環頭大刀)가 각각 출토되고 있다. 이에 비해 주변지역인 야마시로(山城)의 묘켄잔(妙見山)고분과 오우미(近江)의 유키노야마(雪野山)고분에서는 1백 개, 서일본의 각지에서 수십~십 수개의 청동촉이 각각 출토될 뿐이다. 기나이의 야마토를 대수장(大首長)으로 하는 중층적 군사기구의 형성과, 광역의 물자유통 구조가 기나이의 군사력에 의해 유지되고 있었던 상황으로 추정된다.

보기(寶器)로서 청동촉을 보유하며, 철제갑주로 무장했던 기나이의 대수장을 정점으로 각지의 수장들은 4세기 말~5세기 초에 조선반도 원정을 실현하였다.〔광개토왕릉비〕 원정에는 지휘관을 비롯한 지휘체계와 병참을 포함하는 군사적 편성이 요구되었다. 기나이의 대수장은 '대왕'으로서 전단을 조직하고 운용하였다. '대왕'에 출사하여 봉사하는 조도인(杖刀人)과 대왕직할군은 상비군 출현의 기반이 되었고, 7세기 율령의 군제로 정착된다.

5세기 후반, 지방에서는 여전히 전방후원분의 축조에 열중하고 있지만, 기나이의 고분은 소규모화되어 간다. 6세기, 다량의 단갑과 계갑의 부장은 기나이를 중심으로 하는 실용적 방어구의 집중적 생산체제가 이미 정지되었던 것을 반영한다. 6세기 전반의 철촉에서 지역색이 출현하기 시작하는 것처럼, 야마토의 왕위쟁탈전이나 규슈의 이와이의 난(磐井亂) 등의 발발했던 배경으로 철생산의 개시가 관련된다. 6세기 중엽, 왕위쟁탈전과 이와이의 난을 평정한 기나이에서는 장식대도나 환두대도가 권위의 상징으로 정착되었고, 신분표시는 고분의 규모에서 씨성제(氏姓制)로, 인민의 지배는 부민제(部民制)로, 조세는 미야케제(屯倉制)

로, 지방지배는 고쿠조제(國造制)로 정착되어 현실적 무력보다는 율령이라는 법질서에 의한 지배체제로 이행하였다. 율령국가가 완성된 성숙국가(成熟國家)라면, 이전 단계인 4~5세기의 이른바 전방후원분체제는 초기국가(初期國家)로 보아 좋을 것이다.

3) 수장연합[동맹]론

5세기대 고분의 분구·즙석·하니와(埴輪)·매장시설·부장품 등에서 지역의 대수장분은 야마토의 대왕분과 흡사하나, 그 외 소형의 방분에서는 재지적 색채가 확인될 뿐이다. 따라서 이 시기 왜왕권의 지방지배는 지역의 최고수장을 서열화하는 것에 머물고 있었던 것으로, 각각의 하위수장은 지역의 대수장에 의해 지배되고 있었다. 3세기 중엽부터 시작되는 전방후원분체제란 이러한 것으로 5세기까지 기비(吉備)·이즈모(出雲)·쓰쿠시(筑紫)와 같은 지역은 왜의 대왕이 아닌 지역의 최고수장에 의해 영도되고 있었다.〔和田晴吾, 1992〕

와다(和田)는 고분의 석실과 석관을 기준으로 수장연합체제론을 제시하였다.〔和田晴吾, 2000〕 수장층이 지역별로 일정한 정치적 단위를 형성하고 있는 것을 지역수장연합이라 정의하고, 석관 등을 통해 볼 때 수장층의 동족적 결합이 중심이었을 것으로 추정하였다. 기나이의 몇 지역을 포함하는 정치적 단위를 기나이수장연합이라 정의하였다.

[그림 1]은 수장연합체제의 개념도이다. 오른쪽 위와 왼쪽 아래를 잡아 늘리면 일본열도의 모양에 가깝게 되는데, 가운데에서 세 번째 동심원의 짙은 선 안이 기나이수장연합(畿內首長連合)이다. 그 안의 장지

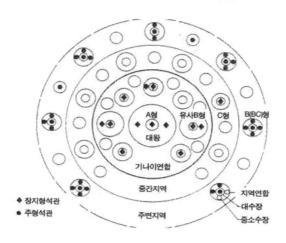

[그림 5] 수장연합체제 개념도

형석관(長持形石棺)의 공유가 기나이수장연합의 범위를 이루는데 혼인관계를 포함하는 동족적 결합이 중심이 되었다. 그 외곽에 주형석관(舟形石棺)을 공유하는 그룹은 기나이수장연합의 대왕과 가장 먼 거리에 있는 수장층이다. 수장층은 중층적으로 결합하고 있어 대왕과 각 수장이 1 대 1 대응관계를 가지는 것이 아니라, 각각이 여러 가지 레벨에서 서로 결합하면서 전체로서 일체적인 구조를 이루는 것이다. 그 중앙에 왕권이 형성되어 있고 대왕이 중핵을 이루며, 이를 지탱하는 중심이 기나이수장연합인 것이다.

고훈시대 전~중기까지 기나이연합수장과 지역연합수장의 관계는 매우 인격적인 성격을 가지고 있었던 것으로 일방통행적인 권력의 행사는 상상하기 어려운 상황이었다. 초기국가론에서는 전방후원분의 형식과 규모가 출신과 실력에 기초하는 상호승인의 신분제와 같은 것으로 해석되었으나, 같은 고분시대라 하더라도 후기가 되면 기나이의 대왕분은 소규모 원분으로 변하지만 변두리 지역수장들은 여전히 전방후원분 만들기에 열중하고 있다. 또한 재지에서 실력 이상의 규모를 보이는 전방후원분도 존재하고 있다. 단고(丹後)의 150미터 전후의 대형분은 기나이왕권이 서쪽으로는 이즈모(出雲), 동쪽으로는 에치젠(越前)의 견제와 장악을 위해 그 분기점에 축조한 것으로 파악되고 있다.

전방후원분의 규모와 해당지역의 실력이 반드시 비례하는 것도 아니다. 또한 가가와(香川) 지역은 기나이연합과 아무런 출신적 관계도 가지고 있지 않지만, 전방후원분은 축조되고 있다. 이는 원형주구묘를 축조하던 가가와 지역의 재지적 전통에서 볼 때 채택하기 수월했던 분형이 전방후원분이었던 것에 불과하였다. 전방후원분 자체가 신분을 보장하는 출신표시와는 다른 성격도 발견되는 것이다.

쓰데(都出比呂志)는 전방후원분체제·초기국가의 단계를 보다 선명하게 드러내기 위해 이전의 수장제사회와 이후의 성숙국가와의 대비에 치중했기 때문에 고훈시대 자체의 변화에 대해서는 둔감한 편이었고, 고분시대의 단계적 변화를 자극했던 동아시아세계의 변동과 영향에 더욱 주목할 필요가 있다. 이 점에서 아나자와(穴澤咊光)의 2차국가론은 의미가 있다.

수장연합[동맹]론에서 고훈시대를 국가단계로 보는 것에 반대하는 이유는 국가의 가장 중요한 속성인 관료기구가 발달되지 못했다는 점, 중앙집권적 정부를 인정할 수 없다는 점 등에 있다. 관료기구의 존재에 대해서는 일찍이 니시카와(西川宏)가 배총의 피장자 또는 축조자를 주분 피장자에 직속되어 각종 업무를 수행했던 원초적 관료층으로 추정한 바 있으나 검증된 것은 아니다. 「이나리야마고분철검명」의 조도인(杖刀人)과 에다후나야마고분 대도명의 젠소인(典曹人)이 5세기 후반에 존재했던 직위를 보여주는 것은 틀림없고, 문자 사용으로 미루어 많은 정보를 처리해야 했음을 또한 짐작할 수 있다. 그러나 기구로서 어느 정도 발달해 있었는지, 어느 정도 인신적 관계를 벗어난 조직으로 기능하고 있었던지에 관해서는 더 이상 추적할 방법이 없다.

반면에 「이나리야마고분철검명」에서 보이는 '그 아들(其子)'로 이어지는 표현은 아직도 혈통이 중시되고 있음을 보여준다. '그 아들'로 이어지는 것이 근세의 '이에(家)'와 같은 일본적 특징을 나타내는 것일 수도 있고, 그럴 경우 관료기구의 미성숙 정도나 국가형성의 저급한 수준과는 무관하다. 그러나 법이나 규정에 의한 비인격적 조직의 관료기구를 추정하고, 그것을 바탕으로 국가형성을 논의하는 데는 분명한 장애가 된다. '누구의 아들'이라는 인격적 요소가 관료기구의 구성원리로 작용한다는 것 자체가 국가적 단계와는 거리가 있기 때문이다.

중앙집권의 문제도 전방후원분이라는 돌발적이고 갖추어진 고분이 야마토를 중심으로 전국적으로 확산되는 것을 근거로 삼지만, 나라(奈良) 하시하카(箸墓)의 피장자가 기비 자우스야마고분(茶臼山古墳)의 수장에게 배포한 것에 불과하고, 기비 자우스야마고분의 수장이 하위의 수장들에게 배포했을 가능성이 더 크다. 따라서 기비지역에서 야마토와의 관계를 표현하는 전방후원분은 소수의 지역연합수장분에 불과하고 다른 다수의 전방후원분은 지역연합수장과의 관계만을 나타낼 뿐으로 야마토를 정점으로 지역 말단까지의 복속관계를 보여주는 것은 아니다.

결국 전방후원분이 수장묘의 형식으로서 공유되었던 것은 단순한 동맹관계에 불과했던 것으로 그 채용여부는 지역연합수장 또는 지역수장에게 달려 있었다. "향후 고분시대의 막대한 유구와 유물에 대한 해석이 이론적 연구와 함께 진보해 간다면 수장연합[동맹]론은 더욱 설득

력을 갖게 될 것이다."〔佐々木憲一, 2000〕

4) 2차국가론

아나자와(穴澤咊光)는 조몬시대 수천 년간 별다른 진전을 보이지 못
했던 열도사회가 야요이시대 기원전 3세기 농경의 시작부터 7세기 전
반 율령국가의 성립까지 극히 짧은 기간에 고대국가형성과정이 완료된
것은 세계에서도 이례적인 것으로, 1차국가 중국의 문명과 국가체제의
영향으로 주변에서 성립한 2차국가(Secondary State)였기 때문에 가능
했던 것으로 파악하였다.〔穴澤咊光, 1995〕

아나자와의 모델은 폴라니(Polanyi, K.)와 쿤리프(Cunliffe, B.)였다. 문
명과 미개가 교역을 통해 접촉하는 교역항 또는 관문도시에 위신재시
스템이 형성되는 모델〔폴라니〕과 대문명권인 중핵(core)에서 멀어질수록 경
계권(interface)·변연권(peripheri)으로 구분하여 사회발전단계와 동인을
분석했던 모델〔쿤리프〕을 동아시아에 적용하였다. 대문명권 주변의 국가
형성기 엘리트의 분묘에서 출토되는 선진수입품들은 피장자 자신이 선
진문명과의 접촉에서 획득했던 것으로, 야요이분구묘의 한식경(漢式鏡)
이나 신라의 로만 글라스 등이 여기에 해당한다.

동아시아의 한·당과 주변국을 핵심권＞부핵심권＞경계권＞주변권
으로 구분하고, 일본의 국가형성단계를 다음과 같이 주장하였다. 한반
도의 무문토기문화와 일본열도의 야요이문화 전기 후반은 지석묘와 환
호집락으로 약간의 계층분화도 인정되지만 주변권에 불과하였고, 야요
이중기 이후 수장국(기원 전후) → 수장국연합(3~4세기) → 초기국가(2차국가,

4~7세기)의 과정을 거친다.

① 수장국(Chiefdom) : 기원전 108년 한의 낙랑군이 설치되면서 한반도와 일본열도는 경계권으로 편입되었고, 한군현과의 외교와 교역을 통해 교역항과 관문사회(도시)에 위신재시스템이 등장하였다. 계층분화와 격렬한 항쟁의 고고학적 증거가 다수 확인되는 단계로, 『삼국지』왜인전에 보이는 규슈북부의 소국들이 여기에 해당하고, 한식경·옥·동검·철제무기 등이 출토되는 스쿠(須玖)·미구모(三雲)·이하라(井原)·히라바루(平原) 등의 유적이 고고학적 증거다.

② 수장국연합 : 3세기경 규슈북부 수장국들의 '왜국대란(倭國大亂)'이 일어나고 열도의 패권이 기나이로 이동하게 된 것은 수장국 단계에서 형성 유지되어 왔던 위신재시스템의 붕괴 때문이었다. 오카무라(岡村秀典)의 "왜국대란 수습 이후 중국제 동경은 규슈를 지나쳐 세토우치와 기나이로 흘러 들어갔다"는 지적과 같이, 기나이의 야마타이국은 샤먼 히미코(卑彌呼)에 영도되던 30여 개 수장국연합의 맹주였다. 나라의 가라코(唐古) 유적·가기(鍵) 유적에서 시작되었고, 마키무쿠(纏向) 유적의 단계가 되면 많은 지역의 토기가 야마토로 새롭게 반입되고 있다. 히미코 이후 샤먼의 성격이 옅은 남자 왕이 섰으나 다시 내란에 휩싸이게 된 것은 왕권세속화의 실패를 의미하는 것으로 국가형성까지는 조금 더 기다려야 했다.

③ 초기국가(2차국가) : 4세기 이후 기나이를 중심으로 경제·군사·이데올로기가 하나의 세력에 통합되기는 하였으나, 도시·관료제·문자 사용 등 성숙 문명국가의 필수조건은 아직 미숙하였다. 중국의 5호16국시대와 남북조시대라는 극도의 혼란기는 경계권의 수장국들이 부핵심권으로 성장하는 기회를 제공하였다. 고구려·백제·신라가 발전

하고, 왜〔야마토정권〕가 동아시아 무대에 등장하였다. 중국에 대한 조공외교보다 부핵심권 내 상호 간의 동맹·교역·문화접촉이 활발히 전개되었다. 중국을 대신해 고구려와 백제가 신라와 왜의 문화수입원으로 등장하였다.

4세기에 1천 만의 북방유목민족이 중원으로 흘러들어 5호16국으로 분립되고, 같은 시기 한반도의 삼국에 많은 영향을 미쳤다면, 일본열도에는 1세기 늦은 5세기 이후의 고분에서 마구·장식대도·갑주·금제 금동제관모·금제이식·금제대금구 등이 유목문화의 영향으로 출현하게 되었고, 이러한 발전은 주로 도래인에 의해 주도되었다. 이를 기초로 5세기 후반에 왕통으로서 왜정권-대왕의 존재가 확립되었으며, 6세기 야마토의 대왕은 더 이상 지방수장의 개재 없이 말단 인민에 대한 직접적 지배를 시작하였다. 6세기 전반 불교의 수입과 공인은 유럽세계에서 기독교의 공인과 같은 의미로 해석될 수 있다. 이데올로기의 통합은 물론, 불교건축·조각·회화·공예품 등과 함께, 불교경전을 통한 읽고 쓰기는 7세기 후반에 완성되는 문명, 즉 국가에 발을 들여놓게 하였다.

4. 맺음말

일본의 고대국가형성론은 3세기에서 7세기에 이르는 4백여 년간을 일련의 과정으로 파악하려는 점에서 언제부터라는 단일한 출발점을 설정하려는 우리의 국가형성론과 큰 차이가 있다. 일본 고대국가 형성에서 3세기 → 5세기 → 7세기의 3단계에 획기적 시기를 설정하려는 경향은

[표 2]

	고고학		국가형성론	국제적 계기	문헌사학
7세기	화장 방분 군집분 전방후원분 소멸		성숙국가 율령국가	당 건국(618) 백제·고구려 멸망 백촌강전투 통일신라·발해	율령(淨御原令, 689) 공민제·고리제[評制]· 관료제
6세기	고분 후기 전방후원분 쇠퇴 금은장신구	카모이나리야마(鴨稲荷山) 후지노키 (藤ノ木)	초기국가	수 통일(589) 신라율령반포(520)	둔전 → 미야케제(屯倉制, 安閑紀): 토지지배 이와이의 난(磐井亂, 527)· 무사시고쿠조의 난(武藏國 造亂, 534)
5세기	고분중기 전방후원분 체제 철제무기무구 대량 수장거관	아리산 노나카(野中) 미쓰데라 (三ツ寺) I 유적 5C 후	수장연합 수장동맹 지역통일 국가	광개토왕 남정 백제 한성 함락 백제 내외22부사제	왜오왕 책봉(421~478) 서일 본대표 왜왕무(雄略) 이나리야마철 검명(稻荷山 鐵劍銘, 471)「江田船山銘」 (5C 후) 토모(伴)制 → 부민제(部民 制): 인신지배 닌토쿠(仁德) 이후 궁 인정
4세기	고분전기 전방후원분확산 청동제 석제위 신재[동경 옥 석천 차륜석]	쓰바이오쓰카 (椿井大塚)	2차국가	고구려 한군현 축출 광개토왕 백제침공 고구려 신라 보호	백제와 통교[칠지도] 한반도에서 군사행동[광개 토왕비]
3세기	전방후원분 출현 (3C 말~4C 초) 분구·사우돌출묘 삼각신수경청동기		부족연합 지역국가 수장제사회	위 대방군 설치 친위왜왕(239) 한과 통교	야마타이국(邪馬臺國) 왜여왕 히미코(卑彌呼) 이 요(壹与) 청동경 1백 매 대왜(大倭) [교역] 귀도(鬼道)[주술]

1960년대 이후 커다란 변화는 없으며, 국가형성이 완성되는 7세기 후반을 기준으로, 이전을 미개사회로, 이후를 문명사회로 구분하는 엥겔스적 도식의 충실한 적용 역시 큰 변화는 없다.

그러나 근년에 새롭게 제기되고 있는 초기국가론이나 수장연합론 등은 고훈시대의 사회적 진전도에 대한 새로운 해석과 평가를 제시하고 있다. 전자는 늦어도 3세기 중엽 이후, 즉 전방후원분 이후 고분·취락·무기·전쟁 등에서 국가적 맹아가 발견되므로 초기국가로 정의할 수 있는 반면에, 후자는 같은 고훈시대라도 5단계로 구분될 수 있으며, 각 단계의 사회적 진전도에 차이가 있다는 입장으로, 4~5세기의 왜국을 국가단계로 평가하는 것은 문제가 있다는 생각이다. 현재까지 제시되었던 일본의 고대국가형성론을 앞의 [표 1]와 같이 정리하는 것으로 맺음말에 대신한다.

이영식

‖ 참고문헌 ‖

엥겔스 F., 1884, 『가족·사유재산·국가의 기원』.

甘粕健, 1975, 「古墳形成技術の發達」, 『岩波講座日本歷史』原始および古代1, 岩波書店.

廣瀬和雄, 1992, 「大阪灣岸と三河灣岸の土器製鹽－首長ネットワーク論の提唱」, 『彌生文化博物館研究報告』1.

鬼頭淸明, 1993, 「6世紀までの日本列島－倭國の形成」, 『岩波講座日本通史』2, 古代1, 岩波書店.

近藤義郎, 1986, 「前方後圓墳의 出現」, 『岩波講座日本考古學』6, 岩波書店.

吉田晶, 1975, 「古代國家の形成」, 『岩波講座日本歷史』古代2, 岩波書店.

吉村武彦, 1993, 「倭國と大和王權」, 『岩波講座日本通史』2, 古代1, 岩波書店.

都出比呂志, 1991, 「日本古代の國家形成論序說－前方後圓墳體制の提唱」, 『日本史研究』343.

藤間生大, 1962, 「四・五世紀の東アジアと日本」, 『岩波講座日本歴史』原始および古代1, 岩波書店.

山尾幸久, 1970, 「日本古代王權の成立過程について(中)」, 『立命館文學』297.

西嶋定生, 1966, 「古墳出現の國際的契機」, 『日本の考古學』4, 月報, 河出書房新社.

石母田正, 1948, 「古代貴族の英雄時代」, 『論集史學』, 石母田正・太田秀 編, 三省堂.

_____, 1962, 「古代史概說」, 『岩波講座日本歴史』原始および古代1, 岩波書店.

松木武彥, 1992, 「古墳時代前半期における武器・武具の革新とその評價」, 『考古學研究』153.

_____, 1995, 「彌生時代の戰爭と日本列島社會の發展過程」, 『考古學研究』167.

_____, 1998a, 「戰いから戰爭へ」, 『古代國家はこうして生まれた』, 都出比呂志 編, 角川書店.

_____, 1998b, 「日本列島の國家形成」, 『國家の形成』植木武 編, 三一書房.

水野正好, 1985, 「總說 近畿地方とはなにか」, 『圖說 發掘が物語る日本史』4, 新人物往來社.

歷史研究會・日本史研究會 編, 1984, 『講座 日本歷史』, 東京大學出版會.

鈴木靖民, 1984, 「東アジア諸民族の國家形成と大和王權」, 『講座日本歷史』1, 東京大學出版會.

_____, 1988, 「武(雄略)の王權と東アジア」, 『雄略天皇とその時代』, 吉川弘文館.

_____, 1990, 「歷史學と民族學(文化人類學)-日本古代史における首長制社會論の試み」, 『日本民俗研究大系』10, 國學院大學.

_____, 1994, 「東アジアにおける國家形成」, 『日本通史』古代2, 岩波書店.

宇野隆夫, 1991, 『律令社會の考古學的研究』, 桂書房.

_____, 1996, 「西洋流通史の考古學的研究」, 『古代文化』48.

遠藤美都男, 1988, 「古代王權の諸段階と在地首長制」, 『歷史學研究』586.

原秀三郎, 1984, 「日本列島の未開と文明」, 『講座日本歷史』1, 東京大學出版會.

田中良之・川本芳昭 編, 2006, 『東アジア古代國家論-プロサス・モデル・アイデンティティー』, すいれん舍.

井上光貞, 1980, 「雄略期における王權と東アジア」, 『日本古代史講座』4, 學生社.

佐藤長門, 1998, 「倭王權の列島支配」, 『古代史の論点』4, 小學館.

佐々木憲一, 2000, 「日本考古學에 있어서 古代國家論-理論研究의 現狀」, 『제10회 百濟研究國際學術會議 東亞世亞의 國家形成』, 忠南大學校百濟研究所 編.

直木孝次郎, 1975, 「原始・古代史序說」, 『岩波講座日本歷史』原始および古代1,

岩波書店.

平野邦雄, 1975,「ヤマト王權と朝鮮」,『岩波講座日本歷史』原始および古代1, 岩波書店.

穴澤咊光, 1995,「世界史のなかの日本古墳文化」,『江上波夫米壽記念論集文明學原論』, 山川出版社.

和田晴吾, 2000,「國家形成論研究の視點」,『國家形成過程の諸變革』, 考古學研究會編, 西尾綜合印刷.

중국의 한국고대사 인식

1. 머리말

중국의 이른바 '동북공정(東北工程)'은 우리에게 일본의 역사왜곡이나 역사교과서 문제와는 또 다른 충격을 안겨주었다. 이제까지 중국에 대해서 우호적인 감정을 가지고 있던 우리는 이제 새롭게 세계무대에 등장하는 중국의 실체에 대해서 재인식하는 계기를 가지게 되었다. 그러나 중국은 한반도는 물론 동북아시아의 역사에 꾸준히 중화주의적인 사고를 견지해 왔다.

중국은 '변강'이라는 인식을 바탕으로, '동북공정'을 수행하고 있다. 중국에서의 '변강'은 일반적으로 국경선과 인접한 지역을 지칭하지만, 국경선과 인접한 지역 모두를 포괄하는 것은 아니다. 적어도 대부분의 변강에는 소수민족이 상대적으로 많이 거주하고 있으므로 소수민족 문제가 파생하고 있으며, 주변 민족국가와의 갈등이나 모순을 내포하고 있기 때문이기도 하다. 중국이 자신들의 동북 지방에 대해서 관심을 기울이는 것은 '동북변강 문제는 학술문제일 뿐 아니라, 국가의 영토·강역·주권에 관련된 중대한 정치문제'라고 인식하고 있기 때문이다. 또한 '지역적인 문제일 뿐 아니라 국가의 안전이나 평온과 관련된 전면적인 문제이며, 따라서 이 문제는 중요하고 긴박한 문제'라고 규정한다.

중국은 우리 역사 특히 고조선·고구려·발해 등의 역사를 자기들 역사의 주변부적인 존재로 인식하고 있다. 이들이 기본적으로 다루는 입장은 '통일적 다민족국가론(多民族國家論)'이다. 중국학자들의 주장은 '중국은 현재뿐 아니라 자고(自古) 이래로 통일적 다민족국가였다'는 논리를 기본전제로 하고 있다. 중국은 많은 민족으로 구성된 통일적 다민족국가이기 때문에 중국을 구성하는 많은 민족의 역사, 나아가 현재 중국 영토 안에서 이루어진 역사는 모두 중국사의 범주로 설정할 수 있다는 것이다.

'통일적 다민족국가'를 역사적으로 소급시키는 것에 대해서 다양한 비판도 제기되고 있으나, 1980년대 전반 세 차례에 걸친 중국민족관계사 학술대회[1981년 5월 北京에서, 1984년 12월 廣州에서, 1985년 10월 厦門에서 개최되었다]를 통해 '통일적 다민족국가론'에 의거하여 고대 민족관계사를 파악하는 입장이 점차 일반화되었다. '통일적 다민족국가론'과 함께 나온 것이 '일사양용(一史兩用)'으로 고구려의 역사는 한국사도 될 수 있고, 중국사도 될 수 있다는 입장을 취하였다. 그러나 이러한 주장보다는 '통일적 다민족국가론'이 더 많은 지지를 받게 되었고, 통일적 다민족국가론에 입각하여 고대 민족관계사[국제관계사]를 파악하는 입장이 일반화되었다. 그 일환의 하나로 진척되고 있는 것이 바로 '동북공정'이다.

1980년대 이후부터 중국은 점차 한국사에 관심을 가지게 되었으며,

연구에 적극성을 드러내고 있었다. 중국학계에서 우선 관심을 가진 분야는 발해사에 대한 것이었다. 그리고 많은 학자들이 참여하여 고구려사에 대한 연구를 진행했으며, 개방 이후에는 중국중심의 고구려사 연구를 심화시켰으며 최근에는 고조선사에 대해서도, 중국역사의 일부임을 강조하려고 하고 있다.

2. 중국의 한국고대사 인식체계

고조선에 관해서 중국학계는 1987년에 고조선이 기자조선이며, 기자조선은 위만조선을 포함하며, 위만조선에서 한사군으로 이어지는 것으로 파악하였다. 고조선족은 동이족의 한 지파로서, 상(商)민족과 동족(同族)이며, 고조선은 그 족(族)과 그 땅이 은상(殷商) 동방(東方) 해외의 속족(屬族)·속지(屬地)라고 주장하였다. 손진기(孫進己)는 고조선의 주민에 대하여 언급하면서 고조선사를 기자조선과 위만조선으로 설정하고 있다. 이들은 단군조선에 대해서는 언급하지 않으며, 기자조선만을 강조하고 있다.

기자가 동천(東遷)한 시기에 관해서는 상주(商周)가 멸망한 후라고 보는 사람들이 대부분이나, 『한서』지리지와 『삼국지』동이전에 근거하여, 기자가 조선으로 동천한 시기는 은(殷) 말이지, 주(周) 무왕(武王)이 은을 멸한 후가 아니라고 한다. 여기에서의 논점은 기자조선에 주목을 하고, 기자를 수령으로 하는 족속이 언제 조선으로 갔는가에 대해서 논의를 전개시키고 있다. 장벽파(張碧波)는 고조선의 신화와 고구려신화를 비교하거나, 『삼국유사』에 있는 단군신화를 연구하기도 하였다.

이밖에 최근에 기자조선 문제를 강화하면서 기자와 고조선의 관계를 규명하려고 하였으며, 이 와중에서 나타나는 사료인 '고지진국(古之辰國)'을 은상(殷商)의 해외속지로 파악하고 있다.

중국이 '변강'사 연구와 관련하여 심혈을 기울이는 분야가 고구려사다. 중국학자들이 고구려사에 대해서 관심을 기울이게 된 것은 19세기 후반 광개토왕비가 발견되면서부터였다. 그러나 그것은 비 자체에 대한 관심이었지 고구려에 관한 것은 아니었다. 이후 1945년까지 김육불(金毓黻)이 『동북통사(東北通史)』를, 부사년(傅斯年)이 『동북사강(東北史綱)』을 편찬하면서 연구가 시작되었다. 그 가운데 김육불은 중국의 고구려사 연구의 창시자로 인정받고 있다. 1950년대 중국은 6·25전쟁 이후 북한과 매우 친밀한 관계가 되면서 중국의 고구려 연구는 제약을 받았다고 주장한다. 반면에 고구려 연구를 계기로 북한과 남한은 가까워지게 되었는데, 북한학자들의 주체사관과 한국학자들의 민족사관은 '민족의식'의 기치 아래 통일될 가능성이 있다고 보았다.

1950년대 후반에 중국은 동북문사연구소(東北文史研究所)를 설립하고, 전문가와 학자들을 조직하여 동북지방사에 대한 연구를 진행했다. 1990년에 들어서면서, 그러한 연구작업에 대한 강도를 더욱 높여, 1997년 길림성(吉林省) 사회과학원에 '고구려연구중심(高句麗研究中心)'을 설립하였다. 1998년 길림성 사회과학원에서 『중국동북사(中國東北史)』6권 편찬을 지원하기도 하였다. 중국은 1992년 개방 이후에는 자신들의 관점에서 고구려사를 인식하려고 하였다.

1950년대 연구주제는 주로 정치적인 문제 때문에 고구려 문물과 고구려 고고학이 주대상이었다. 이것은 후대의 고구려 연구에 중요한 토대가 되었다. 한편 연구자료의 수집과 정리, 전문문헌의 해제와 색인작업을 하기도 하였다.

고구려사의 귀속(歸屬)과 관련해서는 1980년대까지 고구려 족원(族源)을 대체로 예맥족으로 이해하였다. 또한 고구려와 중국의 교류도 국제관계사의 범주로 파악되었다. 수와 당의 고구려원정도 독립국가를 침공한 침략전쟁으로 파악하였다. 그러나 1980년대 중반 이후 '통일적 다민족국가론'이 대두되면서 고구려사를 중국사로 귀속시키려는 견해가 제시되었다. 장박천(張博泉)을 이어 경철화(耿鐵華)도 고구려의 선조를 중국의 고이(高夷)와 연관성이 깊은 것으로 강조하였다. 이 이후 고구려사를 중국사로 편입하려는 논리를 본격적으로 개발했다.

고구려의 건국 문제에 대해서는 대체로 고구려 건국 이전에 전한(前漢)의 현도군 고구려현이 설치되어 있었고, 바로 현도군의 관할 범위 안에서 건국되었다고 주장한다. 또 중국왕조와의 관계에서는 고구려가 전한 이래 멸망할 때까지 중국왕조에 신속(臣屬)하여 예속관계를 유지했다고 파악했다. 고구려와 고려의 계승관계에 대해서도 완전히 부인했다. 양자는 건국시기, 영역범위와 도성, 최고통치자의 족속 등이 다르다고 강조한다.

발해의 주민구성과 관련해서 중국학계에서 주장하는 것은 말갈인설과 발해인형성설이다. 그런데 중국학계에서 다수의 지지를 받고 있는 설은 말갈인설이다. 이들은 『구당서』와 『신당서』의 '발해말갈'과 '발해본속말말갈(渤海本粟末靺鞨)'이라는 사료에 근거하여 말갈인설을 주장한다. 한편 속말말갈이 주축이 되어 발해 2백여 년간 고구려의 요소도 수용함으로써 새로운 인간공동체가 형성되었는데, 이들이 발해인이라고 주장한다. 발해의 국가성격에 관해서는 발해에는 당의 문화가 폭

넓게 전래하였고, 발해와 엄격한 신속(臣屬)관계를 유지하고 있었다고
주장하고 있다.

3. 한국고대사에 관한 몇 가지 문제

1) 고조선 관련 문제

주민구성 문제

고조선에 관해서는 주로 기자(箕子)와 고조선의 연관성 문제를 중심
으로 연구되었는데, 한반도 주민의 기원에 대해서 고조선족을 설정하
고 있다. 즉 "고조선족은 동이족계의 일파로서 상(商)민족과는 동족이
며, 동시에 고조선의 족속과 그 땅은 은상(殷商)의 동방에 있던 해외의
속족·속지이고, 종국의 유업을 이은 곳이다. 당시 고국은 비록 망했지
만, 해외의 이 속족과 속지는 여전히 남아 있었고, 아직 가망성이 있었
다. 그러므로 기자는 그를 따르는 무리를 이끌고 결연히 친속(親屬)민족
인 고죽족을 떠났던 것이고, 연후(燕侯)의 통치를 벗어나서 고조선으로
들어갔다. 고조선족이 신속히 그들을 맞아들이고 그 통치를 받아들였
던 원인 역시 여기에 있다"고 한다.〔李德山, 2001〕

또 "기자의 교화는 고조선족의 정치·경제·문화 제 방면 모두에서
'중화와 비등'하게 하여 일약 연제(燕齊)와 함께 노예제사회로 진입하게
하였다. 기자는 자신의 정치이상을 실현한 것이다"는 것이다. 이는 "민
족과 정권이 사상과 의식에 있어 은(殷)시기 후국(侯國)의 유형에서 주
(周)시기 열국의 유형으로의 전환이 이미 완성되었다는 것을 명확히 말

해 준다"는 것이다.〔李德山, 2001〕

위만조선과 관련하여서는 "위만은 비록 고조선에서 왕이 되었지만 그는 여전히 한조(漢朝)의 지방관원이었고, 한조의 요동태수 휘하에 직접 예속된 '외신(外臣)'이었으니, 마침 효혜제·고후(高后) 시기는 천하가 평정된 지 얼마 안 되어서, 요동태수는 위만과 약속하기를, 위만은 외신이 되어 새외의 만이(蠻夷)들을 지켜 변경을 침범하지 못하도록 하고, 여러 만이의 군장들이 천자를 알현하러 입조하고자 할 때는 이를 금하지 못한다고 하였다"고 하였다.

그리고 "한 무제가 고조선을 멸한 것은 서한(西漢)의 중앙왕조와 지방정권 간의 모순이 격화된 산물이었다. 이 전쟁의 성격은 서한왕조가 진(秦)을 이어 중국을 통일하는 전쟁의 연속이고, 따라서 그것은 서한왕조의 내부 일이며, 여전히 누구를 침략한 문제라고 할 수 없다. 형식상으로 보아 고조선족은 소멸하였지만, 실제로는 그들은 한족(漢族)과 고구려족 등을 보충하여 영원히 중화민족의 역사의 긴 흐름 속에 활약하고 있다"는 것이다.

중국은 최근 들어 고조선에 관한 관심을 기울이고 있으며, 대체로 주민구성 문제에 대해서 중국의 고대와 연결시키고 있다. 또한 민족적으로 한문화에 흡수되었으며, 신속(臣屬)관계에 있었음을 강조하고 있다. 고조선에 대한 연구 역시 그들이 '통일적 다민족국가론'을 심화시키고 연장시키는 과정이라고 볼 수 있다. 이러한 연구는 앞서 손진기〔『東北民族源流』〕와 장박천·위존성의 연구〔『東北古代民族·考古與疆域』〕를 연장시키는 것이며, 이덕산에 이르러 더욱 심화되고 있다.

단군 문제

중국학계에서는 남한과 북한에서의 고조선 연구가 역사적 사실과 어긋난다고 보고 있는데, 단군은 존재하지 않았으며, 고조선족은 중국 고대 이 지역의 민족이었고, 지방정권이라는 것이다.

중국은 또 단군신화를 화하(華夏)-한문화 영향에 의한 신화라고 주장하여 단군신화가 중국문화의 반영이라고 보고 있다. 단군신화를 중국적인 것으로 보면서 고진국(古辰國)-삼한(三韓) 계통으로 역사가 진행되었다고 보았다. 그러면서 고진국은 은상(殷商)의 외속지(外屬地)로서 기자가 조선으로 간 이유가 그 때문이라고 하였다.〔張碧波, 1999〕

중국의 학자들은 기자조선과 위만조선에 대하여 중국의 한족을 선조로 하는 옛 조선이라고 주장하면서〔孫進己, 2001〕 고구려가 건국한 환인지역과 427년에 천도한 평양 지역은 한대 현도군과 낙랑군의 관할범위 안에 포함되는데, 이는 일찍이 기자가 피난해 온 이후 기자조선의 땅이었다는 것이다.〔孫進己・王綿厚, 1988〕 또 본래 조선은 기자가 봉해진 땅이며, 이어서 위만조선이 들어섰는데 이는 기자조선을 계승 발전한 정권이었다고 주장한다.

2) 고구려 관련 문제

고구려 주민 문제

고구려의 주민과 관련하여 고구려 사람들이 예맥(濊貊)에서 기원하였다는 주장이다. 장박천은 고구려의 출자(出自)를 예・예맥이라 하였고, 이러한 주장은 이전복・손옥량 등에 의해서 지지를 받았다. 손진기도 고구려의 족원(族源)은 맥인(貊人)뿐 아니라 예인(濊人)에 있다고 하였다. 예맥인설과 관련해서는 이전복·손옥량을 이어 유영지·위존성·왕면후 등이 이 설을 주장하고 있다.

손옥량·이전복은 "고구려는 예맥족의 한 갈래이며 주로 혼강과 압록강 유역에 분포되어 있다. 고구려족과 부여족은 예맥족에서 분리되어 나온 두 개의 서로 다른 부족이기에, 고구려를 '부여별종'이라고 하고 '언어와 법속이 비슷하다'고 하였다. 예족의 대다수는 송화강과 눈강 유역에 살았으며, 우리나라 동북지구에서 제일 먼저 중원의 솥[鼎]문화를 접수하고 전파한 원시민족이다. 예인(濊人)이 남하하여 맥인(貊人)과 융합된 후 예맥은 두 부족의 공동체 명칭으로 되었고, 부여의 한 갈래가 건립한 고구려도 맥인이라 부르게 되었다"고 주장했다.〔孫玉良·李殿福, 1990〕

왕면후(王綿厚)도 예맥족설을 주장한다. 그는 "고이와 고구려는 선진(先秦)시대부터 한·위·진 이래 동북 고대에 연이어 나타난 소수민족의 하나다. 선진 이래 중국 동북지구에 형성된 3대 족계로부터 볼 때 고구려와 그 선조인 고이는 동북이(東北夷)·예(濊)·맥(貊) 계통의 한 갈래"라고 하였다.〔王綿厚, 1994, 1997〕

한편 김육불은 1940년대에『동북통사(東北通史)』에서 "고구려 일족은 부여에서 나왔고, 우리 중화민족의 일부다"라고 주장하여 부여에서 비롯되었음을 언급하고 있다. 이후 왕건군과 양소전도 고구려가 부여족이라고 보았다.〔王健群, 1987 ; 楊昭全, 1993〕 왕건군은 "부여족이 예맥족과 계통을 달리하는 퉁구스어족인 숙신의 후예로서 말갈·여진과 동일한 계통"이라고 하였다.

1990년대에 들어서 이덕산은 고구려 주민의 기원에 대해서 색다른 견해를 냈는데, 그는 고구려가 산동에서 건너온 동이족이라고 하였다.

〔李德山, 1992〕이덕산은 "고구려의 본래 명칭은 고려였고, 이것은 중국 산동지역을 근거지로 활동했던 전설상의 존재인 염제(炎帝)계통의 개(介)씨와 래(萊)씨의 합칭이며, 고구려인들은 염제족의 한 지파로서 중국 산동지역에서 압록강 중류 일대로 이주하였다"는 것이다.

또 다른 견해는 고이족(高夷族)설이다. 이 주장은 『일주서(逸周書)』왕회(王會)편에 나오는 고이(高夷)에 대해 진(晉)의 공조(孔晁)가 "고구려는 일명 구려(句麗)라고 하는데, 옛날의 고이(高夷)"라고 한 주석에 근거하여 나온 것이다. 이것에 대해 김육불도 그의 『동북통사』에서 간단히 언급하였다. 이후 강맹산·왕면후 등이 이 설을 지지하여 간단히 언급하였다.

최근 유자민이 이 설을 적극적으로 주장하였다. 유자민은 "고이는 우리나라 혼강 유역의 동북아 고족이다"라고 하면서 "많은 사람들이 고이와 맥(貊), 혹은 예맥(穢貊)을 혼동하고 있는데, 왕회편의 기록을 보면 고이와 맥인, 발인(發人)은 모두 서로 독립적인 고대민족이었다. 이점을 명확히 하는 것은 우리가 고구려족의 기원을 정확하게 고찰하는데 매우 중요하다"고 하였다.〔劉子敏, 1996〕유자민의 이러한 주장은 최근에 중국학계에서 많은 지지를 받고 있다.

또 다른 견해로는 상인(商人)기원설이다. 경철화는 "고구려의 기원에 관한 설 가운데 부여나 예맥설에 대해서는 시기상 맞지 않는다고 비판하고, 고이족과 염제설은 주목할 가치가 있다"고 하면서, 그는 이것을 더욱 보강하여 '상인(商人)으로부터 기원하였다'는 것을 주장한다.〔耿鐵華, 2002〕

최근에 다민족기원설도 대두되었는데, 이것은 일반인을 교육하기 위한 자료에서 언급되었다. 이 주장은 "고구려족은 5부로 이루어졌으며, 이 5부는 모두 인근의 예맥부락을 병탄하여 성립한 것"이라고 하였다. 그리고 "고구려가 전체 예맥족에서 기원한 것은 아니며, 예맥은 또한 부여족과 같은 그 이외의 여러 민족을 형성하였다는 점을 염두에 두어야 한다"고 한다.〔楊春吉·秦升陽, 2003〕

이전복(李殿福)은 고구려가 통일적 다민족국가의 구성원이었을 뿐 아니라, 고구려도 다민족을 형성하면서 출발하였음을 강조하고 있다. 그는 "연노부는 고이, 계루부와 절노부는 졸본부여 및 북북여, 순노부는 예인, 관노부는 한인 등에서 기원하였다"고 한다. 또 이들이 부락연맹을 거쳐 고구려 소민족을 형성한 다음, 대외확장에 의해 편입된 여러 족속을 융합시켜 고구려 대민족을 형성하였다고 주장한다.〔李殿福, 1993〕 그는 또 한인(漢人)이 다른 족속보다 많이 융합되거나 고구려 영역 내에 거주한 사실을 강조하였으며, 고구려에 복속된 부여·옥저·예인 등은 고구려민족에 완전히 융합되지 않고 마지막까지 별도의 민족을 이루었을 가능성이 높다고 주장하였다.

중국이 이렇게 고구려의 주민, 즉 '족원(族源)'에 관심을 기울이는 것은 중국대륙 안에 고구려 족원을 설정하려는 의도이자 중원문화에 지속적으로 연결시키려는 의도에서였으며, 동북 지방에 한의 영향력을 지속적으로 확대하기 위한 조치였다.

고구려의 대외관계

중국학자들은 고구려의 족원(族源) 문제의 연장으로 고구려의 건국 문제도 언급하고 있는데, 고구려의 건국 문제를 중국과의 관계하에서 인식하고 있다. 고구려 건국 이전에 전한의 현도군 고구려현이 설치되어 있었고, 바로 현도군의 관할 범위 안에서 고구려가 건국되었다. 이것은 장박천이 1985년부터 주장해 오는 것으로, 고구려사를 중국사로 편입하려는 시도에서 비롯된 것임을 알 수 있다.

장박천은 "고구려는 한대의 군현 구역에서 흥기하여 중국 군현의 관할범위를 넘어서지 않았으며, 시종일관 중원이나 중원북방정권에 번부(藩附)하였다"고 주장한다. 이것은 고구려의 발상지인 환인·집안 일대가 현재 중국 영토이며 전한시기에 한군현이 설치된 지역으로서 '현재의 영토'를 기준으로 중국사의 범위를 설정하려는 의도에서이다. 그는 또한 평양성을 한의 낙랑군 범위 이내라는 사실을 강조한다. "고구려 도성은 시종일관 한사군의 범위를 초월하지 않았으며, 중국의 전통적인 변강 안에서 건국하였다가 멸망했다"(張博泉, 1985)는 것이다. 이러한 논지는 경철화·손옥량·이전복 등에 의해 지속적으로 주장되고 있다.

중국이 고구려의 대외관계에 관심을 가지게 된 것은 1980년대 중반부터였다. 손옥량은 고구려가 예맥족의 후예로서 중국 경내의 소수민족이며, 중원 여러 왕조의 관할을 직접 받았다고 주장하였다.(孫玉良, 1985) 한편 왕건군(王健群)은 현도군과 고구려의 관계를 살피면서 고구려의 천도와 대외팽창이 고구려 자체의 역량이라기보다는 중국이 쇠약해진 때문이라고 하였다.(王健群, 1987)

이들은 고구려가 건국 발전하면서 현도군이 서쪽으로 퇴축한 것보다는 『삼국지』 동이전 고구려조에 '책구루(幘溝蔞)' 관련 기사를 강조하여 후한대에도 고구려가 현도군의 관할을 받았다고 파악한다.(劉子敏, 2003) 이들은 이처럼 고구려가 건국 이후 시종일관 후한에 신속(臣屬)하며 예속관계를 유지하였다고 강조한다. 한편으로는 고구려와 중원왕조가 항상 화친관계를 유지하였다는 것을 강조한다.

중국이 고구려사를 중국사에 귀속시키기 위해 고구려 초기의 역사를 현도군에 예속되었던 것으로 본 바와 마찬가지로, 4세기 이후의 역사에 대해서는 책봉을 받은 점을 강조한다. 이들은 책봉 문제를 4세기 이후의 동북아시아 국제질서에서 나타났던 현상으로 파악하는 것이 아니라 무조건 중원왕조에 예속된 점만을 주장하는 것이다. 이러한 관점은 거의 모든 중국학자들이 주장하는 바이다.〔孫玉良・李殿福 1990 ; 楊昭全, 1993 ; 孫進己, 1994〕 즉 고구려왕이 중원정권의 관리로서 중원정권을 대신하여 고구려 지역을 다스린 것이라고 한다.

손옥량과 이전복은 북위(北魏)가 수여한 책봉호 가운데 '영호동위교위(領護東夷校尉)'는 본래 동북지역을 관할하던 한인(漢人)의 관직이었는데, 점차 소수민족의 수령에게 겸하게 하여 중원정권의 관원으로 삼은 것이라고 주장하였다. 이들은 고구려가 동진(東晉)시기나 남북조시기에도 끊임없이 중원정권에 사신을 파견하여 조공을 하여 신절(臣節)을 극진히 하였다고 하였다. 양소전(楊昭全)은 책봉호가 한위대(漢魏代)부터 설치되었던 관작이라면서 고구려가 계속 중국의 번속국(藩屬國)이었다고 주장하였다.〔楊昭全, 1993〕

이처럼 중국이 관심을 기울이는 분야가 이른바 '조공—책봉' 관계에 대한 것이다. 즉 이들이 주장하는 큰 흐름은, 고구려가 전한 이래 멸망할 때까지 중국왕조에 신속하여 예속관계를 유지했다는 것이다. 이것은 평양천도 이후에도 바뀌지 않았는데, 따라서 고구려는 중국의 지방정권이었다는 것이다. 이들이 강조하는 것 가운데 하나가 고구려와 중국왕조와의 관계는 대립보다는 화평관계였으며, 조위(曹魏) 등을 도와 중국통일에 참여했다고 평했다.〔孫進己, 1994〕 이것은 민족 상호 간의 우호관계를 중심으로 고대 민족관계사를 연구해야 한다는 통일적 다민족국가론의 원칙을 적용한 것이다.

중국은 고구려가 427년에 평양으로 천도한 이후의 문제에 대해서도 언급을 하고 있다. 손진기는 고구려 귀속 문제에 대하여 다음과 같이 언급하고 있다. 그는 "역사상의 귀속 문제는 어느 한 시기의 관점만을 가지고 논할 수 있는 것이 아니라, 모든 역사를 검토하여 그것이 주로 어떻게 귀속하였는가를 가지고 기준삼아야 한다. 현재의 중국 영토와 북한영토 안에 존속하였던 고구려사를 비교할 때 영토의 크기나 존속 기간 등에서 현 중국 영토의 고구려사가 대세를 이루고 있다. 따라서 고구려사는 중국사에 귀속되는 것으로 결정되어야 한다. 또한 고구려 시대의 전체 국토를 감안할 때 전체 국토의 3분의 2가량이 현 중국 영토 안에 있었다"고 주장한다.〔孫進己, 1995, 2001〕

한편 유영지(劉永智)는 현재의 중국 영토 안에서 건국한 고구려사는 중국의 지방정권으로 파악하였고, 한반도 안에 있었던 고구려사, 즉 평양천도 이후의 고구려사도 과거 고대중국의 영역 안에 있었기 때문에 중국사로 포함시켜야 한다는 논리를 펴고 있다.〔劉永智, 1995〕 그는 고대 중국역사의 남쪽 경계선을 대동강으로 주장하기도 하였다. 즉 위진남북조시대 중국왕조와 고구려와의 관계를 설명하면서 고구려와 백제가 대동강을 경계로 삼았다고 하여 대동강을 자신들의 영역으로 인식하는 것이다. 고구려가 멸망한 이후에는 대동강을 경계로 하여 통일신라와 당이 대립하였고, 또한 고려와 요(遼)·금(金)·원(元)이 각기 대동강 이북지역을 놓고 쟁탈전을 벌였으며, 양국이 압록강을 경계로 한 것은 명(明)에 이르러서였다고 주장한다.

중국은 고구려와 수·당의 전쟁에 대해서도 수나 당은 고구려를 침공할 의사가 없었는데, 고구려가 소명을 받들지 않았기 때문이며, 이 전쟁은 침략전쟁이 아니라 중국통일 과정의 통일전쟁으로 인식하였다.〔張博泉, 1985〕 고구려와 주변 여러 나라와의 관계에서도 부여·숙신·동호 등의 관계는 긍정적인 면에서 파악한 반면, 백제나 신라와의 관계에 대해서는 부정적인 측면을 부각시키고 있다. 이러한 의도는 고구려사와 한국사를 분리시켜 생각하기 위한 의도에서 비롯된 것이다.

손옥량·이전복은 "고구려가 당시 수 양제의 조서에 나타난 것처럼 몰락하던 지배계급이 대내적으로 잔혹하게 수탈하고 대외적으로 임의적인 약탈행위를 벌였기 때문에 중원지구를 통일하고 주변 변경지역에 대한 관할을 강화하던 수·당으로서는 무단적인 행위를 무시할 수 없었다"는 것이다. 따라서 고구려에 대한 수·당의 정벌은 국가 사이의 전쟁이 아니라 중원통일정권이 변강 소수민족 할거세력을 통제하던 과정으로서 결코 침략이 아니라고 주장한다.〔孫玉良·李殿福, 1990〕또한 수 양제의 고구려 정벌은 중국의 고유영토를 회복하여 중국을 통일하기 위한 것이라고 한다.〔楊秀祖, 1996〕

고구려와 수·당과의 관계에서 중국의 학자들은 수·당의 조서(詔書)를 주요 근거로 삼고 있다. 그러나 이 조서들은 수·당이 고구려를 정벌하기 위한 명분을 드러낸 것으로서 당시의 국제정세와는 거리가 있다. 이러한 정황을 생각하지 않고 역사를 해석하는 것은 중화주의적인 역사관의 발로라고 하지 않을 수 없다.

중국학자들은 동북공정의 중요한 이론적 근거인 '통일적 다민족국가론'을 적극적으로 적용하기 이전에는 고구려와 수·당과의 관계를 비교적 객관적으로 파악하기도 했으나, 최근 이러한 경향이 퇴색된 것이 사실이다.

한편 중국학자들은 고구려가 멸망한 후의 유민에 대해서도 일관된 주장을 하고 있다. 즉 고구려 유민 중에 약 30만 명이 중국대륙으로 천사(遷徙)되어 한족에 융합되었다고 보았다. 이에 비해 신라를 통해 한민족에 유입된 고구려 유민은 10여 만에 불과했다고 보고 있다.〔趙福香, 2000〕

3) 발해 관련 문제

중국이 발해사 연구를 시작한 것은 중화인민공화국 정권에서부터였다. 그리고 문화대혁명 이후 1970년대 중국의 개혁과 개방이 이루어지면서 본격적으로 발해사를 연구하였다. 이들은 이때부터 발해를 소수민족 정권으로 규정하고, 발해사를 '당(唐)의 지방사'로 귀속시켰다. 중국이 발해사를 당의 지방정권으로 보는 근거는 『신당서』의 발해건국자를 속말말갈(粟末靺鞨)로 여기며, 건국세력에 말갈인이 많았다고 하는 인식에서 출발한다. 그들은 속말말갈은 정치적으로 고구려에 복속되었던 별개의 종족으로 보고 있다. 또한 중국에서는 발해라는 국호를 당으로부터 받았으며, 당으로부터 도독(都督)이라는 책봉을 받았다는 점도 거론하고 있다.

발해 주민 문제

발해사 문제의 출발점은 발해주민이 어떻게 구성되었는가에서 출발한다. 발해를 건국한 대조영을 비롯하여 지배계층의 출자와 국민의 대부분을 어떤 사람들이 차지하였는가에 관해 논의가 진행되었다.

발해의 주민구성과 관련하여 중국학계에서 주장하고 있는 것은 말갈인설과 고구려유민설·발해인형성설이 있다. 그런데 중국학계에서 다수의 지지를 받고 있는 것은 말갈인설이다. 이 주장은 중국의 전통적인 주장이며 김육불 이래 최근까지 주장되고 있다. 왕성국(王成國)은 발해국의 창건자 대조영이 속말말갈인이며, 그의 통치하에 있던 인민들도 속말말갈을 주체로 하고, 그 외의 말갈 각 부를 포괄하며, 부분적으로 고구려유민들도 그 대열에 있었다고 했다. 그는 『유취국사(類聚國史)』에서 발해주민이 말갈인을 주체로 하였다는 것을 명확히 기록하고, 속말말갈이 통치지위를 차지하였다는 것을 긍정하고, 그것이 바로 이 책에서 말한 토인(土人)이라는 것이다.〔王成國, 1982〕

김향(金香)은 발해국의 인구비례 및 관료대오의 구성상으로 말갈이 주체민족이라고 주장하였다.〔金香, 1989〕

발해인설을 주장하는 학자로는 최소희(崔紹憙)를 들 수 있다. 그는 속말말갈이 고구려에 복속되어 5세기 말 이후 발해 건국기까지 2백여 년의 기간 동안 양자 간에 다방면에서 융합이 이루어졌다고 본다. 속말말갈이 주축이 되어 고구려의 요소를 수용하여 이루어진 이 새로운 인간공동체가 곧 발해말갈이고, 고려별종이며 발해족으로 대조영의 건국과정은 곧 발해족이라는 새로운 민족의 형성과정이라고 주장하였다.
〔崔紹憙, 1979〕

손수인(孫秀仁)·간지경(干志耿)은 발해가 통치한 2백여 년간 기왕의 말갈족과 다른 새로운 민족의 공동체, 즉 발해족은 속말말갈을 주체로 하고, 기타 말갈의 여러 부와 읍루·부여·예맥·옥저 등 옛 지역의 원주민과 부분적인 고구려유민 등을 흡수하여 장기간의 세월을 거쳐 형성되었다고 하였다.

이러한 발해족은 말갈족 자신의 전통을 계승하는 한편 고구려 문화의 영향을 받았으나 가장 중요한 것은 한족 문화와 한족 의식 형태를 대량으로 흡수한 것이라고 주장한다. 그러므로 본질적으로 말한다면 발해족은 한화한 말갈족을 주체로 한 새롭고도 견실한 민족공동체라고 하며, 한족의 참여가 적음에도 불구하고 한족 문화요소가 가장 중요하다고 했다. 이들은 공통의 거주 지역, 경제생활, 언어와 심리적 자질 등의

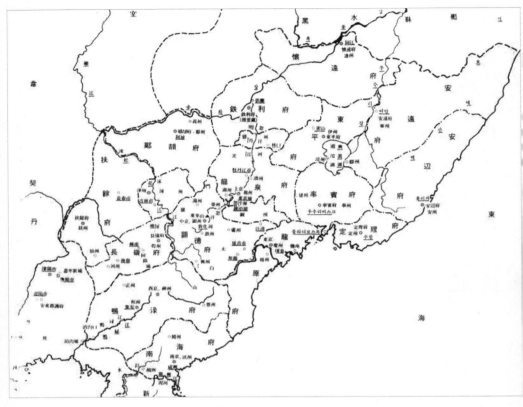

[그림 1] 왕승례의 『발해간사(勃海簡史)』에서 본 발해강역도

측면에서 발해족의 유래와 형성과정을 설명하였다.〔孫秀仁·干志耿, 1982〕

한편 장박천·정니나(程妮娜)도 속말말갈인·한인·고구려유민들이 융합하여 새로운 공동체인 발해족을 형성하였으며, 『유취국사』에 나오는 토인(土人)이 바로 발해인이라고 주장하였다. 즉 대조영을 중심으로 한 발해 통치집단은 대씨(大氏) 가족, 속말말갈 각 부의 귀족, 한족 지주와 고구려의 옛 관리들로 구성되었는데, 발해정권이 건립되고 융성해짐에 따라 이들이 융합하여 새로운 공동체인 발해족을 형성하였다는 것이

다.〔張博泉·程妮娜, 1982〕

　　손진기 역시 발해인설을 주장한다. 그는 발해인들은 대조영과 걸걸중상이 거느린 집단, 말갈추장 걸사비우가 거느린 말갈의 잔여인, 그리고 고구려유민의 무리로 구성되었다고 주장한다. 그는 발해 역시 여러민족으로 구성된 다민족국가였다고 하였다.〔孫進己, 1987〕

　　고구려사 연구의 권위 있는 학자인 손진기는 발해주민이 말갈이라는 주장을 반대하면서 말갈은 민족이 아니라 종족에 불과하였다고 주장한다. 그는 또 말갈인 전체가 모두 발해의 주체민족이 된 것이 아니라고 한다.〔孫進己, 1994〕

　　왕승례(王承禮)는 발해 건국자 대조영과 그 집단은 속말말갈인이며, 말갈-발해의 고고문화는 하나의 계통성을 이루며 발전한 것이라고 하면서, 이러한 고고문화는 고구려의 고고문화에서는 보이지 않는다고 하여 고구려와의 계승성을 부정하고 있다.〔王承禮, 1984〕

발해의 고구려 계승 문제

　　장벽파(張碧波)는 "발해가 고구려의 계승국이라는 전제는 고구려와 발해 모두를 조선사의 범주 내로 분할 편입시키는 것으로 '학술정치화'의 경향"이라고 주장한다.〔張碧波, 2002〕 그는 또 "발해 국서(國書) 중에서 '복고려지구거 유부여지유속(復高麗之舊居 有夫餘之遺俗)'이라는 두 구절에 모종의 정치적 목적으로부터 오해가 생기게 되었다. 발해인이 이러한 관념을 강조하여 제시한 까닭은 발해가 이미 지난날 강대했던 고구려와 맞먹을 정도로 강대해졌다는 점을 설명한 것으로서, 고구려가 멸망한지 겨우 60년 정도로 사람들은 이를 잊지 않았을 것이고, 대무예가 일찍이 계루군왕이었으므로, 이 때문에 고구려의 고지를 점유하였고, 고구려의 역사를 잘 알고 있었다는 것을 나타낸 것인데, 이것이 국서 중에서 고구려를 언급한 이유다"라고 주장한다.

이어서 그는 "반도의 남북한 학계에서는 일본의 뒤를 이어 발해는 '고구려를 계승한 국가'였고 발해에는 '고구려 계승의식'이 있었다는 견해를 제출하였는데, 장황한 문장에 천편일률적인 내용으로 이러한 관점을 많이 말하다 보니, 마치 발해가 진짜 고구려를 계승한 국가로 바뀐 것 같다"고 하여, 마치 발해가 고구려를 계승하지 않았는데도 한국인학자들이 그것을 강변하는 듯이 언급하고 있다.

발해가 고구려를 계승한 왕조인가 아닌가의 문헌적 근거는 『구당서』와 『신당서』가 대표적이다. 중국학계에서는 『신당서』를 발해의 말갈적 성격을 잘 드러내는 것으로 주로 신뢰하는 사료로 취급하고 있다. 즉 발해는 고구려의 유민들에 의해서 건국된 것이 아니라 말갈인이 주를 이루었으며, 고구려유민이 참여한 것이라는 주장이다. 동시에 중국학자들은 고구려계 주민이 발해에서 남긴 영향을 축소 왜곡하는 것이 일반적이다.

4. 맺음말

최근 중국은 동북 지방[고조선 · 고구려 · 발해를 포함하여] 역사에 대한 연구에 더욱 적극성을 기울이고 있다. 또한 정치적인 발언이기는 하지만 동북지역의 전략적인 지위에 대해서 매우 심혈을 기울이고 있다. 이치정(李治亭)은 2001년에 발간된 『변강사지연구』에 실린 글, 「동북지방사

연구의 회고와 전망」에서 "동북을 얻은 자는 천하를 얻고, 동북을 잃은 자는 천하를 잃는다"는 말을 하면서, 장개석과 중국 공산당의 예를 들었다. 동북은 근대 이후부터 제국주의 열강들의 쟁탈의 초점이 되었던 곳임을 환기시키고 있다.

앞에서 살펴본 바와 같이 중국학계는 고조선사부터 모두 중국역사의 범주 안에 넣으려 하고 있다는 것을 알 수 있다. 단군조선을 부정하면서 기자의 동래를 강조하는 논리는 마치 일제시대 식민사학자들의 '타율성'론을 상기시킨다.

중국의 한국고대사 인식은 그들의 국력팽창과 밀접한 관계가 있으며 앞으로 더 강화될 것으로 보인다. 중국은 고구려역사가 자신들에게 귀속된다는 것을 강조하는 한편 고구려 문화의 계승자들도 자기들이라고 강변한다. 이런 주장에 동조하는 학자들의 수가 증가하고 있으며, 학자들의 폭도 넓어지고 있다. 중국학자들의 논리는 '통일적 다민족국가'론이며, 이 전제하에 사료를 선택·해석하여 연구를 진척시키고 있다. 이러한 경향은 더 확대된 것이며, 이미 그 조짐이 보인다. 1980년대 이래 한국학계의 고대사 연구는 매우 활발하게 진행되어 왔다. 그러나 해외학자들과의 교류가 활발하지 못하였으며 연구성과도 제대로 알리지 못하였다. 앞으로는 중국을 비롯한 외국에 우리 연구성과를 적극적으로 알리는 일도 시급하다.

우리는 고조선·고구려·발해의 역사를 우리 역사로 당연하게 생각해 왔다. 이들 역사는 현재 우리의 역사인식에 계승되고 있다고 생각해 왔던 것이다. 그러나 새로운 도전에 직면하여 역사인식과 계승성에 관해서 깊이 반성해야 할 것이다.

금경숙

‖참고문헌‖

강인욱 外, 2008, 『고고학으로 본 옥저문화』, 동북아역사재단.

강현숙 外, 2009, 『고구려 왕릉 연구』, 동북아역사재단.

김병준 外, 2008, 『중국의 '지역문명 만들기'와 역사·고고학자료 이용사례분석』, 동북아역사재단.

박대재 外, 2007, 『고대 동아시아 세계론과 고구려의 정체성』, 동북아역사재단.

서영수 外, 2008, 『요동군과 현도군 연구』, 동북아역사재단.

송호정 外, 2008, 『중국 동북지역 고고학 연구현황과 문제점』, 동북아역사재단.

이남규 外, 2007, 『낙랑 문화 연구』, 동북아역사재단.

정병준 外, 2009, 『중국학계의 북방민족·국가연구』, 동북아역사재단.

지배선 外, 2008, 『중앙아시아 속의 고구려인』, 동북아역사재단.

姜孟山, 1979, 「高句麗歷史的歸屬問題」, 『全國朝鮮史硏究會』.

耿鐵華, 2002, 『中國高句麗史』, 吉林人民出版社〔박창배 번역, 2004, 『중국인이 쓴 고구려사』, 고구려연구재단〕.

金 香, 1989, 「關干渤海國的若干民族問題」, 『社會科學戰線』1989-1.

孫秀仁·干志耿, 1982, 「論渤海族的形成與歸向」, 『學習與探索』1982-5.

孫玉良, 1985, 「公元五世紀前後高句麗的發展」, 『北方文物』1985-3.

孫玉良·李殿福, 1990, 「高句麗與中原王朝的關係」, 『博物館研究』1990-3.

孫進己, 1987, 『東北民族原流』, 黑龍江人民出版社.

_____, 1994, 『中國東北民族史』, 中州古籍出版社.

_____, 1995, 「高句麗的歸屬」, 『東北亞民族史論研究』, 中州古籍出版社.

_____, 2001, 「關干高句麗歸屬問題的幾個爭議焦點」, 『高句麗歸屬問題研究』, 吉林文史出版社.

孫進己·王線厚 편, 1988, 『東北歷史地理』上, 黑龍江人民出版社.

楊昭全, 1993, 「論高句麗的歸屬」, 『韓國古代史學報』13.

楊秀祖, 1996, 「隋煬帝征高句麗的幾個問題」, 『高句麗歷史與文化研究』, 吉林文化出版社.

楊春吉·秦升陽 主編, 2003, 『高句麗歷史知識問答』, 吉林文學出版社.

王建群, 1987, 「高句麗族屬深源」, 『學習與探索』1987-6.

_____, 1987, 「玄菟郡的西遷與高句麗的發展」, 『社會科學戰線』1987-2.

王綿厚, 1994, 『秦漢東北史』, 遼寧人民出版社.

_____, 1997, 「玄菟郡的西遷與高句麗的發展」, 『高句麗・渤海研究集成』1.

王成國, 1982, 「近年來國內研究渤海史概況」, 『中國史研究動態』.

王承禮, 1984, 『渤海簡史』, 黑龍江人民出版社〔송기호 역, 1987, 『발해의역사』, 한림대출판부〕.

劉子敏, 1996, 『高句麗歷史研究』, 延邊大出版社.

_____, 2003, 「論西漢對高句麗的有效管轄」, 『中國東北民族與疆域研究』.

李德山, 1992, 「高句麗族稱及其族屬考辨」, 『社會科學戰線』1992-1.

_____, 2001, 「東北邊疆和朝鮮半島的古代國族研究」, 『中國疆域史地研究』2001-12.

李殿福, 1993, 「高句麗民族的形成, 發展與解體」, 『中國古代北方民族史』, 黑龍江人民出版社.

張博泉, 1985, 『東北地方史考』, 吉林大學出版社.

張博泉・魏存成, 1998, 『東北古代民族・考古學疆域』, 吉林大學出版社.

張博泉・程尼娜, 1982, 「論渤海國的社會性質」, 『學習與探索』1982-5.

張碧波, 1998, 「對古朝鮮文化的幾點思考」, 『北方論叢』1998-1, 黑龍江社會科學院文學研究所.

_____, 1999, 「古朝鮮研究中的誤區」, 『黑龍江民族叢刊』1999-4.

_____, 2000, 「關于箕子與古朝鮮幾個問題的思考」, 『吉林社會科學學報』2000-3.

_____, 2002, 「關于渤海王室高句麗意識的考辨」, 『北方論叢』2002-2.

趙福香, 2000, 「高句麗滅國後民族流向」, 『高句麗歷史與文化』, 吉林文史出版社

崔紹德, 1979, 「渤海族的興起與消亡」, 『遼寧師院學報』1979-4.

『삼국지』 동이전과 한국고대사

1. 『삼국지』 동이전의 세계

『삼국지』는 위·촉·오 삼국의 역사를 다룬 단대사로서 진(晉)의 진수(陳壽, 233~297)가 저작랑으로 있던 태강 연간(280~89)에 편찬되었을 것으로 추정되고 있다. 『사기』 이래 중국의 정사류는 당대 중국인의 사유가 미치는 범위 내에서 세계사의 위상을 지닌다. 이것은 고대 중국의 유교적 제국주의의 한 발현이거니와, 그 때문에 중국 사서에는 우리 고대의 역사 공간에 대한 일정한 정보가 배려되어 있기도 하다. 그 가운데서도 『삼국지』 동이전에는 부여·고구려·예·옥저·한 등 우리 고대사의 주요 단위체들이 개별 입록 대상으로 설정되어 있어, 이전 기록에 비해 한 단계 질적 진전이 이루어졌다고 평가한다. 따라서 『삼국지』는 현전하는 중국 사서 가운데 한국고대사를 복원하는 데 가장 크게 기여하고 있는 것이다.

그러나 『삼국지』는 고대 중국인의 사유에 충실한 자료임을 직시할 필요가 있다. 이를 위해 동이에 대한 중국인의 인식의 확대 및 심화 과정을 압축적으로 보여주고 있는 동이전 서문을 주목한다. 진수는 서역전을 배려하지는 않았으나, 동이전 서문은 우선 서역에 대한 교섭의 전말에서 시작한다.

그에 의하면 고대 중국의 이민족 교섭은 세 단계로 파악되었다. 첫째 단계는 이민족으로부터 사절이 간헐적으로 왕래할 뿐이므로, 그 구체적 실정을 알 수는 없었다고 하였다. 둘째 단계는 장건(張騫)이 서역에 대한 견문을 쌓고 교섭을 진행하던 시기인데, 이와 같은 단계에서도 이 지방을 이해하고 역사를 기술하기에 충분한 자료를 제공할 수는 없었다고 하였다. 서역의 역사를 기술하기 위해서는 서역도호부가 설치되고 한의 세력이 서역에 침투해서야 비로소 충분한 자료가 입수되었다 한다. 이것은 셋째 단계가 될 것이다.

이런 맥락에서 보면, 동이 제국의 경우 조선후(朝鮮侯) 기자(箕子)는 물론 조선왕 위만(衛滿)에 대해서도 일절 언급이 없이 공손씨의 요동 지배부터 고찰을 시작하고 있다는 것은, 아마 그 이전을 이민족 교섭의 첫째 단계로 본 때문인 듯하다. 따라서 둘째 단계는 위 명제(明帝)에 의해 공손씨가 멸망한 때가 될 것이고, 이어 관구검의 고구려 침습을 셋째 단계로 설정한 셈이다.〔井上秀雄, 1981〕

이처럼 위나라의 군사 활동이 동이에 대한 주요 정보원으로 파악되었다는 점에서, 『삼국지』 동이전에 보이는 내용을 곧 우리 고대사회의 실상으로 간주하기에는 적지 않은 난점이 있다. 한국 고대사회에 대해 최초로 정리한 문헌 기록인 『사기』 조선전 역시 조선의 멸망 직후에 편찬되었기 때문에 자못 감정적이며 부정적인 견해가 강하게 드러나 있

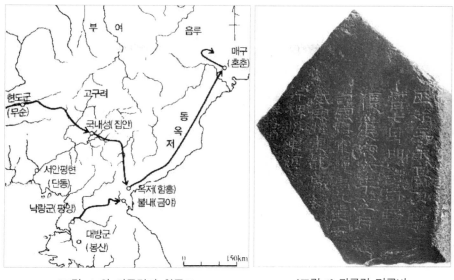

[그림 1] 위 관구검의 침공로   [그림 2] 관구검 기공비

다. 게다가 그곳에는 중국인 망명자가 동이의 제국을 평정했다는 관점
이 주조를 이루고 있으며, 위만은 중국 왕조를 추종하는 외신에 지나
지 않았다. 즉『사기』는 미처 이민족의 자립성을 인정하지 않았다. 마
찬가지로『한서』의 지리지 분야 기사에 보이는 기자 전승은 유교의 현
자를 이상적인 왕자로 설정한 위에, 이 가공의 통치자를 매개로 동이
를 유교의 성지로 보는 관점에 충실하였다. 그렇다면『삼국지』는 그
서문에 드러난 중국 중심적 인식의 편향에도 불구하고, 전대 사서에
비해 비교적 정돈된 동이 관련 이해의 단초를 열었다고 평가할 수 있
을 것이다.

　　물론『삼국지』동이전은 널리 알려진 바와 같이 비슷한 시기에 작
성된『위략(魏略)』의 내용을 토대로 작성되었다. 그 과정에서 많은 내용
이 누락・변개되었으며, 무엇보다도 그 폐해는 대개 삼한에 집중된 것

[그림 3] 환도산성 남쪽 성벽

으로 밝혀졌다. 어환(魚豢)의 저작으로 알려진 『위략』은 당 현경5년(660)경 장초금(張楚金)이 지은 『한원(翰苑)』에 옹공예(雍公叡)가 부주한 가운데 여러 번 인용되었다. 또한 송대에 편찬된 『태평어람(太平御覽)』에도 많이 인용되어 있는 것으로 보아, 중요한 저작으로 평가되어 왔음을 알 수 있으나, 원본은 전하지 않는다.

따라서 『삼국지』 동이전의 사료적 논의는 『위략』의 편찬 방침 및 진수의 『위략』 수용 방식과 절연될 수 없다. 특히 진수는 이민족의 설화와 종교·풍속 같은 불확실한 내용에 대해서는 가능한 한 서술하지 않은 듯하다. 따라서 삼한전에 유독 그 같은 내용이 집중되어 있다는 것은, 삼한에 대한 당시 중국인의 지식 정도가 매우 낮았기 때문이라고 볼 수밖에 없다.〔윤용구, 1998a〕반면에 고구려를 비롯한 북쪽의 단위체들에 대해서는 동이전 서문의 언급과 같이 244년에서 246년에 걸친 위나라 관구검군의 침공을 계기로 현실적 지식이 크게 증대되었으리라고 생각한다.〔서영대, 1991〕

결국『삼국지』는 3세기 중국인의 우리 고대 사회에 대한 정보와 인식을 제공한다는 점에서 한국고대사 연구를 위한 1차 자료의 위상을 지니고 있다고 해야 한다. 다만 고대 중국인의 이민족에 대한 편견과 중국 중심적 편향, 그리고 부족한 정보 및 불철저한 견문의 한계 등이 허다한 정황을 고려하지 않으면 안 된다. 이를 염두에 둘 때 한국고대사 연구의 자료로서『삼국지』동이전에 개재된 논점들은 몇 가지 범주로 나뉜다.

첫째는『삼국지』동이전과『후한서』동이전의 상충 기사 문제이다. 즉 서술 대상 시기를 기준으로 보면『후한서』가『삼국지』에 선행하지만, 현존하는 범엽(范曄, 398~445)의『후한서』는 진수의『삼국지』보다 150여 년 늦게 편찬되었기 때문에, 동이전 혹은 삼한에 관한 정보가 상충할 경우 그 선택과 고증이 용이하지 않은 것이다. 둘째는『삼국지』정보와『삼국사기』초기 기사의 상충 문제이다. 역시 편찬 시기를 주안을 둘 때 1145년에 찬진된『삼국사기』는 서술 대상으로부터 1000여 년을 상거한 때문에『삼국지』에 입각한 한국 고대의 복원상과는 종종 큰 차이를 드러내게 되는 것이다. 셋째는『삼국지』자체의 사료적 충실성 문제가 될 것이다. 즉 편찬 단계의 고려 사항들과 중국 왕조와 동이 제국을 매개하는 동방 군현들의 실제, 그리고 동이에 대한 중국의 주요 관심 맥락 따위가 면밀하게 점검되어야 한다.

2. 『삼국지』동이전의 수용 방식

한국고대사를 위한『삼국지』의 수용은 일찍부터 확인된다.『삼국사기』에는 비록 『삼국지』의 서명을 드러내 인용한 대목을 확인할 수 없으나 『위서』의 이름으로 『삼국지』의 정보가 고려된 바 있다. 특히 김부식은 『삼국사기』 사론과 다른 문건에서 『삼국지』의 세밀한 정보들을 활용하고 있었다. 『삼국유사』에도 역시 '위지(魏志)'의 형태로 『삼국지』를 지칭한 사례가 있다. 고려시대의 『삼국지』 활용 정황은 조선시대의 각종 사서류에서도 다르지 않았다.

그러나 『삼국지』 동이전 정보가 한국고대사의 복원을 위해 본격적으로 수용되기 시작한 것은 근대 역사학의 문헌 비판에서 비롯되었다고 생각한다. 특히 이른 시기 일본인 연구자들은 『일본서기』의 사료 비판 관점을 『삼국사기』에 적용하면서, 상대적으로 『삼국지』에 높은 사료 가치의 비중을 배려하였다. 이에 따라 삼국의 초기 역사는 거의 전적으로 『삼국지』를 비롯하여 『진서』·『송서』·『일본서기』 등 인접국의 사료에 주요 입론 근거를 두고 전개되었다.

이러한 추이는 한국 연구자들에게도 깊은 영향을 끼쳤고, 아직까지 그 잔영은 짙게 드리워 있다고 판단한다. 이렇게 된 가장 주요한 이유는 아마 『삼국지』의 편찬 시기가 서술 대상 사건 당시에 근접해 있다는 점 때문일 것이다. 실로 『삼국지』는 편찬 시기로만 본다면 동이에 대한 종합적 서술의 효시인 것이다. 다만 중국의 단대사는 서술 대상 시기를 해당 왕조의 존속 기간에 한정한다는 데 주안을 둘 때, 『삼국지』 동이전의 연대는 기본적으로 중국의 삼국이 존속했던 221년부터 280년까지가 되어야 할 것이다. 그러나 동이전에는 이를 크게 상회하는 시기의 사정을 전하는 경우도 적지 않다고 생각되기 때문에, 그 내용상 상한 연대를 확정하기는 매우 어렵다는 게 일반적 이해이다.

또한 여기에서 부수되는 논의가 곧 동일한 동이전 체재를 지니면서도『삼국지』보다 뒤에 편찬된『후한서』동이전의 편찬 과정에 대한 문제이다. 물론 이에 대해서도 연구자 대부분은 일견 사서 편찬 연대의 선후를 기준 삼아『후한서』기사의 사료 가치를 저급하게 평가했다. 그러나 중국의 정사들은 편찬 연대와는 관계없이 사료의 수용 과정에 서술 대상이 되는 단대를 하한으로 삼는다는 점을 강조하는 입장에서는 견해를 달리한다.

가장 현저한 예로『후한서』와『삼국지』는 진국(辰國)과 삼한의 관계 인식에서 큰 격절을 보이는바, 전자가 삼한 전체를 옛날의 진국이라 한 반면 후자는 진한만을 진국의 후신으로 설정하였다. 이에 대해 두 기록이 포착한 사회의 서로 다른 '역사적 시기'와 서로 다른 '자료 원천'에 주목할 것을 제안하는 연구자들은『후한서』의 정보가『삼국지』의 것보다 선행한 시기의 사실 혹은 사료를 반영한 결과로 보아야 한다고 주장한다.〔리상호, 1966〕나아가『동관한기(東觀漢記)』를 위시하여 사마표 등의 이른바 '7가 후한서'가 범엽 당시까지 전존해 있었을 것이며, 동이전 체재의 외국 열전 역시 선행『후한서』들이 먼저 개척한 것이라고 본다.

『삼국지』와『후한서』를 둘러싼 문제의식은 한국 고대를 복원하는 데 오랫동안 연구자들의 난관으로 작용하였다. 특히 두 사서의 격절은 삼한과 관련하여 빈번하게 노출되었고, 전근대 지식인들에게 널리 공유되어 온 삼한정통론 역시『후한서』에 사료적 근거를 두고 있었던 것이다. 이에 반해『후한서』한전은 찬술 연대와 분량, 그리고 문장 등을 통해 볼 때 전적으로『삼국지』한전을 저본으로 압축·윤문된 것에 불과하므로, 두 사서의 다른 정보를 혼용하여 연구 자료로 활용하는 것은 옳지 않다는 주장이 있다.〔천관우, 1989〕

이와 관련한 문제를 축자적으로 정치하게 추구한 연구에 따르면『삼국지』 동이전에는 『위략』 기사의 자수가 약 40퍼센트에 이르며, 『후한서』 동이전에는 『삼국지』 동이전의 기사가 약 4분의 3을 차지하고 있는 것으로 나타난다. 특히 『후한서』의 한전은 심한 두찬의 결과 사료로 취할 바가 거의 없을 뿐만 아니라 후대의 사가들을 오도하고 있어서 오히려 폐해가 크다고 한다.〔전해종, 1982〕

이러한 논의 가운데에는 미세한 표기의 차이에 관한 이해도 한 영역을 차지한다. 진왕(辰王)의 치소로 언급된 『삼국지』의 월지국(月支國)과 『후한서』의 목지국(目支國)을 그 예로 들 수 있다. 즉 '월'과 '목'의 차이가 단지 일방의 오기 혹은 오각에서 비롯된 것으로 파악하는 입장이 있는가 하면, 이를 각각의 고유한 편찬 시대에 한정된 정보로 인정하는 시각이 있는 것이다. 후자의 방식에 충실할 경우 진왕은 동한시대에는 목지국에 도읍하여 한의 전 지역을 통치하였다가, 삼국시대에 해당하는 기간에는 월지국에 도읍하여 한 지역 가운데 일부만을 통치했다고 이해하게 된다.〔윤내현, 1991〕 연구자들은 대부분 『한원』의 표기를 미루어 목지국이 옳은 것으로 보지만, 이처럼 어느 정보에 입각하느냐에 따라 단순한 시비의 차원을 넘어 1~3세기 한국 고대의 큰 틀이 다른 모습으로 드러나게 된다는 점은 유의할 일이다.

사실 범엽의 『후한서』가 후한에 관한 초유의 사서가 아닌 것은 두말할 나위가 없다. 그러나 과연 『후한서』 동이전의 정보가 『동관한기』를 비롯한 전대 후한 관련 자료를 충실히 전승한 것인지에 대해서는 속단하기 이르다. 한 예로 『후한서』는 한의 78국을 이르는 가운데 백제(伯濟)를 특기하고 있거니와, 이는 범엽의 『후한서』 찬수 당시 백제의 국제적 위치를 전제로 한 것이므로 오히려 시대착오적인 서술이라는 지적에〔전해종, 1982〕 동의한다.

물론 동이전의 백제를 『삼국사기』의 백제와 동일시할 것인지에 대해서는 일찍부터 이견이 있어 왔다. 또 이 의문은 한강 유역 적석총의 편년과 관련해 비상한 국면으로 발전하기도 했다.〔이도학, 1990〕 그러나 백제국을 주목한 『후한서』의 필법 자체는 『삼국지』에 선행하는 자료원에서 비롯된 것일 수 없다고 생각한다. 『삼국지』 동이전 서에 "이전 사서에 갖추지 못한 바를 이어 보완한다"라고 한 것이나 『삼국지』 동이전에 광범위한 주기를 가한 배송지(裵松之)가 『동관한기』를 이용한 흔적이 없는 점을 미루어볼 때, 후한 관련 선행 사서에는 미처 동이전 체재의 편목이 설정되지 않았던 듯하다.〔윤용구, 1998b〕

그렇다고 하여 『삼국지』 동이전의 정보가 한국고대사의 복원을 위한 1차 자료로서 균질적이고도 객관적인 위상을 지닌다고 평가하기에 충분한 것은 아니다. 우선 『삼국지』 찬자는 주요 저본인 『위략』의 내용을 상당 부분 삭제하거나 압축·요약하였다. 또한 『위략』에서도 부여전에 보이는 '구지(舊志)'를 비롯해 서술 토대가 된 이전의 자료 혹은 이본들의 존재가 감지되고 있다. 즉 『위략』 역시 그 자체가 동이 사회에 대한 직접적인 채방 기사에 의한 것이라고 보기는 어렵다는 것이 중론인 것이다.

게다가 『삼국지』는 오랫동안 사본의 형태로 유통되었고, 배송지의 주가 추기되면서 본문과 주문이 혼선을 빚는 경우가 발생했다. 아울러 본래의 동이전이나 『위략』 단계에서는 입전 단위별로 분전된 형태가 아니었던 것이 후대에 분단이 나뉘고 표제가 달리면서 혼란은 증폭되었다. 특히 분단의 혼란이 현저한 한전은 하나의 종합적인 혹은 유기적인 구성 체계로 보아야 한다는 점이 세밀히 논증되기도 했다.〔신현웅, 2003〕

더욱 심중한 문제는 『삼국지』와 『삼국사기』가 공유하고 있는 우리 고대 사회의 사정이 큰 간극을 노정하고 있다는 점일 것이다. 물론 우리 고대사가 고구려·백제·신라의 삼국에 의해 분유된 것은 6세기 중반 이후 1백여 년에 불과하므로, 삼국 중심의 『삼국사기』는 기원 전후의 실상을 균형 있게 전하지 못한다고 해야 옳다. 이에 비해 『삼국지』 동이전은 중국인의 관점에서 이역의 단위들을 인식한 결과이므로, 적어도 삼국 중심의 편향에서는 자유로울 수 있었을 것이다. 그러나 삼국을 주요 인자로 설정했다는 이유만으로 『삼국사기』 내부의 논리적 정합성을 경시해서는 안 되는 한편, 『삼국지』에 함유된 편견과 오류에 대해서도 세심하게 주의해야 할 것이다.

3. 『삼국지』와 『삼국사기』

1) 진국과 진왕

중국 사서에 의하면 진국은 삼한 혹은 진한의 전신이면서 위만조선과 병존했던 저명한 정치체로 지목된 실체이다. 그리고 진왕은 삼한 혹은 마한의 지배자로 파악되는 존재이다. 우선 진국을 '진왕의 나라'로 파악하는 견해에서는 목지국을 맹주국으로 하는 연맹체가 진국시대와 삼한시대를 종관하여 존재했다고 본다.〔이병도, 1934〕 이것은 진국과 진왕을 동시대의 실체로 보는 한편, 진국을 진한의 전신에 국한한 『삼국지』의 서술을 오류로 단정하는 데서 출발한다. 또한 진한 역시 '진왕에 소속된 한'의 의미로 보아 진한의 위치를 지금의 경기도 광주 일원에서 찾는다. 그러나 이것은 삼한과 삼국의 연계를 강요한 최치원의 견해 이래 다기한 설명이 빈출한 끝에 진한을 경상도 일원으로 정리한 한백겸의 논증과 크게 상치되는 것이었다.

유사한 맥락에서 진국은 기원전 3세기 말 이전부터 기원 전후 시기까지 존재한 고대국가이며, 진왕은 일종의 직명으로서의 삼한을 구성 분자로 거느리고 있었다고 보기도 한다.〔강인숙, 1974〕 따라서 자연히 변진 24국 가운데 12국이 진왕에 속한다는 서술에서의 '진왕'은 『진서』사이전이나 『양서』신라전 등 후대 사서에 근거하여 '진한'이나 '진한왕'의 오간일 것으로 이해한다. 그 후 이 생각은 진왕과 진한왕의 착종이 『위략』을 수용하는 단계에서 이미 발생했다는 논증으로 진전되었다.〔박대재, 2002〕

진한을 비롯한 삼한의 위치 관련 논란은 크게 파문을 일으키지 못한 채 정돈되었다.〔김정배, 1968a〕 그에 비해 진국과 진왕의 관계에 대해서는 합의의 도출이 용이하지 않았다. 무엇보다도 진국 단계의 진왕이 삼한 전체를 총괄하는 지위에 있었다고 할 경우, 그 이후 단계에서 오히려 집중력이 소멸하는 정치 현상은 자연스럽지 않다는 지적은 상당히 설득력 있다. 그런데도 진국의 집권자 역시 진왕이었을 것이라는 주장은 일부의 개연성을 상실하지 않고 있다. 다만 진국은 『삼국지』단계에서는 이미 과거의 실체일 뿐이며, 진왕은 당시 현실의 목지국을 통치하던 존재라는 지적은〔김정배, 1968b〕 일단 타당한 것이다.

물론 위만조선 말 역계경(歷谿卿)의 진국망명설은 명신의 말로를 장식하려는 심리에 의하여 만들어진 것으로 기자동래설의 재판에 불과하다고 할 때〔조좌호, 1973〕, 중국 진나라의 유민을 진한의 주체로 설정한 『삼국지』의 문면은 진국과 진한의 역사적 연계성을 이해하는 데 뜻밖의 함정일 수도 있다. 이러한 우려는 이른바 '기마민족 정복왕조설'의 논의가 부여융 묘지명의 '진조(辰朝)'에 주목하면서, 기마민족이 남하하여 진국을 세우고 그 진국의 진왕 세력이 북구주로 진출해 왜·한 연합 왕국을 건설했다는 구상으로 전개되는 데에서[江上波夫, 1965] 익히 수긍할 수 있을 것이다. 최근에도 백제 부여융의 묘지명을 토대로 금강 유역에서 진국의 잔영을 발견하는 논지가 제출된 바 있다.[박대재, 2002]

그러나 진국·진왕·진한·진조 따위의 '진(辰)'을 매개로 특정 역사 실체의 계통성을 단정하는 것은 지나치게 자의적인 방식이라고 하지 않을 수 없다. 그보다는 고고학적 실상에 근거하여 진국과 진한의 문제를 이해함이 온당한 태도라고 생각한다. 예컨대 중국의 도씨검(桃氏劍)을 비롯하여 다량의 청동기 유물이 확인되는 익산 일대를 진국의 공간 범위로 주목하는 견해를 들 수 있다.[김정배, 1976] 이에 의하면 진국은 위만의 공세를 피해 남래해 온 준왕의 정치체이며, 마한의 진왕에게 밀려 진한 방면으로 이동했다고 한다. 그렇다면 진한이 옛 진국이라는 것은 공간의 차원이 아니라 주도 세력의 계통 문제가 되는 것이다. 아울러 이러한 제안은 진국을 진번의 위치에 긴박하여 이해하려는 기존의 타성을 비판하면서 낙동강 유역의 고고학적 유물상을 숙고해야 한다는 지적과도[박순발, 1998] 잘 부합한다.

사실 진국과 진왕을 둘러싼 난맥은 준왕과 마한, 그리고 마한의 진왕과 백제 사이에 계기적 혹은 연속적 연관을 전제한 데서 파생한 일면이 있다. 특히 진왕이 『삼국지』편찬 당대의 실체라고 할 때 건국기 백제 및 신라의 정치 운동을 염두에 두지 않을 수 없고, 그 경우 필연적으로 『삼국사기』초기 기사와의 정합 여부가 논의의 방향을 제약하게 된다. 예컨대 마한의 진왕은 옛 진국 '지역'의 왕이며, 진한의 진왕은 옛 진국 구성 '주체'의 왕이라는 설명으로 백제와 신라의 초기 역사에 접맥을 시도한 것은〔천관우, 1989〕 그 필연적 귀결이었던 것이다.

이와는 달리 마한과 진한조에 보이는 진왕을 동일체로 보면서도, 진국의 쇠퇴를 역계경 집단과 같이 위만조선에서 발생한 유이민의 충격으로 설명하는 경우〔노중국, 1990a〕 역시, 진국과 마한과 백제를 단일 시계열상에 두고 계기적인 실체로 파악하려는 관성과 무관하지 않다. 그러나 『삼국사기』의 문맥에 맞추어 『삼국지』의 정보를 파악하기보다는 『사기』 이래 진국과 진왕 관련 윤색이 거듭되어 온 정황을 직시하는 편이 정당하다고 본다.

2) 목지국과 마한

문제의 진왕은 확실히 목지국의 주권자였다. 또한 목지국은 마한을 구성하는 일국이었다. 동이전의 문면은 진왕이 목지국을 다스린다는 서술에 이어 '신지(臣智)'의 이른바 우호(優號)를 소개하였다. 따라서 진왕과 신지를 동일시할 수 있는가, 그렇다면 마한 내 목지국의 위상은 어떠한 것인가, 나아가 목지국은 『삼국사기』의 발흥기 백제와 어떤 관계에서 병존 혹은 교체되었던 것인가 등이 기본 논점으로 제시될 수 있다.

우선 목지국의 위치 논의를 점검한다. 목지국의 진왕을 진국과 관련하여 이해하는 입장에서는, 진왕의 목지국을 진국시대부터의 맹주국으로 보고 그 소재지로 직산을 주목한다. 다만 『삼국지』의 진왕은 배타적 권력을 독점하지 못하게 되면서 소속국들이 점차 이탈하여 독립

[그림 4] 거문도 출토 오수전

해 가는 추세에 있었다고 이해하였다.〔이병도, 1934〕 또한 진왕을 진국과
연계하는 데에는 동의하지 않으면서도 목지국을 백제의 공세를 받는
위치에 설정하는 데 주안을 둘 경우, 직산설은 용이하게 동의를 받기
도 한다.

　　한편 진왕과 신지는 동일한 존재임을 명확히 하되, 준왕의 남래 지
점으로서의 익산을 목지국의 위상과 혼동하는 것을 경계하면서 풍부한
청동기 유물의 분포상을 주목해 목지국을 충남 예산 일대로 비정하는
견해가 있다.〔김정배, 1985〕 그러나 마한의 진왕을 백제의 비류계 고이왕
에 대응시켜 이해하는 연구자는 음가의 유사함을 들어 미추홀, 즉 지
금의 인천을 목지국으로 생각한다.〔천관우, 1989〕 또한 마한의 맹주적 지
위에 주목해, 풍부한 위세품이 부장되어 있는 대형 옹관 밀집 지역인
나주 반남면 일대를 목지국 마지막 단계의 근거지로 보는 견해도 있
다.〔최몽룡, 1990〕

　　주의할 것은 대부분 연구자들이 진왕의 목지국을 백제의 흥기와 영
역적 팽창에서 비롯되는 영향권 내에서 파악하고 있다는 점이다. 이러

한 견해에서는 자연스럽게 『삼국사기』 백제본기에 등장하는 마한과 마한왕의 존재를 염두에 두게 된다. 나아가 온조대에 공멸당한 마한을 목지국 중심의 마한연맹체와 등치시키는 경향을 보여왔다. 따라서 논의는 목지국 관련 고고 지표를 청동기 유물에서 찾는 것에 반대하고 철기시대와 관련시키는 한편, 직산 소재 목지국의 마한 연맹장의 지위가 3세기 중반까지 지속되다가 백제와 신미국(新彌國) 등에 의해 대체되었을 것이라는 설명으로 발전한다.〔노중국, 1990a〕

결국 목지국의 소재가 어디이든, 그것은 대체로 백제의 문화 양상이 침투한 시점 이전의 상태로 설명되고 마는 것이다. 또한 『삼국사기』 백제본기의 초기 기사는 적어도 목지국이 맹주적 위상을 상실하지 않은 이상 수용하기 어렵게 된다. 게다가 신라본기 혁거세 치세 기간의 마한 관련 기사 역시 3세기 후반의 마한왕, 즉 진왕의 사정으로 수정되어야 할 것이다.

그러나 『삼국사기』의 마한왕은 『삼국지』의 진왕에 비해 훨씬 강고한 왕권을 행사하고 있었다는 지적은 깊이 고려되어야 한다.〔김두진, 1990〕 이러한 맥락에서 『삼국사기』 백제본기에 등장하는 마한이 과연 목지국인가 하는 문제 제기는〔이도학, 1998〕 타당한 것이다. 이에 착안할 때 진왕과 신지를 동일한 존재로 볼 수 없다는 비판은 새로운 논의를 예비하는 것이다. 특히 그러한 비판론에서는 『삼국사기』의 마한왕과 그의 국읍을 각각 진왕과 목지국에 대응시키는 일반론에 대해서도 동의하지 않는다. 요컨대 출처 사료를 달리하는 마한왕과 진왕은 시·공간적으로 분리된 별개의 존재였다는 파악 방식이다.〔박대재, 2002〕 여기서는 『삼국사기』와 『삼국지』의 이질적 정보를 편의적으로 절충해 온 연구의 타성을 경계한 것으로 주목해 둔다.

또 다른 맥락에서 대방군 기리영(崎離營)을 공격한 주체에 대한 논의의 전개를 검토할 필요가 있다. 동이전에 의하면 246년 오림(吳林)의 진한 8국 분할 시도에 반발하여 한의 세력 집단이 기리영을 공격하는 사건이 발생하였다. 분할 대상으로 언급된 실체가 과연 진한인가 아니면 마한의 오기인가에 대해서는 논란이 없지 않으나, 본기와 동이전의 정합 관계가 미미한 『삼국지』의 경우 특이하게도 이 사건에 대응할 만한 본기 기사가 지목되기도 한다. 이들 기사에 의하면 이 전쟁으로 공격 주도 집단은 패배하였고, 그 결과 일부 세력의 이탈까지 초래한 듯하다. 그런데 목지국의 진왕을 신지와 등치시켜 이해하는 논자들은 거의 대부분 이 공격의 주체를 목지국의 진왕이라고 생각한다. 따라서 이 전쟁으로 목지국 진왕은 재래의 영도력을 상실한 것으로 읽혀진다.

그런데 『삼국사기』에도 246년에 위나라의 군현이 고구려 공격에 주력하는 틈을 타 백제가 낙랑군을 공격했다는 기록이 있다. 이 공교로운 대응은 기리영의 공격 주체로 간주된 신지 혹은 진왕이 백제 고이왕일 가능성을 일부 지지한다.〔천관우, 1989〕사실 대방군 공격을 주도한 신지를 목지국 진왕으로 단정할 만한 충분한 논거는 없다. 그러면서도 과연 신지가 고이왕과 동일한 존재일 것인가에 대해서도 적극적인 논증을 기대하기 어렵기는 마찬가지이다. 다만 『삼국지』의 목지국을 온조대에 보이는 마한에 대응시키는 것은 백제본기에 보이는 온조의 실상을 목지국의 시대, 즉 백제 고이왕에서 찾는 것보다 명백히 설득력이 부족하다.

따라서 공격 주체를 백제로 보되 목지국 역시 부수하여 공동의 대응을 했을 것으로 파악하는 절충적 방식이 제출되는 한편〔김수태, 1998〕, 문제의 '신지격한(臣智激韓)' 부분을 행위 주체인 '신분고국(臣濆沽國)'으로

수정해 독해하는 대안이 진지하게 검토되기도 한다.〔윤용구, 1998a〕 그러
면서도 백제를 신분고국에 대한 완충 세력으로 활용했다는 진왕이란
의연히 『삼국사기』에 보이는 마한왕을 염두에 둔 것이며, 그에 따라
신분고국과 『삼국사기』의 말갈을 중첩시키는 논리는〔윤선태, 2001〕 여전
히 『삼국지』의 문제가 『삼국사기』와 절연될 수 없음을 웅변하는 것이
기도 하다.

3) 정치발전 단계

　　3세기 중반에 중국의 군현 세력과 갈등을 빚은 주체에 대해 합의가
이루어지지 않는 현황 자체가 이미 고구려·백제·신라만으로 구성된 『삼
국사기』 초기 기사를 그대로 수긍하는 것을 주저하게 만드는 요인이다.
여기에는 『삼국사기』 초기 기사의 사료적 가치에 대한 극단적인 회의가
근저에 자리하고 있다. 따라서 이른 시기의 연구에서는 『삼국지』와 『후
한서』의 동이 관련 기록과 상충하는 『삼국사기』의 사회상을 불신하기
마련이었다. 회의의 본질은 양 사서의 편년에 대한 이해에서 비롯한다.
그러므로 『삼국지』 동이전 내용의 포괄 시기와 『삼국사기』 초기 기사의
편년관에 대한 합의가 마련되지 못하는 한, 이 괴리는 극복을 기대하기
어려운 것이다.
　　가장 현저한 격절은 『삼국사기』에 보이는 백제 및 신라의 발전 단
계와 『삼국지』 한전의 그것에 있다. 우선 삼한이 이미 제정 분리 단계
로 접어들었다는 데에는 대부분 이견이 없는 것 같다. 그러나 저명한
진왕의 권력조차도 산재한 부락 단위의 강고한 공동체적 조직의 원리

앞에 취약했다고 파악하여, 그 정치적 집중도는 미미한 것으로 이해되었다.〔이병도, 1934〕 또한 도구적 측면에서 철기문화 단계에 해당한다고 하여 그것이 곧 고대국가의 성립을 보장하지는 못할 뿐 아니라, 중국 군현 세력은 동이의 정치체들을 정책적으로 이용 혹은 통제하여 경제적 침탈과 정치적 분열을 효과적으로 관철시켰다고 본다. 다시 말해 동이사회의 저급한 수준은 해당 사회의 공동체 관계의 제약과 중국 군현의 통제와 분열책에 기인한다는 것이다.〔김철준, 1973〕

이러한 논의들은 3세기 말 4세기 초까지도 군현의 군사·정치적 외압의 강도가 백제에 심대한 영향을 미치고 있었음을 『삼국사기』에서 읽을 수 있다고 주장한다. 그러나 그와 같은 압박은 역설적인 의미에서 백제와 토착 세력의 성장을 반증하는 것이라는 반론도 없지 않다. 사실 『삼국지』에 보이는 개별 소국들의 활발한 대 군현 교섭 양상이야말로 선진 문물과 선진 정치 기술을 접한 데서 야기된 발전적 역동상일지도 모른다.

따라서 동이사회 정치 단위체들의 계서적 수장 명칭과 인구 규모 등을 비교하여, 삼한사회를 최소한 군장사회(Chiefdom) 혹은 준국가 단계로 파악한 논증을 주목한다.〔김정배, 1979〕 진국을 준왕의 남래와 관련하여 이해하는 논리에서 본다면, 그리고 이미 국가 단계를 경험한 집단의 파상적 유입과 정착의 추이를 고려한다면, 3세기의 삼한사회를 국가사회에 근접한 단계로 이해하는 것은 지나칠 게 없다고 생각한다.〔김정배, 1983〕

물론 이에 대해 국가 단계를 경험한 유이 주체의 사회를 군장사회로 파악하는 것은 논리적 모순일 수 있다는 비판적 지적은 숙고할 사안일 것이다.〔주보돈, 1990〕 그러나 각 정치체들이 처한 대외적 조건과 생태적 특질, 그리고 선진사회와의 거리와 교섭의 성격 등에서, 지역에 따라 다양한 정치 발전의 단층과 문화적 낙차가 개재했을 가능성을 고려해야 옳다. 이와 관련하여 부여와 고구려에 군왕 혹은 왕이 있는데 반해, 동옥저와 읍루와 예에 대군왕 혹은 대군장이 없으며, 한의 경우 장사(長帥)·주수(主帥)·거수(渠帥)가 있다 한 구분 방식을 주의한다. 비록 중국적 가치 기준에 따른 것이긴 하지만, 이것은 곧 동이사회의 각 단위체별 정치 성숙도를 반영한다.

전투 기술의 측면에서도 동이의 단위체들은 '편안마(便鞍馬)'와 '능보전(能步戰)'으로 구분하여 각각의 정치 조직 역량을 가늠할 수 있다.〔김철준, 1981〕범부여족의 일원으로서 문화 토대를 공유한 고구려와 백제가 문화적 지향에서 차이를 보이는 것 역시 유사한 예증일 수 있다. 또한 기록 주체의 이해와 호오에 따라 편향된 인식이 두드러지게 된 부여와 고구려, 그리고 진한과 마한의 사례도 주의해야 한다. 마찬가지로 서로 다른 정치 단계의 사회들을 서술자는 동일하게 '국(國)'으로 지칭하였음도 유의해야 한다. 요컨대 '국'들과 그 내부 읍락들 사이의 누층적 발전 단계는 문헌 기록과 고고학적 지표에서 함께 간취되는 것이다.〔이현혜, 1984〕

한편 서로 다른 맥락에서 한국 고대 사회를 반영하고 있는 『삼국지』와 『삼국사기』의 정보를 일방에 편향하지 않고 아울러 귀일시켜야 옳다는 당위를 인정하는 연구자들 사이에서도, 구체적인 방식에서는 차이를 보이고 있다. 예컨대 일부에서는 각 지역의 문화 수준이나 국가 발달의 정도가 동일하지 않다는 각성 위에서, 동이전을 통해 각 정치체들의 발전 단계를 정돈하고 그 구체적 내용은 『삼국사기』 기록을 분해하여 대입시킬 것을 제안한다.〔노중국, 1990b〕이것은 『삼국지』의 뼈대에 『삼국사기』의 살을 입히는 것이라 이를 만하다. 그러나 시간 축이야말로 사료의 핵심이라는 점에서, 엄밀히 말해『삼국사기』자체 논리의 부정을 요구한다.

다른 한편에서는 동이전의 각 소국들은 상당 부분 이미 백제와 신라에 병합되어 있었으나, 그 통치 강도가 미숙했을 뿐이라 한다. 그 결과 소국들은 중국 군현의 관심과 필요에 따라 개별 독립체의 모습으로 기술되었다 한다.〔이종욱, 1986〕 그렇다면 이 또한『삼국지』편찬 단계의 왜곡 가능성에 편파적 비중을 둔 것이다. 다만 후대의 상황이 소급되어 압축·기록되었을 가능성에 주목하여『삼국사기』초기기사가 분해 대상이 되어야 한다면, 마찬가지로 이전 시기의 상황이『삼국지』편찬 시기를 중심으로 압축되었을 가능성 또한 외면하지 않아야 합당하다.
〔이강래, 2009a〕

사실 1~3세기의 한국고대사에는 중국 군현 세력의 개입이라는 변수 외에도 기존 질서의 와해와 새로운 질서의 모색이 중첩되고 있었다. 아마『삼국지』와『삼국사기』초기기사 역시 그러한 국가 형성기의 급속한 도정을 적실하게 반영하지 못하는 한계를 공유한 것으로 본다. 즉 삼한사회가 비록 기본적으로 제정분리의 단계라 하나, 그것은 군장의 정치력과 천군의 권위가 여전히 긴장관계에 있는 과도기였다. 다시 말해 천군이 주관하는 종교의례는 농경의례였으며, 동시에 농업생산력의 증대는 세속 지배자의 권위와 직결되는 것이기도 하였다.〔송화섭, 1995〕 나아가 지역연맹 단위로서의 마한 내부에 소연맹국인 목지국과 백제국이 병존했을 것으로 이해하는 관점 역시〔김두진, 1990〕, 동일사회에 대한 양 사서의 주안점을 포섭하려는 시각으로 수긍할 만한 일면이 있는 것이다.

4) 왕계와 기년

　『삼국지』에서 직접적으로『삼국사기』의 왕계와 기년을 비교 대상으로 삼을만한 정보는 고구려에 한정되어 있다.『삼국지』는 고구려 왕실이 연노부(涓奴部)에서 계루부로 교체되었다고 하였다. 이 대목은 일찍부터 국내 사서에 보이는 고구려의 왕성 해씨와 고씨의 문제에 비견되어 살펴졌다. 다만 이른 시기 연구자들은 연대에 관해 중국 측 사서의 기록을 일방적으로 신뢰하였고〔三品彰英. 1951〕, 같은 맥락에서『삼국지』에 보이는 고구려 왕실의 교체 및 왕계 역시『삼국사기』와 용이하게 정합시키기 힘든 적소로 간주하였다.

　이와 관련하여『후한서』에는 연노부가 소노부(消奴部)로 표기되어 있는 것을 주목할 경우, 일단『삼국사기』의 송양국을 계루부 이전의 중심 세력으로 간주할 수 있다. 그들의 세력 교체 시점에 대해서는, 비상하게 긴 재위기간에서 의문점이 많은 태조왕대로 지목하는 견해가 있다.〔김용선. 1980〕 반면에 태조왕은 계루부 내의 방계일 것이라는 추정에 동의하여, 오히려 유리명왕대에 있었던 고구려 연맹체 내 맹주의 변화 가능성을 주목하기도 한다.〔김기흥. 1990〕

　사실『삼국지』에는 태조왕에 해당하는 궁(宮)부터야 비로소『삼국사기』의 고구려왕들과 대응하는 존재를 확인할 수 있다. 더구나 동천왕에 해당하는 위궁(位宮)에 이르기까지의 왕계 또한 큰 혼선을 빚고 있다.『후한서』는『삼국지』에 몰각된 차대왕 수성(遂成)이 기록되는 등 일부 왕계의 개선이 보이긴 하나, 역시 충분한 신뢰를 주기 어렵다.〔전해종. 1982〕 반면에 후대 사서인『위서』의 정보를 근거로『삼국사기』에조

차도 고구려의 초기 왕계에 누락된 왕들의 존재가 더 있지 않은가 하는 의혹이 제기되기도 하였다. 그에 따라 고구려 초기 왕계는 『삼국지』 기록이 『삼국사기』보다 신빙성이 더 있다고 보아, 광개토왕비의 세대수를 기준으로 누락된 4세대의 왕계 복원이 시도된 바 있다.〔이도학, 1992〕 그러나 다분히 비약이 심한 이 논지에 대해 『삼국사기』의 왕계를 긍정적으로 수용하고자 하는 반론이 이어졌다.〔노태돈, 1994〕

한편 『삼국사기』 찬자가 고구려 왕계에 관한 『삼국지』의 문면을 활용하면서 저지른 오해도 혼란을 증폭시킨 요인이 되고 있다. 즉 고구려본기 고국천왕 즉위기와 산상왕 즉위기는 『삼국지』 정보를 인용한 것이지만, 산상왕에 해당하는 이이모(伊夷模)를 고국천왕에, 그리고 동천왕에 해당하는 위궁을 산상왕에 대응시키는 오류를 범한 것이다. 이같은 예를 미루어 대체로 태조왕 이후 고구려의 왕계는 『삼국사기』가 토대로 한 국내 자료의 정보가 실상에 가깝다고 여기면서도, 왕실의 교체와 관련하여 초기 왕계 일부가 일실되었을 가능성을 완전히 배제하기는 힘들다고 보아야겠다.

예컨대 왕망과 흉노의 갈등 국면에 개재된 고구려와 엄우(嚴尤)의 군사 충돌 기사를 환기한다. 『삼국지』를 비롯한 중국의 사서들에는 이 전쟁에서 구려후(句麗侯) 도(騊)가 희생되었다고 한다. 그런데 『삼국사기』에는 고구려의 장수 '연비(延丕)'가 그에 대응하는 주체로 기록되었다. 이러한 차이가 중국과 고구려의 전승 차이에서 말미암은 것인지, 아니면 고구려인들의 자국사 정리 과정에서 변질된 것인지 얼른 가늠하기는 어려운 일이다. 다만 고구려 자체 전승의 비중을 간과해서는 안 된다고 여긴다. 예컨대 유리명왕 11년 부분노(扶芬奴)의 선비 공략, 동왕 33년(14)의 한나라 고구려현 공탈, 대무신왕 11년(28) 한나라 요동태수의 침공 방어 등은 상세하고도 생생한 고구려 당대 정보와 인식에 입각해 있다. 명림답부의 대승이 좌원(坐原)에서 이루어졌듯이, 고국천왕 6년(184) 왕이 직접 좌원에서 요동태수의 군사를 섬멸한 기록 역시 고구려 측 전승에서 유래했을 것이다.

기년의 미세한 차이점들도 편찬 과정을 포함하여 세심한 검토가 필요하다. 관구검의 침습 연대를 예로 들면, 고구려본기에는 동천왕 20년 즉 246년으로 기록되었고, 『삼국지』위서 본기에도 정시 7년(246)조에서 확인이 된다. 반면 『삼국지』의 고구려전과 관구검전에는 정시 5년 및 6년의 사건으로 나타나 있다. 이것은 현토태수 경림(耿臨)의 침입을 고구려본기는 신대왕 4년(168)조에 기록하였으나, 『삼국지』를 비롯한 중국 사서들에는 모두 169년의 일로 기록된 정황과 유사하다. 일부의 경우는 아마 고구려본기 찬자가 중국 측 편년을 오인한 것으로 생각한다. 그러나 246년 기리영 전투의 결과와 관련하여 『삼국지』위서 본기에 보이는 수십 국의 이탈이 백제본기에 고이왕 13년(246) 낙랑의 변민을 되돌려 보낸 것과 대응하는 것은 각별히 흥미롭다. 혹시 『삼국사기』찬자는 구체적 사건 기사 인용에서 동이전보다는 본기 정보를 중시했거나 고구려와 백제의 독자적 전승을 확보하고 있었던 것인지도 모른다.

한전에서는 특별히 『삼국사기』의 왕계 및 기년과 직접적으로 대비될만한 정보가 없다. 그러나 진왕을 백제와 신라의 특정 왕에 대응시키는 견해가 일부 있는 데다가, 『삼국사기』자체 편년을 동이전 내용을 기준으로 큰 폭에서 수정하려는 시각이 광범하게 공유되어 있다. 물론 『삼국지』동이전과 『삼국사기』초기기사가 시·공간을 공유하고 있는 이상, 그 정합관계에 주의하는 것은 일단 온당한 일일 것이다. 신라본기의 초기기사를 진국계 이동 집단의 경험과 경주 중심 집단의 그것으로 분해하여 파악하는 시각도[천관우, 1989] 결국은 두 사서의 합리적 정합을 위한 시도인 것이다.

그러나 적어도 기년에 관한 한 사료적 가치가 높은『삼국지』동이전의 기록과 상충을 일으켜서는 안 된다는 것을 절대 조건으로 설정하여『삼국사기』초기기사의 기년을 큰 폭으로 인하해 내린다거나[강종훈, 1991], 신라사 자체의 복원 작업에 대해 기본적으로 중국정사 동이전의 기록과도 서로 잘 부합되는 역사적 사실이어야 할 것을 전제하는 방식은 지나치게 일방적이라고 하지 않을 수 없다. 기년과 유리된 사실이란 맥락을 상실하고 표류하는 기술들인 것처럼, 역으로 사실을 포함하지 않는 기년이란 엄밀히 말해 무의미하기 때문이다. 그러므로『삼국지』의 기년을 존중한다는 것은 곧 그에 수반된 사실을 수긍한다는 말과 다르지 않은 것이다.

현 단계 학계의 논의가 한국고대사의 세부 사항들에 대한 완벽한 규명에는 이르지 못했다는 데 동의한다면, 일방의 정보를 절대시하는 것은 바람직하지 않다. 구체적 사례를 든다면, 신라본기 아달라이사금 20년(173)조에 보이는 비미호(卑彌乎)를『삼국지』의 정시 연간에 대방군과 교섭한 여왕 비미호(卑彌呼)와 일치시켜, 신라본기 기년을 그에 맞춰 수십 년 인하하는 방식이 제안된 바 있다.[김광수, 1973] 그러나 오히려 『삼국사기』의 기사를 기준으로 삼아 그 직전 무렵에 비미호가 야마대국왕(邪馬臺國王)에 추대되어 즉위인사를 한 것이 아닐까 추정하는 견해도 있다.[丸龜金作, 1974]

이러한 예에서 보듯이,『삼국사기』의 특정 기사에 대해 문득『삼국지』정보의 기년을 변경하여 수용한 것으로 단정할 것이 아니라, 고유의 원전 자료 현황에 눈을 돌리는 신중함이 절실하다고 생각한다. 백제본기에 보이는 마한의 이른바 '멸망' 기사라는 것도, 역사적 대세론에 비추어 후대 사실의 인상 혹은 날조의 증거로 강요하기보다는, 건국 초기 백제의 대외환경 조건 속에서 음미할 필요가 있다. 따라서 『삼국지』의 목지국과 『삼국사기』의 백제를 반드시 계기적 선후 관계로만 판단할 일도 아니라고 생각한다.

5) 풍속기사의 조응

동이전의 풍속 관련 기사는 편찬 당대만의 실상이 아니라 상당히 이전 시기에 해당하는 내용이 허다하다고 판단되므로, 그 상한을 확정하기 어려운 실정이다. 그 때문에 동이전의 풍속 관련 정보들에서는 시기별 변화상을 추적해내기 힘든 것이다. 그러나 정치 · 외교 · 군사 등 지배자 중심의 국가사가 주조를 이루는 『삼국사기』에 비해, 동이전의 풍속기사는 고대인의 사유와 삶의 부면을 추적하는 데 적지 않은 기여를 한다.

다만 동이전의 서술 방식이 애초에 분전 형태가 아니었기 때문에 동일한 풍속에 대해서 단위체별로 반복 서술하지 않았던 점을 유의해야 한다. 한 예로 『태평어람』 인용 『위략』에는 고구려에서도 이른바 '형사취수혼'이 행해졌다고 기록되었으나, 『삼국지』는 고구려의 언어와 풍속 등이 부여와 같은 점이 많았다는 기술로 이 사실을 다시 적시하지 않았던 것이다. 실제 고구려의 이 혼속은 『삼국사기』에서 구체적 실례가 확인되고 있다.[노태돈, 1983] 군사 관련 일이나 제천의례 때 소를 죽여 그 발굽의 형상으로 길흉을 판단한다는 부여전의 내용 역시 『태

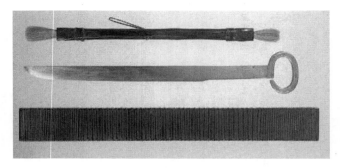

[그림 5] 창원 다호리 출토 붓과 삭도 복원 모형

평어람』고구려조에는 『위략』을 인용하여 동일하게 실려 있다.

또한 동이의 풍속과 문화에 대한 기록에는 당대 중국인의 가치관과 경험을 토대로 한 중국 중심적 판단이 적용되어 있다. 즉 유교의 현자가 동이를 선택하고 동경했다는 고래의 인식은 읍루를 제외한 동이 제족의 '조두(俎豆)'로 예증되었다. 부여의 상복례는 중국과 비슷하다고 평가되었고, 고구려 대가(大加)의 사자 이하 속인들은 중국 경·대부의 가신에 비견되었다. 고구려의 책(幘)과 변진의 슬(瑟)은 각각 중국의 책 및 축(筑)과 비교되었다. 마한인들이 5월 파종 후 축제에서 추었던 군무에서 중국의 탁무(鐸舞)를 연상하였고, 그 동식물상 역시 중국을 기준으로 관찰되었다. 부여의 혼속이 흉노와 같다거나 마한 지역 주호(州胡)의 독두(髡頭)가 선비와 같다는 언급에도 중국인의 확대된 경험이 준거로 적용되어 있다.

반대로 중국의 문화적 특질과 유사한 요소들은 그다지 주목되지 못했을 것이며, 특기되는 이질적 요소들에도 이민족에 대한 부정확한 관찰 혹은 기록 주체의 편견이 개입되었을 것이다. 예컨대 한전에 등가 죽을 꿰뚫은 굵은 끈에 긴 나무를 가로지른 젊은이들의 형용을 묘사한 기록은 일찍이 인류학적 견지에서 미개사회의 청년 조직과 그에 부여된 성년식 혹은 시련의 습속으로 독해된 바 있다.〔三品彰英, 1943〕그러나 이 기사가 축성과 관련하여 서술된 점을 주목한다면, 집단 지게 노동에 대한 불철저한 관찰의 결과일 가능성을 배제하지 못할 것이다.〔이병도, 1934〕

아울러 지역적 문화 수준의 낙차를 고려한다 해도, 유독 마한에만 성곽이 없다거나 우마의 축력을 교통과 운송에 활용할 줄 몰랐다는 기록은 쉽게 수긍하기 힘들다. 물론 『삼국사기』의 편년관을 존중하고자 하는 맥락에서, 고조선과 중국계 유이민의 존재가 특히 강조되고 있는 진한 지역의 문화 수준이 반드시 고구려나 백제의 토대가 된 지역보다 낙후될 이유는 없다는 주장도 있다.〔김원룡, 1967〕그러나 시종 중국 세력과 투쟁했던 고구려에 비해 부여에 대한 서술이 우호적인 것처럼, 낙랑군 등과 갈등하던 마한 지역에 대한 서술 주체의 폄하 의식 또한 부정할 수 없을 것 같다.

부여와 고구려의 취수혼도 그러하지만, 고구려의 서옥제와 동옥저의 이른바 예부제(豫婦制)가 특기된 것도 당시 중국의 혼인 풍속에 비추어 그것이 현저하게 이질적이기 때문이었을 것이다. 다만 고구려와 동옥저의 혼속 차이는 혼처의 문제일 뿐, 부여·고구려·동옥저를 일관하는 신부값(bride-wealth)의 의미는 동일하다고 보는 견해가 일반적인 한편, 고구려의 경우는 오히려 지참금(dowry)의 개념일 것이라는 생각도 있다.〔김영심, 2002〕

그러나 이 문제는 당대 동북아 제족의 혼속을 고려하고 범부여족 일반의 혼인 관념을 유기적으로 음미하여 판단할 일이므로, 고구려와 옥저의 혼속에 개입된 재화의 의미를 상반된 것으로 보는 데는 동의하기 어렵다. 광범위한 저개발 단계 사회들의 민족지 정보를 포섭하여 서옥제에 보이는 전백(錢帛) 역시 신부 값일 가능성이 크다고 생각한다.〔이강래, 2009b〕 예전에 보이는 동성불혼(同姓不婚)의 풍속 기사도 자원에 대한 접근권역을 나누고 있는 족단 공동체별 족외혼의 일면을 지시한 대목으로 보는 것이 합당하듯이〔김철준, 1973〕, 한국 고대사회의 구성분자들은 문화적으로 폭넓은 공유대를 지니고 있었던 것이다.

장례 관련 기사도 이러한 이해에 기여한다. 부여와 동옥저의 장법은 사실상 세골장의 공통점을 지니고 있으며, 이것은 후대의 기록이나 묘제와 관련한 고고학적 정황과도 조응하고 있다.〔김정배, 1973〕 또한 부여의 순장 풍습은 『삼국사기』의 고구려와 신라사에서도 발견되는바, 사후세계에 대한 고대인의 보편적 관념을 반영하는 것이다.〔김정배, 1969〕 다만 부여와 고구려의 관·곽 유무 및 삼한의 장법에 관한『삼국지』정보는 그 이후 기록들과 상충할 뿐 아니라 묘제의 특성과도 부합하지 않는 측면이 있으므로, 고고학적 성과를 염두에 두고 비판적 검증이 이루어져야 할 것이다. 김해 예안리 출토 인골에서 동이전의 편두 기록이 실증된 것은 그 좋은 사례이다.〔김정학, 1981〕

각 사회의 제천의례와 축제도 동이전의 주요 서술 대상이었다. 이들 기록은 고대인의 종교 관념을 함축하고 있는 근본 자료일 뿐 아니라, 개중에는 오늘날 민간신앙에서 그 모습을 찾아볼 수 있는 요소들도 있기 때문에 사료 가치가 매우 크다. 호신(虎神)의 숭배, 소도의 유습, 농경의례 등은 그러한 관념의 화석이겠다. 그러나 개별 의례의 명칭을 비롯한 관련 세부 절차의 의미에 대한 판단은 쉽지 않다.〔양재연, 1973〕 비록 관구검의 침입과 군현의 교섭 과정에서 채록된 동시대의 정보이긴 하나, 그것들이 동이사회에 대한 입체적 이해를 겨냥한 것이 아니었기 때문에 지극히 분절적이고 현상적인 기술에 그치고 말았던 한계가 엄연한 것이다.

따라서 해당 사회의 내적 의미는 『삼국사기』를 비롯한 우리 기록과 관련하여 추구되어야 한다.〔서영대, 1991〕 말하자면 고구려의 영성(靈星)에 대한 제사나 별자리로 풍흉을 헤아린 예인들의 풍습은, 동명왕 전승에 보이는 신모의 존재를 통해 구체성을 획득한다.〔김철준, 1971〕 마찬가지로 3세기 중엽 고구려에서 투기를 하다 처단되어 시신이 유기된 부인의 실례는, 『삼국지』에 보이는 부여의 투기죄에 대한 기록을 실증한다.〔이기백, 1970〕 『삼국지』와 『삼국사기』의 제의 기사를 종합하여 고대국가의 형성 및 발전 과정을 단계화한 성과〔최광식, 1994〕 역시 그 모범적 사례라고 할 수 있다.

동이전의 문화 요소와 관련한 논의 가운데 지적해야 할 또 하나의 영역은 문화 특질의 계통 문제이다. 이 문제는 문화 전파주의의 맥락에서 한국 고대문화의 원류와 계통에 대해 북방 혹은 남방적 요소에 주의하는 데서 비롯하였다. 동이전의 시대는 아니지만 벼농사의 전래를 고고학적 지표 유물과 관련하여 추정한 몇 가지 가능한 경로는, 유독 동옥저와 삼한에 쌀 관련 기록이 있는 정황과 함께 음미될 수 있다.〔김원룡, 1965〕

한편 이른바 남방문화로 거론되어 온 동이전의 특징적 문화 요소들과 묘제 등을 검토하는 가운데 그 지역 개념 속에 잠복되어 있는 대동아공영권의 사유 맥락을 경계한 논의도 주의할 사항이다.〔김정배, 1970〕 다만 해양을 매개로 한 고대 물자와 인구의 유동에 관심과 관련 자료가 증대되면서 남방으로부터의 문물 유입 논의도 새로운 국면으로 전개되고 있다.〔이청규, 2002〕

4. 통합적 시각의 공유를 위하여

삼국 초기 역사 연구에서 차지하는『삼국지』동이전 정보의 비중은 나름의 당위성을 부정할 수 없을 것이다. 그러나 그 토대가『삼국지』자체의 사료적 정밀성에 대한 합당한 검증에서가 아니라 단순하게 편찬 시기의 조기성이라거나『삼국사기』의 사료적 가치에 대한 타성적 회의의 반작용에 기인한 것이라면, 그것은 매우 바람직하지 않다. 실제로『삼국사기』에 대한 다양한 척도의 검증이 축적되면서,『삼국지』정보에 대한 일방적 맹신의 경향은 이미 상당히 극복되어 가고 있기도 하다.

많은 연구자들이『삼국사기』기록을 대할 때 편찬 주체의 목적성이나 의도를 지나칠 정도로 세밀하게 고려하면서도, 정작『삼국지』의 논리적 모순이나 모호함에 대해서는 의외로 관대한 것을 발견한다. 그러나『삼국지』역시『삼국사기』가 자유로울 수 없는 제약 요인들을 그대로 공유하는 동시에, 거기에는 외국인으로서의 기록 주체의 한계와 편견까지 더해져 있다. "북방의 중국 군현에 가까운 지역의 여러 나라들은 그나마 예속을 알지만 멀리 떨어져 있는 지역은 마치 죄수나 노비가 무리 지어 있는 것과 같다"라고 한 평에는 동이전을 관통하는 사유가 담겨 있는 것이다.

물론『삼국지』동이전을 전후한 시기 중국인들의 동이관은 전대에 비해 상당히 현실적인 것이 되었다고 평가할 만하다. 그러나 그것은 여전히 중화적 관념이 주조를 이루고 있었으며, 동이사회의 내부 맥락에 충실한 파악에는 이르지 못하였다. 오히려 동이전이야말로 동이의 제 정치체와 관계를 유지하기 위한 중국의 현실적 목적에 충실할 뿐이었다.[이종욱, 1996] 그럼에도 불구하고 소도의 명분과 실제를 중국의 부도(浮屠)와 비교하거나, 교환재로서의 철을 중국의 금속화폐에 대응시켜 파악하는 등, 삼한의 문화 특질을 보편적 언어로 적실하게 환치한 경우들이 매개하는 바 『삼국지』 정보의 유효함을 간과해서는 안 된다.

다만 애초에 『위략』도 중국 중심적 편향과 피상적 관찰에서 야기된 오류를 범하고 있었던 터에, 그에 기초한 『삼국지』는 『위략』을 압축·변개하면서 새로운 오류를 증대시켰고, 특히 부정적 요인은 삼한에 집중되었던 사정을 다시 직시할 필요가 있다. 그러므로 백제와 신라의 초기 역사 복원에 『삼국사기』를 배제하는 논거로서 『삼국지』를 활용하는 것은 적절치 않다. 적어도 우리 삼국에 관한 한 『삼국지』 동이전 정보는 『삼국사기』가 제시하고 있는 정합적 인식 틀을 보완하는 방식으로 용해되는 것이 순리이다.

이를 위해서는 『삼국지』 동이전의 내용은 물론 체재에 대한 심층 검토가 절실하다. 한 예로, 일부 연구자들은 동이전에 편록된 각 단위들의 위치를 규정하는 데 등장하는 조선과 낙랑이 여타 정치체들과 동일한 위상을 지닌 단위라고 한다. 이 뜻밖의 생각은 중국 군현 지배에 대한 이해의 차이에서 발로된 것이므로, 그에 따라 자칫 한국고대사의 큰 틀이 기저에서부터 균열될 수도 있다. 『삼국지』 동이전에 조선 혹은 낙랑에 관한 독립 항목이 없는 것은 사실의 은폐도, 서술의 혼선도 아니며, 단지 그러할 필요가 없었기 때문일 뿐이다.[木村誠, 1988] 동이사회에 대한 낙랑군의 역할과 위상은 오직 중국적 외이관에 충실한 것으로서[권오중, 2004], 『삼국사기』와 『삼국지』의 기록은 그 구체적 추이를 공유하고 있는 것이다.

　당연한 말이지만, 넓게 보면 두 사서는 시·공간 모두에서 서술 대상을 공유한다. 『삼국사기』를 비롯한 국내 자료에 한정하여 인식된 동부여의 전말이 『삼국지』 부여전을 통해 훨씬 설득력 있게 재구성되는 사실은 그 실증적 사례일 것이다.〔노태돈, 1989〕 따라서 『삼국사기』와 『삼국지』의 내용을 시종 대립적으로 설정해 온 관성을 극복하여, 차이점보다는 공유점을 토대로 한 통합적 이해 방식을 겨냥해야 옳다. 동시에 『삼국사기』의 사료 비판이 『삼국사기』 내부의 논리에서 출발해야 하는 것처럼, 『삼국지』 동이전의 사료 검증 문제 역시 우선적으로 『삼국지』 내부의 논리를 더욱 명료히 추구하는 데서 비롯해야 한다고 믿는다.

이강래

‖ 참고문헌 ‖

강인숙, 1974, 「기원전후시기 진국의 북변」, 『력사과학론문집』 4.

강종훈, 1991, 「新羅 上古紀年의 再檢討」, 『韓國史論』 26.

권오중, 2004, 「중국사에서의 낙랑군」, 『韓國古代史硏究』 34.

김광수, 1973, 「新羅上古世系의 再構成 試圖」, 『東洋學』 3.

김기홍, 1990, 「高句麗의 國家形成」, 『한국 고대국가의 형성』, 民音社.

김두진, 1990, 「馬韓社會의 構造와 性格」, 『馬韓·百濟文化』 12, 1990.

김수태, 1998, 「3세기 중·후반 백제의 발전과 馬韓」, 『馬韓史 硏究』, 忠南大學校出版部.

김영심, 2002, 「혼인습속과 가족구성원리를 통해 본 한국 고대사회의 女性」, 『강좌 한국고대사』 10, 가락국사적개발연구원.

김용선, 1980, 「高句麗 琉璃王考」, 『歷史學報』87.

김원룡, 1965, 「韓國栽稻起源에 대한 一考察」, 『震檀學報』25·26·27합.

_____, 1967, 「三國時代의 開始에 關한 一考察-三國史記와 樂浪郡에 대한 再檢討」, 『東亞文化』7.

김정배, 1968a, 「三韓位置에 대한 從來說과 文化性格의 檢討」, 『史學研究』20.

_____, 1968b, 「「辰國」과 「韓」에 關한 考察」, 『史叢』12·13합.

_____, 1969, 「中·日에 비해 본 韓國의 殉葬」, 『白山學報』6.

_____, 1970, 「韓國에 있어서의 南方文化論」, 『白山學報』9.

_____, 1973, 『韓國民族文化의 起源』, 高麗大學校 出版部.

_____, 1976, 「準王 및 辰國과 「三韓正統論」의 諸問題」, 『韓國史研究』13.

_____, 1979, 「君長社會의 發展過程 試論」, 『百濟文化』12.

_____, 1983, 「辰國의 政治發展段階」, 『領土問題研究』1.

_____, 1985, 「目支國小攷」, 『千寬宇先生還曆紀念韓國史學論叢』, 正音文化社.

김정학, 1981, 「金海 禮安里85號墳出土 扁頭骨에 대하여-魏志 韓傳의 扁頭記事와 관련하여」, 『韓㳕劤博士停年紀念 史學論叢』, 知識産業社.

김철준, 1971, 「東明王篇에 보이는 神母의 性格」, 『柳洪烈博士華甲記念論叢』, 探求堂.

_____, 1973, 「魏志東夷傳에 나타난 韓國古代社會의 性格」, 『大東文化研究』13.

_____, 1981, 「「能步戰」과 「便鞍馬」」, 『韓㳕劤博士停年紀念史學論叢』, 知識産業社.

노중국, 1990a, 「目支國에 대한 一考察」, 『百濟論叢』2.

_____, 1990b, 「總論; 韓國 古代의 國家形成의 諸問題와 관련하여」, 『한국 고대국가의 형성』, 民音社.

노태돈, 1983, 「高句麗 초기의 娶嫂婚에 관한 一考察」, 『金哲埈博士華甲記念史學論叢』, 知識産業社.

_____, 1989, 「扶餘國의 境域과 그 變遷」, 『國史館論叢』4.

_____, 1994, 「高句麗의 初期王系에 대한 一考察」, 『李基白先生古稀紀念 韓國史學論叢』上, 一潮閣.

리상호, 1966, 「진국사연구에서 제기되는 몇 가지 문제」, 『력사과학』6.

박대재, 2002, 「『三國志』韓傳의 辰王에 대한 재인식」, 『韓國古代史研究』26.

박순발, 1998, 「前期 馬韓의 時·空間的 位置에 대하여」, 『馬韓史 研究』, 忠南大學校 出版部.

서영대, 1991, 「韓國宗敎史 資料로서의 『三國志』東夷傳」, 『한국학연구』 3.

송화섭, 1995, 「三韓社會의 宗敎儀禮」, 『韓國古代史硏究』 10.

신현웅, 2003, 「『三國志』韓傳 記錄의 實際」, 『韓國古代史硏究』 32.

양재연, 1973, 「魏志東夷傳에 나타난 祭天儀式과 歌舞」, 『大東文化硏究』 13.

윤내현, 1991, 「目支國과 月支國」, 『龍巖車文燮博士華甲紀念論叢』, 신서원.

윤선태, 2001, 「馬韓의 辰王과 臣濆沽國-領西濊 지역의 歷史的 推移와 관련하여」, 『百濟硏究』 34.

윤용구, 1998a, 「『三國志』韓傳 對外關係記事에 대한 一檢討」, 『馬韓史 硏究』, 忠南大學校 出版部.

_____, 1998b, 「3세기 이전 中國史書에 나타난 韓國古代史像」, 『韓國古代史硏究』 14.

이강래, 2009a, 「『삼국사기』의 이른바 '초기기사' 수용방식의 문제-백제본기의 사례를 매개로」, 『韓國古代史探究』 창간호.

_____, 2009b, 「한국 고대 혼인에 보이는 財貨의 성격」, 『韓國史硏究』 147.

이기백, 1970, 「扶餘의 妬忌罪」, 『史學志』 4.

이도학, 1990, 「百濟의 起源과 國家形成에 관한 재검토」, 『한국 고대국가의 형성』, 民音社.

_____, 1992, 「高句麗 初期 王系의 復元을 위한 檢討」, 『韓國學論集』 20.

_____, 1998, 「새로운 摸索을 위한 點檢, 目支國 硏究의 現段階」, 『馬韓史硏究』, 忠南大學校 出版部.

이병도, 1934~37, 「三韓問題의 新考察」, 『震檀學報』 1~8.

이종욱, 1986, 「百濟 初期史 硏究史料의 性格」, 『百濟硏究』 17.

_____, 1996, 「『三國志』韓傳 정치관계 기록의 사료적 가치와 그 한계」, 『吉玄益 敎授停年紀念 史學論叢』.

이청규, 2002, 「韓國의 原始·古代 南方文化論에 대하여」, 『강좌 한국고대사』 9, 가락국사적개발연구원.

이현혜, 1984, 『三韓社會形成過程硏究』, 一潮閣.

전해종, 1982, 『東夷傳의 文獻的 硏究』, 一潮閣.

조좌호, 1973, 「魏志東夷傳의 史料的 價値」, 『大東文化硏究』 13.

주보돈, 1990, 「韓國 古代國家 形成에 대한 연구사적 검토」, 『한국 고대국가의 형성』, 民音社.

천관우, 1989, 『古朝鮮史·三韓史硏究』, 一潮閣.

최광식, 1994, 『고대한국의 국가와 제사』, 한길사.

최몽룡, 1990, 「馬韓・目支國 硏究의 諸問題」, 『百濟論叢』2.

江上波夫, 1965, 「日本における民族の形成と國家の起源」, 『東洋文化硏究所紀要』 32.

木村誠, 1988, 「朝鮮古代における國家と民族の形成」, 『朝鮮史硏究會論文集』25.

三品彰英, 1943, 『新羅花郞の硏究』, 三省堂.

_____, 1951, 「高句麗王都考-三國史記高句麗本紀の批判を中心として」, 『朝鮮學報』1.

井上秀雄, 1981, 「『三國志』の東夷王者觀」, 『(東北大學)文學部硏究年報』31.

丸龜金作, 1974, 「倭の女王卑彌乎の問題」, 『新潟史學』7.